海关学

马永飞　孙宏光　佘建明 等 ◎ 著

首都经济贸易大学出版社
Capital University of Economics and Business Press
·北 京·

图书在版编目（CIP）数据

海关学 / 马永飞等著. -- 北京 : 首都经济贸易大学出版社, 2024. 7. -- ISBN 978-7-5638-3724-3

Ⅰ. F745

中国国家版本馆 CIP 数据核字第 2024LD1469 号

海关学

马永飞　孙宏光　佘建明　等著

责任编辑　薛　捷

封面设计　砚祥志远·激光照排　TEL: 010-65976003

出版发行　首都经济贸易大学出版社

地　　址　北京市朝阳区红庙（邮编 100026）

电　　话　（010）65976483　65065761　65071505（传真）

网　　址　http://www.sjmcb.com

E-mail　publish@cueb.edu.cn

经　　销　全国新华书店

照　　排　北京砚祥志远激光照排技术有限公司

印　　刷　北京九州迅驰传媒文化有限公司

成品尺寸　170 毫米×240 毫米　1/16

字　　数　465 千字

印　　张　23.75

版　　次　2024 年 7 月第 1 版　2024 年 7 月第 1 次印刷

书　　号　ISBN 978-7-5638-3724-3

定　　价　98.00 元

作者简介

姜舰，经济学博士，现任北京海关缉私局政委，曾在公安部第十四局（海关总署缉私局）等多个部门担任领导干部，负责跨境货运贸易、电子商务产业链、进出口食品及冷链物流冻海产品涉税走私犯罪查缉侦办工作，反走私综合治理，2015至2018任上海浦东海关副关长。

詹庆华，历史学博士，上海浦东新区人大代表。先后在厦门海关、上海海关工作，担任上海科创中心海关、海关总署院校负责人。长期从事保税加工与物流、科技（集成电路、生物医药、人工智能等）工作，著述译作有《全球化视野：中国海关洋员与中西文化传播》（1854—1950）《银线——19世纪的世界与中国》等。

单国钧，法学博士，现任北京铁路运输中级法院院长、审判委员会委员、审判员、二级高级法官。曾任北京市高级人民法院民一庭庭长、审判委员会委员、审判员、三级高级法官。2019年11月，任北京市第一中级人民法院副院长、审判委员会委员、审判员。

张树杰，管理学博士，现任海关总署党校工作部（培训部）负责人。2007至2012年，作为中国派驻世界海关组织亚太地区能力建设办公室（ROCB）的首任技术专员，赴全球各地执行能力建设项目，先后获得世界海关组织授予的三个领域专家认证。

李贤良，理学博士，现任重庆海关技术中心负责人，学科带头人，食品安全标准审定委员会专家，重庆市分析测试学会环境与产品质量检测专委会副主任委员。长期从事食品、化妆品和中药材等商品分析检测和实验室管理工作，申请发明专利9项、起草标准5项。

安芝，管理学博士，上海海关行邮监管专家，参与上海市沪江基金“管理科学与工程”“航空枢纽建设研究”“国际会展服务海关风险管理研究”等规划建设项目，在《管理世界》等期刊发表《进口农产品贸易对我国耕地规模传导效应实证研究》《技术壁垒及〈鹿特丹公约〉对化工类产品出口贸易的影响研究》等，在北京市邮政业“十四五”规划咨政等多项工作中负责研究设计论证和审稿意见综合等。

郑永昌，医学博士，北京协和医院肿瘤外科副主任医师。从事良恶性肿瘤、转移性肿瘤、结石病等外科诊治，发表SCI论文六篇，目前担任《中华肝脏外科手术学》中青年编委，《癌症进展》审稿专家。

贾若祥，经济学博士，现任国家发改委区域发展战略研究中心综合研究室主任，研究员，参与国家发改委“十四五”规划部分课题项目和地区经济司区域经济发展新机制建设等工作。人社部中国高级公务员培训中心师资库特约专家，2007—2008 年赴日本工作，2015—2016 年参加中组部服务团赴吉林省珲春市挂职副市长。

冯锦祥，工学博士，广州海关行邮智能监管业务专家，《海关经贸与研究》审稿人，曾任职海关数据统计、风险分析、审图智能算法、口岸监管、缉私、稽查等核心业务部门。参与国家、省级课题多项，参与编写《海关行邮法规汇编》《查缉毒品案例》等书籍，在《海关研究》《海关监管实务与研究》等期刊发表论文 50 余篇。

方检锋，农学博士，现任二级关务督察，曾参与中新、中澳自贸协定谈判等国际项目。

杜帅，经济学博士，现任对外经济贸易大学社会保障与企业金融研究中心主任、博士生导师、中国民生财富集团首席金融学家，被多所院校聘为客座教授、MBA 导师、名师库名师。担任中央广播电视总台、北京广播电视台特约财经媒体人等。

陈林，农学博士，现任银川海关技术中心负责人，实验室主任，完成了国内首套外来有害生物风险分析评估系统，包含数据预处理、分析建模、性能评价等完整功能；作为主要负责人完成检疫性有害生物鉴定标准九项、专利两项、软件著作权 2 项，出版专著 4 部，参与宁夏重大病虫害监测预警体系研究项目等。现为海关总署植物检疫专业技术委员会委员。

张明师，法学博士，政治学博士后，现任新疆乌鲁木齐经济技术开发区（头区）党委常委、宣传部部长，兼任红旗渠精神研究会副秘书长，中国警察网舆情专家。先后担任新疆乌鲁木齐经济技术开发区、高铁片区管委会负责人。2021 年参加中组部第 20 批博士服务团挂职，后作为高层次人才引进新疆工作。

朱振，经济学博士（后），现任海关总署国家口岸管理办公室处长，在《中国金融》《管理评论》《中国行政管理》等刊物发表论文 20 余篇；所著《中国口岸开放与发展之路》被大英图书馆列为馆藏图书并实现英文、印第安语版权输出，负责海关总署课题多项。

孙铮，农学博士，现任青岛海关技术中心专家，主要负责植物检疫检测及综合工作。

王晓芳，经济学博士，中国服务贸易协会专家委员会特约研究员，2014—2015 年赴美国做访问学者，2019 年获北京市第十五届哲学社会科学优秀成果奖（文化贸易）。

田惠敏，经济学博士，现任国家开发银行处长，合著有《与改革同行：中国改革开放和伟大复兴》等。

张鹏，法学博士，现任广州白云机场海关缉私分局副局长，负责案件调查、审理、执行等工作，在《海关研究》《电子政务》等期刊发表多篇论文，为海关缉私系统专家库人才。

序言一

2024年是中华人民共和国成立75周年，也是人民政协成立75周年。以习近平同志为核心的党中央团结带领全党全国各族人民顽强拼搏、勇毅前行，圆满实现了各阶段经济、社会发展主要预期目标，引领着“中国号”巨轮奋勇前进。中国海关作为国家进出境监督管理机关，历史悠久、源远流长。1949年新中国海关正式成立至今，始终与祖国同呼吸、共命运，用行动阐释着“国盛则关兴”的深刻内涵。荏苒间，新海关的车轮飞快滑向2024年，令人欣喜的是机构整合后的六年，海关焕然一新。中国海关不忘初心，当好国家与人民的国门卫士，构建智慧海关格局，筑牢口岸生态安全防线，实现税款连年超过2.2万亿元（人民币），为国家经济、社会统筹发展提供了坚实保障。

作为少数民族的优秀代表，马永飞博士天资聪颖，好学上进，作为青年实务才俊，已在新疆、上海、广东、天津、北京等地海关以及世界海关组织从事一线业务监管行政执法工作多年，他在海关专科院校在职完成了商品经济学/管理学博士学业后，又完成了应用经济学博士后的刻苦研修，执着精神和坚定意志可见一斑。他遵纪守法，克己奉公，在多个高风险、情报口岗位表现出谦和、实干、学习、创新的个性，善于总结改进，获得中央和部委机关系统各类大小优秀工作者和嘉奖数以百计，个人成长迅速，从天山角下的少数民族乡河部落，高层次人才引进为首都市民，践行了知识改变命运、祖国刻于心怀的民族品格。

通读全书，我以为最大的亮点在于，通篇既有应知应会的海关学理论和必备知识，也有实际落地操作的可用方法和行业惯例。行文结构安排强调实用性，以通关工作过程为核心内容，充分兼顾新时代海关工作中所要求的知识与能力以及未来发展的需要，重点和难点明确。总体上本书围绕海关学理论的出发点和落脚点，同时将海关实践作为观察视角，牢牢把握海关发展的基本方向，能够精准回应新时代对海关工作提出的新要求。本书既可作为海关专业学生和工作人员学习相关知识的范本，也可以作为企业贸易人员的参考资料，是一本可以为广大口岸工作者和贸易从业人员学习掌握海关业务知识的权威业务指导手册。特此，推荐广大进出口贸易从业者及跨境相关岗位人员、各界进出境旅行出访人员和留学海外学生及工作人员阅读参考，共绘祖国经贸宏伟蓝图。

青年是祖国的未来，我们倡导对更多有识之士扩大“请进来”和“走出去”，积极构建上下联动、左右互动、内外发动、整体推动的中华民族宣传工作新格局。新时代，党中央、国务院要求各级干部重调研、勤调研、善调研。在此我也希望更多的年轻干部打开视野、与时俱进，主动深度研究、超前提出建议，提出真正能解决问题的思路和建议，为全球发展提供新动能、开辟新空间！

巴特尔

甲辰年己巳月于北京

序言二

开放合作是历史潮流，互利共赢是人心所向。正如习近平总书记所说，中国经济是一片大海，世界经济也是一片大海，世界上的大海大洋都是相通的。国之交在于民相亲，民相亲在于心相通。民心相通是“一带一路”倡议的重要内容，也是“一带一路”建设的人文基础。近年来，中国海关不断提升国际视野，顺应国际海关监管趋势，打造在国际上最具竞争力的智慧监管体制机制，在全球性国际海关规则制定中提升话语权，亦是海关人永恒不变的目标和宗旨。

马永飞博士与我初次相识于业务交流。时隔十年，欣闻马永飞博士团队酝酿著书已久，致力于将无雕琢之痕的文字与海关学的严谨达成契合，使我陶然阅之。马永飞博士学术背景强、理论水平高、责任意识强，是典型的青年学者型官员。于工作，他秉公执法、克己奉公、严于律己、清正廉洁、信念坚定、自律进取；于科研，他潜心攻读经济、社会、管理、法律、政治等十余所大学课程，在海关系统内外发表政研参考和咨政文章数百篇，从海关大中专到博士(后)；荣膺数十所知名学府特聘教授。他掌握多国语言，在跨境合作、情报联络等外事岗位做出了卓越贡献，倡导弘扬“懂世界、会交流”的全球化哲学正能量思想。

马永飞博士等人为新时代年轻创作群体树立了先进典型。他们的著作《海关学》共分四大板块，包括监管与跨境物流、关税与自由贸易、口岸与生态安全、行政与国际发展等内容，每个板块又细分多个章节进行丰富全面的内容阐述，精确列出了海关学理论和实务知识要点、制度程序、法规政策、企业指南、知识拓展和各种案例等。读者可以在阅读过程中因枝以振叶，沿波而讨源，亦能轻松理解、运用海关理论知识与实务技能。通读全书我以为最大亮点在于，通篇既有应知应会的海关学理论和必备知识，也有实际落地操作的可用方法和行业惯例。行文结构紧凑实用、重点难点明确，以通关工作过程为核心内容，充分兼顾新时代海关工作中所要求的知识与能力和未来发展的需要。本书围绕海关学理论的出发点和落脚点，同时将海关实践作为观察视角，牢牢把握海关发展的基本方向，能够精准回应新时代对海关内容更新提出的新要求。

从文化价值和实用意义来看，本书无疑是本佳作，既包含对新时代海关基础理论的论述，也包含对中国现代海关制度的思考；既对海关职能进行理论论述，又重视从生态安全、海关管理、法律制度、国际海关发展等多角度审视；既着眼于国内海关，又注重国际海关的视野；既关注中国新海关理论与政策，又包含国与国之间海关规则的比较；既与企业的发展需求相吻合，又顺应世界发展趋势和潮流。作者在编写过程中，借鉴、引用了国内外海关方面书刊资料和业界研究成果，权威性和科学性也是值得肯定的。我深以为这本书对全世界跨境事业的发展有非凡价值和卓越贡献。

黄宝荣

2024 年 5 月于甘肃兰州

前　言

海关学是一门以进出境监管活动为研究对象，以实现跨境通关安全为目标的学科。海关学庞博复杂，可以分为海关管理学、海关史学、海关法律、海关科技、海关公文等多个种类。本书由理论到实践，从国内到国际，先系统地阐释相关概念，再介绍具体实践流程与政策趋势，提出数百名高层次人才在国内外一线执法实践的思考和建议，全面清晰地论述了海关相关知识。

英语“customs”一词，最早指商人在贩运商品的途中缴纳的一种地方税，带有“买路钱”或港口、市场“通过费”“使用费”的性质。这种地方税取消后，“customs”一词则专指政府征收的进出口税，“the customs”是征收进出口税的政府机构，即海关，是对出入国境的一切商品和物品进行监督、检查并照章征收关税的国家机关。最早的外国海关机构出现在公元前5世纪中叶古希腊城邦雅典。11世纪以后，西欧威尼斯共和国成立以“海关”命名的机构，即威尼斯海关。在漫长的封建社会，各国除继续在沿海、沿边设置海关外，在内地水陆交通要道也设置了许多关卡。17、18世纪资本主义发展前期，海关执行保护关税政策，重视关税的征收，并建立了一套周密烦琐的管理、征税制度。进入19世纪，欧洲各国先后撤销内地关卡和关税，并且基本停止出口税的征收。

时至今日，国际海关可概括为以财政税收、国境安全为主要职能的两大组织形式。欧美一些国家的未来发展战略中，不但强调国内海关间、海关与其他政府机构间的资源整合，还提出推动实现国际海关间，海关与贸易、金融、物流等服务企业之间的协调与管理。美国海关提出综合性边境安全管理，通过加强与合作伙伴的协同，实现全面识别所处环境的潜在威胁，最大限度地使用、分享信息和情报，加强风险告知，情报驱动执法，努力推动与国内外合作伙伴的运作整合，强化与联邦、州、地区和国际执法部门之间的伙伴关系，通过一体化作业模式，利用所有能力尽早识别和锁定威胁，以有效遏制并阻断非法跨境活动。澳大利亚海关同本国执法部门共同建立了边境情报综合分析中心，提出了未来打造口岸联合执法治理模式。俄罗斯为了创造良好的对外贸易环境，通过加强参与国际合作机构和区域经济组织事务，积极开展与外国海关及其他主管机关、从事海关事务问题和打击国际犯罪的国际组织的合作，确保俄联邦海关法规得到遵守。日本、韩国、埃及、伊朗，以及英国等部分欧洲国家海关则长期以财税职能定位，通过配额、许可证等贸易管制措施培育经济。

1949 年 3 月 5 日，中国共产党第七届中央委员会第二次全体会议在西柏坡召开。毛泽东主持会议并作报告指出：立即统制对外贸易，改革海关制度。1949 年 5 月 31 日，中共中央委员会书记刘少奇主持起草《中国人民革命军事委员会关于建立中央财政经济机构大纲（草案）》，提出建立全国统一的、独立的海关领导机关的具体意见。1949 年 6 月，抚顺市委书记兼抚顺市卫戍司令部政委孔原奉调进京，负责筹备建立新中国海关总署工作。1949 年 9 月 23 日至 10 月 16 日，中央财政经济委员会在北京中央财政经济委员会海关处召开全国海关工作座谈会。会议的主要任务是研究拟订新中国海关的工作方针、职责任务、组织机构形式、领导体制和涉及海关业务与行政的验征、税则、查私、海务、统计、人事等问题。1949 年 10 月 19 日，中央人民政府委员会第三次会议任命孔原为中央人民政府海关总署署长，丁贵堂为副署长。1949 年 10 月 25 日，中央人民政府海关总署依据《中华人民共和国中央人民政府组织法》宣告成立。1949 年 11 月 1 日，中央人民政府海关总署在北京市东交民巷台基厂头条胡同 6 号正式对外办公。翌日，中央人民政府设立贸易部，下设商品检验处，负责指导全国商检工作。原国民政府设立的天津、汉口、上海、青岛、广州、重庆 6 个商品检验局先后由军事管制委员会接管，移交人民政权机关管理。1949 年 12 月 30 日，中央人民政府政务院第 13 次政务会议批准中央人民政府海关总署为中华人民共和国的国家行政机关，统一掌管全国一切海关事宜，并受政务院的领导及政务院财政经济委员会的指导，与贸易部保持密切联系，执行贸易部根据中央人民政府对外贸易政策法令所颁布的有关进出口货物的决定。新中国海关的正式成立，标志着中国海关彻底摆脱了外籍税务司控制，结束了长达 90 年“海关不独立、关税不自主”的屈辱历史，实现了中国海关主权的完全回归。

近现代阶段，中国海关职能定位处在维护开放与安全的“第一线”，致力于巩固完善境外、口岸、境内三道防线，坚持“人”“物”同防，严格实施入境人员卫生检疫，强化高风险货物、物品、运输工具风险监测，完善全球动植物疫情疫病风险监测机制，强化进出境动植物及产品检疫管理，综合治税，科学征管，依法征管，严厉打击象牙等濒危物种及其制品、洋垃圾、毒品、武器弹药、成品油等走私，推动合法贸易的便利化。新海关的概念于 2018 年提出，缘起于党的十九届三中全会审议通过的《中共中央关于深化党和国家机构改革的决定》和《深化党和国家机构改革方案》，十三届全国人大一次会议审议通过了国务院机构改革方案，明确“将国家质量监督检验检疫总局的出入境检验检疫管理职责和队伍划入海关总署”。在这样一个新的阶段，海关总署提出以机构改革为契机，坚持政治建关、改革强关、依法把关、科技兴关、从严治关等五关建设，对标国际最高标准、最高水平，坚持智慧海关、智关强国，努力建设新时代中国特色社会主义现代化新海关。

本书以 2018 年 4 月新海关成立为契机，历时数年，精诚磨砺，深耕基层一线实际，聚焦关键业务核心，2024 年 4 月完成最终版定稿终审。本书编写的目的是为提高海关工作人员的工作能力和素养，在全员参与的理念下，提高跨境行政执法的质量效益和执法安全。本书详细介绍了海关各部门、各环节的办事程序，并根据客观信息数据和发展态势提出优化政策制度的各方面建议，促进跨境贸易人员、货物通关便利化，实现中国在全球产业链、供应链、价值链体系中的利益最大化。

本书共有四篇十六章，以及附录，涵盖了口岸监管、检验检疫、税收征管、行政综合、国际海关等领域，全面展现海关的各部门、各环节以及各程序，力求让读者快捷获取相关知识，便利工作。

第一篇以监管和跨境流通业务为主题。

第一章以海关通关监管为主线，分别从海关货运监管、行邮监管和跨境贸易电子商务角度出发，较为全面地介绍了海关在监管方面的制度、职能、相关概念以及具体操作流程。海关监管以海关货物管理、非贸物品监管、海关物流监控、贸易管制和禁限管理、进出境运输工具监管及跨境电子商务管理等六个部分为主要框架，从货运的监管环节、货物种类、运输工具、管理制度等几个方面出发，介绍了完整的海关货运监管体系。海关非贸物品监管以海关非贸物品监管总体概述和典型的海关行邮监管两个方面为主要内容，同时介绍了跨境电子商务、跨境进口电商风险监测、营商环境优化等内容。

第二、三、四章以出入境物流检验检疫为主线，分别从出入境的货物、交通工具、人员等进行检验检疫、认证及签发检验检疫证明等监督管理角度，介绍机构设置、检验流程、审批办法、法律依据、海关动植物检疫理论、进出口食品安全检疫流程及审批办法、国际食品安全规定、危害分析与关键控制等内容。

第二篇以关税和自由贸易为主题。

关税是指一国海关根据该国法规，对通过其关境的进出口货物课征的一种税收。对于对外贸易发达的国家而言，关税往往是国家税收乃至国家财政的主要收入。政府对进出口商品都可征收关税，但进口关税最为重要，是主要的贸易措施。2024 年，中国对 107 项商品征收出口关税；2022 年，中国财政收入 203 703 亿元，其中海关税收入库 2.28 万亿元。2023 年，海关税收入库 2.21 万亿元；推进 RCEP 等 22 项优惠措施（税款减让 1 063 亿元）。本书第五章以海关税收征管为主线，从海关税收的基本概念及特点、经济职能、征收主体和法律依据、税收政策与征管方式、免税品和外汇免税商品管理、特定免税和退税政策等方面介绍了海关税收征管。

自由贸易区（港）一般是指进一步开放市场，分阶段、有条件地取消绝大部分货物的关税和非关税壁垒，区分一二线，简化或改善市场准入条件，开放投资，促进商品、服务、资本、技术、人员等生产要素的自由流动，实现贸易和投资的自由化，从而形成涵盖所有成员的一种特殊的功能区域。目前，中国共有 21 个自贸区（港），我国规定自贸试验区每个不超过 120 平方公里，分片区不得超过 3 个。本书第六章从中国自贸区（港）政策、海关监管体制、特殊监管区域三个部分，全面介绍了目前中国海关的自贸区监管情况。

为推进社会信用体系建设，建立企业进出口信用管理制度，促进贸易安全与便利，海关总署制定了《中华人民共和国海关企业信用管理办法》。本书第七章以海关企业信用管理、稽查、核查机制为核心，介绍了报关备案管理规则、企业分类管理制度和海关经认证的经营者（AEO）制度及企业的风险防范。同时阐述了稽查、核查在海关管理中的地位、作用和意义，介绍了海关稽查、核查的基本概念、基本方法和基本程序。

海关统计是海关依法对进出口货物贸易的统计，是国民经济统计的组成部分，是国家制定对外经济贸易政策、进行宏观经济调控的重要依据，是研究我国对外经济贸易发展和国际经济贸易关系的重要资料，客观反映了我国对外贸易和海关依法行政的过程和结果。本书第八章首先阐述海关统计的基本概念、性质和主要任务，再介绍海关统计的组织机构、制度和数据分析技术，较为全面地展现了海关统计全过程。

第三篇以口岸与生态安全为主题。

口岸是由国家指定的对外往来的门户，是国际货物运输的枢纽。海关口岸管理就是对口岸建设与开放的审批、规划，对口岸各部门单位关系的协调。本书第九章介绍了口岸管理部门的职责及口岸发展审批要点和今后的开放规划布局，描绘了口岸管理的现状。

第十、十一章以海关卫生检疫和生物安全风险防范为重点内容，包括国境卫生监督管理、特殊物品出入境、卫生检疫审批、国境卫生检疫法律规范、运输工具卫生监督管理、“口岸卫生许可证核发”行政审批、国门生物安全、海关风险防控等。

海关缉私部门已经划归公安部领导，位列十四局。海关缉私业务是指海关依照法律赋予的权力，在各监管场所和设关地附近的沿海沿边规定地区内，为发现、制止、打击、综合治理走私而进行的一种管理活动。本书第十二章对海关缉私的概念、任务、原则进行了阐述，对海关缉私权和缉私机构、惩罚制度、海关缉私业务进行了介绍。

第四篇以海关行政管理和国际发展合作为主题。

第十三章以海关职能配置、人员编制和海关行政管理为主，介绍了海关总署、直属海关、隶属海关以及相关单位的主要职责、与其他部委职能分工、内设机构及职责，同时介绍了海关财务、人力资源、教育培训、公文写作、应急管理等内容，融合了国际先进管理方法和理念。

实施依法治国基本方略、建设社会主义法治国家，是国家长治久安的根本保障。依法治国要求有法可依、有法必依、执法必严、违法必究。本书第十四章从海关法律法规、行政复议、行政诉讼和国家赔偿等方面介绍了海关法制的全貌。

科技是海关工作的基石，创新是海关工作的未来。推进“科技兴关”是贯彻落实习近平新时代中国特色社会主义思想的必然要求，是海关深化改革、强化监管优化服务的重要举措，是顺应世界海关发展潮流的客观选择。本书第十五章包含了海关科技、信息化、大数据信用管理、互联网+海关、技术架构等内容，展现了海关与科技的应用结合。2024 年 3 月，全国两会胜利召开，会上首次提出了“新质生产力”的概念，明确了新兴领域战略能力建设的有关战略和规划，包括提升经略海洋能力、航天体系建设、维护国家网络安全能力。

海关是祖国的大门，工作人员的执法权力也因此成为不法分子围猎的目标。一方面，要坚持从严治党、从严治关，逐步构建不敢腐、不能腐、不想腐的良好环境；另一方面，要坚持以情暖人，积极帮助关员解决问题和困难。第十六章分别阐述了中国海关廉政规定、监督机构和监督机制、廉政风险管理和廉政风险预警系统、督察内审等内容。结尾部分展望了未来海关加强自身改革创新与市场化、法制化、国际化发展之路。

附录以国际海关及国际组织为主，分为两大部分。附录一介绍了世界五大洲 42 个典型国家和地区进出境货物通关规则，附录二介绍了 20 个相关国际组织，为更多中国专家参与、制定、主导国际标准与法规提供参考。

最后对各部委、海关系统内外同事们，首都经济贸易大学出版社的老师和朋友们前期成果的参阅借鉴表示感谢。

目　录

第一篇　监管与跨境流通

第二篇　关税与自由贸易

第三篇　口岸与生态安全

第四篇 行政与国际发展

附录　各国（地区）通关规则和国际组织

第一篇　监管与跨境流通

我国进出境口岸通关管理涉及众多部门，包括海关、商务和外经贸主管部门、税务、运输、海事、银行、保险等。我国应当借鉴国际海关先进经验，加快推进口岸管理体制改革，实现真正意义上的包括海关、海事、边防等众多口岸管理部门在内的“大通关”。

美国建立了单一信息采集和传送自动化系统模式。该系统可以由公共管理部门或由商界负责管理、实施。其通过电子方式将采集、使用、传送跨边境贸易活动相关数据融为一体。贸易商只需提交一次标准数据，系统就会自动处理并传递到相关部门。荷兰海关的中央信息中心（DIC）是风险管理组织机构的重要组成部分。该中心针对风险较为集中的4大类商品，即消费品（非食品）、农产品、矿物和石油化工产品、酒类和烟草实行分类管理，进行风险信息的收集、分析和处置，制作风险信息情报。DIC组织专家确定各类风险参数标准，对于一票货物在抵港前和实际申报时，提供针对这票货物的初步风险分值，根据分值可将海关监管货物划分为红色（表示高风险，该区域货物占5%）、橙色（表示需重点核实的货物，该区域货物占20%）、白色（表示低风险，该区域货物占75%）3个风险等级。荷兰鹿特丹港拥有海关中央电脑系统SAGITTA，货物通关时由计算机自动依据风险分析给出橙、红、绿、白（与“实施风险管理”部分不一致）四色灯提示，以判定检验级别，其风险分析系统不仅包括货物信息（数量、品质、类型等），同时也包括企业以往的记录和信息，从而能得出客观公正的评价。新加坡也拥有类似的贸易网络系统（Trade Net System），只需15分钟即可完成通关，更主要的是，其海关作业各个环节均已实现全程联网式控制，其计算机网络已经构成一个完整的信息平台，出入放行、关税征收与减免、企业风险管理、账目审查、货物抽查，每一个环节均实现了计算机控制，且各个平台信息共享，极大地提高了作业效率，促进了贸易的便利化。香港也拥有完善的海关管理系统（Customs Control System，CCS），可以通过对一系列因素的综合分析，得出是否给予放行单或扣留通知书，且其电子管理系统交给私人运营商运行，极大地节约了成本，提高了效率。

世界海关组织曾经就“海关改革与现代化”对成员进行了一项全面调查，结果显示：75%的成员海关认为，“打击跨国犯罪，保护边境安全是未来海关面临的一个挑战”。当前，非传统职能扩张已经是世界海关发展的大势所趋，边境保护的范围已经从传统经济安全扩大到国家安全、社会安全、金融安全、国际贸易供应链安全、公共卫生安全等领域，中国海关的职能正由传统职能为主向传统与非传统职能并重调整，我们要未雨绸缪，提前规划，从理念思想、法规制度、执法技术、人员素质等方面做好海关职能拓展的应对准备。

第一章 五位一体的海关监管

海关是进出境监督管理机关，其核心业务是监管通关服务。传统意义上的海关监管内容可概括为货物监管和非贸易型物品监管、运输工具、区域场所三大部分。其中，货物监管主要指企业行为的进出口货物运输通关监管；非贸易型物品监管主要指除货物以外的其他所有物品，包括行李物品、外交外商用品、高层次和留学回国人员携带公自用物品、邮寄物品，以及部分快件和电商物品等。运输工具包括船舶、航空器、火车、汽车以及驮畜等其他运输工具。区域场所包括水路运输类海关监管作业场所、航空运输类海关监管作业场所、铁路运输类海关监管作业场所、公路运输类海关监管作业场所、邮快件类海关监管作业场所、储罐类海关监管作业场所、进口能源跨境管道境内计量站。具体是指海关特殊监管区域（目前167个）、保税监管场所（目前89个保税物流中心、数百个监管仓库等）、海关监管作业场所、免税商店，以及提供存放海关扣留货物的仓库或场地。

中国海关的核心职能与角色定位经历了一个逐步发展的过程，从最初的监管、征税、统计等“三位一体”，到1999年增加缉私部门后的“四位一体”，再到2018年增加检验检疫后的“五位一体”，展现了中国特色社会主义海关建设实践不断丰富、日趋完善的过程，标志着生态文明与生物安全双轮驱动达到了一个新水平。

“五位一体”的海关监管可细分为五条工作主线：一是着力构建全链条安全监管体系。提高事前环节风险布控精准性，完善全领域、全渠道、全链条风险一体化防控机制；提高事中环节查检征管规范性，强化“口岸+属地”联动监管，开展“打击进出口危险品伪瞒报专项行动”；扩大并提高事后环节稽查打私有效性，巩固提升稽查作业效率，开展“国门利剑”等专项行动，保持打击走私高压态势。二是着力守牢第一道外防输入关口。毫不松懈做好口岸卫生检疫，从严从紧实施进出境动植物检疫，严防重大动植物疫情传入和外来物种入侵，促进跨境电商、海外仓等新业态发展，支持先进技术、重要设备、粮食能源等产品进口，确保产业链、供应链安全稳定。三是着力服务高质量共建“一带一路”。积极共享、科学推动、引领主导全球法规与标准，推动“经认证的经营者”（AEO）互认、国际贸易“单一窗口”建设对接、电子单证联网、关铁通等务实合作项目。四是着力打造高水平对外开放平台。大力支持海南自由贸易港建设，对标济州岛免签政策和亚太最发达经贸区域人员、货物通关程序，瞄准2025年全岛封关运作，深化升级“一线放开、二线管住”模式，进一步出台支持综合保税区高质量发展综合改革措施，落实自贸试验区提升战略。五是以人才为核心，强化育选管用全链条管理，大力培养、发现、使用优秀年轻干部，用好各年龄段优势人力资源。健全海关全面从严治党责任体系，拓展“制度+科技”运用，持续深化打私反腐“一案双查”，深入推进新时代海关廉洁文化建设，建设清廉海关，使各项工作更好体现时代性、把握规律性、富于创造性。

从贸易类型看，既有传统的一般贸易、加工贸易，又有新兴的跨境电商、市场采购等新业态。从监管职责看，既要防范疫情疫病，还要拦截红火蚁、沙漠蝗等外来物种；既要检验铁矿石、危险化学品，又要确保进出口食品“舌尖上的安全”；既要打击洋垃圾、毒品走私，又要查出邮包里的“问题地图”、反宣品等；既要查出夹藏的象牙、文物，又要拦截躲藏在集装箱里的老鼠、蟑螂等。2022年，全国海关截获有害生物58万种次，监管进出口危化品5.9亿吨，退运、销毁不合格食品、化妆品2 900批，查获各类违禁品120万件，毒品2.8吨。贸易规模大、贸易形态多、监管要求高、安全压力大，做到“管得住、放得开、通得快”，是海关改革创新的动力。坚持党对海关的全面领导，坚持社会主义现代化海关的改革方向，以改革和科技双轮驱动，以智慧海关为抓手推进现代化海关改革，建成引领国际海关监管标准与潮流、服务我国高质量发展的世界一流海关。

第一节　货物通关监管与知识产权保护

一、货物通关监管

（一）货物通关监管基本流程

海关对进出口货物的通关监管流程包括申报、查验、检检、征税、放行等。

1. 申报。《中华人民共和国海关法》（以下简称《海关法》）规定，办理进出口货物的海关申报手续，采用纸质报关单和电子数据报关单的形式。

2. 查验。查验是海关为核实进出口货物的性质、状况、数量等是否与进出口货物报关单证所列内容相符，对货物进行的实际检查，是海关对进出口货物现场监管的重要环节。进出口货物的实际状况是否与申报内容相符，有无伪报、瞒报、混藏、夹带等走私违规情事，必须通过查验才能了解。

3. 检验。货物通关检验通常在现场由查检人员完成，具体职责包括进出口货物及其携带木质包装、出境伴侣动物的检验、检疫工作，以及普通货物现场检疫处理监督及场所管理；负责检疫处理企业监管工作，承担两简案件、检验检疫案件和缉私办理案件线索移交工作。

4. 征税。征税和统计业务主要是办理归类和审定价格等业务，依托前述查检货物工作取得有效依据。

5. 放行。物流监控与放行是海关对进出境货物实施现场监管的后续工作环节，指海关对进出境货物，在审单、查验，并办理征收税费或担保手续后，准许其提离海关监管现场或装运出境的行为。事实上的放行必须以海关审单和查验完毕并办理完征收税费或提供担保等手续作为前提条件。对于一般的进出口货物而言，因其应照章缴纳税费，在放行时，海关手续均已办结。对于减免税、保税、暂准进出口货物而言，或者关税可以暂予免纳，或者可以在规定条件下享受免税优惠，因而放行时海关手续未完结。进出口货物在海关放行后有两种不同的状况：一般进出口货物在海关放行后由当事人自由处置；减免税、保税、暂准进出口货物由当事人在规定范围内处置（使用、储存、加工），待监管年限到期或办理核销手续后，办结海关手续。

（二）海关监管的基本原则

一是进出境货物一般应当通过设有海关的地点进境或出境，并接受海关监管；以抵港直装、船边直提等方式进出境货物，不用进海关监管场所。二是进口货物应当自运输工具申报进境之日起 14 日内，出口货物除海关特准的外，在装货的 24 小时以前，向海关申报；进口货物中超期申报的，由海关征收滞报金。三是当事人应向海关申报，交验单证，国家限制进出口商品应交验进出口货物许可证及其他批件，交纳税费。四是海关查验货物时，当事人应当到场，并负责搬移货物，开拆和重封货物包装。海关认为必要时，可进行开验、复验或者提取货样；进出境货物在海关监管期间，非经海关许可，任何单位和个人不得装卸、搬移、交付、提取、开拆、改装、调换、抵押、转让或者更换标记；存放海关监管货物的仓库、场所的经理人应当按照海关监管法的规定，办理收、存、交付手续；在海关监管区外存放海关监管货物，应经海关同意，并接受海关监管；各类保税货物、特定减免税货物、暂时进出口货物，事先需经海关备案、审核和批准。

（三）进口流程

第一步，预录入。区域内企业根据报关单填制规范，按有纸或通关无纸化方式录入电子数据报关单、传输随附单证，向海关申报。

第二步，电子审单。海关计算机系统对报关单电子数据进行规范性、逻辑性审核。对不能通过规范性审核的电子数据报关单，系统不接受申报；对通过审核且满足一体化逻辑检控条件的电子数据报关单，系统设置相应的报关单标志，相关报关单审核界面均显示“区域一体化”字样。

第三步，通道判别。系统根据区域风险参数进行风险分析，并根据区域通道参数条件进行判别。对需由人工专业审核的，转区域审单中心专业审单人员进行审核；不需人工审单的，由计算机自动审结。

第四步，人工审单。专业审单关员根据相关作业规范、系统提示的重点审核内容等，对报关单进行人工审核，并根据审核情况确定报关单后续处置方式。审核通过的，审结报关单；审核认为需转至本审单分中心其他岗位或其他审单分中心的，进行“内转”操作；认为需转至申报地海关接单现场的，进行“外转”操作。审核认为需企业补充资料或沟通协商的，进行“挂起”操作。如系统中已储存专业审单关员工号和电话号码，系统告知企业关员姓氏和联系方式。审核认为需查验的，可下达布控指令；审核不通过的，选择“退单”，并告知企业退单原因。

第五步，发送税费指令。涉税报关单审结后，系统向企业发送电子税费缴款通知，企业可采用“电子支付”方式办理税费缴纳手续。

第六步，现场接单。审结后的报关单转申报地海关接单现场，按有纸或通关无纸化现有作业规程进行分拣及接单审核处理。

第七步，布控查验。申报地海关可在人工审单、现场接单环节下达即决式布控指令，或使用“查验设定”功能下达即决式布控指令，也可以在查验环节下达二级预定式布控指令。报关单被布控查验后，企业可自主选择在口岸地或申报地实施查验。口岸地查验由申报地海关告知企业货物需查验。企业至口岸地海关查验部门办理查验手续。口岸地海关根据企业申请安排查验计划，按现有规定细化查验指令，并实施查验，查验完毕后录入查验结果。申报地查验一般包括申报地海关告知企业货物需查验；企业向申报地海关提出转运分流申请；申报地海关审核同意后，通知口岸地海关办理跨关区转运分流；口岸地海关同意转运分流的，企业至口岸地海关办理转运分流手续，按转关方式将货物转往申报地海关；转关运抵后，申报地海关按现有规定细化查验指令，并实施查验，查验完毕后录入查验结果。

第八步，货物放行。无查验的，由申报地海关完成放行作业。如口岸地海关已使用新舱单系统，由 H2018 系统根据电子理货信息完成报关单自动放行操作。有查验的，根据查验结果确定后续处置方式。查验正常的，由查验地海关录入查验处理结果，并完成放行作业。如报关单尚未完成相关通关手续，由申报地海关办结通关手续，并完成放行作业。查验异常的，由申报地海关进行查验后续处理，并通知口岸地海关录入查验处理结果；如需放行的，由申报地海关完成放行作业。

第九步，货物提取。海关完成报关单放行后，企业凭海关电子或纸质放行凭证到监管场所办理货物提取手续。

第十步，结关。进口货物放行即结关。

二、暂时进出口境及特殊货物监管

（一）暂时进出口境货物

暂准（时）进出口，特指经使用后须原状复出口或复进口的行为。海关监管是以经营暂准进出口业务的企业或单位，按照海关对暂准进出口货物监管的各项具体规定，按特定目的使用后原状复运出（进）口为基本目标，对不能原状复运出（进）口的，则重新办理进口纳税手续。

监管作业程序包括受理进口前备案及预申报，是对进出口展览品的特殊监管措施。对于其他暂准进出口货物也可根据具体情况，经海关批准，在进口前预申报，实际进出口时可简化手续，加速放行。暂准进口货物现场监管阶段，海关的任务是受理暂准进出口申报，凭当事人提供的 ATA 单证册①，对没有实行 ATA 单证册的，凭当事人提供的担保经选择查验和复核放行，允许货物在暂予免税的情况下进出境使用。暂准进出口的货物按规定应该用于事先确定的特定目的，在这个阶段，海关的任务是根据暂准进出口货物的性质和使用情况，有选择地抽查实际使用状况。对货物在使用期间因故、因需做出各种处理的，应区别情况处理，办理相应的手续。暂准进出口货物在境内外的使用均有规定的期限，期满前均应复出（进）口。海关应验凭原 ATA 单证册，办理复出（进）口手续。对留购境内（外）的，则应重新按正式进出口办理海关手续。暂准进出口货物经使用并按实际去向办理了相应的手续，当事人应持 ATA 单证册至备案地或原进出境海关办理核销手续，对没有采用 ATA 单证册的凭保证函及原进口货物报关单办理核销手续。海关在核对无误后，即应撤销担保。

（二）特定减免税货物

特定减免税货物是海关根据国家的政策规定准予减税、免税进口，使用于特定地区、特定企业和特定用途的货物。特定地区指中国关境内由行政法规规定的某一特别限定区域，享受减免税优惠的进口货物只能在特别限定的区域内使用。特定企业指由国务院制定的行政法规专门规定的企业，享受减免税优惠的进口货物只能由这些专门规定的企业使用。特定用途指国家规定可以享受减免税优惠的进口货物，只能用于行政法规专门规定的用途。

“特定减免税进口”指货物在进口时减或免纳进口各税，进口后必须在特定的条件和规定的范围内使用，直至监管时限到期经核销后解除海关监管的结关制度。特定减免税是中国关税优惠政策的重要组成部分，是国家向符合条件

① ATA 单证册，全称 Admission Temporaire Carnet，是世界海关组织为暂准进口货物专门创设的一份国际通用的海关文件。

的进口货物使用企业提供的关税优惠，其目的是优先发展特定地区的经济，鼓励外商在中国的直接投资，保证国有大中型企业和科教文卫事业的发展。这种关税优惠具有鲜明的特定性，只能在国家行政法规规定的特定条件下使用。特定减免税货物的去向是内销，原则上受进出口许可证制度和国家各项进出口制度的管制。进口货物享受特定减免税的条件之一就是在规定的期限，使用于规定的地区、企业和用途，并接受海关监管。货物在规定的监管期限内脱离规定用途或超出规定的区域范围使用，需视同一般进口货物补征各项进口税。经海关核查监督，货物能按规定合法正常使用的，在期限届满时可解除海关监管。

（三）过境货物

过境货物是从境外起运，在中国境内不论是否换装运输工具，通过陆路运输，继续运往境外的货物。与中国签有过境货物协定的国家的过境货物，或属于同中国签有铁路联运协定的国家收、发货的过境货物，按有关协定准予过境；对于同中国未签有上述协定的国家的过境货物，应当经国家经贸、运输主管部门批准，并向入境地海关备案后准予过境。“经营人”指经国家经贸主管部门批准、认可具有国际货物运输代理业务经营权，并拥有过境货物运输代理业务经营范围（国际多式联运）的企业。经营人持主管部门的批准文件和市场监管部门颁发的营业执照，向海关申请办理报关注册登记手续。“承运人”指经国家运输主管部门批准从事过境货物运输业务的企业。过境货物进境后因换装运输工具等原因需卸地储存时，经海关批准并在海关监管下存入海关指定或同意的场所。过境货物自进境之日起超过规定的 3 个月期限未向海关申报，根据《海关法》的规定由海关提取依法变卖处理。海关在对过境货物监管过程中除发现有违法或者可疑外，一般在做外型查验后予以放行。查验时，经营人或者承运人应该到场，负责搬移货物，开拆和重封货物的包装。过境货物在境内发生灭失和短少时（除不可抗力原因外），经营人负责向出境地海关补办进口纳税手续。

（四）转运货物

转运货物是由境外起运，通过中国境内设立海关的地点换装运输工具（转运的条件），而不通过境内陆路运输，继续运往境外的货物。载有转运货物的运输工具进境后，承运人在进口载货清单上列明转运货物的名称、数量、起运地和到达地，并向海关申报。转运货物换装运输工具时，应接受并配合海关的监装、监卸直至货物装运出境为止。转运货物需在规定时间内运送出境。外国转运货物在中国口岸存放期间，不得开拆、改换包装或进行加工；需在 3 个月内办理海关手续并转运出境。对转运货物，一般只做外型查验。

（五）通运货物

通运货物是从境外起运，不通过中国境内陆路运输，运进境后由原运输工具载运出境的货物。运输工具进境时，运输工具负责人在船舶进口报告书或在国际民航飞机的进口载货舱单上注明通运货物的名称和数量。海关在运输工具抵、离境时予以核查，并监管通运货物出境。运输工具装卸、移动货物时，需向海关申请，在海关的监管下进行。

（六）无代价抵偿进口货物

无代价抵偿进口货物是进口货物在征税或免税放行之后，发现货物残损、短少或品质不良，而由境外承运人、发货人或保险公司免费补偿或更换的同类货物。无代价抵偿货物进口时，收货人在进口货物报关单上的贸易性质栏内填写“无代价抵偿货物”，并附上原进口货物报关单、税款缴纳证和商检证书或与境外发货人签订的索赔协议书。对原货已退运境外的，还应附有经海关签章的出口货物报关单。如无代价抵偿货物进口时不向海关报明，或虽报明但所附单证不齐，不足以证明为无代价抵偿货物的，按一般进口货物办理海关手续。无代价抵偿进口货物属于国家限制进口商品的，如与原进口的货物在品名、数量、价值及贸易性质等方面完全一致，可以在原进口货物退运出口条件下免予另办许可证。但如原货不退运出口，则应补办许可证。

（七）进口溢卸、误卸货物

进口溢卸货物指未列入进口载货清单、运单的货物，或者多于进口载货清单、提单、运单所列数量的货物。进口误卸货物指将运境外港口、车站或境内其他港口、车站而在本港（站）卸下的货物。进口误卸、溢卸货物，经海关审定确实的，由载运该货物的原工具负责人，自该运输工具卸货之日起 3 个月内，向海关申请办理退运出境手续；或者由该货物的收发货人，自该运输工具卸货之日起 3 个月内，向海关申请办理退运或者申报进口手续。经载运该货物的原运输工具负责人，或者该货物的收发人申请，海关批准，可以延期 3 个月办理退运出境或者申报进口手续。超期海关将提取依法变卖处理。

（八）所有人放弃的进口货物

进口货物的收货人或其所有人声明放弃的进口货物，由海关提取依法变卖处理。国家禁止或限制进口的废物、对环境造成污染的货物不得声明放弃。除符合国家规定并办理申报进口手续准予进口的外，由海关责令货物的收货人或其所有人、载运该货物进境的运输工具负责人退运出境；无法退运的，由海关责令其在海关和有关主管部门监督下予以销毁或者进行其他妥善处理，销毁和处理的费用由收货人承担；收货人无法确认的，由相关运输工具负责人及承运人承担。违反国家有关法律法规的，依法追究刑事责任。由海关依法变卖处理的放弃进口货物的所得价款，在优先拨付变卖处理实际支出的费用后，再扣除运输、装卸、储存等费用。所得价款不足以支付上述运输、装卸、储存等费用的，按比例支付。尚有余款的，上交国库。

（九）超期未报关货物

超期未报关货物指收货人自运输工具申报进境之日起，超过 3 个月未向海关申报的进口货物。超过 14 日未向海关申报的，由海关按规定征收滞报金。超过 3 个月未向海关申报的，按下列规定处理：①进口货物由海关提取变卖处理；②所得价款在优先拨付变卖处理实际支出的费用后，按运输、装卸、储存、进口关税、进口环节代征税、滞报金的顺序扣除相关费用和税款。

（十）进口超期未报货物

进口超期未报货物如属于危险品或者鲜活、易腐、易烂、易失效、易变质、易贬值等不宜长期保存的货物，由海关根据实际情况提前变卖处理。按照规定扣除费用和税款后尚有余款的，自货物依法变卖之日起 1 年内，经进口货物收货人申请，予以发还。其中属于国家限制进口的，应当提交许可证件，不能提供的不予发还。不符合进口货物收货人资格、不能证明对进口货物享有权利的，申请不予受理。逾期无进口货物收货人申请、申请不予受理或者不予发还的余款上缴国库。申请人申请发还余款的，应当提供证明其为该进口货物收货人的相关资料。经海关审核同意后，申请人应当按照海关对进口货物的申报规定，补办进口申报手续，并提交有关进口许可证件和其他有关单证。不能提交有效进口许可证件的，由海关按照行政处罚实施细则，按“无证进口”的规定处理。

（十一）超期保税货物

保税货物、暂时进口货物超过规定的期限 3 个月，未向海关办理复运出境或者其他海关手续的，以及过境、转运、通关货物超过规定的期限 3 个月，未运输出境的，比照超期未报货物处理。上述超期未报关进口货物、误卸或者溢卸的进境货物和放弃进口货物在《实施检验检疫的进出境商品目录》范围的，由海关在变卖前提请出入境检验检疫机构进行检验、检疫，检疫的费用与其他变卖处理实际支出的费用从变卖款中支付。

（十二）退运进出口货物

退运进出口货物是货物因质量不良或交货时间延误等原因，被国外买方拒收退运或因错发、错运造成的溢装、漏卸而退运的货物。原出口货物退运进境时，原发货人或其代理人应填写进口货物报关单向进境地海关申报，并提供原货物出口时的出口报关单，以及保险公司证明、承运人溢装、漏卸的证明等有关资料。原出口货物海关已出具出口退税报关单的，应交回原出口退税报关单或提供主管出口退税的税务机关出具的出口商品退运已补税证明，海关核实无误后，验放有关货物进境。原出口货物退运进口，经海关核实后不予征收进口税款，但原出口时需要征收出口税的，原征出口税款不予退还。因故退运出口的境外进口货物，原收货人或其代理人应填写出口货物报关单申报出境，并提供原货物进口时的进口报关单，以及保险公司、承运人溢装、漏卸的证明等有关资料，经海关核实无误后，验放有关货物出境。原进口货物退运出口时，经海关核实后可以免征出口税，但已征收的进口关税不予退还。

（十三）出口退关

出口退关指出口货物在向海关申报出口被海关放行后，因故未能装上出境运输工具，请求将货物退运出海关监管区不再出口的行为。对于出口退关货物，出口货物的发货人及其代理人应当在得知出口货物未装上运输工具，并决定不再出口之日起 3 日内向海关申报退关，经海关核准且撤销出口申报后方能将货物运出海关监管场所。已缴纳出口税的退关货物，可以在缴纳税款之日起 1 年内提出书面申请，向海关申请退税。

三、知识产权海关保护

知识产权指人们利用自己的知识，用脑力劳动所创造的智力成果而依法享有的一种权利，因此又称智力成果权。近年来，在国际贸易领域，知识产权纠纷案件不断增多。我国针对不同的知识产权类型及其保护要求，从国家到地方均设置了相应的履行知识产权保护职责的行政管理部门。从国家层面看，行政管理部门主要包括国家知识产权局、国家市场监管局、国家版权局（新闻出版总署）、商务部、国家林业局、国家农业部、海关总署等；从地方层面看，则主要由上述部委所属、所对口指导的口岸海关或地方行政管理部门履行保护职责。2023 年 3 月，二十届二中全会将知识产权局调整为国务院直属机构。

海关作为进出境监督管理机关，根据《海关法》的规定承担对与进出境货物有关的知识产权实施保护的职责，依法采取措施制止侵犯知识产权货物的进出境。海关知识产权保护的范围包括商标专用权、著作权和与著作权有关的权利、专利权、奥林匹克标志专用权等。根据近几年查获的案件情况看，海关在进出境环节查获的主要是侵犯商标专用权的货物。时至今日，企业依旧存在对知识产权相关法律规定认识的不足和偏差，导致侵权违法行为的发生。

知识产权具有无形性、专有性、地域性、时间性和可复制性的特点。世界贸易组织关于《与贸易有关的知识产权协议》将与贸易有关的知识产权的范围定为著作权、商标权、地理标志权、工业品外观设计权、专利权、集成电路布图设计权以及未披露过的信息专有权等。这些权利均属“私权”范畴。1995 年 7 月 5 日，国务院发布了《中华人民共和国知识产权海关保护条例》（以下简称《条例》）。2018 年 3 月 19 日，根据《国务院关于修改和废止部分行政法规的决定》对《条例》予以第二次修订。《条例》把中国知识产权海关保护的适用界定为：海关对与进出口货物有关并受中华人民共和国法律、行政法规保护的商标专用权、著作权和与著作权有关的权利、专利权（以下统称“知识产权”）实施的保护。国家禁止侵犯知识产权的货物进出口。

知识产权海关保护是海关对与进出口货物有关并受中国法律、行政法规保护的商标专用权、著作权和与著作权有关的权利、专利权、世界博览会标志、奥林匹克标志专有权实施的保护。能够向海关总署提出知识产权海关备案申请的，只能是有关知识产权的权利人，即商标注册人、专利权人、著作权人以及与著作权有关的权利人和奥林匹克标志、世界博览会标志权利人（境内权利人可以直接或者委托境内代理人提出申请，境外权利人应当由其在境内设立的办事机构或者委托境内代理人提出申请）。对于共有知识产权，只要其中任何一个权利人已向海关总署提出备案申请，其他权利人就无须再提出申请。具有共同权利人的，提交共同权利人的证明文件，如无法提供，建议将其添加为合法使用人。

海关可以采取依申请保护和依职权保护两种执法模式。依申请保护指知识产权权利人发现侵权嫌疑货物即将进出口，可以向货物进出境地海关申请，由海关依法对货物实施扣留，并由权利人依法向人民法院提起诉讼的知识产权保护措施。依职权保护指海关发现进出口货物涉嫌侵犯已备案知识产权的，通知权利人并由权利人申请扣留，由海关依法对货物实施扣留，对知识产权状况进行调查并依法做出行政处理决定的知识产权保护措施。海关认定侵权的，依法没收并对当事人实施罚款；对涉嫌犯罪的，移送公安机关办理。

知识产权海关保护备案是海关采取依职权保护的前提条件。海关仅对涉嫌侵犯在海关总署备案的知识产权的货物进行调查处理。知识产权权利人办理知识产权海关保护备案，能协助海关在日常监管过程中及时发现侵权嫌疑货物。知识产权备案的相关信息向社会公开，知识产权权利人办理备案，可以对进出口侵权货物的企业起到警告和震慑作用，也可以为从事涉外定牌加工的企业提供查询知识产权状况的途径，防止发生侵权。

根据《关于暂停收取海关知识产权备案费的公告》（海关总署公告 2015 年第 51 号），自 2015 年 11 月 1 日（含本日）起向海关总署申请知识产权保护备案的，海关总署暂停收取备案费。知识产权权利人可以向货物进出境地海关负责知识产权保护的部门提出扣留申请，由进出境地海关审核后采取知识产权保护措施。海关总署自收到全部申请文件之日起 30 个工作日内做出是否准予备案的决定，并书面通知申请人；不予备案的，同时说明不予备案的理由。申请变更代理人时，已添加的合法使用人不受影响。知识产权备案失效后，不能申请续展。权利人必须重新提交备案申请，即在知识产权保护系统重新提交备案申请。为避免出现这种情况，对有效的知识产权，知识产权权利人可以在知识产权海关保护备案有效期届满前 6 个月内向海关总署申请续展备案，每次续展备案的有效期为 10 年。个人携带或者邮寄进出境的物品，超出自用、合理数量并侵犯知识产权的，按照侵权货物处理。进出境旅客或进出境邮件的收寄件人认为海关扣留的物品未侵犯知识产权或者属于自用的，可以向海关书面说明有关情况并提供相关证据。

知识产权海关保护系统是海关总署秉承“便捷、高效、透明、好用”的思路建设并投入使用的，为社会公众、进出口企业、知识产权权利人等办理知识产权海关保护相关事宜提供网上服务的在线平台，其功能包括在线查询备案信息、提交备案申请和进行备案信息自我管理等。用户可直接通过系统网址（http://www.haiguanbeian.com/）访问平台首页，也可以通过海关总署官网首页中上部“互联网+海关主题栏目”链接进入该系统办理备案和其他业务。知识产权海关保护备案自海关总署准予备案之日起生效，有效期为 10 年。知识产权海关保护备案有效期届满而不申请续展或者知识产权不再受法律、行政法规保护的，知识产权海关保护备案随即失效。在申请文件不齐全或者无效、申请人不是知识产权权利人以及知识产权不再受法律、行政法规保护等情况下，海关总署不予备案。知识产权备案情况发生改变的，知识产权权利人自发生改变之日起 30 个工作日内向海关办理备案变更或者注销手续。知识产权权利人未依照规定办理变更或者注销手续，给他人合法进出口或者海关依法履行监管职责造成严重影响的，海关可以根据利害关系人的申请撤销备案，也可以主动撤销备案。

社会公众无需注册或登录系统，直接在首页点击“查询有效备案”链接即可查询在海关总署备案的权利情况。社会公众可以根据已知信息，精确查询符合条件的所有在海关备案的有效知识产权。以查询“耐克创新有限合伙公司”在海关备案的商标权为例：公众在权利人名称中输入“耐克创新有限合伙公司”，备案权利类别选择商标权，点击精确查询，即可得到“耐克创新有限合伙公司”的全部有效商标权海关备案。社会公众使用模糊查询功能，可以查询包含查询条件的所有海关备案信息。如在权利人名称栏目中输入“耐克”，点击模糊查询，即可得到权利人名称中包含“耐克”的备案信息。社会公众也可根据需要，输入已知的备案号、权利名称、权利号、权利人国别、备案权利类别、备案内容类型等信息中的一项或数项进行组合查询。

向海关总署申请知识产权备案应当提交申请书，申请书包括知识产权权利人的名称或者姓名、注册地或者国籍等；知识产权的名称、内容及其相关信息；知识产权许可行使状况；权利人合法行使知识产权的货物的名称、产地、进出境地海关、进出口商、主要特征、价格等；已知的侵犯知识产权货物的制造商、进出口商、进出境地海关、主要特征、价格等。

《中华人民共和国专利法》规定，专利权人在专利授权后需要每年在规定期限内缴纳年费，否则该专利将终止。对已经核准的专利备案，海关将对其是否缴纳年费的情况进行审查，以确定海关是否继续对该专利予以保护。审查的方式是由专利权人填写年费表单并上传能够证明年费已缴纳的专利登记簿副本。经总署审核后，该备案在专利登记簿副本记载的下一年有效期前有效。超过年费有效期权利人不上传年费证明的，该专利备案在年费有效期限届满后效力中止（系统通过类似备案届满的方式处理），但权利人在效力中止后又上传年费证明的，该备案可以恢复。

第二节　外交外商与高层次人才等非贸易物品监管

一、非贸易性物品监管制度

非贸易性物品监管主要指除货物以外的其他所有物品，包括行李物品、外交外商用品、邮寄物品和部分快件等。进出境非贸易性物品系供个人自用性质而非买卖经商之物，国际海关公约对个人物品的规定为“不包括进出口商业性物品”。物品是相对于货物的一个概念，《海关法》中的“物品”包括行李物品与邮递物品，其中行李物品指旅客为其进出境旅行或者居留的需要而携带进出境的物品；邮递物品指通过邮政企业寄递进出境的物品。非贸易性物品的范围除旅客行李物品、邮递物品、运输工具服务人员自用物品外，还包括礼品、货样、广告品、展览品等，但货样、广告品等在海关业务分工上一般由货运部门管理。

行邮物品涵盖的范围很大，进出境物品监管主要集中在进出境旅客携带的个人行李物品和个人邮递物品监管，通常被称为行邮物品监管。对进出境旅客行李物品和个人邮递物品的监督管理，是中国海关的一项重要任务，也是海关监管工作的重要组成部分。行邮物品的基本范围是个人自用物品、常驻机构公用物品及非为商业目的进出境的其他物品。按物品所涉及的监管对象、进出境目的、用途等划分，可细分为：进出境旅客行李物品；进出境运输工具服务人员的行李物品；经常进出境人员携带的自用物品；外商常驻机构及人员的公私用物品；驻华外国使（领）馆和国际机构及其人员的公私用物品；进出境个人邮递物品；进出口个人快递物品；非贸易性质的印刷品及音像制品；境内外机关、团体等机构单位相互馈赠的礼品。

为适应市场发展需要，国务院关税税则委员会与时俱进，对进境物品进口税进行调整。2019 年 4 月，国务院关税税则委员会决定对进境物品进口税即“行邮税”进行调整，行邮税税率整体下调，重点下调了日用消费品的行邮税税率，婴儿奶粉等食品、手机和数码照相机等信息技术产品的行邮税率从15%下调为13%；纺织品、箱包、鞋靴、家电、摄影（像）设备等物品的行邮税率从25%下调至20%，以利于扩大进口和消费，更好地满足人民群众消费升级的需求。海关对国家规定减按3%征收进口环节增值税的进口药品，按照货物税率征税。自2023年6月起，海关行邮税“财关库银”电子缴税业务在全国开展。

二、旅客行李物品监管制度

为了统一验放规定，简化验放手续，目前，根据国际惯用的办法，海关对进出境旅客实行分类管理，将进出境旅客按照通常定居地分为两类：居民和非居民。居民旅客指出境居留后仍回到境内其通常定居地者，包括各类因公或因私出入境的境内居民，如派往驻外机构的工作人员，赴境外访问、经商、学习、交流、探亲和旅游人员等。非居民旅客指进境居留后仍回到境外其通常定居地者，包括港澳旅客、台湾旅客、华侨、外籍华人和外国籍旅客等。《中华人民共和国海关对进出境旅客行李物品监管办法》（2017修订）将进出境旅客按时间长短分为4类：短期旅客、长期旅客、定居旅客和过境旅客。按照旅客携带行李物品进出境的方式，行李物品可分为4类：旅客本人随身携带进出境的行李物品；随旅客本人乘坐的运输工具、由运输部门发运的行李物品；旅客本人不进出境而委托他人进出境的行李物品；旅客在进境后或出境前的规定期限内运进或运出的行李物品。

行李物品监管的基本流程是申报、查验、放行。海关根据查验结果，具体办理免税、征税、扣留、退运等手续。

申报是进出境旅客通关的第一个环节，在海关《关于进出境旅客通关的规定》中，海关制定了对进出境旅客申报行为、形式、时限、内容、单证、法律责任等方面的规范。旅客在进出境时，对所携带物品能否按海关规定申报直接关系到海关能否准确界定旅客进出境应承担的法律责任。需向海关办理申报手续的旅客，应填写旅客行李物品申报单，选择申报通道主动向海关申报，海关凭以办理征税、免税、退运、扣留以及放行手续；不需向海关办理申报手续的旅客，可从无申报通道过关。

查验是海关法赋予的权利，也是海关完成监管任务所必须具有的权利，是海关对物品做出各种处理的主要依据。除享受免验待遇的旅客外，海关均可依法行使检查权。海关依据风险分析确定重点，选择符合风险特征的旅客实施查验。查验的目的是核对进出境旅客对其行李物品所做的申报是否属实；检查有无未经特许携带国家禁止、限制进出境的物品；确定应予免税、征税或退运或需做其他处理的物品。查验工作制度是双人作业制度。在进行开箱查验或人身探测、人身检查等重点查验时，除主办关员外，还应有一名关员在场协办；查验要遵守请示报告制度。

旅检现场的查验种类主要有三种：第一种，技术检查。使用现代化科技手段，如行李检查机、毒品检测仪、安检门等技术检查设备对旅客的行李物品进行检查。技术检查主要用于筛选重点查验对象，为下一步查验打下基础。第二种，开箱查验。现场关员根据情报线索或经技术检查或察言观色发现可疑迹象后，初步确定重点查验对象，必要时可对其行李物品进行开箱查验。查验时，物品所有人应当到场并负责搬移物品，开拆和重封物品的包装。第三种，人身（体）检查。对有利用人身（体）走私嫌疑的旅客，海关可依法对其进行检查。对走私嫌疑人的身体检查涉及人身自由，必须十分慎重，应当严格执行审批制度和操作规程。

征税、免税指旅客携运的在规定征税或免税范围内的物品予以征税或免税放行。对超过免税范围但仍属自用的物品，经海关核准后，可予征税放行。退运指旅客携运进境或出境的物品有超出自用合理数量范围或超出海关规定的物品品种、规格、限值等情形的，海关对有关物品做出的退出境外或退回境内的处理。扣留指旅检现场查获旅客携带的少量禁止进出境物品，或有关物品无法即时定性处理而需要进一步鉴定或调查时，海关对有关物品做出的暂扣或没收处理。

三、外国驻华使领馆公私用物品的监管

大使馆和领事馆，作为外交部领导的驻外机构，是由国家派驻外国、代表国家对外办理有关外交事务的专门机构，执行外交部及其他有关政府部门的各项指令，致力于维持和推进本国各方面的对外交往。外国驻华使领馆公务物品是使领馆执行职务直接使用的物品，包括家具、陈设品、办公用品、招待用品和机动车辆等。外国驻华使领馆人员自用物品指使领馆人员和与其共同生活的配偶及未成年子女在中国居留期间直接使用的生活用品，包括家具、家用电器、厨房用品、食品、服装、书报杂志、机动车辆等。

海关凭外交官、领事官本人所持护照上的驻外签证机关给予的外交签证（互免签证的凭外交护照）及外交部、地方外事办公室颁发的外交官证、领事官证，确定其身份，并按有关规定办理进出境物品手续。外交官、领事官在任职期间运进，经海关核准在其家庭直接需用数量范围内予以免税免验放行。海关凭外交部、地方外事办公室为使领馆的行政技术人员颁发的公务人员证确定其身份，并按有关规定办理进出境物品验放手续。行政技术人员在其到任后半年内运进，经海关核准在直接需用数量范围内予以查验免税放行；到任超过半年，无论以何种方式运进自用物品，海关按照进出境旅客行李物品的规定办理。使领馆和使领馆人员免税运进的物品，除有特殊原因并报经海关批准外，不得转让。确有特殊原因需要转让物品，应当经所在地海关审核批准才能办理转让手续。对汽车，除离任或其他特殊情况外，海关规定必须在运进使用两年后方准转让。

四、常驻机构及非居民长期旅客等的监管

（一）常驻机构的监管

常驻机构指境外企业、新闻机构、经贸机构、文化团体及其他境外法人经中国政府主管部门批准，在境内设立的机构。公用物品指常驻机构开展业务所必需的办公设备、办公用品及机动车辆。对此，海关允许多次申请，审核时与该机构以前申请的办公用品合并计算，在合理范围内予以批准。常驻机构进口办公用品和机动交通工具，只限自用，不准在中国境内私自出售，如需出售，应事先向主管海关提出申请，经批准后，出售给当地政府指定的物资收购部门，如免税进口，则需按章补税。违者按有关规定处理。

（二）非居民长期旅客的监管

非居民长期旅客指经公安部门批准进境并在境内连续居留 1 年以上（含 1 年），期满后仍回到境外定居地的外国公民、港澳台地区人员、华侨。非居民长期旅客进出境自用物品应以个人自用、数量合理为限。其中，常驻人员可以进境机动车辆，其他非居民长期旅客不得进境机动车辆；非居民长期旅客取得境内长期居留证件后方可申请进境自用物品，首次进境的自用物品海关予以免税，但按规定准予进境的机动车辆和国家规定应税的 20 种物品除外，再次申请进境的自用物品，一律予以征税。对于应当征税的非居民长期旅客进境的自用物品，按照《中华人民共和国进出口关税条例》征税；对外籍专家（含港、澳、台地区专家）或华侨专家携运进境的图书资料、科研仪器、工具、样品、试剂等教学、科研物品，在自用合理数量范围内，免征进口税；非居民长期旅客在华期间临时进出境所带的物品，海关按照对外国短期旅客的规定办理，只免税放行旅途必需的生活用品。

（三）高层次人才的监管

高层次人才指中华人民共和国人力资源和社会保障部、教育部或者其授权部门认定的高层次留学人才和海外科技专家。其中，高层次留学人才指中国公派或自费出国留学，学成后在海外从事研究、教学、工程技术、金融、管理等工作并取得显著成绩，为国内所急需的高级管理人才、高级专业技术人才、学术带头人，以及拥有较好产业化开发前景的专利、发明或专有技术的人才。海关总署第 154 号令《中华人民共和国海关对高层次留学人才回国和海外科技专家来华工作进出境物品管理办法》对这类人员进出境物品有着教科物品、自用汽车免税等方面的明确规定。留学回国人员或访问学者免税购车须同时满足三个条件方可享受此项优惠政策：一是在外学习、进修 1 学年以上（含 1 学年）；二是自毕（结）业之日起在外滞留时间不超过 2 年；三是自毕业回国入境之日

起 1 年内向海关提出购买免税国产汽车的申请。

五、进出境个人邮递物品的监管

进出境个人邮递物品指通过邮运渠道进出境的包裹、小包邮件等物品。海关根据《海关总署关于调整进出境邮件中个人物品的限值和免税额的通知》，寄自或寄往国外的邮包，在自用合理数量范围以内，邮递进境物品应缴进口税超过 50 元人民币的；一律按商品价值全额征税。个人邮递物品受到价值限制，即个人寄自或寄往港、澳、台地区的物品，每次限值为 800 元人民币；寄自或寄往其他国家和地区的物品，每次限值为 1 000 元人民币。个人邮寄进出境物品超出规定限值的，应办理退运手续或者按照货物规定办理通关手续。但邮包内仅有一件物品且不可分割的，虽超出规定限值，经海关审核确属个人自用的，可以按照个人物品规定办理通关手续。

向海关申报是进出境邮件的第一个环节，对于邮寄进出境的邮件，可由收件人或寄件人到邮局向驻邮局的海关办理申报手续，也可由邮局代办、寄件人向海关办理报关手续。邮递物品进出境时，能否按海关规定申报非常重要，是直接关系到海关界定寄件人或收件人应承担的法律责任的依据。查验是海关完成对进出境邮递物品监管的主要环节。进出境邮递物品除规定享受免验的以外，都必须接受海关查验，海关根据风险分析确定查验重点。进出境邮件的查验应当由设有海关的邮局负责交海关查验。在设有海关机构人员的邮局邮递物品出境，可以由寄件人向海关交验，海关应在寄件人在场的情况下进行查验；在未设海关机构人员的邮局邮递物品，由邮局收货后作为代理寄件人向海关办理报关查验手续，并负责邮件的开拆和重封，海关在邮局业务人员在场的情况下会同进行查验。按照海关规定，进口的个人邮递物品，除享受免税待遇和扣除免税额不足起征点之外，一律照章征税。出口的个人物品不征税。邮寄进境的自用合理数量的个人邮递物品，在规定的进境限值范围，除免税额外，海关按照个人邮递物品征收进口税的规定，从价计征进口税。对超出规定邮包限值进出境的，予以退运；对需要待鉴定、审查、处理、审价或涉嫌违规和走私的，办理暂扣手续。海关将办结进出境手续的邮件交由邮局进行投递。

六、进出境印刷品和音像制品的监管

印刷品指通过将图像或者文字原稿制为印版，在纸张或者其他常用材料上翻印的内容相同的复制品。音像制品指载有内容的唱片、录音带、录像带、激光视盘、激光唱盘等。进出境印刷品和音像制品按海关监管业务可分为贸易性与非贸易性两大类。贸易性印刷品和音像制品指由国家主管部门批准并有进出口经营权的公司经营进出口的印刷品和音像制品。非贸易性印刷品和音像制品指单位或个人自用、赠送或交换进出境的印刷品和音像制品。进出境印刷品和音像制品的内容广泛，涉及各个领域，涵盖十分广泛，其使用的语种也比较复杂。同时涉及境内外不同国籍、身份、行业的人员或单位。进出境印刷品和音像制品监管政策性强，进出境印刷品和音像制品涉及国家的政治、经济、外交、宗教、文化等方面的政策，具有很强的时效性和敏感性。海关对进出境印刷品和音像制品监管的主要任务是遵守国家的法律、行政法规，促进对外经济、科技和文化学术交流，保障和推进社会主义精神文明建设，抵制境外敌对势力对中国进行政治、思想、文化和宗教等渗透和破坏活动。

禁止进境的印刷品及音像制品包括：反对宪法确定的基本原则的；危害国家统一和领土完整的；危害国家安全或者损害国家荣誉和利益的；攻击中国共产党，诋毁中华人民共和国政府的；煽动民族仇恨、民族歧视，破坏民族团结，或者侵害民族风俗、习惯的；宣扬邪教、迷信的；扰乱社会秩序，破坏社会稳定的；宣扬淫秽、赌博、暴力或者教唆犯罪的；侮辱或者诽谤他人、侵害他人合法权益的；危害社会公德或者民族优秀文化传统的；国家主管部门认定禁止进境的；法律、行政法规和国家规定禁止的其他内容。禁止出境的印刷品及音像制品包括：禁止进境所列的内容；涉及国家秘密的；国家主管部门认定禁止出境的。

进出境印刷品、音像制品监管基本流程有现场分拣、内容审查、处理放行三个环节。现场分拣是指海关在监管现场对进出境印刷品和音像制品进行挑选，拣出其中的部分或全部做进一步内容审查。通常是采用重点挑拣方法，即根据以往经验和实际监管情况进行风险分析，结合邮件的包装、形态大小、收寄件地址、数量、邮寄方式等风险要素，挑选来自重点国家和重点地区的印刷品、音像制品做进一步的审查。海关对选择为重点检查的印刷品和音像制品的内容进行审查确定是否有违禁内容，并依法提出定性意见，作为验放的主要依据。该环节涉及保密和不宜扩散的内容，必须在规定的地点进行。由于审查工作政策性强、敏感度高，是一项专业性很强的工作，须严格遵守规定的工作程序。验放是在内容审查的基础上，对没有违禁内容，在自用合理数量范围内的印刷品和音像制品做放行处理；对有违禁内容的，依据相关的规定做退运、收缴或没收处理；对没有违禁内容，但超出自用合理数量范围内的印刷品和音像制品，做退运或征税处理。

第三节　运输工具监管

一、进出境运输工具

进出境运输工具指载运人员、货物、个人物品进出境，并在国际间运营的各种境内或境外船舶、车辆、航空器和驮畜。进出境运输工具监管对象有四种：船舶，包括进出关境的海上、国界江河上的来往船舶；转运、驳运进出境客货的船舶；兼营境内外客货运输的船舶；装载普通客货的军船。以上船舶包括机动及非机动。车辆，包括进出关境的客车、货车、行李车、邮车、机动车、发电车、轨道车和进出境的汽车、人力车等。航空器，包括所有进出关境的民用航空器。进出关境军用航空器装载普通客货时也受海关监管。驮畜，包括载运进出境客货的马、驴、牛、骆驼等驮运牲畜。

海关通过审核单证、实地实物查验，判断运输工具负责人向海关申报的事项是否属实，从而判断运输工具及所载货物、个人物品的进出是否符合规定。监管主要包括三个方面：作业监管，指运输工具航行、装卸货物、个人物品和上下旅客需接受海关监管。货物、物品装卸完毕，运输工具负责人向海关递交反映实际情况的交接单据和记录，海关据此进行征税和统计。物料监管，运输工具在进境前所载和进境后所添装的物料、燃料需向海关申报，并接受海关监管，包括燃料用油、淡水、蔬菜、食品、船舶小卖部商品及船舶维修用品、零配件等。物品监管，运输工具服务人员及其他上下人员所携带的物品，需如实向海关申报，接受海关监管，并依法办理征免税手续；携带物品数量较大的，提前通知海关，集中办理。

国内运输企业经国家交通主管部门和经贸部门批准经营国际运输业务后，持有关批件到公司所在地海关办理企业的注册和有关运输工具的注册登记手续，由海关予以注册登记，并核发相应的批件和证书后，投入进出境运输。运输工具在设有海关的地点进出境。进出境时，运输工具负责人应如实申报交验有关单证，接受海关检查。海关对进出境运输工具的监管在这个阶段主要分为受理申报、检查和放行三个环节。这一阶段，海关对进出境运输工具在境内停留期间转港、转关运输等活动实施管理。

二、海关对进出境运输工具的监管

所有进出境运输工具自进入中国关境之日起至驶离中国关境之日止，均应接受海关监管。运输工具进入中国关境时或在驶离中国关境时，进出境运输工具负责人（机长、船长、车长或汽车驾驶员）要如实向海关申报运输工具所载旅客人数、进出口货物数量、装卸时间、下一行程指定运输的国家或港口等情况，并向海关递交有关运输工具动态的单证。海关有权随时对进出境的运输工具及所载货物、个人物品及旅客进行检查，运输工具负责人应当到场，并根据要求开启仓室、房间、车门以及装载货物、物品的部位，搬移货物、物料，开启箱体或容器。海关根据工作需要派员随运输工具执行公务时，运输工具负责人应当向海关官员提供便利。所有进出中国关境的运输工人必须经由设有海关的港口、空港、车站、国际孔道、国际邮件交换局（站）及其他办理海关监管业务的场所报进出境，且在停留期间，未经海关许可，不得擅自驶离停靠地点，保证申报进境地点与停靠地点相一致。进出境运输工具从一个设立海关的地点驶往境内另一个设立海关的地点时，应当符合海关监管要求，并向海关办理申报手续。其中，进境运输工具由进境地海关负责向下一个停靠地海关办理转关监管手续，出境运输工具由起运地海关负责向出境地海关办理转关监管手续。海关制作的装有记录记载运输工具及所载货物、个人物品及旅客清单的海关“关封”，由进出境运输工具的负责人完好无损地转交下一站海关继续进行监管。所有进出境运输工具必须全部办结海关手续后，方准驶离中国关境。

进境的境外运输工具和出境的境内运输工具，只能按照海关的要求专门从事进出境运输，未经海关许可并办结进出口手续和缴纳海关关税的，不得擅自转让或者移作他用；对进出境运输工具所载的货物、个人物品和所需运输工具、燃料、物料等，未经海关许可，不得擅自转载、换取、买卖或者转让；未经海关许可，进出境运输工具不得兼营境内运输，不得载运境内货物及国内旅客。进出境运输工具由于不可抗力的原因，被迫在未设立海关的地点停泊、降落或者抛掷、起卸货物、物品的，运输工具的负责人应立即报告附近的海关。

三、海关对国际航行船舶进出境的监管

国际航行船舶指进出中国关境在国际间运营的境内船舶和境外船舶。海关对进出关境航行于国家（地区）与国家（地区）之间、从事客货运输的船舶进行监督管理。进出境船舶包括从事国际（地区）间航运的中国籍船舶和外国（地区）籍船舶。根据《海关法》及有关行政法规，海关有权对进出境船舶实施检查。其中对有重大走私违法嫌疑的船舶实施重点检查。海关对进出境船舶的检查方式一般分为三种：一是例行检查，通过对运输工具的表面部位检查判断有无走私违法迹象，主要适用于无确切情报，来往重点国家港口的船舶以及监管现场发现可疑的船舶。二是重点抽查，对运输工具的某一特定部位进行较为详细的检查，主要适用于有确切、可靠情报指明大概藏私部位的情况。三是重点抄查，是对船舶进行全面仔细的检查，即对运输工具可能藏匿走私货物、个人物品的任何部位进行彻底、仔细的检查，主要适用于有确切、可靠情报有走私违法嫌疑，但不知部位；抄查文物、毒品等走私物品；有其他经济、政治破坏嫌疑，有必要进行检查的。海关行使检查权时，须经关长批准，对违法嫌疑人进行人身检查时，也须关长批准，并填写检查人身记录。

四、海关对放弃船用物料的监管

海关对船方申明放弃的船舶起卸扫舱地脚、废旧器材和物料施行行政管理。

根据《海关法》船舶垫仓、压仓物品的监管规定，船舶起卸垫压仓物品，应当由船长或其代理人编制清单一份报请海关核准。报明复运出口或进口的垫仓、压仓物品，应当由收货人从起卸之日起两个月内向海关办清手续，逾期没有复运出口或办清进口手续的，由海关变卖，所得价款在扣除搬运、保管等费用后，全部上交国库；船长声明放弃的垫仓、压仓物品和扫舱地脚，可由船长或其代理人，也可以由接收单位向海关口头申报，经海关同意后，由接收单位处理；对船舶不能继续使用的废旧物料需作其他处理时，由船长或其代理人报请海关核准，除数量不多的以外，应当征收关税和进口环节海关代征税；对中国远洋运输公司船舶放弃的物料，由中国远洋运输公司在各地的供应公司处理，境外船舶（包括境外所租船舶、中外合营船舶）放弃的隔垫、加固、遮盖等物料，由各地的外轮供应公司处理。其他废旧物料由港务局收集，各地废旧物资公司收购，垃圾由港务局清除。外轮放弃硬水物品物料由船方申报，海关通知有关收购单位收购。对该类物品，港口各有关单位接收后，凡本单位使用或者无偿调拨给其他单位使用的，可以免税；如果出售，则按规定征税。

五、海关对国际航行船舶停港期间上下人员及其携带物品的监管

船舶服务人员携带物品上下船，均应向海关申报，如实填写《运输工具服务人员出入境携带物品登记证》，并接受海关检查，经核准后放行。国际航行船舶停港期间，任何单位和个人登轮，海关对其携带物品都应进行监管。港口各单位工作人员上下船物品，除装卸工具外，应向海关申报。国际航行船舶携带的托运物品和其他应予监管的物品，均应按照规定办理相应的手续。外籍旅游船的小卖部在船舶停港期间准予营业，但所售物品限供应本轮旅客和船员。外国驻华使领馆人员上下船携带物品时，持外交签证护照的外交官享受免验礼遇，持公务签证护照的，应予查验（一般情况下，只作口头查询，不予检查）。使领馆人员如接受船方赠送的少量烟、酒、食品等，须向海关申明后方可免税放行。

六、海关对进厂修理期间船舶的管理

海关对进入船厂、船坞修理并暂时不装卸货物的国际航行船舶的行政监督管理，根据《海关法》、《海关对进出境国际航行船舶及其所载货物、物品监管办法》和《海关对国际航行船舶船员携带自用物品监管办法》等规定，对进船厂修理的国际航行船舶所实施的监管，手续比较简化，监管重点主要放在船舶进口和出口检查上。在境内修理船舶期间，一般情况下定期派员进行巡视，并加强与船厂和有关部门的联系，而不派员驻船监管。对船舶在船坞修理期间卸下或添装的船用燃料、物料、饮食用品，船方或其代理人应负责保管，除供给

本船使用以外，未经海关批准，不得出售、转让，如有离船出境船员携带行李物品，应向海关申报，发现有违法、走私行为，按照规定处理。

海关对国际航行船舶一般不再采取驻船监管方式，而是采取海关主管、船方自管、社会共管的方式，以方便大多数船舶、船员合法进出，集中力量对重点船舶进行监管。因此，对进境修理的国际航行船舶进境时，由船方或其代理人向海关提交一般国际航行船舶进境所需提交的有效单证；在船舶修理期间，海关一般采取巡视监管，船舶不准装卸货物；出境时均由船方或其代理人向海关提交一般国际航行船舶出境所需提交的有效单证；按照《中华人民共和国征收吨税暂行办法》征收吨税。如有在中国签发的船舶吨税执照，由船方向海关申请，吨税执照可以扣除修船的实际日期展期。台湾地区开具的《助航服务费执照》不能展期。

七、来往港澳小型船舶的监管

来往港澳小型船舶（以下简称“小型船舶”）指经交通部或者其授权部门批准，专门来往于内地和香港、澳门之间，在境内注册从事货物运输的机动或者非机动船舶。小型船舶主要分布在广东、广西、福建、海南四省（区）。小型船舶（载货吨位一般在100吨以下）体积小、吃水浅、轻便灵活，便于内河航行，在中国尤其是珠江三角洲地区对港澳的经贸活动中起到重要作用。小型船舶海关中途监管站（以下简称“中途监管站”），指海关设在珠江口大铲岛、珠海湾仔、珠江口外桂山岛、香港以东大三门岛负责监管小型船舶及所载货物、物品，并办理进出境小型船舶海关舱单确认和关封制作手续的海关监管机构。大铲岛中途监管站负责来往于香港与珠江水域的小型船舶的中途监管；湾仔中途监管站负责来往于香港、澳门与磨刀门水道的小型船舶的中途监管；桂山岛中途监管站负责来往于香港、澳门与珠江口、磨刀门水道以西广东、广西、海南沿海各港口的小型船舶的中途监管；大三门岛中途监管站负责来往于香港、澳门与珠江口以东广东、福建及以北沿海各港口的小型船舶的中途监管。海关对小型船舶的监管原则上应比照国际航行船舶，但因港澳既是中国领土，又是不受中国《海关法》管辖的单独关境，加上小型船舶来往频繁，所装货物含鲜活产品等生活资料和生产原料，海关监管别具特色，因此对小型船舶的监管专门做出规定。

船舶进境时，由小型船舶负责人委托的境外船务公司或代理公司通过国际互联网在公共数据信息平台提前录入舱单，向中途监管站发送舱单电子数据，船舶到达目的港后，由目的港海关结束航次。舱单提前申报的小型船舶经中途监管站海关办结进境手续后，进口货物可以提前报关。小型船舶进境前，船舶负责人或者其代理人自行或者委托舱单录入单位，通过与海关联网的公共数据信息平台向海关发送舱单电子数据。中途监管站对进口舱单和航迹等进行风险分析，依据有关规定发出直航通过中途监管站、停航办理手续等通航指令。中途监管站海关办结船舶进境手续后，经中途监管站海关确认允许提前申报的，进口舱单电子数据自动进入海关业务信息化管理系统。目的港海关可以在来往港澳小型船舶快速通关系统（以下简称“快通系统”）和海关业务信息化管理系统中调阅本航次舱单数据，并接受进口货物提前报关。船舶到达目的港后，船舶负责人及其代理人应及时向海关递交规定的单证，目的港海关进行“核销航次”和收取纸质舱单等。经海关同意，进口船舶可以卸货。船舶出境时，由船舶负责人或其代理人向起运港海关递交纸质舱单等规定的单证，起运港的驻港口部门将清洁舱单的电子数据通过公共数据信息平台舱单录入系统录入，向中途监管站海关发送，船舶出境后自动结束航次。小型船舶启航前，船舶负责人或者其代理人通过与海关联网的公共数据信息平台向海关发送出口舱单电子数据，并向起运港海关递交纸质舱单、来往港澳小型船舶进出境（港）海关监管簿（以下简称“海关监管簿”）等有关单据、簿册，办理离港手续。起运港海关在办理小型船舶离港手续时，根据实际装货情况对船舶负责人提交的出口纸质舱单和电子数据进行核对，在海关监管簿上批注并加盖验讫章，将一份出口舱单签注、盖章后，交船舶负责人。同时在“快通系统”中对舱单做“清关锁定”操作。中途监管站海关审核舱单数据，发出通航指令，船舶确认接收指令后驶离中途监管站。小型船舶出境后自动结束航次，自动生成本航次电子底账。

八、国际民航机的监管

国际民航机指一切进出国境的民用航空器，国家元首和政府首脑乘坐的专机不包括在内。按照营运目的地或方式不同，国际民航机分为进境航班、出境航班、中转航班、过境航班等。按照海关监管任务不同，国际民航机分为客货混合型班机、客班机、货班机、客包机、货包机等。按照商业性质不同，国际民航机分为商业机、公务机、包机、专机、调机。国际民航机和其他进出国境运输工具一样，应接受海关检查。在正常情况下，海关可对客舱、货舱做一般巡视或不予检查。如确需海关检查飞机时，机长或者其指定人员应当在场陪同。海关认为必须开拆机上有关部位和查阅航行记录时，机长或者其指定的人员应当予以配合。海关检查飞机完毕，机长在海关编制的检查记录上签字确认。

国际民航机只准在设有海关的国际航空站降停或者起飞。国际民航机上下旅客，装卸货物、邮件、行李和其他物品，必须经过海关许可并且在海关监管下进行。海关对国际民航机的监管流程分为三个环节：海关接受进出境国际民航机申报，海关对国际民航机实施监管，海关放行。海关对国际民航机实施“风险管理”，监管方式主要有通道检查、机边监管、闭路电视监控等。根据对国际民航机来自或前往的国家、主要人群、携带物品等要素进行风险评估，可分类为重点航班和非重点航班进行监管。对确定为重点航班的国际民航机，通常根据情况选择机边监管、闭路电视监控等手段进行监管。

海关经过检查，办结进境旅客、运输工具服务人员及其行李物品和进口货物、邮件等其他物品的相应海关手续后，放行上述物品。海关经过检查，确认航班旅客及运输工具服务人员手续全部办结后，在出口舱单上签印放行，准其起飞。为方便旅客，充分发挥航空公司国际航班国内段的运力，提高经济效益，各航空公司普遍要求在新开航的国际、地区航班国内、内地航段开办载运国内、内地客货业务。该业务的开展应由海关总署批准，其承运的进境、出境旅客行李物品具体监管规定如下：为始发地海关对出境旅客手提行李和托运行李实施监管，并办理行李物品的征、免、扣、退、罚、没手续，出境地海关对旅客的手提行李进行抽验复核，并处理发现的违法违规案件。入境旅客携带的手提行李在第一入境站办理海关手续，随机托运的行李在终点站办理海关手续。入境地海关对旅客的手提行李实施检查、核对，并在旅客申报单证上批注核对情况，原则上不予实施验放。到达地海关对旅客的托运行李实施检查、核对、验放，并将手提行李和托运行李物品合并计算，一并办理征、免、扣、退、罚、没等手续。运输工具服务人员的海关手续在第一入境站和最后出境站办理。

九、中欧班列等国际列车的监管

在国际贸易中，利用铁路列车运输进出口货物是一种重要的方式。中国国际铁路运输的过境车站主要有满洲里站、绥芬河站、二连浩特站、丹东站、集安站、图们站、凭祥站、山腰站、阿拉山口等。专门从事运载国际旅客的列车，由机车、客车、行李车、邮政车和餐车（餐车不出境）组成。专门从事运载进出境货物、物品的列车种类有：棚车、敞车、板车、保温车、油槽车、特种车。

进出境列车在国境车站停留并接受海关检查。海关检查进出境列车，一般是在国境车站或在边防检查站。海关检查进出境列车是根据列车编组情况，值班员或列车长陪同检查，并负责开启车门及有关部位，根据海关要求搬移货物、物品。海关检查进出境列车的主要任务是：检查有无与申报单据不符的车辆和所载的货物；检查有无藏匿走私物品和国家禁止进出境的物品；检查有无夹藏携带内部资料和反动宣传刊物；检查有无其他违规情事。海关对列车停站期间的监管，包括列车停站后联检期间以及装卸货物、物品、上下旅客、列车驶离车站的时间。进出境列车停站期间海关的监管职责是对列车和装卸进出口货物、物品以及上下旅客进行实际的监管。进出境列车检查完毕，可口头通知国境站值班员，列车可调离、解体。对出境列车检查完毕，海关将签有“放行章”的列车组成单交给车站值班员，作为车站发车凭证。

1956 年，铁路合作组织（OSJD）颁布的《国际铁路货物联运协定》明文规定：在国际铁路直通货物联运中不准运送邮政专运物品。在多方努力下，铁路合作组织在立陶宛召开政府层面会议，讨论通过了新版《国际铁路货物联运协定》，删除了对禁止运输邮政专用品的相关描述，2015 年 7 月 1 日起生效。

2014 年 8 月，国家铁路局、中铁总公司同意开展中欧班列（重庆）运邮国际段测试，路线为重庆到哈萨克斯坦阿拉木图。2014 年 9 月 1 日，载有国际邮包的中欧班列（重庆）从重庆出发，于 5 日后抵达阿拉木图，完成清关、分拨等手续，宣告这次国际段测试成功。2016 年 5 月，经海关总署批准，重庆成为可通过货运列车进行国际运邮的试点城市，这也是全国首个可以进行铁路运输国际邮包的试点城市，为后来全程段运邮测试打下了基础。随后，搭乘中欧班列（重庆）的 26 袋邮包，共计 139 件邮件抵达德国法兰克福邮件处理中心，随即进入配送环节，标志着中欧班列（重庆）全程运邮测试成功，开创了中欧国际铁路货运班列全程运输国际邮包的先河。至此，海关在监管通过模式上实现了“三个首次”：首次将安全智能关锁运用到中欧班列（重庆）国内段监管，实现起运地、中转地、出境地海关通过安全智能锁统一实施监管；首次在中欧国际铁路货运班列上实现了海关通关与邮政作业系统的数据共享；首次实现中欧国际铁路运邮电子化通关，通过关锁直接存储、读取“邮件详情单、邮件清单、邮件路单”等相关通关信息。

根据国铁集团数据，2022 年，我国总计开行中欧班列 1.6 万列、发送 160 万标箱，同比均增长了约一成。其中，口岸经开班列：霍尔果斯 7 068 个、阿拉山口 6 010 个，其他依次为满洲里、二连浩特、绥芬河。2022 年，西安始发中欧班列 4 639 列，同比增长两成，其中去往欧洲方向 3 974 列、去往中亚方向 665 列；运送货物 412 万吨，同比增长四成多；开行数量、货运量、重箱率三项核心指标均居全国第一。其他始发地点依次为四川、重庆、郑州、合肥、山东、江苏、长沙、武汉、义乌等。当前，中欧班列已经铺设了 82 条运行线路，通达欧洲 24 个国家 200 多个城市，运输货物品类涉及衣服鞋帽、汽车及配件、粮食、木材等 53 大门类、5 万多种品类。截至 2024 年 4 月，中欧班列国内出发城市达 120 个，通达欧洲 25 国 219 个城市。

十、中欧班列与国际铁路运邮

中欧班列是指按照固定车次、线路等条件开行，往来于中国与欧洲及“一带一路”沿线各国的集装箱国际铁路联运班列。目前，以银川为例，共规划了西、中、东 3 条中欧班列运行线通道：西部通道由我国中西部经阿拉山口（霍尔果斯）出境，中部通道由我国华北地区经二连浩特出境，东部通道由我国东南沿海地区经满洲里（绥芬河）出境。截至 2021 年 8 月，我国中欧班列累计运行突破 4 万列，2020 年中欧班列安全顺畅稳定运行，开行数量逆势增长，有力服务了新发展格局和国际防疫合作，全年开行中欧班列 1.24 万列、发送 113.5 万标箱，同比分别增长 50%、56%，综合重箱率达 98.4%。年度开行数量首次突破 1 万列，单月开行均稳定在 1 000 列以上。国内累计开行超过百列的城市增至 29 个，通达欧洲布达佩斯、维尔纽斯、杜伊斯堡等 90 多个城市，涉及 20 余个国家，开行范围持续扩大，体现了十分重大而深远的政治、经济和社会意义。

万国邮政联盟（Universal Postal Union，UPU），简称“万国邮联”或“邮联”，是商定国际邮政事务的政府间国际组织。其宗旨是组织和改善国际邮政业务，发展邮政方面的国际合作，以及在力所能及的范围内给予会员国所要求的邮政技术援助。为推进世界邮关和谐配合，促进世界邮政业务发展，2017 年 10 月，世界海关组织（WCO）-万国邮联（UPU）联络委员会通过了每两年举办一次全球性邮关高层联合战略大会的决定，旨在推动全球邮政和海关在国家战略和政策层面的合作，提高跨境邮件通关效率、安全性和电子信息应用能力。

2019 年 11 月 26 日，万国邮联电子商务时代跨境合作全球大会在厦门召开。在为期两天的会议中，各国代表围绕与跨境电子商务密切相关的全球供应链监管、贸易和通关便利化、铁路运邮、数字化和安全等议题进行深入讨论。铁路运邮是在国际贸易中仅次于海运的一种主要运输方式。在我国，重要的国际铁路线路主要有中欧班列、中俄公铁联运等。国际铁路运邮也是中国邮政推进跨境电商业务发展的渠道创新，在重庆建成中国第一个铁路口岸国际邮件处理中心，实现渝新欧、义新欧班列运邮的规模化运营。

国际铁路运邮具有运量大，时效性高于水陆联运、运价又比空运便宜、运输风险较小，能常年保持准点运营等关键特征，完美契合了近年来跨国贸易和跨国电子商务高速发展的运邮要求。在万国邮联电子商务时代跨境合作全球大会召开期间，与会各方达成一项重要共识：铁路运邮是发挥万国邮联网络优势、适应市场发展的新型运输组织方式，将极大促进全球电子商务贸易。万国邮联、相关铁路组织和各成员国进一步加强沟通协作，推动建立开放合作、共治共赢的多式联运铁路和公路运输发展模式。

2020 年以来，随着全球新冠疫情的蔓延，国际航班纷纷停运，国际航线大幅减少，国际供应链进出口物流受到严重影响。在疫情背景下，中国邮政积极发挥网络通达全球的优势，打通国际物流“大动脉”，利用中欧班列紧急疏运邮件，在保障邮路畅通的同时，为“一带一路”沿线国家抗击疫情和恢复经济生产提供了坚实的物流保障。自 2020 年 4 月 3 日首班中欧班列（渝新欧）“中国邮政号”专列从重庆发出后，截至 8 月 1 日，共发专列 22 班，运输邮件约 8 481 吨。通过中欧班列开展邮件运输工作解决了因国际航线大幅减少、国际邮件客机腹舱运能急剧缩减造成的运能不足问题，确保了国际供应链正常运行。2023 年以来，后疫情时代的新格局中邮政业继续发挥着主导作用。

下一步，中国邮政将尽快研究制定具有前瞻性的国际铁路运邮发展战略规划，利用中欧铁路大通道进一步拓宽“买全球卖全球”新邮路，设计和推出适合市场需求的寄递服务产品，深化与“一带一路”沿线重点国家和地区的网络连接，为跨境电商提供高效、快捷的全方位解决方案，让更多中小企业及境内外民众可以轻松购买、销售产品，让更多企业和消费者充分享受电子商务、跨境交易及物流系统的便利。着力推广国际铁路运邮，使之成为我国推进跨境电商业务发展的渠道创新，与我国部分省市发展电子商务跨境业务和大力推进铁路口岸建设思路完全吻合，非常值得研究和探索。

目前，我国已有国际邮政互换局 70 个，下一步，银川等城市开通国际邮政互换局也将是大势所趋。在目前和即将开展的邮政和快件进出口贸易通关跨境业务的具体工作中，我们提出科技引领发展、实干落实责任、标准主导市场、风控实现保障、合作共赢未来等五个方面的建议。

建设邮政物流业的现代化产业链体系，实现效率变革，大力实施“科技兴邮”战略是推进铁路运邮的重要举措，其重点在于推动云计算、大数据、物联网、区块链、人工智能和邮政业深度融合，提高全要素生产率和运行效率，加快“智慧邮政”建设。现阶段世界各国跨境电商业务实施实际上绝大部分都靠的是科技投入，服务器、系统、运维，高效的流水线及分拣设备。线上服务能够为跨境贸易相关业务带来便利，通过大数据等方式也能更高效地分析行业情况，提升邮政的服务效率和质量。目前已经有很多机构开设了自己的线上政务办理渠道，如中国海关的中国海关信用管理微信公众号等，帮助进出口企业大大节省了时间，值得邮政速递行业借鉴学习，以推动线上服务平台建设，稳步提升服务质量。寄递业务的本质就是“时限更快、价格更优、丢损更少、稳定可控”，时限快是对快递企业的基本要求，是提升核心竞争力的关键。聚焦寄递“智能+”转型，我们今后要引导统筹邮政物流企业从源头获客，从时限、成本、服务方面进行改革，为实现集中化、平台化、自动化、智能化、协同化提供新动能，创新“线上+线下”联动营销渠道，为各地特色产品提供从产业规划、品牌包装、产品销售到运递、配送服务的全链路支撑，提供专机运输、全程冷链、优先派送、主动跟单等增值服务，为全国各地生鲜农产品特别是国家级贫困县的农特产品搭建起寄递与销售的“绿色通道”，助力乡村振兴，为党中央、国务院提出的科技强国、信息技术创新建设贡献力量。

十一、进出境汽车的监管

进出境汽车是中国与陆地毗邻国家以及香港、澳门地区之间客运、货运的重要工具。进出境及承运监管货物汽车的范围包括专门承运进出中国关境客、货运车辆，及境内企业自行承运进出境客运、货运和进出境的个人自用汽车。进出境运输车辆种类较多，按其用途一般分为：小客车、大客车、载重汽车和专门运输汽车等。海关对装载海关监管货物的进出境及境内运输汽车的监管包括对运输企业及驾驶员的管理。

内地至港澳货运汽车的监管如下：装载海关监管货物的进境车辆在进境前报关人进行报关单电子数据的提前申报，车辆进境时口岸海关对承运人递交的“内地海关及香港（澳门）海关陆路进/出境载货清单”（以下简称“载货清单”）进行审核，并将电子数据发送到目的地海关。承运人员按照海关规定的路线和时限，将所承运的货物完整地运抵指定的监管场所，并确保海关封志完好无损，不得私自改变路线或在中途装卸货物。在货物运抵目的地海关监管场所后，报关人及时将纸本报关单证及“来往香港/澳门车辆进/出境签证簿”（以下简称“签证簿”）和“载货清单”递交现场海关接单关员审核，接单关员按规定审核单证并核销有关进口许可证件、征收税费；物流监控部门依据“载货清单”数据及风险分析结果，查验放行岗位关员对报关单及随附单证有重点地进行风险分析，并依据预定式、预警式和即决式查验布控指令，对需要实际查验的货物安排实施查验同时通知报关人准备查验，对不需查验的货物直接办理放行手续。货物放行后及时对“进境货物载货清单”的电子数据进行核销。

装载海关监管货物的出境车辆在出口货物运抵海关监管场所后，报关人及时将纸本报关单证及“签证簿”和“载货清单”递交接单关员审核，接单审核、物流监控和选择查验放行岗位关员除核销出口许可证件外，其他操作同上。货物放行后及时施封、对“出境货物载货清单”的电子数据进行审核放行，系统自动生成转关申报单数据并向口岸海关发送。若运输工具负责人或其代理人申请更改或撤销“载货清单”申报内容和海关根据实际监管结果需要更改“载货清单”内容的，在“载货清单”数据库中做相应的撤销、更改记录。

第四节　海关监管场所与业务指挥中心

一、海关监管场所管理

海关监管区是设立海关的港口、车站、机场、国界孔道、国际邮件互换局（交换站）和其他有海关监管业务的场所，以及虽未设立海关，但是经国务院批准的进出境地点。海关监管场所可以理解为由企业负责经营管理，供进出境运输工具或者境内承运海关监管货物的运输工具进出、停靠，从事海关监管货物的进出、装卸、储存、集拼、暂时存放等有关经营活动，符合《海关监管作业场所设置规范》，办理海关手续的场所，包括海关特殊监管区域、保税监管场所、免税商店以及其他有海关业务的地点。

截至 2024 年初，全国海关共有 1 000 多个监管区。海关采取视频监控、联网核查、实地巡查、库存核对等方式，对海关监管作业场所实施监管。经营企业根据海关监管需要，在海关监管作业场所的出入通道设置卡口，配备与海关联网的卡口控制系统和设备。经营企业凭海关电子放行信息或者纸质放行凭证办理海关监管货物以及相关运输工具出入海关监管作业场所的手续。经营企业妥善保存货物进出以及存储等情况的电子数据或者纸质单证，保存时间不少于 3 年，海关可以进行查阅和复制。经营企业在海关监管作业场所建立与海关联网的信息化管理系统、视频监控系统，并且根据海关监管需要建立全覆盖无线网络。经营企业在海关监管场所储存或者装卸、集拼、暂时存放海关监管货物。储存或者装卸、集拼、暂时存放非海关监管货物的，应当与海关监管货物分开，设立明显标识，并且不得妨碍海关对海关监管货物的监管。经营企业应当将海关监管作业场所内存放超过 3 个月的海关监管货物情况向海关报告，海关可以进行核查。

二、业务指挥中心

从 2017 年起，海关总署业务指挥中心及各级海关业务指挥中心分别在北京海关总署机关大楼和相关直属海关大楼正式启用，其核心职能是通过严密的实体监控和有效的信息监控，保证对货物在海关监管的时间、空间范围内进出、装卸、存放、移动和处置实现全方位、全过程的监控。建立现代海关物流监控体系将进一步方便国际贸易货物的合法进出，促进中国对外贸易的发展。物流监控体系由实体监控、信息监控和监控手段三部分组成。实体监控是海关对监管场所、运输工具、货物等的进出境、装卸、存放、移动和处置活动实现全方位、全过程的实际监控。信息监控主要包括进出境运输工具动态信息管理、舱单信息管理、转关运输信息管理、场站货物流信息管理和放行信息管理，是利用现代科技手段加强海关物流监控的重要途径和有效手段。通过与口岸管理有关部门、运输企业及运输代理企业、航空地面服务企业等单位联网，准确及时地接收进出境运输工具或货物进出境、在境内进行存放、移动或其他处置信息，经过确认、处理、传输（申报）到海关信息系统，作为海关物流监控、审单、调查及其他职能的支持数据。海关业务指挥和物流监控手段包括：通过船舶动态管理系统、舱单管理系统、港区物流监控系统、转关运输监控系统等进行监控管理；通过集装箱检测报警系统、分析联网案例等进行监控管理；实行电子地磅信息数据与计算机自动审单系统的程序对接，建立以货物重量、体积、货名为主体的参数库，开展逻辑关系研判和风险布控；在海关监管现场安装24小时监控货物装卸、堆放、移动的闭路电视等监控设备，实现电视监控与计算机现代通信技术的有机结合；使用GPS定位系统对进出境运输工具进行实时监控监管。截至2024年初，全国海关已经实现全口岸、全现场视频覆盖，全方位远程单兵作业智能对话下达指令与实施执法操作指挥。

第五节　贸易管制与禁限物品监管

一、贸易管制

贸易管制是一国政府为了国家的宏观经济利益、国内外政策需要以及履行所缔结或加入国际公约的义务，确立实行各种管制制度、设立相应管制机构和规范对外贸易活动的总称，也称为“对外贸易管制”。比如，至2021年8月，我国批复了天津、广州等28个整车进口口岸，其他200多个口岸没有汽车整车进口资质。贸易管制是一种综合制度，主要由以下五项组合而成。

（一）关税制度

关税制度是进出口商品经过一国关境时，由政府设置的海关对其征收税赋的一种制度，主要有以增加国家财政收入为目的的财政关税和以保护本国相关产业为目的而征收的保护性关税。中国在征收关税时，从保护本国产品与外国产品的竞争的目的出发实行保护关税政策。

（二）对外贸易经营者管理制度

为了鼓励对外经济贸易的发展，发挥各方面的积极性，保障对外贸易经营者的对外自主权，国务院对外经济主管部门和相关部门制定了一系列法律、法规，对外贸活动中经营者管理的内容做了规范，外贸经营者在外贸活动中必须遵守。这些法律、行政法规的总和构成了中国对外贸易经营者管理制度。中国对外贸易经营者的管理实行备案登记制，即法人、其他组织或者个人在从事对外贸易经营前，必须按照国家的有关规定，依法定程序在国务院商务部门备案登记，取得对外贸易经营资格后方可在国家允许的范围内从事对外贸易经营活动。国务院主管部门也可以对部分进出口商品，或者在一定期限内对部分进出口商品实施国营贸易管理。

（三）货物进出口许可制度

货物进出口许可制度是国家对进出口的行政管理程序，既包括进出口许可证制度本身的程序，也包括以国家许可为前提条件的其他行政管理程序。货物进出口许可制度作为一项非关税措施，是世界各国管理进出口的一种常见手段。中国货物进出口许可制度是根据国家的有关法律、行政法规、对外贸易计划、国内市场需求，以及中国所缔结和加入的国际条约协定，对部分进出口货物的品种、数量等所实行的进出口许可管制的制度。

（四）检验检疫制度

中国建立出入境检验检疫制度的目的是维护国家声誉和对外贸易有关当事人的合法权益，保证国内的生产、促进对外贸易健康发展，保护中国的公共安全和人民生命财产安全等。中国出入境检验检疫制度的内容包括进出口商品检验制度、进出境动植物检疫制度以及国境卫生监督制度。

（五）进出口货物收付汇管理制度

《中华人民共和国对外贸易法》（以下称《对外贸易法》）规定，对外贸易经营者在对外贸易经营活动中依照国家有关规定结汇、用汇。国家采取外汇核销的形式对进出口收付汇实施有效管理。进出口货物收付汇管理是中国实施外汇管理的主要手段，也是中国外汇管理制度的重要组成部分。

二、禁止进出口管理

为维护国家安全和社会公共利益，保护人民的生命健康，履行中国所缔结或者参加的国际公约组织协定，国务院授权商务部会同其他国务院有关部门制定、调整并公布禁止进出口货物和技术目录，海关对禁止进出口目录货物和技术实施监督管理。禁止进口管理也包括国家明令停止进口的货物。

我国《禁止进口货物目录》中规定的禁止进口货物包括：为保护中国自然生态环境和生态资源以及履行国际条约义务而禁止进口的四氯化碳、犀牛角和虎骨等；为保障生产、人身安全等而禁止进口的部分旧机电产品；为保护中国环境而禁止进口的部分固体废物等。同时，我国明令停止进口以 CFC-12 为制冷工质的汽车和汽车空调压缩机、右置方向盘汽车、旧服装等。根据《对外贸易法》《技术进出口管理条例》以及其他相关法律法规，列入国家公布禁止（停止）进出口货物和技术目录的货物和技术，以及其他法律法规明令禁止的货物和技术，任何对外贸易经营者不得经营进出口。

三、限制进出口管理

（一）进出口许可证管理

进出口许可证管理是由商务部会同国务院有关部门依法制定并调整进出口许可证管理范围，以签发进出口许可证的形式对相关货物实行的行政许可管理。

进出口许可证管理属于国家限制进出口管理范畴，分为进口许可证管理和出口许可证管理。商务部会同海关总署制定、调整和发布《进口许可证管理货物目录》及《出口许可证管理货物目录》。

（二）两用物项和技术进出口管理

两用物项指《核出口管制条例》《核两用品及相关技术出口管制条例》《导弹及相关物项和技术出口管制条例》等行政法规规定的相关物项和技术。为维护国家安全和社会公共利益，履行中国在缔结或者参加的国际条约、协定中所承担的义务，商务部和海关总署颁布了《两用物项和技术进出口许可证管理办法》和《两用物项和技术进出口许可证管理目录》，规定对列入目录的物项和技术的进出口实行进出口许可证管理，海关凭进出口许可证接受申报和验放。

（三）纺织品临时出口许可证管理

为加快中国纺织品出口增长方式转变，稳定纺织品出口经营秩序，国家对出口至美国、欧盟的部分纺织品实行临时出口许可证管理。商务部负责全国纺织品出口临时管理工作，并根据工作需要会同海关总署制定及调整纺织品出口临时管理目录。外贸经营者在向美国或欧盟出口列入管理目录纺织品前，按规定向指定的发证机构申领《纺织品临时出口许可证》，海关凭证接受申报和验放。

（四）废物进口管理

进出境的废物指《中华人民共和国固体废物污染环境防治法》管理范围内的废物，即在生产建设、日常生活和其他活动中产生的污染环境的固态、半固态废弃物质。为了防止固体废物污染环境，保障人体健康，国家禁止进口不能用作原料的固体废物，对进口可以用作原料的固体废物实行限制管理。国家环境保护总局（即今生态环境部）是进口废物的国家主管部门，会同国务院商务主管部门制定、调整并公布施行限制进口和自动进口许可的废物目录，对未列入上述目录的固体废物禁止进口。对于进口可用作原料的废物，海关凭有效的《废物进口许可证》和检验检疫部门签发的《入境货物通关单》办理通关手续。

（五）药品进出口管理

进出口药品管理指为加强对药品的监督管理，保证药品质量，保障人体用药安全，维护人民身体健康和用药合法权益，国家食品药品监督管理局（即今国家药品监督管理局）依照相关法律、行政法规和有关国际公约，对进出口药品实施监督管理的行政行为。一般药品进口管理指国家食品药品监督管理局制定、颁布的《进口药品目录》中所列的药品。任何外贸经营者以任何贸易方式进口此类药品，海关均需验凭国家食品药品监督管理局授权的口岸管理机构签发的“进口药品通关单”办理验放手续。精神药品进出口管理指列入《精神药品管制品种目录》，直接作用于中枢神经系统，使之兴奋或抑制，连续使用能产生依赖性的药品，如咖啡因、去氧麻黄碱等。进出口此类精神药品，海关均需验凭国家食品药品监督管理局签发的“精神药品进出口准许证”办理验放手续。麻醉药品进出口管理指列入《麻醉药品管制品种目录》，连续使用后易使身体产生依赖性、能成瘾癖的药品，如鸦片类、可卡因类药品等。进出口此类麻醉药品，海关均需验凭国家食品药品监督管理局签发的“麻醉药品进出口准许证”办理验放手续。除上述药品外，国家还对医疗用毒性药品（如砒石、阿托品等）、放射性药品（如裂变制品、放射性同位素发生器及其配套药盒等）和兴奋剂实施进出口管理。进出口此类药品的，海关需验凭国家食品药品监督管理局签发的相应批件方可办理验放手续。

（六）濒危物种进出口管理

濒危物种进出口管理对于挽救珍稀濒危动植物种，保护、发展和合理利用野生动植物资源，维护自然生态平衡，开展科学研究，发展经济、文化、医药等事业有着极其重要的意义。中国是《濒危野生动植物种国际贸易公约》的成员国，为此，中国颁布了一系列法律、行政法规，对列入《进出口野生动植物种商品目录》的物种及其产品实施进出口限制管理。以任何方式进出口列入该目录的野生动植物及其产品，海关依据其管理要求的不同，分别验凭国家濒危物种进出口管理办公室及其授权的办事处签发的“允许进出口证明书”或“非物种证明”验放。

（七）其他限制进出口管理

对于黄金条、块、锭、粉、铸币、制品、黄金基合金制品、含金化工品、废渣、废液、废料、包金制品、镶嵌金制品等进出口黄金，海关分别验凭中国人民银行签发的“中国人民银行授权书”或“黄金产品出口准许证”办理进出口验放手续；对于进口音像制品母带（母盘）或者音像制品成品的，除国家另有规定以外，海关验凭“中华人民共和国文化部进口音像制品批准单”办理验放手续；对于进出口列入《中国禁止或严格限制的有毒化学品名录》中限制类有毒化学品，海关验凭国家环境保护总局签发的“有毒化学品进出口环境管理放行通知单”办理验放手续；对于列入《中国禁止进口限制进口技术目录》和《中国禁止出口限制出口技术目录》中限制类技术的，海关验凭国务院商务主管部门签发的“技术进出口许可证”办理验放手续。除上述限制进出口货物和技术以外，国家还对农药、兽药、民用爆破器材、现钞、文物、人类遗传资源、血液、化石等货物实施限制进出口管理。

四、自由进出口

进出口属于自由进出口的货物，不受限制。但对于其中属于自动进出口管理的货物和自由进出口的技术，经营者仍需履行相应的自动进出口许可或登记手续。

（一）自动进出口管理

商务部根据检测货物进口情况的需要，对部分自由进口的货物实行自动进口管理。进口属于自动进口许可管理的货物，进口经营者在办理海关报关手续前，向商务部门提交自动进口许可申请，凭商务部门签发的“自动进口许可证”向海关办理报关验放手续。

（二）技术进出口合同登记管理

国家对属于自由进出口的技术实行合同登记管理。进出口属于自由进出口的技术，经营者向国务院外经贸主管部门办理登记，凭“技术进出口合同登记证”向海关办理报关验放手续。

第六节　跨境电商与免税行业监管

一、跨境电子商务业务

（一）概况

跨境电商从无到有，“买全球”“卖全球”，跨境电商已经成为我国外贸发展的新动能，也是高质量发展的新抓手。新时代十年，跨境电商进入快速发展期。过去五年，从 2018 年进出口 1 万亿元人民币增长到 2022 年的 2. 11 万亿元人民币，越来越多的中国制造的商品通过跨境电商进入国际消费品市场。目前，在全国已经设立了 165 个跨境电商综合试验区，覆盖 31 个省区市，成为跨境电商发展的重要载体和平台。跨境电商作为国际贸易发展的一个新业态，呈现出蓬勃发展生机。同时，对全球的国际贸易也产生了深远影响。跨境电商有别于传统的贸易方式和贸易特点，呈现出碎片化、海量化、信息化的特点。数据显示，跨境电商的进口清单数量是同期货物报关单数量的 56 倍，每单平均价值不足货物报关单的万分之三。在监管过程中，海关查获了枪爆物品、毒品、管制类精神药物、侵犯知识产权物品、“异宠”等违禁品。针对跨境电商的发展趋势和特点，海关出台了不同于传统贸易的通关管理制度，通过分类管理，“量体裁衣”地打造了适合跨境电商特点的海关监管模式。在原有“企业对个人（B2C）”的基础上，提出了更好服务于“企业对企业（B2B）”“企业对企业对个人（B2B2C）”的监管政策；在这个过程中加强科技赋能，开发应用上线了统一版跨境电商监管信息化系统，实现了对交易、支

意见》指出，将根据企业资信记录和监管条件对进口商品所遇到的通关检验效率和程序等问题做出指示。2014 年，海关总署公告第 12 号增列跨境贸易电子商务海关监管方式代码“9610”，进一步具体化了跨境电商所涉及的事物和适用范围，并规定采用清单核放、汇总申报模式办理商品通关手续。2014 年 3 月，海关总署再次发布《关于跨境贸易电子商务服务试点网购保税进口模式有关问题的通知》，明确了保税试点网购商品个人自用、合理数量的原则，规定了保税进口模式的商品范围、购买金额和数量、征税、企业管理等事项。规定消费者在消费前必须通过实名认证，个人每人每年购买进口商品总额不得超过两万元。2014 年，海关总署公告第 56 号《关于跨境贸易电子商务进出境货物、物品有关监管事宜的公告》进一步确定了企业注册登记及备案管理的具体方案。2014 年，海关总署公告第 57 号《关于增列海关监管方式代码的公告》增列保税电商监管方式代码，进一步具体化了跨境电子商务所涉及的事物。而对直购进口模式下的商品来说，跨境电子商务平台下进境的商品具有一定的特殊性，即把针对一般进境货物的三个征税种类（进口关税、进口环节增值税及消费税）合并成一种，海关只按个人物品性质征收进境物品的进口税，也就是行邮税。这一阶段跨境电商交易额和交易规模的不断增大，导致其商业模式也发生了变化。天猫国际、网易考拉海购、京东全球购、洋码头、小红书等交易平台相继出现，迅速推动跨境电商走向专业化和产业化。此阶段，跨境电商行业在经历过井喷式发展之后，仅凭市场自我调节能力很难达到规范跨境电商业务形态的目的。为保障跨境电商行业稳定健康发展，政府层面有必要对市场份额及市场发展方向进行适当调整。

2. 政策调整期。2016 年，正当跨境电商行业各大互联网电商平台急速扩张，跨境电商业务形态及概念逐渐深入人心的时候，财政部、海关总署、国家税务总局发布了《关于跨境电子商务零售进口税收政策的通知》，对当时的跨境电商税收监管进行重大调整，并要求自 2016 年 4 月 8 日起执行（简称“四八新政”）。该规定主要包括两个部分：第一部分是相关税额的调整。改变了原有的跨境电商零售进口商品进境只需要征收行邮税的方式，由海关部门将跨境电商进口商品归类为一般进口商品征收消费税和增值税，税目及税率均有相应调整。第二部分是跨境电子商务零售进口商品的正面清单。其中，2016 年 4 月 7 日发布的第一批正面清单共包括 1 142 个八位税号商品，包括一些家用电器、服饰鞋帽、食品饮料以及化妆品、保温杯、婴儿和儿童用品等；2016 年 4 月 16 日发布的第二批正面清单涉及 151 个八位税号商品。正面清单上的商品可以免于向海关部门提交许可证件，同时免于验核通关单的情况仅限直购商品和二线出区，而一线跨境网购商品进区则要按照一般进口货物的情况验核通关单。

跨境电商行业追求的是长期稳定健康的发展，政府与市场必须明确各自的分工。政府主要致力于营造良好的贸易氛围，提供相对规范的法律制度和体系，从而规范和引导市场发展。这是因为，在不断变化创新的行业形势下，一旦监管制度跟不上市场发展的脚步或者对市场干预过多，就会导致整个行业形态出现扭曲。这一阶段的跨境电商无论在规模上还是在形式上均处在不断升级中，跨境电商企业之间的竞争也在不断升级，价格不再是决定商品竞争的关键因素，电商企业需要从供应链和服务等方面入手寻求核心竞争力。经历了“四八新政”的干预后，跨境电商市场进入后政策红利时代，考虑到部分跨境电商企业不能迅速合理地调整好业务形态以适应“四八新政”的改变，这一阶段的海关监管制度主要是为了缓解“四八新政”所带来的一系列问题，为跨境电商未来发展奠定基础。“四八新政”一经出台，引发争议最多的就是《跨境电子商务零售进口商品清单》中有关进口许可批件、注册或备案要求的规定。跨境的保税商品在入区时必须向海关提交通关单才能进入市场。这对全国各保税区来说，短时间内能够调整过来的可能性几乎为零。正因为如此，政府才决定针对跨境电子商务企业适应监管要求的情况，设置一段时间的过渡期，以确保企业平稳发展与顺利转型。

3. 政策过渡期。2016 年 5 月 25 日，财政部关税司负责人表示，2017 年 5 月 11 日前（含 5 月 11 日），对天津、郑州、广州、深圳、重庆、福州、平潭、上海、杭州、宁波等 10 个跨境电商进口试点城市经营的网购保税商品一线进区时暂不验核通关单，且暂不执行化妆品、婴幼儿配方奶粉、医疗器械、特殊食品（包括保健食品、特殊医学用途配方食品等）首次进口许可批件、注册或备案要求，对所有地区的直购模式也暂时放弃首次进口商品的首次进口许可批件、注册或备案要求。2016 年 11 月，相关部门再次发布通知，决定将过渡期政策进一步延长到 2017 年底，并且为了能够有效控制风险，新的监管模式首先在合肥、成都、大连、宁波、青岛、郑州、重庆、福州、平潭、上海、天津、杭州、广州、深圳、苏州 15 个获得批准的跨境电商零售进口试点城市及跨境电子商务综合试验区实施。2017 年，政府持续发布跨境进口利好政策。2017 年 3 月，商务部新闻发言人表示，考虑到跨境电商行业整体发展稳定性的需要，暂按个人物品形式对跨境电商零售进口商品进行监管。2017 年 9 月 20 日，国务院常务会议决定，将跨境电商零售进口监管过渡期政策再延长一年至 2018 年底。2017 年 11 月 24 日，国务院关税税则委员会宣布，自 2017 年 12 月 1 日起，以暂定税率方式降低涉及 187 个八位税号的消费品进口关税。2017 年 12 月 7 日，商务部宣布，自 2018 年 1 月 1 日起，将过渡期政策使用范围扩大至合肥、成都、大连、青岛、苏州等 5 个城市。

时至今日，海关监管跨境电子商务贸易的职责包括进出境的电商货管、征收关税、防止走私，以及对跨境电商的进出口商品进行数据统计等；对进出口商品的安全状况和质量级别进行审批、动物和植物的卫生安全检疫、食用产品的卫生检验检测等。跨境电商交易达成后，相应的产品必须获得中国检验检疫部门的检验，并且确认为符合进出口要求的货物，才能送至海关监管仓并向海关进行出口申报，货物经海关放行后还需经过安检部门的安全检测，才能装载到相应的交通运输工具运往境外；跨境电商进行进口交易时，安检工作由国外出口口岸完成，待跨境电商产品经过物流承运商运输到中国进口口岸的海关监管仓时，在获得检验检疫部门的进口许可后，进口清关代理人才能够向中国海关进行进口申报，待货物放行后即可进行中国境内的物流投递。安检部门对跨境电商的监管主要是对在运输途中存在运输安全风险的跨境电商产品进行监管，防止商品在物流运输途中产生任何运输安全隐患。常见的存在运输安全隐患的商品主要包括锂电池、笔记本电脑等电子类产品，汽油、指甲油化妆品等易燃易爆物品。这些物品如需要进行邮递运输，必须取得上海化工研究所、广州化工研究所等具有相应资质的安全检测机构的检测报告，并且报告的检测结果为符合相应运输要求。

（五）报关

跨境电子商务买卖的物流流通形式一般为跨境包裹邮递，这些邮递包裹在进出中国边境口岸时必须向海关办理报关手续。报关指跨境电子商务出口商品的寄件人或者是进口商品的收件人、国际物流承运商、国际进出口清关代理人办理跨境电商贸易商品的进出境的海关事务的整个过程。跨境电子商品属于国家进出口一般贸易类别，其通关的基本程序包括申报、查验、检验、征税、放行。

（六）出口及退货手续办理

跨境电子商务出口企业、特殊区域内跨境电子商务相关企业或其委托的报关企业，可向海关申请开展跨境电子商务零售出口、跨境电子商务特殊区域出口、跨境电子商务出口海外仓商品的退货业务。跨境电子商务出口退货商品可单独运回，也可批量运回，退货商品应在出口放行之日起1年内退运进境。退货商品由境外退运至原特殊区域时，区内企业向海关申报保税核注清单，根据保税核注清单数据归并生成进口报关单、进境备案清单，并在报关单、备案清单录入界面“业务事项”选项中勾选“跨境电商海外仓”选项，监管代码为退运货物（4561），在备注栏首位填写区内原出口报关单号、出境备案清单号。对跨境电商特殊区域出口海外仓零售的退货商品，海关按照布控指令进行查验，并重点验核其是否为原出口商品复运进境。对出口海外仓商品及其退货，优先查验。退货商品对应的进口报关单、进境备案清单审核放行后，对应特殊区域的原海外仓出口底账相应核增。从境外海外仓原状退回特殊区域的退货商品，因品质或规格等原因需出区进口至境内区外的，原国内出口企业应在原出口进区报关单放行之日起 1 年内以退运货物（4561）监管方式向主管海关申报进口报关单，在报关单备注栏首位填写原出口报关单号，并提交不涉及退税或未退税、退税已补税等相关证明材料。经海关审核同意后准予不征税复进口至境内区外。

为促进跨境贸易电子商务进出口业务的发展，方便企业通关，规范海关管理，实施海关统计，海关总署近年来不断增列海关监管方式代码。

跨境电商 B2B 出口主要包括“9710”和“9810”两种模式，企业可根据自身业务类型选择相应方式向海关申报。“9710”简称跨境电商 B2B 直接出口，适用于在跨境电子商务中 B2B 直接出口的货物。跨境电商 B2B 直接出口模式是指国内企业通过跨境电商平台开展线上商品、企业信息展示并与国外企业建立联系，在线上或线下完成沟通、下单、支付、履约流程，实现货物出口的模式。“9810”全称“跨境电子商务出口海外仓”，简称“跨境电商出口海外仓”，适用于跨境电子商务出口海外仓的商品。“9810”模式是指国内企业通过跨境物流将货物以一般贸易方式批量出口到海外仓，在跨境电子商务平台上完成在线交易后，再由海外仓将货物运送到境外消费者手中的一种出口货物模式，也就是跨境电商 B2B2C 出口，如“亚马逊 FBA 海外仓”。企业通过跨境电商通关服务系统和货物申报系统，向海关提交申报数据、传输电子信息。

跨境电商 B2B 出口有关电子信息报文，沿用跨境电商通关服务系统现有的 B2C 接入通道模式，新增支持 B2B 出口报关单报文导入；货物申报系统支持 B2B 出口报关单按现有模式录入和导入。单票金额超过 5 000 元人民币/涉证/涉检/涉税的跨境电商 B2B 出口货物企业应通过“H2018 通关管理系统”办理通关手续。单票金额在 5 000 元（含）人民币以内，且不涉证、不涉检、不涉税的跨境电商 B2B 出口货物，企业可以通过“H2018 通关管理系统”或“跨境电商出口统一版系统”办理通关手续。

B2C 模式是电子商务按照交易对象分类中的一种，代表着我国企业直接面对国外消费者，即商家和消费者之间的电商交易，销售产品以个人消费品为主，物流方面主要采用航空小包、邮寄、快递等形式。由于进出口货物在不同的贸易方式下海关监管、征税、统计作业的要求不尽相同，为了满足海关管理的需求，在海关报关单中设置了海关监管方式代码字段加以区分。针对跨境电商 B2C 模式，海关总署制定了代码“9610”和“1210”的海关监管方式。

“9610”全称“跨境贸易电子商务”，俗称“集货模式”，即 B2C（企业对个人）出口。该监管方式适用于境内个人或企业通过电子商务交易平台实现交易，并采用“清单核放、汇总申报”模式办理通关手续的电子商务零售进出口商品。简言之，就是境内企业直邮到境外消费者手中。“9610”报关的核心一是清单核放，即跨境电商出口企业将“三单信息”（商品信息、物流信息、支付信息）推送到单一窗口，海关对“清单”进行审核并办理货物放行手续，通关效率更快，通关成本更低。二是汇总申报，指跨境电商出口企业定期汇总清单形成报关单进行申报，海关为企业出具报关单退税证明，解决企业出口退税难题。根据财税〔2018〕103号通知，对跨境电商综试区内符合条件的跨境电商企业，试行增值税、消费税免征不退政策。根据国家税务总局公告2019年第36号，对跨境电商综试区内符合条件的跨境电商企业，试行核定征收企业所得税办法，应税所得率统一按照4%确定。

“1210”全称“保税跨境贸易电子商务”，简称“保税电商”，适用于境内个人或电子商务企业在经海关认可的电子商务平台实现跨境交易，并通过海关特殊监管区域或保税监管场所进出的电子商务零售进出境商品。“1210”监管方式用于进口时仅限经批准开展跨境贸易电子商务进口试点的海关特殊监管区域和保税物流中心（B型）。电商通过“1210”方式出口的货物，可以退回保税区进行清理、维修、包装后再销售，这样一来，国内仓储和人工也相对便宜，可以节约成本。买全球、卖全球：电商境外采购的货物，可以进入保税区存放，然后根据需要，将产品以包裹的方式清关后寄递给境内外的客户。这样既减少了通关单的麻烦，也节省了关税，减少卖家资金的占用。

二、免税商品的业务模式

免税商品的业务模式和一般零售类似，免税企业先进口商品，成为货物的货权人，再在免税商店中销售。按照《中华人民共和国海关对免税商店及免税品监管办法》，免税企业办理免税品进口手续进口免税品；免税商品应储存在专门的仓库，仓库管理制度应报海关备案；免税商品的进出库记录、销售记录、库存记录等都需要由海关审核；主管海关根据工作需要可以派员驻免税商店进行监管。经营单位设立免税商店，应当向海关总署提出书面申请，并且符合以下条件：具有独立法人资格；具备符合海关监管要求的免税品销售场所及免税品监管仓库；具备符合海关监管要求的计算机管理系统，能够向海关提供免税品出入库、销售等信息；具备一定的经营规模，其中申请设立口岸免税商店的，口岸免税商店所在的口岸年进出境人员应当不少于5万人次等。海关总署按照《中华人民共和国行政许可法》等规定的程序和期限办理免税商店的审批事项。目前中国共有8家免税商店经营企业，300多家免税商店。

截至目前，国内持有免税牌照的企业共有8家：中免、日上免税行（已被中免收购）、海南免税（已被中免收购）、珠海免税、深圳免税、中出服、中侨、王府井。其中，王府井集团股份有限公司于2020年6月9日收到控股股东北京首都旅游集团有限公司转发的《财政部关于王府井集团股份有限公司免税品经营资质问题的通知》，被授予免税品经营资质，成为中国第八个拥有免税牌照的企业。2022 年 10 月，公司获准在万宁经营离岛免税业务，该地国际免税港已经于 2023 年 1 月 18 日对外营业。该公司借助海南自贸港战略契机积极布局离岛免税、岛内免税、岛内日用品免税，立足机场免税与市内免税业务和全国布局，2023 年在北京东北五环外的赛特奥莱开设了一系列王府井全球购跨境体验店，为消费者带来更便捷、更丰富的国际化购物体验。

三、海南离岛旅客免税购物业务

离岛免税政策是指对乘飞机、火车、轮船离岛（不包括离境）旅客实行限值、限量、限品种免进口税购物，在实施离岛免税政策的免税商店（以下简称“离岛免税店”）内或经批准的网上销售窗口付款，在机场、火车站、港口码头指定区域提货离岛的税收优惠政策。离岛免税政策免税税种为关税、进口环节增值税和消费税。年满 16 周岁，已购买离岛机票、火车票、船票，并持有效身份证件（国内旅客持居民身份证、港澳台旅客持旅行证件、国外旅客持护照)，离开海南本岛但不离境的国内外旅客，包括海南省居民。离岛旅客每年每人免税购物额度为 10 万元人民币，不限次数。免税商品种类及每次购买数量限制，按照《关于海南离岛旅客免税购物政策的公告》执行。超出免税限额、限量的部分，照章征收进境物品进口税。旅客购物后乘飞机、火车、轮船离岛记为 1 次免税购物。

目前，离岛免税店包括海口美兰机场免税店、海口日月广场免税店、琼海博鳌免税店、三亚海棠湾免税店。具有免税品经销资格的经营主体可按规定参与海南离岛免税经营。

离岛旅客在国家规定的额度和数量范围内，在离岛免税店内或经批准的网上销售窗口购买免税商品，免税店根据旅客离岛时间运送货物，旅客凭购物凭证在机场、火车站、港口码头指定区域提货，并一次性随身携带离岛。已经购买的离岛免税商品属于消费者个人使用的最终商品，不得进入国内市场再次销售。

违反规定倒卖、代购、走私免税商品的个人，依法依规纳入信用记录，3 年内不得购买离岛免税商品；对于构成走私行为或者违反海关监管规定行为的，由海关依照有关规定予以处理，构成犯罪的，依法追究刑事责任。对协助违反离岛免税政策、扰乱市场秩序的旅行社、运输企业等，给予行业性综合整治。离岛免税店违反相关规定销售免税品，由海关依照有关法律、行政法规给予处理、处罚。

中国政府将继续按照“特定商品”“特定人群”“特定金额”“特定时间”“特定条件”等 5 个特定的统筹兼顾方式落实海南免税和其他类似税收安排政策。

第二章　商品检验

进出口商品检验（Import/Export Commodity Inspection），简称“商检”，指由国家设立的检验机构或向政府注册的独立机构，对进出口商品的品质、规格、重量、数量、包装、安全性能、卫生方面的指标及装运技术和装运条件等项目实施检验和鉴定，并出具证书以确定其是否与贸易合同、有关标准规定一致，是否符合进出口国有关法律和行政法规的规定。检验检疫的法律法规依据主要是“四法三条例”：《中华人民共和国进出口商品检验法》（下称《进出口商品检验法》）、《中华人民共和国进出境动植物检疫法》（下称《进出境动植物检疫法》）、《中华人民共和国国境卫生检疫法》（下称《国境卫生检疫法》）、《中华人民共和国食品安全法》（下称《食品安全法》），《中华人民共和国进出口商品检验法实施条例》（下称《进出口商品检验法实施条例》）、《中华人民共和国进出境动植物检疫法实施条例》（下称《进出境动植物检疫法实施条例》）、《中华人民共和国国境卫生检疫法实施细则》（下称《国境卫生检疫法实施细则》）。

中国进出口商品检验工作，主要有四个环节。一是接受报验，报验指对外贸易关系人向商检机构报请检验；二是抽样，商检机构接受报验之后，派员赴货物堆存地点进行现场检验、鉴定；三是检验，商检机构接受报验之后，确定检验标准、方法，实施仪器分析检验、物理检验、感官检验、微生物检验等；四是签发证书，经商品检验合格后，签发放行单（或在“出口货物报关单”上加盖放行章）、检验情况通知单或检验证书。

进口商品的检验分两大类。一类是列入商检机构实施检验的进出口商品种类表和合同规定由中国商检机构检验出证的进口商品；另一类是不属于上一类的进口商品，由收货、用货或代理接运部门向所在地区的商检机构申报进口商品检验、自行检验或由商检机构检验，自行检验须在索赔期内将检验结果报送商检机构，若检验不合格，应及时向商检机构申请复验并出证。进出口商品检验的监督管理工作，是对进出口商品执行检验把关和对收货、用货单位，生产、经营单位和储运单位，以及指定或认可的检验机构的进出口商品检验工作进行监督检查的重要方式。包括对其检验的进出口商品进行抽查检验；对其检验组织机构、检验人员和设备、检验制度、检验标准、检验方法、检验结果等进行监督检查；对其他与进出口商品检验有关的工作进行监督检查。

第一节 检验制度

进出口商品检验指在国际贸易活动中对买卖双方成交的商品由商品检验检疫机构对商品的品质、数量和包装、安全、卫生以及运输条件等进行检验；对涉及人、动物、植物的传染病、病虫害、疫情等进行检疫的工作。

一、检验检疫机构和任务

（一）检验检疫机构

检验检疫机构有官方检验机构、半官方检验机构、非官方检验机构三种类型。官方检验机构是国家或地方政府投资，按照国家有关法律法令对出入境商品实施检验、鉴定和监督管理的机构。半官方检验机构是一些有一定权威的、有国家政府授权、代表政府行使某项商品检验或某一方面检验管理工作的民间机构。非官方检验机构是由私人创办的、具有专业检验、鉴定技术能力的公证行或检验公司。

（二）检验检疫的任务

商品检验检疫的主要任务有三项：法定检验、公正鉴定和监督管理。

法定检验是根据《进出口商品检验法》及其实施条例，《进出境动植物检验检疫法》及其实施条例，《国境卫生检疫法》及其实施细则，《食品卫生法》以及其他法律法规规定，海关总署对大宗的、关系国计民生的重点进出口商品，容易发生质量问题的商品，涉及安全卫生的商品以及国家指定由检疫机构依法对其实施检验、检疫、鉴定的，实施法定检验检疫，又称强制性检验检疫。

公正鉴定是指凭对外贸易关系人或国内外有关单位或外国检验机构的委托，以第三人的身份、公正科学的态度，应用各种技术手段和经验，对检验检疫物做出检验、签发鉴定证书的工作。公正鉴定是非强制性行为，可以根据对外贸易当事人的申请，外国检验机构的委托、仲裁或司法机关的指定，办理对外贸易公正鉴定业务并签发各种鉴定证书。检验证书是检验机构对进出口商品进行检验后签发的书面证明文件。包括品质检验证书、数量检验证书、重量检验证书、价值检验证书（通常用于证明发货人发票所载的商品价值的正确、属实）、产地检验证书、卫生检验证书、兽医检验证书、消毒检验证书、验残检验证书、植物检疫证明、积货鉴定证书、船舱检验证书、货载衡量检验证书等。检验证书是证明卖方所交货物符合合同规定的依据；报关验放的有效证件；买卖双方办理货款结算的依据；明确责任归属、办理索赔和理赔的依据；解决争议的依据；计算关税的依据；计算运输、仓储费用的依据。

监督管理是通过行政管理手段，对进出口商品的收货人、发货人及生产、经营、储运单位以及国家检验检疫部门或其他地方机构指定或认可的检验机构和认可的检验人员的检验工作进行监督管理。

二、检验标准

根据《进出口商品检验法》和《进出口商品检验法实施条例》的规定，商检机构依据下列标准实施检验：法律行政法规规定有强制性标准或者其他必须执行的标准的，按照法律行政法规规定的检验标准检验；法律行政法规未规定有强制性标准或者其他必须执行的检验标准的，按照对外贸易合同约定的检验标准检验；凭样成交的，应按照样品检验；法律行政法规规定的强制性标准或者其他必须执行的检验标准，低于外贸合同约定的检验标准的，按照对外贸易合同约定的检验标准检验；法律行政法规未规定有强制性标准或者其他必须执行的检验标准，对外贸易合同又未约定检验标准或者约定检验标准不明确的，按照生产国标准、有关国际标准或者国家检验检疫局指定的标准检验。

对于进口商品检验而言，国家法律行政法规没有规定强制性标准或者其他必须执行的标准，外贸合同对进口商品的品质、规格、包装条件和抽样、检验方法等有具体规定的，按规定检验。此外，外商提供的品质证明书、使用说明书、产品图纸等技术资料也是进口商品品质检验的依据；提单（运单）、国外发票、装箱单、重量明细单是进口商品重量、数量检验的依据；理货残损单、溢短单、商务记录是进口商品验残出证的依据。对进口食品，按照国家食品监督和检验标准的有关规定进行检验；对无国家技术标准的，参照国际上通行技术标准进行检验；对不符合中国技术标准的进口食品，按照《食品卫生法》规定处理。

对于出口商品而言，一般按中国标准检验。但是，对于出口食品、动物产品以及涉及安全、卫生、环保的商品，除按合同、信用证进行检验外，还要根据进口国有关卫生、检疫等法令进行检验。

第二节　检验内容、程序与方法

一、检验的内容

（一）质量检验

质量检验也称作品质检验，是检验工作的主要项目。质量检验的主要内容包括外观质量、内在质量和特定质量检验。

（二）数量和重量检验

商品的数量或重量是贸易合同中的重要内容，直接涉及该笔贸易的成交金额与最终结算。因此，数量或重量检验是检验工作的主要内容之一，国际贸易中常用的检验方式有毛量、净重、以毛作净等。

（三）包装检验

包装检验是根据合同、标准和其他有关规定，对进出口商品的外包装和内包装以及包装标志进行检验。

（四）出口商品装运技术检验

出口商品装运技术检验主要有五个方面。

1. 船舱检验。船舱检验包括干货舱检验、油舱检验、冷藏舱检验，以确认其对所装货物的适载性。

2. 进出口集装箱鉴定。检验机构对装运易腐烂变质食物的集装箱实施强制性检验，以保证出口食品的卫生质量，对其他进出口集装箱，凭对外贸易关系人的申请，办理鉴定业务。

3. 监视装载。监视装载是检验部门对出口商品装货进行的监视鉴定工作。对货物监装时，首先要对装运出口货物的船舱进行检验，或对集装箱进行检验，确认其适货性。同时审核承运人的配载计划是否符合货运安全的需要；监督承运人按照商品的装载技术要求进行装载，并出具监视装载证书。

4. 积载鉴定。积载鉴定是根据对外贸易关系人的申请，检验部门对出口商品积载、配载情况进行的鉴定。鉴定时审核承运人的配载计划是否合理，注意其安全、稳固性，防止货物互抵性、互相串味等；检查装船技术措施是否符合保护货物的质量、数量完整和安全的要求，如是否有良好的加固、隔离、衬垫、通风措施等，据实出具鉴定证明。

5. 货载衡量鉴定。货载衡量鉴定是对贸易成交要运输的商品进行测量体积和衡定重量的工作，由承运人或托运人申请检验部门办理的鉴定业务，其主要目的是为了计算运输中的运费。

（五）进出口商品残损鉴定

检验、鉴定各种进出口商品的品质、规格、包装、数量、重量、残损等实际情况与使用价值，以及运载工具、装运技术、装运条件等事实状态，是否符合合同（契约）标准和国际条约的规定、国际惯例的要求，通过独立的检验、鉴定和分析判断，做出正确的、公正的检验、鉴定结果和结论，或提供有关的数据，签发检验、鉴定证书或其他有关的证明。

二、进出口商品检验程序

（一）报检

进出口报检是对外贸易关系人向检疫机构申请检验。报检单位首次报检时必须持本单位营业执照和政府批文办理登记备案手续，取得报检单位代码。其报检人员须经检验检疫机构培训合格后领取“报检员证”，凭证报检；代理报检单位须按规定办理注册登记手续，其报检人员须经过检验检疫机构培训合格后领取“代理报检员证”，凭证办理代理报检手续。

以下情况必须报检：国家法律法规规定必须由出入境检验检疫机构（简称“检验检疫机构”）检验检疫的；输入国家或地区规定必须凭检验检疫机构出具的证书方准入境的；有关国际条约规定须经检验检疫的；申请签发原产地证明书及普惠制原产地证明书的。

入境货物应入境前或入境时向入境口岸、指定的或到达站的检验检疫机构办理报检手续；入境的运输工具及人员应在入境前或入境时申报。入境报检时，应填写入境货物报检单，并提供合同、发票、提单等有关单证。

出境货物最迟应于报关或出境装运前10天向检验检疫机构报检；出境动物应在出境前60天预报，隔离前7天报检；出入境的运输工具应在出境前向口岸检验检疫机构报检。

出境货物应向所在地检验检疫机构办理报检。对由内地运往口岸的货物，应在产地办理预检，合格后，方可运往口岸办理出境货物的查验换证手续。对由内地运往口岸后，由于改变国别或地区有不同检疫要求的，超过检验检疫有效期的，批次混乱货证不符的，或经口岸查验不合格的，须在口岸重新报检。

出境报检时，应填写出境货物报检单，并提供外贸合同（售货确认书或函电）、信用证、发票、装箱单等必要的单证。

（二）抽样

检疫机构接受报检后，需及时派人到货物堆存地点进行现场检验鉴定。包括货物的数量、重量、包装、外观等项目。现场检验一般采取国际贸易中普遍使用的抽样法（个别特殊商品除外）。抽样时须按规定的抽样方法和一定的比例随机抽样，以便样品能代表整批商品的质量。

常用的抽样方式有登轮抽样、甩包抽样、翻垛抽样、出进仓时抽样、包装前抽样、生产过程中抽样、装货时抽样、开沟抽样、流动间隔抽样。

（三）检验

根据中国商检法规规定，内地省市的出口商品需要由内地检验机构进行检验。经由内地检验机构检验合格后，签发“出口商品检验换证凭单”，在商品的装运条件确定后，外贸经营单位持内地检验机构签发的“出口商品检验换证凭单”向口岸检验机构申请查验放行。

口岸查验是对经产地出境检验检疫机构出口预验签发“出口商品检验换证凭单”的商品进行的查验。口岸查验中发现有漏检项目或需要重新进行检验的，口岸检验机构要将漏检的项目进行补验，需要重新检验的要按照标准的规定重新检验；口岸查验中发现货物包装有问题或不合格，应及时通知有关单位加工整理，经重新整理或换包装后，再进行查验；口岸中如果发现“出口商品检验换证凭单”有误时，应与发货地的检验机构联系更正。

检疫机构接受报检后，根据抽样和现场检验记录，仔细核对合同及信用证对品质、规格、包装的规定，弄清检验的依据、标准，采用合理的方法实施检验。

根据中国《进出口商品免验办法》规定，列入必须实施检验的进出口商品目录的进出口商品，由收货人、发货人或者其生产企业提出申请，经海关总署审核批准，可以免予检验。

（四）签发证书

对于出口商品，经检验部门检验合格后，凭“出境货物通关单”进行通关。如合同、信用证归档由检疫部门检验出证，或国外要求签发商检证书的，根据规定签发所需证书。

对于进口商品，经检验后签发“入境货物通关单”进行通关。凡由收、用货单位自行验收的进口商品，如发现问题，及时向检验检疫局申请复验。如复验不合格，由检疫机构签发商检证书，以供对外索赔。

三、进出口检验方式

（一）出口国检验

出口国检验有以下几种方式：一是在出口国工厂检验。工厂检验是由工厂的检验机构或买方的验收人员在货物出厂前对商品进行检验或验收。二是在装运港检验。装船前或装船时以离岸品质、重量/数量为准进行检验。出口货物在装船前，由买卖双方约定的商检机构对其进行检验，并出具相关检验证书。

（二）进口国检验

1. 卸货时检验。通常指货物到达目的地卸货后，在约定的时间内由约定的检验机构实施检验，即以到岸品质、重量/数量为准，并出具检验报告，作为判断卖方所交货物是否符合合同规定的依据，同时作为划分责任以及索赔的依据。

2. 买方营业场所或用户所在地检验。有些货物，如成套设备或精密仪器等，需要经过安装、调试，才可以进行检验。货物如果在卸货地检验，将影响到后续的运输和使用，通常需要将这类货物的检验时间和地点延伸到买方营业场所或者最终用户所在地。

3. 出口国检验，进口国复验。目前，中国外贸合同中大量使用的是货物在装运前或装运时，由约定的检验机构检验，并开具检验证书，作为卖方向银行结汇的凭证。货物到达目的地后，再由双方约定的商检机构在约定的时间内，对货物进行复验。如发现货物与合同规定不符，买方可在一定时间内凭检验机构出具的复验证书，向卖方提出拒收、异议或索赔。

4. 装运港（地）检查重量、目的港（地）检验品质。在大宗商品交易检验中，货物到达目的地/目的港后，如果货物在品质上与合同中规定的不符，而且不符点是卖方责任所致，买方可对货物的品质向卖方提出索赔，但买方无权对货物的重量提出异议。

四、检验标准

同一种商品，对其实施检验所依据的标准和方法不同，检验结果往往会大不一样。

（一）分类

1. 买卖双方自行商定的具有法律约束力的标准：主要指买卖合同和信用证。

2. 贸易有关国家所制定的强制执行的法律法规：主要指商品生产国、出口国、进口国、消费国或者过境国所制定的法规标准。

3. 权威性标准：在国际上具有权威性的检验标准，包括国际专业化组织标准、区域性标准化组织标准和权威性标准。

（二）中国的检验标准

中国的检验标准主要包括国家标准、行业标准、地方标准和企业标准。国家标准、行业标准分为强制性标准和推荐性标准。

第三节　特殊商品检验监管

进出口商品检验的监督管理工作，是对进出口商品执行检验把关和对收货、用货单位，生产、经营单位和储运单位，以及指定或认可的检验机构的进出口商品检验工作进行监督检查的重要方式；是通过行政管理手段，推动和组织有关部门对进出口商品按规定要求进行检验。其目的是为了保证出口商品的质量和防止次劣商品进口。监督检查的内容包括对其检验的进出口商品进行抽查检验；对检验组织机构、检验人员和设备、检验制度、检验标准、检验方法、检验结果等进行监督检查；对其他与进出口商品检验有关的工作进行监督检查。

一、相关法律法规及检验依据

（一）国际规章和国际公约

国际规章为危险货物和危险化学品的检验提供了依据，其具体技术条款需要通过国际公约或法律法规的形式转化为各个国家的强制性要求。1996 年，首次出版的联合国《关于危险货物运输的建议书》（TDG）和 2003 年出版的联合国《全球化学品统一分类和标签制度》（GHS）是针对危险化学货物和危险化学品最基础的国际规章。一些国际组织出台的其他规章规定了特定运输方式对危险货物安全管理的特殊要求，例如《国际海运危险货物规则》。

（二）中国的法律法规

中国制定的法律法规主要包括《进出口商品检验法》及其实施条例、《危险化学品安全管理条例》和《烟花爆竹安全管理条例》。

《进出口商品检验法》第 17 条规定：为出口危险货物生产包装容器的企业，必须申请商检机构进行包装容器的性能鉴定。生产出口危险货物的企业，必须申请商检机构进行包装容器的使用鉴定。使用未经鉴定合格的包装容器的危险货物，不准出口。

《进出口商品检验法实施条例》第 29 条规定：出口危险货物包装容器的生产企业，应当向出入境检验检疫机构申请包装容器的性能鉴定，包装容器经出入境检验检疫机构鉴定合格并取得性能鉴定证书的，方可用于包装危险货物。出口危险货物的生产企业，应当向出入境检验检疫机构申请危险货物包装容器的使用鉴定，使用未经鉴定或者鉴定不合格的包装容器的危险货物，不准出口。

《危险化学品安全管理条例》第 6 条第 3 项规定：质量监督检验检疫部门负责核发危险化学品及其包装、容器生产企业的工业产品生产许可证，并依法对其产品实施监督，负责对进出口危险化学品及其包装实施检验。

《烟花爆竹安全管理条例》第 4 条规定：安全生产监督管理部门负责烟花爆竹的安全生产监督管理；公安部门负责烟花爆竹的公共安全治理；质量监督检验部门负责烟花爆竹的质量监督和进出口检验。

（三）进出口危险货物包装的法定检验范围

进出口危险货物包装的法定检验范围是联合国规章范本确定的 3 548 个条目危险货物包装。进出口危险化学品及包装的法定检验范围是中国 2015 版危险化学品目录确定的 2 828 个条目的危险化学品以及符合危险化学品确定原则的商品。

目前，1 078 个危险化学品中有 359 个由海关编码列入进出口法检目录，此外还包括 1 个烟花爆竹的海关编码、4 个打火机点火枪的海关编码。

（四）出口危险货物包装的性能检验和使用鉴定

1. 出口危险货物包装的性能检验。出口危险货物包装在盛装危险货物前需检查危险货物包装是否按照 TDG 的要求设计制造，能否满足安全运输危险货物的需要。性能检验基本项目包括跌落、堆码、气密和液压实验等，不同类型等级的危险货物包装检验项目、检验周期不同。

包装上需印刷包装标记，以便于进行追溯及识别。海关对危险货物包装生产企业实施代码管理，代码设置规则见海关总署 2019 年第 15 号公告。

2. 出口危险货物包装的使用鉴定。出口危险货物包装还需检验包装的使用是否满足安全运输危险货物的需要。

二、进出口危险货物及其包装检验

（一）危险货物的定义

危险货物是具有爆炸、易燃、毒害、感染、腐蚀、放射性等特性，在运输、储存、生产、经营、使用和处置中容易造成人身伤亡、财产损毁和环境污染，而需要特别防护的物质和物品。“危险货物”的界定以列入国家《危险货物品名表》（GB 12268）的为准。

（二）危险货物的分类

危险货物主要分为九类。

第一类：爆炸品，包括硝化棉、硝酸氨以及国际贸易中常见的烟花爆竹。

第二类：气体，包括易燃气体、不燃无毒气体和有毒气体。

第三类：易燃液体，包括乙醇、丙酮等液体化工产品、溶剂型涂料等。

第四类：易燃固体，包括硫、稀土金属粉末等易于自燃的固体。

第五类：氧化性物质和有机过氧化物。

第六类：毒物质和感染性物质。

第七类：放射性物质。

第八类：腐蚀性物质。

第九类：杂项危险物质和物品，包括锂电池、多氯联苯类物质等环境危害物质。

（三）危险化学品的定义

危险化学品指具有毒害、腐蚀、爆炸、燃烧、助燃等性质的物质，包括符合危险化学品分类原则的单质化合物和混合物。

危险货物涵盖的范围比危险化学品更广泛，还包括具有危险性的部分轻工和机电产品等。绝大多数危险品试剂既属于危险货物，又属于危险化学品。

（四）危险化学品的危险或危害

1. 物理危险。分为 17 个种类，每一种类按照危险程度不同又分为不同的项别、型号或类别，每一类别反映危险的相对严重程度。

2. 健康危害。分为 10 个种类，既包括短期内危害的毒性、腐蚀性、刺激性等，也包括长期危害健康的致癌性、生殖毒性等。

3. 环境危害。分为 3 个种类，如急性水生危害、慢性水生危害和危害臭氧层。

三、进出口化学品包装的检验

（一）单证审核

进出口危险化学品及其包装单证审核的重点是审核危险特性分类鉴别报告和危险公示信息。

危险特性分类鉴别报告的审核主要是防止将高危险等级的危险化学品申报成低危险等级，少报或漏报危险特性，将危险化学品伪（瞒）报成普通商品。

危险公示信息分为化学品安全标签和安全技术说明书两类。化学品安全标签信息的审核重点是产品标志、象形图、信号词、危险说明、防范说明等基本要素；安全技术说明书的审核应至少包含《全球化学品统一分类和标签制度》规定的 16 项基本信息。

进口危险化学品需要提供中文版本的安全技术说明书，出口危险化学品需要提供对应的中文翻译件样本。

（二）现场检验

现场检验重点关注包装的使用状况以及包装上加施的危险公示信息的规范性，包括是否在醒目位置加贴危险公示信息；是否有化学品安全标签，标签的大小、象形图及颜色等；是否随附安全技术说明书等。

（三）结果处置

全部检验项目合格的判定该检验批合格，如有一项不符合要求即判定该检验批不合格。对经检验不合格的出口危险化学品出具不合格通知单，可以允许其返工整理后重新检验，无法返工整理或者再次检验不合格的不予出口。经检验不合格的进口危险化学品及其包装，视情况通知当事人进行整改，对无法通过上述技术处理的应予以退运或销毁处理。

四、打火机和烟花爆竹危险货物的检验

（一）打火机

根据《进出口商品检验法》，自 2001 年 6 月 1 日起对出口打火机、点火枪类商品实施出口法定检验。打火机的法定检验采取型式试验和常规检验相结合的方法。首次出口时或者结构、原材料、生产工艺发生变化时，依据相关标准对出口的产品按规定的检验周期进行全项的型式试验，主要项目包括防止儿童开启的装置实验、燃烧高度、跌落、温度、持续燃烧、压力试验等。在全项型

式试验检测合格的有效期内，打火机、点火枪的常规检验逐批进行，检验项目包括垂直冲击跌落实验、使用鉴定、充灌量鉴定、渗漏实验等。

（二）烟花爆竹

烟花爆竹的包装需要实施性能检验和使用鉴定。烟花爆竹的特殊安全管理要求包括代码登记、药剂检测、产地检验和口岸查验等。

1. 代码登记。海关通过审查申请企业的合法合规性和质量安全保障能力授予出口烟花爆竹生产企业代码，企业代码应印制在出口货物外包装上。

2. 药剂检测。检测项目主要包括禁限用药、含药量、药剂安全、稳定性等，每年不少于一次。

3. 产地检验。主要按照输入国家或地区的技术法规标准，如欧盟的欧洲标准、美国烟火协会标准等以及联合国《关于危险货物运输的建议书》规章范本的要求，实施批批现场检验，主要通过抽样燃放观察货物是否存在质量安全缺陷，如燃烧时间不够、升空高度不足、发射角度偏差等。

4. 口岸查验。口岸海关对触发布控指令的货物进行海关大型集装箱系统查验，核查集装箱号码和商业封识号。

五、进出口化妆品检验监管

生产企业跨境委托生产含分装的化妆品，如果最后一道接触内容物工序在境内完成，按照国产产品进行申报；如果最后一道接触内容物的工序在境外完成，则按照进口化妆品进行申报。

化妆品半成品指除最后一道罐装或者分装工序外，已完成全部其他生产加工工序的化妆品，按照半成品要求进行监管。化妆品成品指以销售为主要目的，已经有销售包装与内容物一起到达消费者手中的化妆品产品，包括销售包装的化妆品产品和非销售包装的化妆品产品。非销售包装的化妆品产品指最后一道接触内容的工序已经完成，但是尚未销售包装的化妆品产品。以化妆品原料进口，还需要添加其他工业成分再进行罐装或封装的产品，不按照化妆品的相关要求实施监管。

（一）进出口化妆品的监管部门及法律法规

海关总署的进出口食品安全局依法承担进出口化妆品监管工作，拟订工作制度，实施风险分析和紧急预防措施工作。国家市场监督管理总局负责首次进口化妆品卫生许可及备案工作等准入、上市后的监督管理工作。具体职责分工包括三个部分：

第一，两个部门建立协调机制，避免对进出口的物品重复检验重复收费重复处罚，减轻企业负担。

第二，海关总署根据境外发生的化妆品安全事件或者进口环节中发现严重的安全问题及时采取风险预警和控制措施，并向国家市场监督管理总局通报，国家市场监督管理总局应当及时采取相应的措施。

第三，两个部门要建立进口化妆品缺陷信息通报和协作机制。海关总署对口岸检验监管中发现不合格或存在安全隐患的进口产品依法实施技术处理——退运销毁，并向国家市场监督管理总局通报。国家市场监督管理总局依法实施缺陷产品的召回工作，向海关总署通报拒不履行召回义务的信息。

进口化妆品所涉及的比较重要的法律法规有《进出口商品检验法》、《化妆品卫生监督条例》以及《进出口化妆品检验检疫监督管理办法》等。

（二）进出口化妆品监管

1. 境内收货人备案。境内收货人指与外方签订进口合同的企业。依据《进口化妆品境内收货人备案、进口记录和销售记录管理规定》（原质检总局 2016 年第 77 号）公告要求，进口化妆品的境内收货人向其工商注册地所在的海关申请备案，对其所提供的备案信息的真实性负责。备案内容包括进口记录和销售记录的管理，以及所必需的生产经营信息记录的纸质或电子文件。

2. 出口化妆品企业的监管。《进出口化妆品检验检疫监督管理办法》规定，对出口化妆品生产企业实施备案管理。出口化妆品生产企业建立持续有效地运行质量管理体系，企业注册地海关对出口化妆品生产企业质量管理体系及运行情况进行日常监督检查。实施出口化妆品口岸监督抽检及风险监测制度，实施出口化妆品出口通报核查制度。可能存在安全问题或者已经对人体健康和生命安全造成损害的情况，出口化妆品企业应当采取有效措施，并立即向所在地海关报告。

3. 进口化妆品监管。包括进口前、进口时和进口后三个环节。

（1）进口前实行境内收货人备案制度。依照原质检总局 2016 年第 77 号公告要求，明确化妆品境内责任人作为主体责任人实施备案。对于国家没有实施卫生许可或者备案的化妆品，需要具有相关资质的机构出具可能存在安全性风险物质的有关安全性评估材料，并提供再生产国家或地区允许生产销售的证明文件或者是原产地证明。对于销售包装的化妆品成品，还要提供中文标签、样张以及外文标签及翻译件。对于非销售包装的化妆品产品，提供产品的名称、数量、重量、规格、产地、生产批号和限期使用日期等。包括包装的目的地名称、工厂名称、地址和联系方式。

（2）进口时实行进口申报制度。明确进口化妆品企业的主体责任，掌握进口产品的信息，海关总署依据合格评定原则监管进出口化妆品，实施现场检验检疫和实验室检测。现场检验检疫需要核查商品的名称、规格包装标记、生产日期和批号是否与它所提供的相关资料相符；查看产品的包装，如最小包装是否完整清洁，核查化妆品的包装容器是否符合产品的性能及安全卫生的要求；

开展感官检验，包括检查样品的色泽气味是否正常，有没有异味，有没有霉变现象，液体的样品有没有沉淀或者是混浊变质，粉状的样品有没有水湿结块等现象；标签检验，核查标签标注是否符合中国相关的法律法规以及技术规范的强制性要求。实验室抽检由海关总署进出口食品安全局统一部署，检测项目包括微生物项目、污染物项目和禁用物质等。

（3）进口后的监管制度。海关总署对不同类型的风险采取有条件的限制，如严密监管措施、责令召回等；也可以采取禁止进出口措施，包括就地销毁或者退运处理，以及启动安全预案等。对进口的境内责任人实施进口及销售记录的管理制度，出口国官方体系的回顾性检查制度。

六、进口酒类检验监管

（一）进口酒类主要品种

酒类是中国主要进口食品种类，进口酒类以葡萄酒、蒸馏酒、啤酒为主。进口酒类主要来自 130 个国家或地区，贸易额列前 3 位的分别是欧盟、澳大利亚、美国。

发酵酒是以粮谷、水果、乳类等为主要原料，经发酵或部分发酵酿制而成的饮料酒，主要类型包括葡萄酒、啤酒。

葡萄酒按生产工艺分为：利口葡萄酒、葡萄汽酒、冰葡萄酒、贵腐葡萄酒、产膜葡萄酒、加香葡萄酒、低醇葡萄酒、脱醇葡萄酒、山葡萄酒九种。

啤酒按生产工艺分为：熟啤酒、生啤酒、鲜啤酒；按色度分为淡色啤酒、浓色啤酒和黑色啤酒。特种啤酒包括干啤酒、冰啤酒、低醇啤酒、浑浊啤酒、小麦啤酒、无醇啤酒（脱醇啤酒）和果蔬类啤酒。

蒸馏酒是以粮谷、薯类、水果、乳类等为主要原料，经发酵、蒸馏、勾兑而成的饮料酒。进口蒸馏酒的主要品种包括：白兰地、威士忌、伏特加、朗姆酒和杜松子酒（金酒）。

（二）进口酒类检验监管程序

1. 申报，即准备证明材料和申明材料。材料主要包括 7 个方面：常规贸易资料；原产地证书（证明）；标签资料（中文标签样张和原标签样张及翻译件）；应当随附的其他证书或者证明文件（如灌装证明等）；进口商或者其代理人应当将所进口的酒类按照品名、品牌、原产国（地区）、规格、数量、重量、总值、生产日期（批号）及总署规定的其他内容逐一申报；进口酒类上一批次的进口和销售记录；进口酒类的境外出口商或代理商、进口商名称及备案号。

2. 审单，进口酒应按品名、品牌、原产国（地区）及海关总署规定的其他内容逐一申报。单证审核人员对以下申报材料进行审核：合同、发票、装箱单、提（运）单等必要凭证；进口酒类的境外出口商或代理商，进口商名称及备案号，上一批次的进口和销售记录；原产地证书（证明）；法律法规、双边协定、议定书以及其他规定要求随附的合格证明材料；指定的相关进口食品企业自主检测报告；提供的标签样张是否齐全；进口食品安全承诺文件；适用标准声明；进口尚无食品安全国家标准的酒类，应当提供国务院卫生行政部门（卫健委）出具的许可证明文件；其他应当随附的证书或文件。

3. 标签版面检验。依据《食品安全法》及其实施条例以及 GB 7718、GB 2760 等相关食品安全国家标准的强制性技术规范要求，及其他相关规定，对进口酒类标签版面内容实施验证检验。

4. 现场查验。检查酒类运载工具及储存状况；检查酒类名称、数量、重量、规格、原产国（地）、生产日期等信息是否与申报资料相符；检查进口酒类是否加施中文标签；加施的中文标签与进口商持有的标签材料是否一致；感官检验酒类是否符合食品所应该具有的感官性状（参考食品安全法及产品标准）；其他现场检验检疫要求，做好现场查验记录。

5. 抽样送检。包括抽采样、抽样记录、留样管理、样品暂存和传递、实验室检测。

6. 实验室检测。一般采用食品安全国家标准规定的检验方法进行检验。

7. 结果评定、证单签发、不合格处置。结合上述审单、现场查验、实验室检测等合格评定程序进行综合判定。经检验检疫合格的，海关出具“入境货物检验检疫证明”后方可销售、使用；经检验检疫不合格的，海关出具“检验检疫处理通知书”，进行销毁、退运和技术处理。包括涉及安全、健康、环保项目不合格的，责令当事人销毁或者退运；不合格项目不涉及安全、健康、环境保护的，可在海关监督下进行技术处理，经重新检验合格后，方可销售或使用。

（三）进口酒类标签检验

进口酒类必须标示的项目：品名；原料与辅料，原产国或地区，罐装日期、包装日期、生产日期，贮藏方法，酒精度，净含量，进口商或代理商信息，警示语的标注。其他可标示的项目为：产区、葡萄的品种、类型、保质期、原麦汁浓度、原果汁含量、生产商信息、其他描述语。标签检验重点关注：

（1）应以“%vol”为单位标示酒精度。

（2）啤酒应标示原麦汁浓度，以“原麦汁浓度”为标题，以柏拉图度符号“°P”为单位。果酒（葡萄酒除外）应标示原果汁含量，在配料表中以“××%”表示。

（3）应标示“过量饮酒有害健康”，可同时标示其他警示语。

（4）用玻璃瓶包装的啤酒应标示如“切勿撞击，防止爆瓶”等警示语。

（5）葡萄酒和其他酒精度大于等于 10%的发酵酒及其配制酒可免于标示保

质期。

七、进口汽车检验监管

（一）进口汽车口岸

经国务院批复并验收的口岸才能进口汽车，目前，全国有 31 个口岸允许进口汽车。大连新港、上海港、天津港、广州黄埔港、内蒙古满洲里、深圳皇岗口岸、新疆阿拉山口口岸是第一批获准整车进口的口岸。重庆铁路口岸、郑州铁路口岸、霍尔果斯口岸是“一带一路”的重要国内铁路口岸。

（二）进口汽车准入条件

目前有两个准入条件，一个是自动进口许可证，由商务部签发；另一个为中国强制认证 CCC。

（三）平行进口汽车

平行进口汽车指由非品牌授权商从美国或中东的市场上采购，进口并完税，在国内市场销售。目前，进口比较多的是美规车、中东版、欧版，车型大部分为大排量越野车（普拉多、兰德酷、路泽、途乐、揽胜、奔驰 GLS、揽胜 SPORT、奔驰 GLE、野马等）。

与一般进口汽车相比，平行进口汽车具有以下特点：便宜或同等配置车更便宜；转向灯、后雾灯、英里显示、标识显示不符合中国标准；燃油系统、悬架系统、空调配置、电池配置可能不符合中国国情；质量上可能缺少全球联保。

（四）进口汽车检验方法

安全项目检测实施逐辆上专用检测线检测，参考公安部对机动车管理的要求；对一般项目检查按品牌型号、批次抽查，如铭牌、车内警示识、灯光颜色、随车工具、零部件一致性等。安全项目检测主要为型式安全检查，如口岸检查、在用车年检、维修后的检查。定型试验是对原型车的设计、工艺、制造的改进而设置的各类试验。型式试验是对产品全项特性的试验，检验产品设计的合理性及其产品在国家规定的条件下运行的适应性。

各地海关通过风险监测发现风险隐患，组织风险评估确定风险等级，根据评估结果发布风险预警，并相应地采取降低信用等级、追溯调查、加严监管、限制或禁止进口、查封扣押、退运、销毁等快速反应措施。

八、进出口消费品检验监管

（一）消费品

1. 消费品的定义。原国家质检总局发布的《关于发布〈缺陷消费品召回管理办法〉的公告》（2015 年第 151 号）中的“消费品”指消费者为生活消费需要购买、使用的产品，具有民生和商品两大属性。该定义强调消费品的来源是通过生产、进口或销售被人们获得；消费品的组成包括产品本身及组件、部件、附件以及其包装；消费品的用途是直接或预期满足人们的日常生活、办公和娱乐等需要。

2. 消费品的法检品种。根据2019年必须实施检验的进出口商品目录（即法检目录），目前进口法检的消费品主要包括：机动车、家用电器、IT信息通信产品、AV视听设备、服装及相关纺织产品（包括鞋帽）、食品接触产品、玩具（包括部分婴幼儿产品，例如，儿童安全座椅、婴幼儿推车等）、一次性使用卫生用品（包括纸尿裤、面巾纸等）、仿真饰品等，不包括进口家具产品。

原国家质检总局对法检目录调整后，目前的出口法检目录已经无消费品。

3. 与消费品安全有关的其他概念。包括：

（1）危害，指消费品自身固有的危险因素。

（2）伤害，指消费品使用过程中发生人身伤害或财产损失等的一个或一系列的非预期事件造成的后果。

（3）风险，指消费品危害以及由这些危害引起伤害的概率二者之间相互平衡的组合结果。

（4）不合格，指某一批次进出口货物经合格评定，不符合国家技术规范中强制性要求的检验结果。

（5）缺陷，指由于设计、制造、警示标识等原因导致的在同一批次、型号或者类别的消费品中普遍存在的不符合国家标准、行业标准中保障人身、财产安全要求的情形或者其他危及人身、财产安全的不合理的危险。

（6）不安全，指某一批次、某一型号或类别的消费品不符合法律法规或国家技术规范的强制性要求，或存在产品缺陷且已经或预期对消费品或公众造成重大伤害风险（不安全的商品可能是合格的）。

（二）进口消费品检验监管原则

1. 国际惯例原则。国际通行的管理模式是口岸管控+市场监管。在口岸管控中由海关部门独立执法，或者由海关部门组织其他产品监管部门共同协调执法。口岸管控是预防性执法，市场监督是纠正式执法。市场监管局实行的缺陷召回是在发生过事故后予以召回。

2. 国民待遇原则。根据世贸组织原则，消费品检验工作遵循国民待遇原则，即内外检要求一致。进口商品在中国销售、使用，必须符合中国的法律法规和标准要求，均按照国际技术规范的强制性要求实施检验，合格予以放行，不合格予以退运、销毁或技术处理。

3. 风险管控原则。基于风险管控的手段合理调整法定检验目录和抽批比例，以世贸组织通行的合格评定方式实现“选、查、处”。

4. 社会共治原则。形成企业自律、行业引导、政府监管、公众参与的社会共治局面。

（三）进口消费品检验监管

1. 主要业务制度。包括：

（1）法定检验制度，指由国家的官方检验检疫机构实施的强制性的合格评定制度，包括检验证书制度、抽取样制度、不合格处置制度、风险预警及快速反应制度。

（2）目录外抽查检验制度。检验对象为按照《进出口商品检验法》规定必须实施检验的进出口商品以外的进出口商品。

（3）民用商品入境验证制度。对列入《出入境检验检疫机构实施入境验证的进口许可制度民用商品目录》的进口商品，实施入境验证。包括相关文件审核、标识审查、型号规格确认、实物检测等。

（4）能源效率标识入境验证制度。根据《中华人民共和国实行能源效率标识的产品目录》，确定统一适用的产品能效标准、实施规则、能源效率标识样式和规格。能源效率标识包括生产者名称或者简称、产品规格型号、能源效率等级、能源消耗量、执行的能源效率国家标准编号等。

2. 进口消费品安全标识标签检查制度。安全标识标签指直接附着于消费品上的标识、标牌或标记等，采用警示词、文字信息和安全符号等方式传达安全信息，用以预告潜在危害的类别。描绘可能导致的伤害后果和程度，强调避免产品伤害应有的注意事项和救护措施，必要的安全操作信息。裸装的食品和其他根据产品的特点难以附加标识的裸装产品，可以不附加产品标识。

3. 主要进口类别消费品检验监管要求。融合法定检验、目录外抽查、民用商品入境验证、能效标识入境验证、安全标识标签检查和电器电子产品有害物质限制使用标识检查等多项工作制度，共同组合开展。

第三章　动植物检疫

第一节　动植物检疫法规与标准

《国际植物保护公约》中“植物检疫”指“为防止检疫性有害生物传入和/或防扩散，确保植物处于官方控制的一切活动”。世界动物卫生组织（OIE）将“动物检疫”定义为“防止动物直接或间接与其他动物接触，并对动物采取观察、检测和处理的措施”。总而言之，动植物检疫就是针对动植物所采取的检疫措施，包含三层含义：一是针对动植物疫情疫病防控；二是防止疫情的传入、传出和扩散；三是官方控制措施。

动植物检疫的目的是防止动物传染病、寄生虫病和植物危险性病、虫、杂草以及其他有害生物传入、传出国境。保护动物、植物，保护农、林、牧、渔业生产和人体健康。为此，中国制定和公布了检疫对象、检疫性有害生物名录、管制的动植物产品及地区名单。

一、检疫对象

（一）动植物和动植物产品

动物指饲养、野生的活动物；动物产品指来源于动物未经加工或者虽经加工但仍有可能传播疫病的产品。植物指栽培植物、野生植物及其种子、种苗及其他繁殖材料等；植物产品指来源于植物未经加工或者虽经加工但仍有可能传播病虫害的产品。

（二）装载容器、包装物和铺垫材料

装载容器指那些可多次使用、易受病虫害污染并用于装载进出境货物的容器，如笼、箱、桶、筐等。目前，集装箱是应用最广的装载容器。

（三）木质包装

《国际植物保护公约》专门针对木质包装制定了第 15 号国际标准，无论进出口都要进行木质包装的病虫害处理措施。全世界主要国家基本已经接受第 15 号国际标准，按第 15 号国际标准处理和加施标识的木质包装入境。

（四）其他检疫物

其他检疫物包括动物疫苗、血清、诊断液以及动植物性废弃物等，如科研用生物材料、菌毒种、土壤等。

二、检疫性有害生物名录

原农业部和原质检总局第2013号联合公告，发布修订后的《中华人民共和国进境动物检疫疫病名录》将动物疫病危害程度分为三类，共计206种疫病。其中一类传染病、寄生虫病15种。

植物检疫性有害生物，是由原农业部和原质检总局共同制定的《中华人民共和国进境植物检疫性有害生物名录》规定的，并动态调整。名录包括7大类441种（属）有害生物。其中，昆虫155种、真菌127种、原核生物58种、病毒及类病毒39种、线虫20种、杂草42种。

三、危险生物安全管制名录

危险生物安全管制名录包括《禁止从动物疫病流行国家/地区输入的动物及其产品一览表》。该表由海关总署整理发布，根据动物疫病流行国家/地区变化而发布的禁令、解禁令，对涉及的禁止进境动物及其产品进行动态调整。现行高效的名录包括：1997年7月29日原农业部公告第72号发布的《中华人民共和国进境植物检疫禁止进境名录》。该《名录》公布了禁止进境物名称、禁止进境的原因和禁止的国家或地区，并通过公告、警示通报等动态调整。原农业部和原国家质检总局第1712号联合公告发布修订的《中华人民共和国禁止携带、邮寄进境的动植物及其产品名录》。

（一）动植物检疫法律法规与标准体系

1. 法律法规体系。进境动植物检疫法律法规体系包括重要行政法律、主体法律法规、相关法律、部门规章、规范性文件等。包括《中华人民共和国立法法》《中华人民共和国刑法》《中华人民共和国行政监察法》等重要行政法律；《海关法》《动植物检疫法》《动植物检疫法实施条例》等主体法律法规；《进出口商品检验法》《食品安全法》《国境卫生检疫法》《中华人民共和国生物安全法》等相关法律；《出境货物木质包装检疫处理管理办法》《出境水果检验检疫监督管理办法》《出境水生动物检验检疫监督管理办法》等部门规章。

2. 技术标准体系。《中华人民共和国标准化法》第2条规定，标准包括国家标准、行业标准、地方标准、团体标准、企业标准。国家标准分为强制性标准、推荐性标准。行业标准、地方标准是推荐性标准。强制性标准必须执行，国家鼓励采用推荐性标准。对没有推荐性国家标准，需要在全国某个行业范围内统一的技术要求，可以制定行业标准。行业标准由国务院有关行政主管部门制定，报国务院标准化行政主管部门备案。

（二）进出境动植物检疫标准体系的基础标准构成

包含国家标准186项，动物防疫检疫标准（农业部行标）104项，进出境检验防疫行业标准（SN标准）413项。

动植物检疫以科学的风险管理理念为指引，从专注于口岸管制扩展为“全过程、全链式”风险管控。

1. 第一道防线是进出境前的源头管控。进出境前的源头管控包括四个步骤：检疫准入、注册登记、境外预检考察、检疫审批。

（1）检疫准入指依法对输华水果、粮食、活动物、动物遗传物质、饲草、饲料等高风险农产品实施检疫准入制度。国外突发重大动植物疫情疫病时可以通过“疫情禁令”或“疫情解禁令”的形式予以禁入或准入。

（2）注册登记是中国对进出境动植物及其产品的生产、加工、存放单位进行注册登记。需要注册登记的境外单位，一般由输出国家或地区主管部门考核注册，推荐海关总署进行确认。对于进口国家/地区要求实施注册登记的，由中国各地海关对出口企业进行考核注册，并向海关总署备案，向国外官方推荐。

（3）境外预检考察指对一些重要的或高风险的动植物及其产品，如活动物、水果、粮食、烟草、种苗等，海关总署将根据双边议定书、协议、备忘录等的要求，结合检疫工作需要，派检疫官员到输出国或地区配合实施输出前检疫工作。目前，中国对进境大动物等进行境外预检，对进境水果、粮食、烟草、种苗等产品定期进行境外考核评估。

（4）检疫审批指海关总署根据法律法规的有关规定以及国务院有关部门发布的禁止进境物名录，制定、调整并发布需要检疫审批的动植物及其产品名录，对申请进口高风险动植物及产品进行审查，确定进境后检疫监管条件是否符合，确定是否同意进口，由海关总署或者海关总署授权的其他审批机构负责签发“中华人民共和国进境动植物检疫许可证”和“中华人民共和国进境动植物检疫许可证申请未获批准通知单”。各直属海关负责所辖地区进境动植物检疫审批申请的初审工作。

目前，进境植物种子苗木检疫审批归农林部门负责。海关部门审批的范围包括进境活动物（含动物胚胎、精液、受精卵、种蛋及其他动物遗传物质）、生物材料、非食用动物产品、饲料及饲料添加剂、果蔬类、烟草类、粮谷类、豆类、薯类等；过境动物特许审批范围包括动植物病原体（包括菌种、毒种等）、害虫以及其他有害生物，动植物疫情流行国家和地区的有关动植物、动植物产品和其他检疫物，动物尸体，土壤。具体办理要求如下：

（1）进口单位或其代理人应在对外签订贸易合同或协议前30天（种用动物在从输出国启送前120天）办理检疫审批手续。

（2）办理进口动物或动物产品检疫审批。货主或其代理人填写“进口动物检疫审批单”或“进口动物产品检疫审批单”，按下列规定分别到直属海关和海关总署办理。对来自疫区的动物、动物产品和其他检疫物，由海关总署审批。凡进口来自非疫区的，并在入境口岸管辖范围内加工、使用、销售的动物产品（猪的产品除外）；用于屠宰或饲养后再出口的畜禽；用于屠宰、饲养、加工的畜禽，由海关总署（或委托）的直属海关办理。

（3）对进境后不在入境口岸海关机关管辖范围内加工、使用、销售的或仅由入境口岸海关进行现场检疫和外包装消毒后再运往目的地的，由当地口岸海关检疫、监管的动物、动物产品；过境的动物和动物产品；进口猪的产品；进口种畜禽、野生动物、精液、胚胎等均由海关总署审批。

（4）进口植物种子、种苗和其他繁殖材料的单位、个人或代理单位，到本省、市的农业厅（局）的植保植检站领取、填写“引进种子、苗木检疫审批单”，按下列分工办理检疫审批：国务院和中央各部门所属在京单位、驻京部队单位、外国驻京机构等向农业农村部全国植物保护总站申请办理；各省、自治区、直辖市有关单位和中央京外单位向种植地的省、自治区、直辖市农业农村厅（局）植物检疫站申请办理。

（5）进口农作物种子和科研试验材料，其审批手续及审批单位与植物种子、种苗审批相同。

（6）热带作物种质资源交换和引进，由农业农村部签署意见后转全国植保总站审批。

（7）进口国家禁止进境物的检疫特许审批，由海关总署办理。

2. 第二道防线是申报和查验。具体包括进境指定监管场地、申报、现场查验、实验室检疫检测、检疫处理、隔离检疫、定点加工。

（1）进境指定监管场地是根据海关总署 2019 年第 212 号公告，为满足动植物疫病疫情防控需要，对特定进境高风险动植物及其产品实施查验、检验、检疫的监管作业场地实施指定监管场地管理。指定监管场地需配备进境特定动植物及产品的口岸检疫防疫设施设备、专业人员和实验室等。目前，实施指定监管场地管理的有：进境肉类、冰鲜水产品、粮食、水果、食用水生动物、植物种苗、原木以及其他高风险动植物及其产品。此外，动物隔离检疫场也按指定监管场地管理。

（2）申报是根据《海关总署关于全面推广“两步申报”改革的公告》（2019 年第 216 号），2020 年 1 月 1 日起全面推广进口货物“两步申报”改革。“两步申报”包括第一步的“概要申报”和第二步的“完整申报”。出口货物仍然适用“一次申报”的要求。

（3）现场查验是海关关员依据法律法规要求，按照各类业务的规章、标准、工作程序和手册等，对进出境检疫对象实施单证核对、货证核查和有害生物检查的官方行为。一般包括现场检查和抽采样两个环节。

（4）实验室检疫检测指通过实验室专业技术人员和技术手段，对现场查验抽采的样品及发现的可疑物进行实验室检疫和/或检测鉴定，其目的是查验结果评判以及为采取除害处理、后续监管措施提供科学依据。实验室要求“检得出、检得准、检得快”，相关检疫检测结果需录入 E-LAB 系统及“动植物检验检疫资源信息共享平台”，逐级上报。

（5）检疫处理指对发现动植物疫情疫病等不符合中国进出境检疫要求或输入国家/地区有检疫要求的动植物及其产品或其他检疫物，海关部门需通知货主委托有资质的处理单位对货物采取化学、物理、生物等的强制性处理措施，有效消除有害生物的危害风险或阻断疫病疫情可能的传播和/或扩散途径。

（6）隔离检疫是将进境动植物限定在指定的隔离场/圃内饲养或种植，在其饲养或生长期间进行检疫、观察、监测和处理的一项强制性措施。这项措施适用于活体动物和植物的引种。活动物的隔离期一般为 45 天，植物的隔离期为 1~2 个植物生长季。

（7）定点加工指对一些可以利用生产加工工艺消除疫情疫病风险的农产品，指定加工生产单位，一方面可以有效消除现有检疫处理技术无法达到消除疫情疫病的风险；另一方面可以有效降低贸易成本，如进境粮食、动物皮张等。定点加工单位通常要实施注册登记制度。

3. 第三道防线是后续监管，包括疫情检测和违规通报调查。

（1）疫情监测。通过技术手段对某种动物疫病和植物有害生物的发生、发展、类型、变化进行系统、完整、连续的调查和分析，从而得出其发生或流行趋势的过程，目前也称为国门生物安全监测。

海关总署组织开展的国门生物安全监测包括检疫性实蝇、外来有害杂草、苹果蠹蛾、舞毒蛾、马铃薯甲虫、葡萄花翅小卷蛾、林木害虫、油菜茎基溃疡病菌、苹果枝枯病菌、马铃薯斑纹片病、番茄褐色皱果病毒、马铃薯纺锤块茎类病毒属类病毒、黄瓜绿斑驳花叶病毒、进出境水生动物疫病监测、供港澳陆生动物疫病监测等。监测范围包括入境口岸及周边 1~2 公里范围以及部分海关监管的养殖场、种植场、加工厂、果园、林地、草地等。

此外，海关总署还要求各分支机构开展采用灯诱法（如黑光灯）、陷阱法（如糖醋液等）、黄盘法和人工样线调查等常规有害生物采集方法开展口岸疫情普查监测和后续监管监测。

监测过程中一旦发现重大疫情，相关直属海关应及时启动疫情应急处置方案，及时发现、预警、铲除疫情，及时跟踪疫情动态，形成疫情分析评估报告，报呈总署。

（2）违规通报调查。按照国际惯例，如果在进口农产品检疫时发现疫病疫情等不合格情况，进口国官方将向输出国官方发布违规通报，要求输出国官方组织企业调查原因，采取整改措施。属于进口国关注的高风险疫病病情的，进口国官方可以对通报的输出国产品采取临时性措施以防止疫病疫情的传入。

（三）动植物检疫的主要特点

动植物检疫具有以下特点：风险性、应急性、技术性、法制性、公益性、政治性、涉外性。

（四）动植物检疫的主要作用

动植物检疫具有以下作用：维护中国生态环境安全，服务中国农业结构优化调整，保障大宗消费性农产品安全有序进口，扩大中国农产品出口，支持中国农业“走出去”。

第二节　动物及其产品检疫

动物检疫是法制管理、行政管理和技术管理相结合的综合管理体系。其中，立法是基础，行政是手段，技术是保证。因此，动物检疫是一个涉及生物、社会、经济、法律等多个领域的系统功能。

动物检疫的特点可概括为三方面：预防性、法制性、技术性。动物检疫的作用有三个方面：其一，维护国门安全，防止动物疫情传入，保护农林牧渔业、生态环境和人民群众健康；其二，服务“三农”，扩大农产品出口，促进农业快速发展；其三，服务国家外交外贸，积极发挥把关与促进职能。

一、进出境动物检疫范围、对象及风险分析

（一）进出境动物检疫范围

《进出境动植物检疫法》第 2 条对进出境动物检疫的范围进行了规定：进出境的动物、动物产品和其他检疫物，装载动物、动物产品和其他检疫物的装载容器、包装物，以及来自动物疫区的运输工具。

动物是指饲养、野生的活动物，如畜、禽、蛇、龟、虾、蟹、贝、蚕、蜂等；动物产品是指来源于动物未经加工或者虽经加工但仍有可能传播疫病的产品，如生皮张、毛类、肉类、脏器、油脂、动物水产品、奶制品、蛋类、血液、精液、胚胎、骨、蹄、角等；其他检疫物是指动物疫苗、血清、诊断液、动植物废弃物等。

（二）进出境动物检疫对象

进境动物检疫对象：国务院农业行政主管部门制定并公布相关目录；对于进境动物检疫疫病名录，2013 年 11 月 28 日，原国家质检总局和原农业部发布

第2013号联合公告，发布了新修订的《中华人民共和国进境动物检疫疫病名录》。该名录根据动物疫病危害程度分为三类。其中一类传染病、寄生虫病15种，具有危害严重、传播迅速、难以扑灭和根除，可造成严重的经济社会或公共卫生后果的特点。二类和三类传染病、寄生虫病分别有147种和44种。206种疫病按照易感动物种类细分为人畜共患病、牛病、马病、猪病、禽病、羊病、水生动物病、蜂病以及其他动物病。2020年7月3日，农业农村部、海关总署发布第256号公告，公布《中华人民共和国进境动物检疫疫病名录》，疫病种类由206种调整为211种，新增14种，删除9种，其中一类传染病、寄生虫病16种，二类传染病、寄生虫病154种，其他传染病、寄生虫病41种。2022年1月30日，农业农村部、海关总署发布第521号公告，将2020年7月3日发布的《中华人民共和国进境动物检疫疫病名录》中的牛结节性皮肤病由一类动物传染病调整为二类动物传染病。2021年，农业农村部、海关总署公告第413号，增补5种传染病进入检疫性有害生物名录，目前，名录包括7大类446种（属）有害生物。其中，昆虫148种、软体动物9种、真菌127种、原核生物59种、病毒及类病毒41种、线虫20种、杂草42种。

出境动物检疫对象：无特定名录，主要根据不同国家、地区的法规规定、外贸合同及已签订的检疫双边协定、检疫备忘录的相关要求执行。

（三）风险分析

风险分析包括危害识别、风险评估、风险管理、风险交流四个方面。

1. 危害识别是对通过进口商品可能引入的具有潜在危害致病因子进行识别的过程。潜在致病因子必须与进口动物或动物产品密切有关且出口方可能存在。对出口方兽医体系、疫病监测与控制计划、区域化和生物安全隔离化体系的评估，也是评估危害因子的重要内容。

2. 风险评估是指对危害因素相关风险进行评估，可分为定性和定量两种方法。风险评估的步骤是传入评估、暴露评估、后果评估、风险估算。

3. 风险管理是识别、选择和实施降低风险水平措施的过程。世界动物卫生组织的国际标准应为风险管理的首选卫生措施。包括风险评价、备选方案评价、实施、监测和评审。

4. 风险交流是指风险分析期间，从潜在受影响方或利益相关方收集危害和风险相关信息和意见，并向进出口方决策者或利益相关方通报风险评估结果或风险管理措施的过程。风险交流策略应在每次开始风险分析时制定到位，风险交流应公开、互动、反复和透明。

二、中国进出境动物检疫法律法规

中国进出境动物检疫的法律法规主要包括《进出境动植物检疫法》《进出

境动植物检疫法实施条例》。国际标准与协定有《实施卫生与植物卫生措施协定》《陆生动物卫生法典》《水生动物卫生法典》《陆生动物疫病诊断试验及疫苗手册》《濒危野生动植物国际公约》《生物多样性公约》。

三、中国的进出境动物检验检疫管理制度

进境动物检验检疫管理主要包括检疫准入、境外预检、检疫审批、指定监管场地入境、口岸检疫、后续检疫监督等制度。后续监管包括进境动物隔离检疫及指定生产、加工、存放企业的监管。隔离检疫是将进境动物限定在指定的隔离场内饲养或在其饲养期间进行检疫、观察、检测和处理的一项强制性措施。动物隔离检疫场指专用于进境动物隔离检疫的场所，包括由海关总署设立的动物隔离检疫场所和由各直属海关指定的动物隔离检疫场所。进境种用大中动物应报经海关总署批准在国家隔离场隔离检疫，当国家隔离场不能满足需求时，需报经海关总署批准在指定隔离场隔离检疫，其他进境动物，应当在海关指定的动物隔离场所隔离检疫。指定生产、加工、存放企业指对高风险的动物产品限定生产、加工的企业，以确保产品加工目的和安全流向。

出境动物检验检疫管理主要包括注册登记与备案、分类管理、出口查验、溯源管理等制度。溯源管理制度指建立生产、出口、消费全链条的农产品食品质量安全追溯体系。溯源管理主要包括建立唯一可识别的溯源信息，加上出口产品标记或标识，建立可追溯的完整数据链等。

（一）进境动物检疫准入

检疫准入指中国进出境动物检疫主管部门为了防止动物传染病、寄生虫病传入，保护农、牧、渔业发展和人体健康，维护国门生物安全，根据世贸组织，世界动物卫生组织的标准、指南和建议，以及中国的法律法规、规章等，对拟进入中国市场的动物、动物产品，应输出国政府的申请所开展的评估审查的过程。检疫准入是进境动物检疫监管的前置性行为，对于严防动物疫情传入，严防外来有害生物进境，严防不合格产品进境，保障进境农产品质量及安全具有重要意义。

（二）检疫准入的程序

检疫准入程序包括输出国申请、中方问卷、外方答卷、风险分析、实地考察、磋商与签约。

1. 输出国申请是拟向中国出口动物的输出国政府检疫主管部门根据贸易需要，以书面方式向海关总署提出的中国出口动物申请并说明拟出口品种的具体名称、种类等信息。这种需求的发起可能来自输出国政府、企业、行业组织的诉求，有时甚至是中国进口商的期待。一般由输出国动物检疫行政主管部门直接或者通过其驻华使馆转呈提出。

2. 中方问卷是中方根据拟输出国动物疫情状况决定是否启动评估审查程序，如启动，则向拟输出国提交一份涉及该产品进口风险分析资料的调查问卷，请输出国答复。调查问卷由海关总署动植司组织系统内外专家根据中国政府的重点关注和动物检疫的适当保护水平进行编制。

3. 外方答卷是拟输出国根据中国的问卷要求进行回复，提供相关技术资料，包括输出国的动物卫生和公共卫生的法律法规体系、组织机构、兽医服务体系、质量管理体系、安全卫生控制体系、残留监控体系、动物疫病的检测、监控情况、产品的生产方式等资料。

4. 风险分析是在收到输出国就调查问卷的答复之后，海关总署动植司组织专家进行风险分析。在风险分析过程中，如需要，中方还将请输出国再补充有关资料。这一环节至关重要，决定这一项目检疫准入的未来走向。

5. 实地考察是海关总署根据对输出国官方提供的答卷及相关资料进行评估，研究确定是否派出专家赴输出国进行实地考察。实地考察既是对问卷评估的补充完善，也是对答卷内容的符合性审查。

6. 磋商与签约是指双方就输华动物的检疫卫生要求进行磋商。在双方就入境检疫卫生要求达成一致意见后，由总署领导代表中国政府签署政府间部门协议，即进口动物检疫与卫生条件议定书，随即可按照议定书的规定开展该种动物输华检疫和相关贸易。

（三）检疫准入过程中风险分析的原则

一是以科学为依据，二是尊重国际标准、准则和建议，三是透明、公开和非歧视原则，四是避免对国际贸易构成变相限制。

四、进境动物检疫监管的一般程序与技术要求

（一）进境检疫隔离场的选择与确定

检疫隔离场的管理应注意以下几点：一是隔离场包括两类，一类是国家设立的动物隔离检疫场所，由国家投资、经营、管理，目前中国有天津、北京、上海、广州四个国家隔离场。还有一类是由各直属海关指定的动物隔离场所，由社会、地方政府、企业投资、经营并参与管理的隔离场所。指定隔离场所因进境动物的品种、数量、用途、口岸等不同，条件、规模差异很大。二是申请使用隔离场所用于隔离种用大中型动物的，由直属海关审核和提出审核意见报经海关总署批准。用于种用大中型动物之外的其他动物隔离检疫的，由直属海关审核批准。三是隔离场使用证件的有效期为6个月。隔离场使用证的使用一次有效。同一隔离场再次申请使用应当重新办理审批手续，两次使用的时间间隔不得少于30天。四是已经获得隔离场使用证的如出现异常情况需按规定进行处置。五是隔离场应持续维持良好状态。六是隔离场使用完毕之后，应当在海

关的监督下进行消毒和无害化处理。

（二）进境检疫许可与检疫条件确定

1. 申请。申请办理检疫审批手续的单位应当是具有独立法人资格，在签订贸易合同或者协议之前提出申请并取得检疫许可证。

2. 审核批准。由授权的海关对申请单位提交的材料进行初步审查核定，初审合格的签署初审意见，同时对考核合格的动物临时隔离检疫场所出具进境动物临时隔离检疫场许可证。以下情况应该重新办理检疫许可证：变更进境检疫物的品种或者超过许可数量5%以上的；变更输出国家或者地区的；变更进境口岸、指运地或者运输路线的。

3. 检疫条件确定。签发的许可证列明确定的要素包括动物品种、数量、输出国家（地区）、检疫要求、国内外运输路线、国内隔离检疫场有效期限等。作为工作准备，口岸海关应预先熟悉双边检疫议定书的有关内容，制订检疫计划。

4. 进境口岸检查。动物抵达前，在海关的监督下，对运输动物的车辆、装卸动物的场所进行消毒，核实货证相符，对国外官方正本检疫证书的格式、检疫徽章、印章、证书编号、签字兽医等逐项进行确认；审查收发货人、动物品种、动物数量等是否与检疫许可批复一致；证书列明的检疫内容是否与双边协议条款或检疫备忘录相符；查看运行日志，向运输工具承运人、随行兽医了解运输过程中的通风给氧、饲料饮水、气象等情况；了解动物整体状况，动物死亡情况以及死亡数量、原因；查看发病动物治疗情况。

5. 隔离检疫监管与实验室检测。经入境口岸海关现场检疫合格的进境动物方可运往隔离场进行隔离检疫。海关对隔离场实施监督管理，监督和检查隔离场动物饲养、防疫等措施的落实。对于进境种用大中动物，隔离检疫期间实行24小时海关工作人员驻场监管。海关工作人员隔离场使用人应当按照要求落实各项管理措施，认真填写《进出境动物隔离检疫场检疫监管手册》。海关负责隔离检疫期间样品的采集、送检和保存工作，隔离动物样品采集工作应当在动物进入隔离场后7天内完成，样品保存时间至少为6个月；按照海关总署的有关规定，对动物进行临床观察和实验室项目的检测，根据检疫结果出具相关的单证。实验室检疫不合格的，应当尽快将有关情况通知隔离场使用人，并对阳性动物依法及时进行处理；按照海关总署相关规定，对进口动物进行必要的免疫和预防性治疗。隔离场使用人在征得海关同意后可以对患病动物进行治疗。

6. 检疫处理与放行。包括合格与问题两种情况。

（1）合格动物放行。对经检疫的合格动物出具检疫合格证明性文件，相关动物准予放行。对隔离场所、检疫用具用品、剩余草料、动物粪便、污水进行处理，相关资料进行归档。按有关规定，隔离检疫相关资料等单独建档，至少保存5年。种用大中动物，隔离检疫结束后，承担检疫任务的直属海关应当在2周内将检疫情况书面上报海关总署动植司，并通报目的地海关。隔离场使用人及隔离场所在地海关应当按照规定记录动物流向和《隔离场检疫监管手册》，档案至少保存5年。

(2) 发现疑似患病或者死亡的动物，立即报告并采取下列措施：一是将疑似患病动物移入患病动物隔离舍由专人负责饲养管理；二是对疑似患病和死亡动物停留过的场所和接触过的用具、物品进行消毒处理；三是禁止自行处置，包括解剖、转移、急宰等；四是死亡动物应当按照规定作无害化处理。检出二类传染病、寄生虫病或其他传染病、寄生虫病或者非疫病原因死亡动物，或无商业价值淘汰的动物，参照《病害动物和病害动物产品生物安全处理规程》的要求进行无害化处理。检出一类传染病、寄生虫病的全群扑杀或退回处理，无法退回的应立即报告海关总署和地方政府的动物卫生主管部门，严格按照《进出境动植物检疫法》《动物防疫法》《生物安全法》《进出境动植物检疫法实施条例》等相关法律法规及规章规定的程序和方法进行处理。

第三节　植物及其产品检疫

一、植物检疫基础

植物检疫需要生物学基础，了解有害生物危害过程，提出阻碍传播的策略；了解有害生物生长发育过程，提出杀灭技术方法；研究有害生物，鉴定是否应强制管制。还需要生态学基础，了解生态系统发生、发展、运行规律；了解物种间交互作用；研究如何截断有害生物生态链条，破坏其种群发展。

二、主要工作内容

对植物及其产品需进行检疫。

国际贸易货物：植物、植物产品和其他检疫物等进出境货物；装载上述货物的容器（含集装箱）、包装物、铺垫材料等。

交通运输工具：来自疫区的航空器、船舶、火车、汽车等运输工具；进境拆解的废旧船舶。

国际往来物品、进出境旅客携带物品：邮寄、快递物品；跨境电商进出境个人物品。

三、进出境植物检疫制度

植物检疫制度指防止外来生物入侵的所有措施、制度。包括检疫许可、检疫申报、现场检验、检疫隔离、检疫处理、出证放行、检疫监督、检疫收费等，具体包括检疫申报、检疫审批、注册登记、境外预检等 16 项制度（如图 3-1 所示）。

图 3-1　中国植物检疫制度

（一）检疫申报制度

检疫申报制度是国际通行的做法，指货主或其代理人，依照相关法律规定在输入输出植物、植物产品和其他检疫物（以下简称“应检物”），或者过境运输应检物，必须按照《进出境动植物检疫法》及其实施条例、部门规章等有关规定的时间和地点，向海关申报，接受隶属海关对进出境应检物实施检疫和监管管理的行为过程。检疫中申报制度分为货物进境申报、货物出境申报、货物过境申报、携带和邮寄物进境申报等。

这一制度的设立保障了中国进出境植物检疫行政执法顺利实施，提高了通关效率。隶属海关通过该项制度可以事先了解贸易合同中订立的检疫条款、核对植物检疫证书，预知应检物进出境的时间、流向、种类、数量，变被动为主动，提前做好检疫准备，准备检疫工具，拟订检疫计划，实施有针对性的检疫并及时落实检疫措施。

检疫申报是货主或其代理人的法定义务。货主或其代理人是否依法履行动植物检疫报检义务，是认定其是否有逃避检疫行为的重要事实依据。

（二）检疫审批制度

检疫审批是进出境植物检疫的法定程序之一，是在进境植物及其产品和其他应检物入境之前实施的一种预防性植物检疫措施，也是世界各国普遍采用的通行做法。

检疫审批制度指海关总署依照《进出境动植物检疫法》的有关规定，根据生物风险分析结果，对部分风险较高的拟输华植物及其产品进行审查，最终决定是否批准其进境的过程。需要指出的是，按照中国《进出境动植物检疫法实施条例》第9条的规定，非禁止入境的植物繁殖材料检疫审批由农业、林业检疫主管部门办理。

（三）注册登记制度

注册登记制度指海关依照《进出境动植物检疫法实施条例》第32条的规定，对进出境的植物及其产品的种植基地及生产、加工、存放单位的资质、安全卫生防疫条件和质量管理体系进行考核确认，并对其实施监督管理的一项具体行政执法行为。其目的是从源头控制进出境植物及其产品检疫风险。注册登记可分为进境注册登记和出境注册登记。

1. 进境企业注册是公认的降低有害生物传入风险的国际植物检疫措施。

2. 出境注册登记从源头控制出口植物及其产品检疫风险，帮助出口企业应对国外技术性贸易措施，维护国家利益和形象，提高农产品在国际市场的竞争力。中国的主要贸易国在与中国签署的农产品双边议定书中，也明确要求中国对生产基地与加工场所（含仓储场所）进行注册登记。

（四）境外预检制度

境外预检也称产地检疫，指“由输入国国家植物保护机构（植物保护机构）或在其定期监督下的原产国进行植物检疫出证或许可”（ISPM 第5号），境外预检可以有效降低有害生物传入风险并且便利国际贸易。

《进境植物检疫管理系统准则》规定，进境条例常常对输出国应当采取的措施提出具体要求，如生产程序（通常指有关作物生长期内的生产程序）或专门的处理程序。在某些情况下，如发展新的贸易时，此类要求可以包括，在输出国植物保护机构合作下输入国植物保护机构对输出国进行的检查，检查内容包括生产制度、处理、查验程序、植物检疫管理、认可程序、检测程序、监测。输入国应告知检查范围。

中国与部分输出国家签订的植物检疫协议中也明确规定，对高风险的进境植物及其产品如烟叶、苗木、水果、粮食等视情况实施境外预检。为确保境外预检制度的规范、有效实施，中国根据《进出境动植物检疫法实施条例》第29条的规定，先后制定了《进境植物繁殖材料检疫管理办法》《进境水果检疫管理办法》《进出境粮食检验检疫监督管理办法》等部门规章。

（五）现场查验制度

现场查验制度指依照植物检疫法律法规，由具有资质的查验人员借助必要的便携式有害生物查验工具、设备，依据有害生物生物学特性对应检物的感观查验（查找并收集有害生物、抽样送检等）、监督检疫处理、文件核查以及货物本身完整性查验，确定其是否符合植物检疫要求等一系列检疫行政执法行为的总称，是落实进出境动植物检疫法律法规最有效、最直接的手段。

《进境植物检疫管理系统准则》指出："查验可以在入境口岸转运点、目的地进行，在保证货物的植物检疫完整性，保证可以采取适当的植物检疫程序的情况下，也可以在其他可识别进境货物的地点（如某些重要交易市场）进行。根据双边协议或安排，查验也可以作为预核准程序的一部分，与输出国植物保护机构合作在原产国进行。""植物检疫查验应当是技术上合理的，可以适用于所有货物，以之作为入境的一个条件；作为进境监测计划的一部分，根据预计的风险确定监测水平（即查验的货物数量）。""查验和取样可以按一般程序进行，或者为达到预定目标而按特殊程序进行。"

（六）隔离检疫制度

隔离检疫制度是将进境植物限定在具有阻止有害生物移动的天然屏障内种植，在其生长期间进行检疫、观察、检测和处理的一项强制性措施，是有效控制高风险的有害生物传入，保护农业生产安全、生态安全的法定检疫行政行为，也是防止有害生物污染或再次感染的风险管理措施。

首次进境或可能传带危险性有害生物的种苗列为高风险的，一般不允许大量进境，凡需进境的，必须遵守进境条件、数量、种植场地等规定。

（七）实验室检测制度

实验室检测指为确定是否存在有害生物或为鉴定有害生物而采取的除直观检查以外的检查，是植物检疫行政执法工作的直接技术支撑和保障，同时也是中国对外谈判、制定进出口贸易政策的重要依据，为植物检疫必不可少的组成部分。目前，中国各直属海关均建立了植物检疫实验室，不少隶属海关还建立了现场初筛工作室，从事有害生物的检测与鉴定。

《进境植物检疫管理系统准则》指出："许多情况下，应将发现的有害生物或危害症状送实验室做进一步鉴定、专项分析或专家判定，根据结果确定货物的植物检疫状态。"

正确鉴定有害生物至关重要，"植物保护机构最终采用的方法将取决于具体生物和普遍接受并可行的鉴别方法"（《有害生物根除计划的一般要求》第2条）。对于实验室检测有害生物，《管制性有害生物诊断规程》描述了对与国际贸易有关的管制性有害生物进行官方诊断的程序和方法，提供了对管制性有害生物进行可靠诊断的最低要求。有害生物的鉴定"采用的主要方法包括以形态特征和形态测量特征为基础的方法、基于有害生物毒性或寄主范围的方法，以及基于生物化学和分子学特性的方法"（《管制性有害生物诊断规程》第24条）。

（八）检疫处理制度

检疫处理制度指海关依照国家有关法律法规对违法违规入境或经检疫不合格的进出境植物、植物产品和其他检疫物（包括包装物、运输工具），以技术手段，对传带的或可能传带的检疫性有害生物和管制的非检疫性有害生物进行杀灭、灭活和消除有害生物，或使这些有害生物失去繁殖能力，或使应检物丧失活力的官方控制措施以及销毁、不准入境或出境或过境的强制性措施。

《进出境动植物检疫法》及《进出境动植物检疫法实施条例》对进境检验、出境检验、过境检验、携带与邮寄物检疫和运输工具检疫等方面规定了检疫处理的原则和方式方法。

检疫处理是植物检疫的重要环节，是一种十分重要的技术措施，对于有效防范有害生物传播扩散和促进国际贸易具有重要作用。植物检疫处理质量和效能直接关系到进出境检疫把关的有效性，关系到农业生产安全，关系到生态环境安全和对外贸易健康发展。

（九）风险预警与快速反应制度

风险预警与快速反应制度指在植物检疫工作中“遇到新的或未预料的植物检疫情况”时，在风险分析的基础上，按照《进出境动植物检疫法》第 6 条及《进出境动植物检疫法实施条例》第 4 条的规定启动风险预警与快速反应机制，发布风险预警信息，阻止带有潜在危险的应检物入境所采取的快速反应制度。

风险预警与快速反应制度是国际植物检疫的操作原则。在发现违规和采取紧急措施时，应考虑对贸易最低影响的原则。在输入货物或其他检疫物违规或一开始就被拒绝入境时，也可以采取检疫处理、分类或重新整理，对检疫物（包括设备、场地、储存区、运输工具）进行消毒、指定加工等最终用途以及转运、销毁（如焚化）等。

《国际植物保护公约》规定：“不得妨碍任何缔约方在检测到对其领土造成潜在威胁的有害生物时采取适当的紧急行动或报告这一检测结果。应尽快对任何这类行动做出评价以确保是否有理由继续采取这类行动。所采取的行动应立即报告各有关缔约方、秘书及其所属的任何区域植物保护组织。”

（十）监测制度

监测是国际植物检疫的一项具体操作措施，也是植物保护机构的一项法定职责，《国际植物保护公约》鼓励政府对有害生物定期进行监测。监测制度是指通过技术手段对某种植物有害生物的发生、发展、类型、变化进行系统、完整、连续的调查和分析，从而得出有害生物流行趋势的过程。监测旨在正确分析和把握植物有害生物发生发展趋势，加强风险管理，增强检疫把关的预见性和有效性，适应国际贸易中有害生物风险评估工作需要，更好地促进国家外贸健康发展。

为制定并遵守进境条例，建立并维持有害生物非疫区，所有进口国、输出国都需要有害生物现状方面的信息。经过核实的监测信息可用于确定某一区域、寄主或商品中是否具有、分布或存在有害生物。植物检疫措施是否技术上合理部分取决于采取该措施的国家其国内管制的有害生物状况。有害生物状况可能发生变化，一旦变化就有必要修改其进境条例。

（十一）检疫准入制度

植物检疫准入指海关总署对拟向中国输出植物或植物产品（包括恢复输出因输出国或者地区发生有害生物等原因暂停进口的植物或植物产品），国家或者地区实施检疫风险评估，确定特定植物或植物产品的进口准入资格和检疫卫生条件与要求，并签署政府部门间检疫协定的过程。

检疫准入制度是重要的卫生与植物卫生措施，也是中国进境植物检疫把关的第一道关，对于严防有害生物传入，服务对外贸易健康发展等具有重要意义。由于历史局限，检疫准入制度尚属立法空白，现行《进出境动植物检疫法》没有规定检疫准入制度，在一定程度上限制了检疫准入制度作用的充分发挥，并导致检疫准入制度存在一定的法律风险。检疫准入制度通常包含申请、问卷调查、准入评估、产地风险考察、议定书兹商（确定入境检疫要求）、境外企业注册和境内企业注册等方面的程序和内容。

检疫准入制度已被大多数国家采用。美国、加拿大、澳大利亚、新西兰和欧盟等发达国家和地区都遵循《实施卫生与植物卫生措施协定》和《国际植物保护公约》的有关规定，在植物及植物产品进口前，先行开展基于风险评估的市场准入调查，以降低有害生物传入风险，并且以技术法规形式确定风险评估标准和方法。

（十二）指定口岸制度

指定口岸制度指海关总署根据不同应检物携带传入有害生物的风险，结合某类应检物的贸易需求，指定该类应检物从具备相应场地、设施设备、检疫专业人员和实验室检测技术能力等条件的口岸入境，并由该口岸实施检疫的管理措施。中国对高风险植物及其产品实施指定口岸制度的探索始于2010年，原国家质检总局颁布规章和规范性文件，先后对植物种苗、水果、粮食等检疫安全风险高和国内外高度关注的货物实施了进境检疫指定口岸制度。实践证明，指定口岸制度，是防范有害生物传入的有效措施。

指定口岸制度是《国际植物保护公约》认可的可以采取的植物检疫措施之一，《国际植物保护公约》第Ⅶ条第2款d项要求，“如果某一缔约方要求仅通过规定的入境地点进境某批特定的植物或植物产品，则选择的地点不得妨碍国际贸易。该缔约方应公布这些入境地点的名单”。ISPM第20号《进境植物检疫管理体系准则》规定，输入国可以对进境货物规定进境口岸；但同时也指出，在指定入境口岸时，需要制定相关的规章制度，“需具备法律基础，或需通过行政程序予以履行”，同时要“通报指定的入境口岸”。对货物进行抽样时，对植物、植物产品和其他应检物的抽样可在出境前、进境口岸或国家植物保护组织指定的其他口岸进行。

（十三）有害生物风险分析制度

有害生物风险分析制度指海关总署在检疫行政执法和决策管理中，运用风险分析的原理和方法，对各种进出境植物风险因素或事件进行收集、识别和评估，确定风险发生的可能性及后果影响程度，研究制定和选择提出最佳管控策略或者实施方案等风险分析全过程工作规范的统称。多年来，中国在有害生物风险分析方法研究和实践中不断努力，将风险分析列为进出境植物检疫工作的重要制度，为植物检疫工作的科学、有效，以及与国际接轨做出了重要贡献。目前，中国已建立起风险分析具体方法和指南。2002 年，为规范风险分析在实践中的应用，以科学为依据，参照有关国际标准和准则，颁布了《进境植物和植物产品风险分析管理规定》，为有效组织实施进出境植物检疫风险识别、风险评估、风险管理、风险交流等工作提供了制度保障。

有害生物风险分析已经成为各国制定植物检疫政策、法规和采取动植物检疫措施的基础和依据。《有害生物风险分析框架》（ISPM 第 2 号）、《检疫性有害生物风险分析》（ISPM 第 11 号）和《管制的非检疫性有害生物的风险分析》（ISPM 第 21 号）3 个国际植检标准，指导世界各国开展风险分析工作，促进和保障了各国植物检疫风险分析工作协调发展。

（十四）分类管理制度

分类管理制度指海关以进出境植物、植物产品及其他检疫物风险分级和境内外相关企业分类为基础，按照科学、高效、安全、经济的原则，对不同风险等级的进出境应检物和不同类别的境内外相关企业，实施差别化检疫监管措施的总称。

检疫分类管理的核心是运用风险分析原理，按照生产加工所在地区或者国家植物有害生物流行情况和总体防控水平、生产加工方法和程度、用途等，对应检物可能携带和传播有害生物的风险程度进行分级，并根据境内外相关企业的生产管理水平、对有害生物的防控能力、信用等级等要素，对相关企业进行分类。对不同风险等级的应检物和不同类别的境内外相关企业，分别采用不同的检疫查验和检疫监管方案，实施差别化管理。

（十五）有害生物清单制度

有害生物清单制度是透明度原则的重要体现。《进出境动植物检疫法》第

18条及《进出境动植物检疫法实施条例》第17条对制定、公布禁止进境物名单、检疫性有害生物名单、动植物疫区和动植物疫情流行的国家与地区名录进行了原则性规定，明确了公布原则。

《国际植物保护公约》第Ⅶ条第2款ⅰ项规定："各缔约方应尽力拟订和增补使用科学名称的管制性有害生物名单……并应提供给其他缔约方。"ISPM第20号《进境植物检疫管理系统准则》规定，需要技术上合理的理由，比如，通过PRA，确定是否对有害生物进行管制，并确定需采取的植物检疫措施的力度（包括环境风险分析和活体转基因生物）。管制性有害生物名单应根据ISPM第19号《管制性有害生物名单准则》的要求制定，并予以公布。如果已有适当的国际标准，采取措施时应考虑这些标准，除非技术上合理，否则不应采取更加严格的措施。

（十六）携带物及邮寄物检疫制度

对旅客携带物及邮寄物实施植物检疫是一种国际惯例，"即使是外交官，他们的行李以及私人物品也不能例外"。中国的携带物和邮寄物检疫以《进出境动植物检疫法》（第五章）及其《进出境动植物检疫法实施条例》（第六章）为核心，并有《中华人民共和国邮政法》（第31条）、《出入境人员携带物检疫管理办法》、《濒危野生动物进出口管理条例》、《农业转基因生物安全管理条例》、《进出境邮寄物检疫管理办法》、《出入境快件检验检疫管理办法》等管理规定作为补充。2012年，原国家质检总局先后修订发布了《中华人民共和国禁止携带、邮寄进境的动植物及其产品名录》（1712号公告）和《出入境人员携带物检疫管理办法》，形成了较为完备的法规体系。

四、进出境植物检疫监管

（一）检疫申报

检疫申报是实施进出境植物检疫实质性工作的第一程序。货主或其代理人在输入、输出的植物、植物产品或其他检疫物到达口岸（或出口）前，由本单位的报关人员到进出境的口岸海关办理检疫申报手续，申明货主或其代理人所输入（输出）物品的名称、数量、重量、收发货人、物品的产地及存放地点、输入（出）国别、商品的包装及唛头标记，物品的货值及起运（或到达）港口以及需申明的其他事项。

（二）实施检疫检验

检疫检验包括现场检疫、实验室检疫、隔离检疫和货物入境后的目的地查验等。

1. 现场检疫。指进、出口的植物、植物产品和其他检疫物运抵中国口岸港口、车站、飞机场及其临近的仓库、储运场等地，口岸海关派员登船、登车、登机以及到仓库、储运场地执行检疫检验任务。在现场检疫过程中，货主或其代理人应给予必要的协助。现场检疫检查动植物、动植物产品等货物本身及其包装物有无受病虫害的侵染，一旦发现疫情，将采取相应的检疫处理措施。在现场检疫的同时，采集样本、样品带回实验室做进一步的检疫检验。

2. 实验室检疫。植物、植物产品的大多数病害及虫害鉴定，仅靠现场检疫检验是不够的，必须依靠实验室的科学仪器及各种试验才能完成，特别是贸易双方国家签有双边协定、协议、备忘录中和在贸易合同、信用证中规定的检疫条款，需做植物病虫害检疫检验的以及在现场检疫中发现疫情需做进一步检疫鉴定的，都需进行实验室项目检疫。

3. 隔离检疫。在进口植物种子、种苗和其他繁殖材料时，将它们从进境口岸调离到海关认可或指定的植物隔离检疫圃进行检疫。隔离检疫的期限为植物种子、种苗和其他繁殖材料需要一至二个生长期的时间。

4. 检疫处理是对进出境的植物、植物产品和其他检疫物检疫检验不合格而采取的一种应急或补救措施。其目的是防止植物危险病虫害的传入和传出。对检疫不合格的进境植物、植物产品，海关签发检疫处理通知单，依照检疫法的规定，通知货主或其代理人分别做除害、退回或者销毁处理，出境检疫不合格的货物，海关口头通知货主或其代理人，分别做除害、加工或换货等处理。口岸海关对经检疫合格或经检疫除害处理合格的植物、植物产品，其进境时签发《检疫放行通知单》予以放行；出口的分别签发植物检疫证书、熏蒸/消毒证书等不同格式和内容的检疫证书，或在海关报关单上加盖检疫放行章予以放行。

进境的植物、植物产品和其他检疫物经检疫发现带有双方合同中或双边协定中规定的危险病虫害，或发现中国政府规定的危险病虫害时，除应对检疫物做必要的检疫处理外，口岸海关将根据进口的不同货物的类别签发相应格式的检疫证书，货主或其代理人可持此证书对由此所产生的后果和所承受的经济损失，向有关贸易对方提出索赔。

第四章　进出口食品安全监管

根据《中华人民共和国食品安全法》，食品指各种供人食用或者饮用的成品和原料以及按照传统既是食品又是中药材的物品，但是不包括以治疗为目的的物品。进出口食品安全局是海关总署内设机构，负责拟订进出口食品、化妆品安全和检验检疫的工作制度，依法承担进口食品企业备案注册和进口食品、化妆品的检验检疫、监督管理工作，按分工组织实施风险分析和紧急预防措施工作。依据多双边协议承担出口食品相关工作。

第一节　进口食品监管流程

一、进口前准入

海关总署依法对向中国出口食品的国家或者地区的食品安全管理体系和食品安全状况进行评估，并根据进口食品安全监督管理需要进行回顾性审查。

境外生产企业注册、境外出口商、代理商备案制度。海关总署对向中国境内出口食品的境外食品生产企业实施注册制度，注册工作按照海关总署相关规定执行。向中国境内出口食品的境外出口商或者代理商应当向海关总署备案，按照备案要求提供企业备案信息，并对信息的真实性负责。进口食品需要办理进境动植物检疫审批手续的，应当取得中华人民共和国进境动植物检疫许可证后方可进口。

（一）企业需具备的基本条件

1. 企业必须在“允许进口肉类产品的国家或地区以及相应的品种和用途名单”内。

2. 企业冷库备案。进口企业须有冷库并在海关备案，审批合格后方可使用。

3. 检验检疫许可证办理。申办并取得入境动植物检验检疫许可证。

4. 自动进口许可证。国际贸易商品分类目录（HS 编码）涉及需要办理自动进口许可证的产品还应向商务委员会申办自动进口许可证。

（二）准入流程

1. 输出国申请。拟向中国出口动物的输出国政府检疫主管部门根据贸易需要，以书面方式向海关总署提出对中国出口动物申请并说明拟出口品种的具体名称、种类等信息。

2. 中方问卷。中方根据拟输出国动物疫情状况决定是否启动评估审查程序，如启动，则向拟输出国提交一份涉及该产品进口风险分析资料的调查问卷，请输出国答复。

3. 外方答卷。拟输出国根据中国的问卷要求进行回复，提供相关技术资料，包括输出国的动物卫生和公共卫生的法律法规体系、组织机构、兽医服务体系、质量管理体系、安全卫生控制体系、残留监控体系、动物疫病的检测、监控情况、产品的生产方式等资料。

4. 风险分析。在收到输出国调查问卷的答复之后，海关总署组织专家进行风险分析，根据需要提请输出国补充有关资料。

5. 实地考察。海关总署根据对输出国官方提供的答卷及相关资料进行评估，研究确定是否派出专家赴输出国进行实地考察。实地考察既是对问卷评估的补充完善，也是对答卷内容的符合性审查。

6. 磋商与签约。双方就输华动物的检疫卫生要求进行磋商，就入境检疫卫生要求达成一致意见后，由海关总署代表中国政府签署政府间部门协议，即进口动物检疫与卫生条件议定书。

二、进口时检验

首次进口尚无食品安全国家标准的食品，进口商应当向海关提交国务院卫生行政部门出具的许可证明文件，海关应当按照中国相关要求进行检验。进口食品的进口商或者其代理人应当按照规定，持下列材料向海关报关地报检：合同、发票、装箱单、提单等必要的凭证；相关批准文件；法律法规、双边协定、议定书以及其他规定要求提交的输出国家（地区）官方检疫（卫生）证书；首次进口预包装食品，应当提供进口食品标签样张和翻译件；首次进口尚无食品安全国家标准的食品，应当提供规定所需的许可证明文件；进口食品应当随附的其他证书或者证明文件。

报检时，进口商或者其代理人应当将所进口的食品按照品名、品牌、原产国（地区）、规格、数量、重量、总值、生产日期（批号）及海关总署规定的其他内容逐一申报。海关对进口商或者其代理人提交的报检材料进行审核，符合要求的，受理报检。进口食品的包装和运输工具应当符合安全卫生要求。进口预包装食品的中文标签、中文说明书应当符合中国法律法规的规定和食品安全国家标准的要求。海关依法对标签的真实性、准确性和符合性进行检验。

三、进口后的检验检疫

（一）进出口商备案

向中国出口食品的境外出口商或者代理商，应当向海关总署申请备案；进口食品收货人，向工商注册登记地海关申请备案；备案按照海关总署《关于发布〈进口食品进出口商备案管理规定〉及〈食品进口记录和销售记录管理规定〉的公告》规定的要求办理。进口食品的收货人或代理人应向所在地海关提供以下报检材料：

1. 合同、装箱单、提单和货运发票（复印件）、原产地证、进口食品进出口商名称及备案编号、进口食品质量安全承诺书、检验检疫要求的其他证书或证明文件，进口乳及乳制品报检时还应提供有效的官方卫生证书。

2. 首次进口尚无食品安全国家标准的食品，按照规定提供卫生行政部门的许可文件。

3. 首次进口声称具有保健功能的食品，按照规定提供卫生行政部门的许可文件。

4. 进口用来料加工的食品及原料复出口的，应提供使用用途的声明。

5. 进口转基因食品需提供国家相关部门出具的农业转基因生物安全证书、农业转基因生物标识审查认可批准文件复印件。

6. 须办理进境检疫审批手续的提供中华人民共和国进境动植物检疫许可证。

7. 根据风险状况，为控制疫情疫病或执行海关总署有关强制性要求，检验检疫机构可临时要求报检人在申报进口预包装食品时提供其他材料。

首次进口预包装食品还需提供以下材料，并加盖公章：原标签样张和翻译件；预包装食品中文标签样张；标签中所列进口商、经销商或者代理商工商营业执照复印件；当进口预包装食品标签中强调某一内容，如获奖、获证、法定产区、地理标识及其他内容的，或者强调含有特殊成分的，应提供相应证明材料；标注营养成分含量的，应提供符合性证明材料；应当随附的其他证书或者证明文件。

（二）检验检疫

海关按照中国食品安全法律法规和标准的有关要求对进口食品实施检验，包括现场检验、标签检验、感官检验、实验室检验等。进口食品在取得检验检疫合格证明之前，应当存放在海关指定或者认可的监管场所，未经海关许可，任何单位和个人不得动用。

（三）出证放行

海关根据现场检验、标签检验、感官检验和实验室检验结果综合判定进口食品是否合格。经判定合格的，由海关签发检验检疫卫生证书后放行，进口商获得检验检疫卫生证书后方可销售、使用进口食品。进口商应同时提供预包装食品中文标签样张电子版。经判定不合格的，由海关出具不合格证明。涉及安全、健康、环境保护项目不合格的，由海关责令当事人销毁，或者出具退货处理通知单，由进口商办理退运手续。其他项目不合格的，可以在海关的监督下进行技术处理，经重新检验合格后，方可销售、使用。

（四）食品进口与销售记录

进口食品收货人应按照《食品安全法》、海关总署《进出口食品安全管理办法》及有关法律法规的要求，建立完善的食品进口记录和销售记录制度并严格执行。进口食品企业应按照要求向相关主管部门主动报告食品质量安全状况。

第二节　出口食品企业备案管理

一、法律法规依据

进出口食品企业备案依据的法律法规，包括《食品安全法》《进出境动植物检疫法》《国务院关于加强食品等产品安全监督管理的特别规定》《进出口商品检验法实施条例》。

《食品安全法》规定，向中国境内出口食品的境外出口商或者代理商、进口食品的进口商应当向国家出入境检验检疫部门备案。国家对进出口食品生产企业实施卫生注册登记管理。对于出口食品，需要对出口食品生产企业实施备案管理，对出口食品原料的种植场和养殖场实施备案管理。对于进口食品，需要对进口食品的境外出口商或代理商实施备案，对进口食品的进口商实施备案；对于进口肠衣、中药材等产品，还需要实施定点存放和加工企业的备案。目前，由海关总署负责的食品特定资质企业备案事项包括：出口食品生产企业备案核准的行政许可，进口食品境外出口商备案和进口食品进口商备案的行政确认，出口食品原料种植/养殖场备案，进境肠衣定点加工企业备案，进境中药材指定存放加工企业备案等。

二、出口食品生产企业备案

2018 年 11 月 23 日，海关总署发布了关于修改部分规章的决定，其中包括出口食品生产企业备案管理规定。海关总署负责统一组织实施全国出口食品生产企业备案管理工作，主管海关或者具体实施所辖区内出口食品生产企业备案和监督检查工作。按照《出口食品生产企业备案管理规定》确定的备案程序和要求，出口食品生产企业备案总体分为企业提交备案申请、海关初步审查并做出受理意见、组织专家评审、海关审查并做出立案决定、颁发备案证明等五个业务环节，如图 4-1 所示。

图 4-1　出口食品企业备案审批流程

受理阶段的初步审查，应在 5 个工作日内完成；在受理后的 20 个工作日内完成备案审批；在完成审批的 10 个工作日内完成发证。备案证明的有效期为 5 年。目前实施出口食品生产企业备案管理的产品目录，包括罐头类、水产品类、肉及肉制品类等共计 22 个类别，如表 4-1 所示。

表 4-1　出口食品生产企业备案产品目录

序号	备案类别	序号	备案类别	序号	备案类别
01	罐头类	09	糖类	17	调味品类
02	水产品类	10	乳及乳制品类	18	速冻方便食品类
03	肉及肉制品类	11	饮料类	19	功能食品类
04	茶叶类	12	酒类	20	食用明胶类
05	肠衣类	13	花生、干果、坚果制品类	21	腌渍菜类
06	蜂产品类	14	果脯类	22	其他
07	蛋制品类	15	粮食制品及面、糖制品类		
08	速冻果蔬类、脱水果蔬类	16	食用油脂类		

《出口食品生产企业备案管理规定》的总体要求：出口食品生产企业应当建立和实施以危害分析和预防控制措施为核心的食品安全卫生控制体系，还应当建立和实施食品防护计划；出口食品生产企业应当保证食品安全卫生控制体系有效运行，确保出口食品生产加工、储存过程持续符合中国相关法律法规和出口食品生产企业安全卫生要求，以及进口国家和地区相关法律法规要求。

企业取得备案之后需要延续备案证明有效期的，应当在有效期届满前 30 日向所在地海关提出延续申请。如果企业的名称、法定代表人、营业执照等备案事项发生变更，应当在发生变更之日起 15 日内向所在地海关申请办理变更手续。企业生产地址搬迁、新建或者改建生产车间以及食品安全卫生控制体系发生重大变更，应当在变更前向所在地海关报告并重新办理备案。企业应当建立食品安全卫生控制体系运行以及出口食品生产记录档案，记录和凭证的保存期限不得少于食品保质期满后 6 个月，没有明确保质期的保存期限不得少于两年，出口食品生产企业应当于每年 1 月底前向其所在地海关提交上一年度报告。发生食品安全卫生问题的，应当及时向所在地海关报告，并提交相关材料、原因分析和整改计划。海关应当对整改情况进行现场监督检查，对于不能持续满足备案要求和存在违法违规行为的备案企业，海关可以行使限期整改、撤销备案、注销备案、责令改正等管理手段，必要时追究法律责任。

有些国家和地区对一些特定类别的食品（如肉类产品、水产品、乳制品、蛋制品、肠衣）有进口注册的要求，还需要办理对国外注册。企业向主管海关提出对国外注册申请，并且按照要求提交相关申请资料。主管海关负责受理企业申请，并对照进口国（地区）的法律法规和有关标准的要求进行初审。初审合格的企业报海关总署，由海关总署企管司审核后统一对外办理推荐注册，进口国根据国内的法律法规要求，或者根据有关议定书确定的程序开展文件资料审核，必要时派官员到企业开展现场检查以验证企业是否持续符合注册要求。

第三节 进出口植物源性食品安全监督管理

一、进口植物源性食品安全监督管理

植物源性食品，指以植物的种子果实或者部分为原料，经过加工供人类食用或者饮用的物品。

进口植物源性食品的监管对象主要包括粮谷及制品类、蔬菜及制品类、油籽油料类、干坚果类、食用植物油类、茶叶类、可可咖啡原料类、植物性调料类，以及啤酒花类等。

（一）进口植物源性食品监管的法律法规依据

法律法规主要包括国际条约、法律和行政法规、部门规章、规范性文件、食品安全标准等五个层级。

国际协定和双边协议主要包括世界贸易组织、联合国食品雅典委员会、亚太地区组织等国际组织签署实施的卫生与植物卫生措施协定、技术性贸易壁垒协定、TBT 协定等多个多边贸易协定，以及中国与其他国家和地区签署的进口植物源性食品领域的议定书。

法律主要包括《海关法》《食品安全法》《商品检验法》《进出境动植物检疫法》等，其中最密切的是《食品安全法》和《进出境动植物检疫法》。

行政法规主要包括《食品安全法实施条例》《商检法实施条例》《进出境动植物检疫法实施条例》，以及国务院关于食品安全监督管理的特别规定。

部门规章主要包括《进出口食品安全管理办法》《进境动植物检疫审批管

理办法》《进出境粮食检验检疫监督管理办法》《进境植物和植物产品风险分析管理规定》等，是操作性较强的监管依据。

相关标准主要包括食品安全国家标准、食品安全地方标准和食品安全企业标准。如 GB 7718、GB 2760、GB 2762、GB 2763 等通用标准，GB 4789、GB 5009 等系列检测方法标准。

（二）进口植物源性食品的合格评定

进口植物源性食品合格评定指的是通过在进口食品各环节，采用多种合格评定活动对进口食品是否符合中国食品安全法律法规和食品安全国家标准进行的综合评定过程。

进口植物源性 11 项合格评定活动包括出口国（地区）管理体系评估、生产企业注册登记、进出口商备案、检疫审批、出口国官方证书、随附合格证明、正当审核、标签检验、现场查验、抽样检验、进口和销售记录等。

1. 出口国家（地区）食品安全管理体系评估。按照风险管理原则，对向中国境内出口食品的国家（地区）食品安全管理体系的完整性和有效性开展评估和审查活动，以此判定该国家（地区）的食品安全状况能否达到中国可接受的风险保护水平，以及在该体系下生产出的进入中国市场的食品能否符合中国法律法规的要求和食品安全卫生标准。具体包括粮谷类（仅限初加工食品，如小麦粉）、蔬菜及制品类（罐头食品除外）、植物性调料类、食用植物油及油籽类（仅限于油籽类食品）、干坚果类食品（仅限检验检疫条件为 P 的食品）、啤酒、可可咖啡原料类等食品。

2. 食品生产企业注册登记管理。由输入中国食品的国家（地区）主管部门向海关总署推荐其输华食品生产企业进行注册登记申请，并提交相关材料。海关总署组织专家对申请注册登记的输华食品生产企业是否符合注册登记条件进行审查，根据需要可进行现场审核，符合注册登记条件的，准予注册登记并公布。

除了粮谷类、粮谷制品类和蔬菜类及制品类食品中相关检验检疫准入协定书或文件有要求的，需要食品生产企业注册登记外其他所有进口植物源性食品均不需要注册登记。

3. 进口食品进出口商备案。进口食品的境外出口商或者代理商向海关总署备案，海关总署在审核通过后发放备案号，适用于所有进口植物源性食品。

4. 出口国（地区）官方证书。经海关总署与输入中国食品的国家（地区）政府主管部门进行磋商，确定官方证书的格式、内容和证书评语。食品进口时需随附输华食品的国家（地区）主管部门出具的官方证书。

粮谷类、植物性调料类、啤酒类、茶叶类、可可咖啡原料类、散装植物油需要提供出口国（地区）官方证书。蔬菜及制品类、粮谷制品类、干坚果类等食品出口国官方证书仅限法检目录内检验检疫条件为“P”的。

5. 随附合格证明。对风险较高或其他有特殊要求的进口食品，由海关总署制定输华食品进口商提交自我合格证明的有关规定。粮谷类随附合格证明需提供证书的仅限相关检验检疫准入协定书或文件有要求，应当在入境前进行熏蒸处理的产品；蔬菜及制品类随附合格证明仅限申报为转基因的番茄及制品；食用植物油及油秆随附合格证明仅限食用植物油和申报为转基因的油料，其他植物源性食品均不需提供。

6. 检疫审批。需要办理检疫审批手续的，由输华食品进口商或代理人在签署该批次进口食品贸易合同前向海关申请检疫审批，并提交规定材料。符合要求的，海关总署或直属海关签发中华人民共和国进境动植物检疫许可证，准许进口。粮谷类（不包括大米）、茄科保鲜蔬菜需要检疫审批，其他进口植物源性食品均不需检疫审批。

7. 证单审核。海关对进口食品进口商或者其代理人提交的申报材料进行审核，符合要求的，受理申报，适用于所有进口植物源性食品。

8. 标签检验。首次进口的预包装食品报检时，还需要进行标签检验，应按要求提供以下有关资料：原标签样张和翻译件；预包装食品中文标签样张；标签中所列进口商、经销商或者代理商工商营业执照复印件；当进口预包装食品标签中强调某一内容，如获奖、获证、法定产区、地理标识及其他内容的，或者强调含有特殊成分的，应提供相应证明材料；标注营养成分含量的，应提供符合性证明材料。非首次进口的预包装食品进口时，提供标签备案凭证与中外文标签样张。所有预包装的进口植物源性食品均需实施标签检验，进口大米应按照议定书要求进行标识。

9. 现场查验。海关应当在入境口岸或海关指定或者认可的监管场所，对进口食品实施现场查验，重点检查进口食品是否被包装材料、容器、运输工具等污染；存放场所条件是否符合要求；包装和运输工具是否符合安全卫生要求；货证是否相符；标签是否符合要求；是否标注虚假生产日期、保质期或者超过保质期；是否存在腐败变质、油脂酸败、霉变生虫、污秽不洁、混有异物、掺假掺杂或者感官性状异常；其他不符合法律、法规或者食品安全标准的情形，适用于所有进口植物源性食品。

10. 进口和销售记录。进口商应通过海关总署进口食品进出口商备案系统填报进口食品进口和销售记录。海关对本辖区内进口商备案情况、进口商的进口和销售记录进行检查，适用于所有进口植物源性食品。

11. 抽样检验。海关总署组织开展进口食品安全风险评估，制定并实施年度国家进口食品安全抽样检验计划；根据监管工作的需要，制订并实施专项进口食品安全抽样检验计划。

二、出口植物源性食品安全监督管理

（一）出口植物源性食品监管的法律法规依据

法律法规主要包括《食品安全法》及其实施条例、《商品检验法》及其实施条例、《进出境动植物检疫法》及其实施条例等法律法规；《进出口食品安全管理办法》《进出境粮食检验检疫监督管理办法》《进出境中药材检验检疫监督管理办法》《进出境转基因产品检验检疫监督管理办法》等规章；《出口食品生产企业备案管理规定》《关于发布出口食品原料种植场备案管理规定的公告》《关于公布实施备案管理出口食品原料品种目录的公告》等规范性文件。

（二）出口植物源性食品的监管通用要求

出口植物源性食品安全方面的监管主要按照《进出口食品安全管理办法》执行，具体包括出口食品生产经营者应当保证其出口食品符合进口国家（地区）的标准或者合同要求；进口国家（地区）无相关标准且合同未有要求的，应当保证出口食品符合中国食品安全国家标准；出口食品生产企业全过程质量管理的责任；种植场生产记录制度、疫情疫病监测制度；出口食品安全实施风险监测制度；对运输包装要求注明生产企业名称、备案号、产品品名、生产批号和生产日期。

（三）出口原料备案管理

备案种植场应该适合规模化种植的需要；大气、土壤、灌溉用水符合标准；专门部门或专人负责农业投入品管理；有完善的质量安全管理制度，包括组织机构、农业投入品使用、疫情疫病监测，有毒有害物质控制、生产和追溯记录制度等；配置具有植物保护基本知识的专职或者兼职植保员。

出口原料备案程序是由申请人在种植生产季开始前 3 个月向种植场所在地的海关提交书面备案申请，并提供其符合备案条件的证明材料。种植场所在地海关受理申请后，根据备案条件进行文件审核，必要时可以实施现场审核。审核符合条件的，给予备案编号。

出口原料备案监督管理需要由所在地海关负责对备案种植场实施监督检查。监督检查包括种植场及周围环境、土壤和灌溉用水状况等；农业投入品管理和使用情况；种植场病虫害防治情况；种植品种、面积以及采收、销售情况；种植场的资质、植保员资质变更情况；质量安全管理制度运行情况；种植场生产记录；等等。

（四）出口植物源性食品加工过程监管

出口食品生产企业要建立有效运行的食品安全卫生控制体系，执行危害分析与预防控制措施、原辅料的合格供应商评价、加工卫生控制、追溯和召回、不合格品控制、设备设施维护、员工培训、内部审核、记录保持等制度和程序。海关依法对所辖区域内的出口食品生产企业进行监督检查。对予以备案的出口食品生产企业进行编号管理。海关以风险分析为基础，结合企业信用记录，对出口食品生产企业实行分类管理，并根据监督检查结果进行动态调整，公布本辖区出口食品生产企业备案名录。对审查汇总企业年度报告、监督检查情况、违法违规行为等信息建立管理档案，并纳入企业信用记录。对于企业的违法违规行为，海关视企业违法违规情形，可以约谈企业相关负责人、责令其限期整改、撤销备案证明、注销备案证明等。

（五）植物源性食品出口抽样检验

总署统一管理监督抽检和风险监测工作，直属海关根据年度国家出口食品安全监督抽检计划，隶属海关按要求完成国家监督抽检计划，对出口食品进行处置。按照《进出口食品安全管理办法》《进出口食品化妆品安全监督抽检和风险监测实施细则》的要求，通过目前中国电子检验检疫系统的布控完成。国家监督抽检计划由直属海关实施，直属海关出口监督抽检计划由辖区隶属海关实施。

第四节　主要进出口食品的安全监管

一、进口婴幼儿配方乳粉

进口婴幼儿配方乳粉包括乳基婴儿配方食品和乳基较大婴儿和幼儿配方食品。乳基婴儿配方食品是指以乳类及乳蛋白制品为主要原料，加入适量的维生素、矿物质和/或其他成分，仅以物理方法生产加工制成的液态或粉状产品，适于正常婴儿食用。特殊医学用途配方婴儿食品不归入乳品监管。乳基较大婴儿和幼儿配方食品是指以乳类及乳蛋白制品为主要原料，加入适量的维生素、矿物质和/或其他成分，仅以物理方法生产加工制成的液态或粉状产品，适于较大婴儿和幼儿食用。

进口婴幼儿配方乳粉的主要检验标准包括《食品安全国家标准婴儿配方食品》（GB 10765—2010）、《食品安全国家标准较大婴儿和幼儿配方食品》（GB 10767—2010）、《预包装特殊膳食用食品标签通则》（GB 13432—2013）等。

进口婴幼儿配方乳粉报关时应提供配方注册证明编号。报关日期到保质期截止日不足 3 个月的，不予报关进口；严禁进口大包装婴幼儿配方乳粉到境内分装，必须已灌装在向消费者出售的最小零售包装中；中文标签必须在入境前已直接印刷在最小销售包装上；中文标签不得在中国境内加贴；无中文标签或者中文标签不符合中国法律法规和食品安全国家标准的，按不合格产品做退货或销毁处理。在进行标签检验或监管有需要时，企业应提供注册证明原件进行验核。

二、进出口肠衣

（一）肠衣定义

天然肠衣（GB/T 7740）是采用健康牲畜的食道、胃、小肠、大肠和膀胱等器官，经过特殊加工对保留的组织进行盐渍或干制的动物组织，是灌制香肠的衣膜。世界动物卫生组织（OIE）定义的肠衣是清洁以后，经过组织刮制、去油和清洗，并且用盐腌制加工过的肠道和膀胱。欧洲天然肠衣协会（EN-SCA）定义的肠衣是用于生产香肠，经过了刮制、清洗，并在清洗后经过盐腌制或干燥处理的来源于农场动物的肠道或膀胱。

（二）肠衣种类

肠衣有以下几类：盐渍肠衣，是专用盐腌制的天然肠衣；干制肠衣，是腌制清洗后经晾晒或烘干的天然肠衣；冷冻肠衣，是处于冷冻状态的肠衣；原肠，是未经刮制的健康牲畜的肠；半成品肠衣，是原肠经加工除去脂肪组织、肌肉、浆膜和黏膜，所剩下的半透明状的黏膜下层；成品肠衣，是半成品肠衣经清理去杂、分路分级、盐渍等加工后，可直接用于灌制香肠等的管状或类管状产品。

（三）进口肠衣监管要求

1. 进口前的监管要求。包括：

（1）输华食品国家或地区食品安全管理体系审查制度。形成了准入名单，包括 14 个国家和地区的肠衣产品，其中北美洲的加拿大和美国，大洋洲的澳大利亚和新西兰，南美洲的智利，欧洲的爱尔兰、比利时、波兰、丹麦、德国、法国、荷兰、西班牙，亚洲的乌兹别克斯坦。

（2）输华食品境外出口商备案的管理制度。向中国出口食品的境外出口商或代理商，或者委托中国境内的进口商或代理人，向海关总署申请备案。海关总署审核并通过后予以发布。

（3）输华食品进口商备案管理制度。进口商提出申请，直属海关负责初审，合格的提交总署。海关总署复审通过后予以公布。

（4）输华食品随附官方证书制度。出口国家和地区主管部门或其授权指定的机构出具的输华食品在出口国家或地区主管部门有效监管下生产、加工、存储、运输、出口、适合人类食用的官方证明文件。

（5）进境动物源性食品检疫审批制度。由直属海关负责受理、审核和审批（退运除外），审批时限为 20 个工作日。

（6）输华食品生产企业注册管理制度。目前仅限于智利的输华肠衣生产企业。

2. 进口时的监管要求。包括：

（1）输华食品检验检疫申报制度。装运进境肠衣的运输工具和集装箱应当在进境口岸海关的监督下实施相应的检疫处理；目的地隶属海关负责进境肠衣的集装箱内部查验、货物查验、货物检验检疫等工作。报关方面根据2018年原质检总局发布的通关函39号文有关要求进行监管。证书电子信息核销包括许可证的核销和卫生证书的核销。证书核查要求一个集装箱对应一份卫生证书，卫生证书格式、防伪标识、官方印章、签字兽医及其签字笔迹应与总署下发的相符，收货人、贸易合同的签约方应与检疫许可证上的申请单位一致。

（2）输华食品口岸检验检疫监管制度。

检验检疫依据：中国法律、行政法规、食品安全国家标准要求；中国与出口国（地区）签订的相关协议、议定书、备忘录等规定的检验检疫要求；中国相关主管部门规定的其他检验检疫要求；加工复出口的目的国（地区）要求。

进境口岸检疫处理：对进口动物源性食品，如发现货物出现腐败变质，或集装箱内发现禁止进境物、检疫性有害生物、媒介生物，存在疫情传播风险的，应当对运输工器具、装载容器外表包装、铺垫材料、被污染场地等进行消毒处理。

目的地检验检疫：箱体查验（“三原”和温度）、箱体内部查验（夹带、检疫）、货物查验（货证相符、包装标识、感官等）、抽检。

非集装箱货物检验检疫：对于非集装箱运输货物，应根据进境动植物检疫许可证要求，结合入境时货物封装情况，入境口岸可以实施外包装核查后再加施封识，并及时将封识信息发给目的地隶属海关，目的地隶属海关核实后反馈调离单回执。符合要求的，允许卸离运输工具；监督定点加工、存放企业对运输工具的有关部位及装载容器、铺垫材料、被污染场地等进行消毒处理。

合格评定：合格放行，不合格退运或销毁。

（3）输华食品风险预警及快速反应制度。不合格信息上报，要求各隶属海关对经核准的食品安全风险信息，24小时内报直属海关；被初步确定为一、二级的风险信息必须在4小时内报送。隶属海关同时还应当通过不合格产品上报系统及时上报不合格食品信息。对于重大的不合格食品信息，海关会发布警示通报。各隶属海关应当根据总署和直属海关发布的风险警示通报，对进出口肠衣有针对性地加强检验检疫和监督管理。

（4）进境肠衣定点加工、存放企业备案制度。进境肠衣加工、存放企业应取得定点生产企业资格，并经总署备案，备案按照《进境肠衣定点加工、存放企业备案管理指南》实施。对进境肠衣加工、存放企业按《进境肠衣定点加工、存放企业备案管理指南》实施日常和定期监督管理，每年对进境肠衣加工、存放企业实施至少1次定期监管。

（5）输华食品随附合格证明制度。目前仅有针对丹麦进口猪肠衣批批提供氯霉素和硝基呋喃代谢物检测报告的规定。

3. 进口后的监管要求。包括：

（1）输华食品国家或地区及生产企业食品安全管理体系回顾性审查制度。重点审核法律法规和标准体系；兽医卫生和食品安全管理架构；动物疫情、残留和微生物控制情况；企业卫生控制及官方监管（出证）；半加工肠衣的生产技术改进工艺。

（2）输华食品进出口商和生产企业的不良记录制度。要求进口商建立进口食品的进口与销售记录，完善进口食品追溯体系，对不合格进口食品及时召回。

（3）输华食品进口和销售记录制度。收货人应当建立完善的进口记录和销售记录制度，严格执行并指派专人负责。

（4）输华食品进口商和代理商的约谈制度。对发生重大食品安全事故、存在严重违法违规行为、存在重大风险隐患的进口商或代理商的法人代表或负责人进行约谈，通报违法违规事实及其行为的严重性，调查发生违法违规行为的原因，告知整改的内容和期限，督促其履行食品安全主体责任。进口商或代理人按照要求进行全面整改，并书面报告检验检疫机构。

（四）出口肠衣检验检疫监管

1. 出口前的监管要求。包括：

（1）出口肠衣生产企业备案。海关对出口肠衣产品的生产、加工、存放企业实行备案管理。输入国家或者地区政府主管当局对中国出境肠衣类产品生产企业有注册要求的，由海关总署统一对外推荐申请国外注册，并公布获得国外注册的名单。

（2）出口肠衣生产企业国外注册。目前，欧盟、加拿大、日本、韩国、巴西、俄罗斯、阿根廷、智利、美国等国家或地区要求注册。

（3）出口肠衣半成品国产原料加工单位备案。出口肠衣生产企业应建立完善的溯源管理体系，将供应加工出口的肠衣半成品国产原料加工单位纳入本企业管理体系，确保出口肠衣产品能够追溯到相关屠宰企业。

2. 出口时的监管要求。包括：

（1）企业申报。按照海关总署公告2018年第90号的要求，企业应提供真实有效的电子化单证信息，如动物（产品）检疫合格证明（国产原料）或原产国官方证书（进口原料）。

（2）信息审核。包括品名、发货人名称、生产单位、输往国家（地区）、所需证单、企业注册号、报关单位等，若信息不全则退回报关企业，要求其补全相关报关信息。

（3）企业自检自控。企业应当建立完善的自检自控体系，对原料进行自检自控，加强原料验收及疫情疫病和有毒有害物质的监测，防止不合格原料投入生产使用。

（4）残留监控计划。海关总署制订国家残留监控计划，各直属海关分解计划进行抽样，监控检测结果可作为肠衣出口放行的依据之一。

（5）合格评定。一般评定程序为企业报关信息通过审核信息后，企业自检自控合格、企业监管符合要求和残留监控计划检测合格的进行合格评定。出口欧盟的评定程序为要求出具氯霉素、硝基呋喃类检测结果，经检验合格且一般程序合格的评定为合格。

（6）证书拟制、签发。隶属海关对评定合格的货物签发相关证书。进口国家（地区）对兽医卫生证书格式有特殊要求的，隶属海关原则上应按总署下发的证书模板出具证书。

（7）口岸查验放行。经过上述检验检疫并出具证书，口岸海关部门根据系统布控情况，对出口肠衣集装箱进行查验，合格后放行。

3. 出口后的监管要求。包括：

（1）企业监管。包括报告审批、定期监督检查、多项监督检查等方式。重点对企业安全卫生控制体系有效性进行验证，特别是对原料管理、生产过程卫生控制、溯源管理、自检自控、诚信经营等进行检查。

（2）不合格品处置。出口肠衣取样单位对不合格检测结果应及时进行通报和追踪调查，采取必要的纠正措施。收到检验结果并判定不合格后应在 24 小时内以书面形式通报所在地农牧渔业部门，并开展追踪调查工作。尚未出口且不符合进口国要求的，不准出口；已经出口但不符合进口国要求的，立即通知有关出口企业采取相关措施召回。

（3）留样。经评定合格的，留样部门应在签发检验检疫证书后，保留样品至少 3 个自然月或到保质期限；货主可以凭抽样凭证，在留样保留期限后的 1 个自然月内领回。超过保质期限，留样不得领回。经评定不合格的，留样部门应在检验完成后，保留样品至少 6 个自然月或到保质期限。所有不合格样品不得领回。逾期未领回样品，留样部门按照相关规定统一处置并保留处理记录。

三、进口肉类产品

进口肉类产品指可供人类食用的屠宰畜禽胴体及其分割产品、脏器、副产品和非熟制加工品（肠衣除外），进口后直接在中国境内销售、食用或加工复出口。按照其保存状态又可分为新鲜肉类、冷冻肉类、腌制肉类和熏制肉类。

（一）入境前准入

海关总署进出口食品安全局在肉类产品进口前组织相关的体系评估和审查活动，主要包括以下工作内容：输出国官方提出书面申请，总署决定启动评估程序后，向输出国官方发放评估问卷，并对输出国提交的答卷进行翻译、分析；结合输出国官方公布的疫病状态、产品风险进行评估；综合参考现场考察报告的意见和建议；新拟订或修订议定书，提出草稿；草稿征求输出国意见后根据反馈稿进一步磋商修改。

输华肉类官方卫生证书是国外官方主管部门对其输华肉类进行检验检疫的重要官方证明文件，以证明其产品符合中国和原产国兽医和公共卫生法律法规及议定书的有关规定。卫生证书中所需列明的证书项目由中方制定，格式和内容则由双方事先进行磋商，并经双方认可。

向中国出口肉类的生产企业，包括屠宰、分割、加工和储存企业，应在原产国官方的监督之下生产，符合中国和原产国有关兽医卫生和公共卫生法规的要求。海关总署对原产国推荐的企业进行注册审批。进境动植物检疫审批制度是按照《进出境动植物检疫法》及其实施条例、《植物检疫条例》的有关规定，按照有害生物风险分析的原则，对准备输入境内的有关动植物、动植物产品进行审查，最终决定是否同意其进境的过程。检疫审批人员应熟悉进境动植物检疫、食品安全等法律法规及相关规定。批准签发人员应从事进境动植物或动植物产品检验检疫工作 5 年以上，掌握进境动植物检疫审批业务知识，经直属海关培训合格后向总署报备。

企业资质要求是具有独立法人资格，拟作为该批进口产品的直接对外签订贸易合同或者协定的单位，并已列入总署公布的进口肉类收货人备案名单；诚信经营，自觉遵守国家法律法规及海关的有关规定；按实际进口需求如实申办检疫许可证。

申请事项要求：《符合评估审查要求的国家或地区输华肉类产品名单》内的国家、产品品种、注册企业；符合中国有关动植物检疫法律、法规、规章的规定；符合总署对许可证申请及核销使用的规定；符合双边检疫协定的规定；签订合同或协议前提出申请获得许可证；有相对应的食品安全国家标准。申请表应填写规范、信息完整；符合《海关总署关于以最严格措施加强非洲猪瘟全链条防控工作的紧急通知》（2018 年第 251 号文）要求，严格审批准入国家和境外生产企业的资质。

检疫审批工作分为受理、审核、批准签发三个环节。按照《质检总局办公厅关于进一步调整授权直属检验检疫局开展进境食品检疫审批有关工作的通知》（质检办食函〔2018〕64 号）执行。总署将动态调整授权开展进境肉类产品检疫审批的直属海关名单及授权产品目录。

（二）入境时检查检验检疫

1. 进口肉类产品入境。进口肉类产品入境时必须向海关申报，同时提交相关单证供海关核查。

（1）单证电子化提交和审核方式。自2018年6月20日起，企业需提交检验检疫证书、卫生报告、检测报告、批准文件，以及合同、发票、装箱单、提/运单等商业单据；进口/销售记录、合格保证、标签翻译件和标签及证明材料等证明/声明材料；进口食品境外出口商代理商备案、进口食品化妆品进口商备案、进口食品境外生产企业注册的录入名称和编号等企业资质。

（2）进境动植物检疫许可证核销管理。检疫许可证上的申请单位应与申报的收货人一致；检疫许可证上的品名、产地、输出国家（地区）、用途、指定监管场地、目的地、运输路线等与报关单、卫生证书、贸易及运输单证上的内容一致；报关产品的来源国家、企业和品种等信息与总署公布的《符合评估审查要求的国家或地区输华肉类产品名单》中有关信息一致。

（3）经港澳中转的货物申报进口，还需提供港澳中检公司装有中转预检证书原件、照片和加盖港澳中检公司公章的提单复印件的密函专用信封。

（4）单证事后管理。通过电子化方式提交的报关单证，由企业按相关规定妥善保存纸质原件。对国外官方机构出具的检验检疫证书原件，必要时可要求企业在货物通关后海关验核、留存。

海关对已接受申报的报关单进行安全准入和税收风险综合甄别，同时结合安全准入风险参数和布控查验指令，确定业务现场如何处置，对于未被任何参数或指令捉捕且证单核查无异常，则直接出具入境货物检验检疫证明予以放行。

2. 实施查验或实货验估。经安全准入和税收风险综合甄别或者安全准入风险参数、布控查验指令等提示，按照风险防控中心、税收征管中心的要求，实施查验或实货验估操作。

（1）指定监管场所。现场人工查验工作需在进口肉类指定监管场地内完成，随派人员双人上岗，部分货物需首先通过X光机开展机检查验。

（2）现场人工查验。对机检查验提示转人工的，或系统布控进行人工查验的，或证单核查虽无异常，但系统提示“常规货物抽批抽中”，或审单发现问题的，根据相关规定需进一步开箱实施货证核对，或企业主动申请查验，转至现场人工查验环节。

查验项目包括检查集装箱、封识是否完好；集装箱号、封识号是否与官方卫生证书所列一致。还包括运输设备查验、集装箱内部查验、货证相符的核对，包装及标识的查验，感官的查验。

（三）入境后监管

进口肉类进境后，需要进行回顾性检查。进口商应当建立食品、食品添加剂进口和销售记录制度，如实记录食品、食品添加剂的名称、规格、数量、生产日期、生产或者进口批号、保质期、境外出口商和购货者名称、地址及联系方式、交货日期等内容，并保存相关凭证。境外出口商、境外生产企业应当保证向中国出口的食品、食品添加剂、食品相关产品符合中国有关法律、行政法规的规定和食品安全国家标准的要求，并对标签、说明书的内容负责。进口商建立境外出口商、境外生产企业审核制度，重点审核规定的内容，经审核不合格的，不得进口。当发现进口食品不符合中国食品安全国家标准或者有证据证明可能危害人体健康的，进口商应当立即停止进口，并依照规定召回。

四、进出境粮食

粮食指用于加工、非繁殖用途的禾谷类、豆类、油料类等作物的籽实以及薯类的块根或者块茎等；不仅限定“非繁殖用途”，还明确应“用于加工”，增加油料类作物，但不包括粮食加工产品。有关进出境粮食监管的法律法规有：《进出境动植物检疫法》及其实施条例、《食品安全法》及其实施条例、《商品检验法》及其实施条例、《农业转基因生物安全管理条例》、《国务院关于加强食品等产品安全监督管理的特别规定》、《中央储备粮管理条例》、《粮食流通管理条例》等，以及《进出境粮食检验检疫监督管理办法》《进境动植物检疫审批管理办法》《进出境转基因产品检验检疫管理办法》《农业转基因生物安全评价管理办法》《粮食质量安全监管办法》等部门规章。

（一）进出境粮食的通关流程

进境粮食的检验检疫包括境外粮食生产、加工、存放企业的注册登记程序和要求；进境粮食检验检疫实施的基本制度，如检疫准入、指定口岸、检疫许可、现场查验、不合格处置、后续监管等。拟向中国出口粮食的境外生产加工企业，经输出国家或者地区主管部门审查合格后向海关总署推荐；海关总署进行审查后，对符合要求的国家或者地区的境外生产加工企业予以注册登记。境外生产加工企业注册登记有效期为 4 年。进境粮食装卸、运输、加工、下脚料处理等环节要采取防止撒漏、密封等防疫措施。加工过程需具备有效杀灭杂草籽、病原菌等有害生物的条件，粮食加工下脚料应当进行有效的热处理、粉碎或者焚烧等除害处理。拟从事进境粮食加工、存放业务的企业应当向所在地海关提出书面申请，并提交相关资料，企业所在地海关负责对企业的申请材料和企业的设施进行审核和评审，经海关总署对申报材料审核，符合审批要求的，签发进境动植物检疫许可证，有效期为 12 个月。

出境粮食的检验检疫包括出境粮食生产加工企业注册登记的程序要求，以及适载检验、实验室检测、不合格处置、检验检疫有效期、产地与口岸间的沟通协调等要求。出境粮食生产加工企业监督管理包括注册登记、分类管理及日常监督、疫情监测调查。

（二）进境粮食检验检疫

进境粮食的品质指粮食的外观、色泽、气味、有毒有害杂质、矿物质、扣除物、异色粒、不完善粒、损伤粒、热损伤粒、霉变粒、品种纯度、容重、粗脂肪、水分及挥发物、粗蛋白、数值、抽样、制样、试样、成交样品。

检疫时如发现检疫性有害生物的、检疫许可证或进境植物检疫要求中列明的有害生物的、其他规定的有害生物的，有有效检疫处理方法的做检疫处理；无有效检疫处理方法的，做退运或销毁处理。安全卫生项目不符合国家标准，无法改变用途或无有效技术处理方法的，做退运或销毁处理。转基因检验不合格的，做退运或销毁处理。发现检疫性有害生物或者其他具有检疫风险的活体有害昆虫、蜗牛，且可能造成扩散的，做熏蒸处理。发现种衣剂粮食的，可做挑拣处理，并对挑拣出的种衣剂粮食做销毁处理。发现麦角、霉变粒、有毒杂草籽（曼陀罗、毒麦、猪屎豆属、麦仙翁和蓖麻）等超标的，可做色选、筛选或风选等处理，处理技术方案及效果需经过试验确定。发现检疫性杂草籽，企业加工工艺可通过粉碎或蒸热等达到灭活效果的，可结合生产过程加工处理。发现其他检疫不合格的，企业加工工艺能达到除害或技术处理要求的，可结合生产过程做加工处理，处理技术方案及效果需经过试验确定。其他原因造成粮食质量安全受到危害的，如发现农药残留、重金属、真菌毒素、致病微生物等超过国家限量标准的，可做改变用途处理；改作饲用或肥料用的，必须符合国家饲料、肥料的有关标准和要求。

进境粮食经检验检疫不合格的，由海关签发检验检疫处理通知书及相关检验检疫证书。检验检疫处理通知书应当明确标注检疫处理的对象、原因、方法等。海关部门不得将检验检疫处理通知书直接交给检疫处理单位。

五、进出口中药材监管

（一）基本内容

根据《食品安全法》，食品指各种供人食用或者饮用的成品和原料以及按照传统既是食品又是中药材的物品，但是不包括以治疗为目的的物品。因此，企业在单一窗口申报进出境中药材信息时一定要按照实际情况选对用途，是食用还是药用，只有申报为药用的才能进行监督。

监管依据是《海关法》《进出境动植物检疫法》《进出口商品检验法》《中华人民共和国野生动物保护法》《进出境动植物检疫法实施条例》《商品检验法实施条例》《中华人民共和国濒危野生动物进出口管理条例》等法律法规，《进出境中药材检疫监督管理办法》《进境动植物检疫审批管理办法》。其中，《进出境中药材检疫监督管理办法》建立了六项管理制度，确立了对进出境中药材的管理内容：用途申报、风险管理、进境中药材检疫准入、出境生产企业注册登记、分类管理、诚信管理。

（二）进境中药材

1. 检疫准入：海关总署对进境中药材实施检疫准入制度，包括产品风险分析、监管体系评估与审查、确定检疫要求、境外生产企业注册登记以及进境检疫等。根据风险分析、评估审查结果，与输入国家或者地区主管部门协商确定向中国输出中药材的检疫要求以及商签有关协定书，确定检疫证书。只有列入《符合评估审查要求及有传统贸易的国家或地区输华食品目录》的中药材品种才允许入境。

2. 进出口商备案：对向中国境内出口中药材的境外出口商或代理商、进口中药材的进口商，进行备案管理。

3. 进境中药材检疫审批：进境中药材需办理进境动植物检疫审批的，货主或者其代理人应当在签订贸易合同前，按照进境动植物检疫审批管理办法的规定取得进境动植物检疫许可证。需要检疫审批的中药材，应当在检疫审批许可列明的指定的企业中存放和加工。中药材在取得检疫合格证明前，应当存放在检验检疫部门认可的地点，未经检验检疫部门许可，任何单位和个人不得擅自调离、销售、加工。进境动植物检疫许可证列明该产品由目的地检验检疫部门实施检疫、加工监管，口岸检验检疫部门验证查验并做外包装消毒处理后，出具入境货物调离通知单，收货人或者其代理人在规定时限内向目的地检验检疫部门申请检疫。未经检疫，不得销售、加工。需要进境检疫审批的进境中药材应当在检疫审批许可列明的指定企业中存放和加工。

（三）进境中药材监管

进境中药材需满足《符合评估审查要求及有传统贸易的国家或地区输华食品目录》准入名单的要求。核验中华人民共和国进境动植物检疫许可证编号，相关信息具有一致性；指定存放、加工企业必须在总署公布的企业名单内；实施境外生产企业注册登记的，产品必须是来自获得注册登记的企业。

进境口岸海关应当按照下列规定实施现场检疫：查询起运时间和港口、途经国家或者地区、装载清单等，核对单证是否真实有效，单证与货物的名称、数（重）量、输出国家或者地区、唛头、标记、境外生产企业名称、注册登记号等是否相符；包装是否完好，是否带有动植物性包装、铺垫材料，并符合《进出境动植物检疫法》及其实施条例、《进境货物木质包装检疫监督管理办法》的规定；中药材有无腐败变质现象，有无携带有害生物、动物排泄物或者其他动物组织，有无携带动物尸体、土壤及其他禁止进境物。

中药材包括根、茎、叶、花、果实、种子、全草及动物源性药材，对于不同种类药材的检疫侧重点应有所区别。比如，对花叶类全草中药材，因为质地比较轻，适宜采取拍击抖动过筛的方法进行检疫；对于那些质地坚硬、体积较大的药材，比如，大黄、甘草，需要劈开、折断看内部是否有害虫活动的迹象。

进境中药材经检疫合格，海关出具入境货物检验检疫证明后方可销售、使用或者在指定企业存放、加工。入境货物检验检疫证明均应列明货物的名称、原产国家或者地区、数量、重量、生产批号/生产日期、用途等。检疫不合格的，海关签发检疫处理通知书，由货主或者其代理人在海关的监督下，作除害、退回或者销毁处理，经除害处理合格的准予进境。

无出口国（地区）出具的有效检疫证书的；证书不符合出口国（地区）与总署确定的格式、内容的；实施境外生产企业注册登记，生产企业为列入总署网站公布的注册企业的；需办理进口检疫审批，无有效进口动植物检疫许可证的或检疫审批的药材存放、加工企业为列入总署网站公布的名单内的。中药材进口后，对指定存放、加工企业进行监管。

（四）对出境中药材生产企业的相关规定

输入国家或者地区要求对向其输出中药材的出境生产企业注册登记的，海关实行注册登记。注册登记有效期为 4 年。出境生产企业申请注册登记时，应当提交出境中药材生产企业检疫注册登记申请表、厂区平面图，并提供重点区域的照片或者视频资料，产品加工工艺等材料。

出境中药材应当符合中国政府与输入国家或者地区签订的检疫协议、议定书、备忘录等规定，以及进境国家或者地区的标准或者合同要求。出境生产企业应当达到输入国家或者地区法律法规的相关要求，并符合中国有关法律法规规定。出境生产企业应当建立完善的防疫体系和溯源管理制度。出境生产企业应当建立原料、包装材料等进货采购、验收记录，生产加工记录，出厂检验记录，出入库记录等，详细记录出境中药材生产加工全过程的防疫管理和产品溯源情况。上述记录应当真实，保存期限不得少于 2 年。出境生产企业应当配备检疫管理人员，明确防疫责任人。

海关可以根据海关总署相关要求，结合所辖地区中药材出境情况、输入国家或者地区要求、生产企业管理能力和水平、生产企业的诚信度，以及风险监测等因素，在风险分析的基础上，对辖区出境中药材和生产企业实施分类管理。进境中药材的货主或者其代理人和出境中药材生产企业应当建立疫情信息报告制度和应急处置方案。发现疫情应当及时向海关报告，并积极配合海关进行疫情处置。

出境中药材的货主或者其代理人应当向中药材生产企业所在地海关报检，报检时，需如实申报产品的预期用途，并提交合同、发票、装箱单；出具出厂合格证明；产品符合进境国家或者地区动植物检疫要求的书面声明等材料。出境中药材经检疫合格或者经除害处理合格的，海关应当按照规定出具有关检疫证单，准予出境。检疫不合格又无有效方法做除害处理的，不准出境。

（五）特殊品种中药材的监管

1. 禁止性中药材。禁止性中药材指列入《禁止进口货物目录》的已脱胶的虎骨、未脱胶的虎骨、犀牛角等；列入《禁止出口货物目录》的虎骨、犀牛角、牛黄、麝香等。禁止性中药材实施许可证管理。根据《中华人民共和国货物进出口管理条例》《2019 年出口许可证管理货物目录》实施许可证管理。出口甘草及甘草制品，药料用麻黄草需在商务部门办理出口许可证，并实行指定出口报关口岸管理：甘草在天津海关、上海海关和大连海关报关。甘草制品在天津海关和上海海关报关。药料用麻黄草在天津海关报关。罂粟壳因为列入麻醉药品，进出口时需要到药监部门办理麻醉药物品进口许可证。

2. 涉及野生动植物保护。根据《中华人民共和国野生动物保护法》《中华人民共和国濒危野生动植物进出口管理条例》《进出口野生动物植物商品目录》，干海马、干海龙、羚羊角、鹿茸及粉末、龟壳、其他黄药（不包括牛黄）、麝香、其他濒危野生动物胆汁及其他产品（熊胆）、白果、肉豆蔻、肉豆蔻衣、豆蔻、西洋参、野山参、冬虫夏草、天麻、沉香、木香、石斛、苁蓉、穿山甲（鳞片）、狗脊、银杏、厚朴、胡黄连、黄柏、北沙参等在办理进出口业务时，一定要验核相关的证书，同时要警惕不法分子采用谎报瞒报货物品名的方式逃避监管，如把木香申报成土木香，把黄柏申报成黄檗，HS 编码如不如实申报，系统就无法关联出这些品种是否需要办理进出口许可证。不仅进出口货物，在旅检和跨境邮件渠道也涉及这些品种的中药材。

六、进出口水产品监督管理

《食品安全法》要求食品安全工作实行预防为主、风险管理、全程控制、社会共治，建立科学、严格的监督管理制度。海关总署根据有关法律条文形成了中国进口水产品安全治理制度体系。该体系从入境前准入、入境时查验、入境后监管三个环节入手做好进口水产品的安全治理工作。

（一）入境前准入

拟输华水产品检验检疫准入程序如下：

1. 由出口方提出书面申请。拟出口国（地区）官方（以下简称“出口方”）向中国海关总署提出对华出口水产品的书面申请。该申请应列明具体品名、学名（拉丁学名）、生物学分类信息（属、种）、产品状态（冰鲜、冷冻或其他）、生产方式（野生或养殖）。

2. 中方研究决定是否启动准入程序。若中方同意启动准入程序，则向出口方提供问卷，根据水产品品种不同，问卷内容可能有所不同。出口方按照问卷提供技术资料。根据需要，中方可能要求派出专家组赴出口国（地区）进行实地考察。

3. 进出口商实行备案管理。向中国出口水产品的境外出口商或者代理商以及进口水产品的境内收货人（以下简称“进出口商”），要求进行备案和监督管理，已经实施备案管理的收货人，方可办理水产品进口手续。

4. 进口水产品境外生产企业需经海关总署注册。首次进口的质量安全和检疫风险较高的水产品由海关总署开展风险分析确定其风险控制措施，并获得输华检验检疫资格后方可进口；海关总署对卫生风险较高的进口两栖类、爬行类、水生哺乳类动物、其他养殖水产品及日本输华水产品等实行检疫审批制度；海关总署对输华水产品检验检疫证书样本进行确认，凡证书未经总署确认或与总署确认证书样本不符的，不得进口。

（二）入境时查验

1. 申报制度：水产品进口前或者进口时，收货人或者其代理人应当持输出国家或者地区官方签发的检验检疫证书正本原件、原产地证书、贸易合同、提单、装箱单、发票，向进口的口岸申报。

2. 检验检疫依据：中国法律、行政法规；食品安全国家标准要求；中国与输出国或者地区签订的相关协议、议定书、备忘录等规定的检验检疫要求和贸易合同注明的要求；国内外水产品疫情疫病和有毒有害物质风险分析结果（风险控制）；拟向中国出口水产品国家或地区的质量安全管理体系的有效性评估情况（风险控制）。

3. 现场查验：海关工作人员到入境口岸查验点或海关指定监管场地进行现场核查，现场查验工作可以在入境口岸作业场地或备案储存冷库进行。

4. 检测项目的确定：按中国食品安全国家标准的相关规定，对于执行海关总署年度进口食品安全风险监控计划的，按照风险监控计划要求选择监控项目进行检测。

（三）入境后监管

进口水产品收货人应当建立水产品进口和销售记录制度。记录应当真实，保存期限不得少于两年。水产品进口和销售记录应包括进口水产品的证书编号、品名、规格、数量、生产日期（批号）、保质期、出口商和购货者名称及联系方式、交货日期等内容。分支机构应对进口商的水产品进口记录和销售记录进行检查。进口水产品存在安全问题，可能或者已经对人体健康和生命安全造成损害的，收货人应当主动召回。

第二篇　关税与自由贸易

近年来，“海关税收”作为一个术语经常被海关和学术界的一些人提起，“海关税收”一词也经常出现在报章杂志中，但至今没有人对海关税收的概念内涵进行探究，也没有人给出过一个严格的定义。人们一般理解的“海关税收”基本上等同于由海关征收的税收，但这在理论上并不严密。税收学理论认为，一种税与另一种税的区别，并不在于其征收主体的不同，也不在于纳税人的不同，而在于征税对象的不同，即税收种类的边界是以征税对象来划分的。因此，理解海关税收的含义，需要知道海关税收与其他税收征税对象的区别。依据我国海关法，我国的海关税收是海关对依法监管的进出境货物、物品和运输工具所征收的税。根据国家有关的税收法令法规，我国的海关税收工作包括对进出关境的货物和物品征收的进出口关税、对进境货物征收的增值税和消费税，还包括不计算在海关税款入库中央国库的对进境运输工具征收的船舶吨税。

传统的海关管理战略以保护关境、准确征税和打击违法走私等为目标，将进出口的货物作为主要监管对象，以守法监控为驱动，将主要力量集中在对货物和旅客的物理检查和干预上，在货物或个人到达边境后才开始办理通关手续。欧美等发达国家海关的未来战略将海关业务管理目标上升为服务和保障安全的层面，以供应链安全管理为业务重心，将海关管理的视野和手段向供应链两端延伸，使风险防控覆盖供应链的全过程，实现以服务对象为中心的无缝协作，促进货物的安全合规、快捷便利的通关。具体体现为：监管对象从单纯的通关货物转向整个供应链物流链条；监管方式从以守法监控为驱动发展为以风险预先防控为基础，实现对于通关的旅客、货物、快递和虚拟物品，在通关过程中从登记注册、通关一直到稽查全流程的风险评估和分析，并且和国内外的合作商之间实现信息共享。经认证的经营者制度的目标在于保证海关有效履行边境保护、反恐、税收征管等重要职责，促进国际贸易供应链的安全与便利，具体包括四个方面：贸易安全（反恐）、海关与海关的合作、海关与商界的合作、贸易便利。近年来，中国海关以建设海关企业信用管理体系为核心，引导进出口企业守法诚信经营，努力发挥企业管理工作的基础作用，探索研究涵盖供应链企业、外贸综合服务企业等在内的新型关企合作模式，畅通海关与企业的沟通与服务渠道，取得了良好成效。

在国际供应链管理领域业务问题层出不穷的今天，我们在加大开放力度，支持、参与、主导自由贸易的同时，应当通过加大与国际通行规则接轨的力度，推动中国海关业务制度改革，提高中国海关现代化管理水平。

第五章　海关征税管理

第一节　海关税收制度

为了节省征税人力、简化征税手续、严密管理，进口货物和物品的国内税由海关代征，即中国海关在对进口货物和物品征收关税的同时，还负责代其他机关征收若干种类的进口环节税。目前，由海关代征的国内税主要有产品税、增值税、盐税、工商统一税、对台直接贸易调节税、特别消费税、船舶吨税、车辆购置附加税等8种。

海关税收是海关对依法监管的进出境货物、物品和运输工具所征收的税。海关税收具有一般税收的共性，即强制性、无偿性和固定性，但海关税收还具有其他一般税收所没有的特征——涉外性，具体表现在以下几个方面。

一、征税对象

海关税收的征税对象是按国际通行的商品分类规则划分为具体的税目，海关进出口税则就是海关税收的税目税率表。目前，世界各国通行的商品分类规则是海关合作理事会的《商品名称及编码协调制度》，各国以此为基础制定本国的进出口税则。根据其规定，商品按其自然属性、用途和功能等进行分类，每一种商品被冠以特定的六位数编码，各国税则中该种商品的税则号列的前六位数必须与该编码相同，各国可以根据需要在六位数编码下增设本国子目。

二、计税价格与税率

海关税收的计税价格根据国际通行的规则确定。海关税收有从量和从价两种征收方式，目前大多采用从价标准计征，为此必须确定计税价格，关税的计税价格习惯上称为完税价格。目前，包括中国在内的大多数国家都依据《WTO估价协定》制定本国的海关税收制度。中国《海关法》规定，进出口货物的完税价格由海关以该货物的成交价格为基础审查确定。

海关税收的税率设置，要考虑本国参与签订的国际双边或多边贸易协定。自由贸易与保护主义始终是国际贸易发展中的一对矛盾，为了从国际贸易中取得最大的利益，在完全自由的国际贸易环境尚未形成之前，参与地区性和国际性的多边或双边贸易协定，是世界各国基于本国利益做出的选择。这些贸易协定往往要求参与各方约束国际贸易中的税收负担水平，相互间提供对等的税收待遇。因此，海关税收的税率设置并不完全自主，应考虑本国在国际多边或双边贸易协定中承担的义务。

随着经济发展水平和市场化程度的提高，中国不但加入了世界贸易组织，而且 2001 年 5 月签署并加入了《亚洲及太平洋经济和社会理事会发展中国家成员国关于贸易谈判的第一协定》（简称《曼谷协定》，后经修改称为《亚太贸易协定》），又先后与一些国家（地区）和区域性国际经济组织签订了含有税收优惠内容的贸易协定。这样，中国的关税税率就有普通税率、最惠国税率、协定税率等，其中，最惠国税率设置不但要适应中国的实际需要，还要考虑中国入世谈判中承诺的义务；协定税率的设置同样要体现中国在相关协定中的义务，并享受对等的贸易利益。

海关征税对进出境货物的原产地认定遵循国际通行的规则。为了严格限制各国提供的海关税收优惠的受益范围，确保各国的海关税收国别化差别待遇政策得到实施，必须对进出口货物的原产地进行鉴别。但随着生产国际化分工的纵深发展，多个国家参与制造的产品越来越多，为此需要一套判别货物原产地的技术和标准，这就是原产地规则，代表之一就是世贸组织《原产地规则协议》，它也成为对世界多数国家具有约束力的国际通行的原产地规则。为了鼓励区域性自由贸易区和国际双边自由贸易协定的形成，《原产地规则协议》承认各国在依据该规则制定普遍适用的原产地规则的基础上，为实施区域或双边自由贸易而制定特殊原产地规则的权利。中国从 2005 年开始实施的《中华人民共和国进出口货物原产地条例》就是依照其制定的普遍适用的原产地规则。此外，中国还依据一些区域性贸易协定制定了这些协定项下的原产地规则。

海关税收的经济影响具有涉外性。由于海关税收的征税对象主要是进出境的商品，生产地和消费地跨越不同国家，因此税收的影响具有跨国性。生产地国家的税收政策必然通过成本影响商品的价格，从而影响消费者的支付价格，进而影响消费地市场对商品的需求；反之，消费地国家的税收政策直接影响消费地市场，反过来影响生产国的生产。海关税收的经济影响所表现出来的涉外性使得海关税收成为国际经济甚至是国际政治斗争的武器。在具体执行和征税实施中，中国准许进出口的货物、进境物品，除法律、行政法规另有规定外，海关依照规定征收进出口关税。进口关税设置最惠国税率、协定税率、特惠税率、普通税率、关税配额税率等。对进口货物在一定期限内可以实行暂定税率。出口关税设置出口税率，对出口货物在一定期限内可以实行暂定税率。

进出口货物的完税价格，由海关以该货物的成交价格为基础审查确定。

成交价格不能确定时，完税价格由海关依法估定。进口货物的完税价格包括货物的货价、货物运抵中国境内输入地点起卸前的运输及其相关费用、保险费；出口货物的完税价格包括货物的货价、货物运至中国境内输出地点装载前的运输及其相关费用、保险费，但是其中包含的出口关税税额，应当予以扣除。国务院设立关税税则委员会，负责《中华人民共和国进出口税则》和《中华人民共和国进境物品进口税税率表》的税目、税则号列和税率的调整和解释，报国务院批准后执行；决定实行暂定税率的货物、税率和期限；决定关税配额税率；决定征收反倾销税、反补贴税、保障措施关税、报复性关税及决定实施其他关税措施；决定特殊情况下税率的适用，以及履行国务院规定的其他职责。企业应缴纳进口环节税费为：关税+消费税+增值税。以进口小轿车为例，根据排量不同，税率不同。比如，完税价格为 100 万元的中型轿车，若关税税率为 10%，消费税率为 20%：一是 100×10%，算出关税是 10 万元；二是［(100+10)/(1-20%)］×20%，算出消费税为 27.5 万元；三是(100+10+27.5)×13%，算出增值税为 17.875 万元；四是 10+27.5+17.875，算出总共缴纳的进口环节税为 55.375 万元。

三、税款担保制度

为进一步提升贸易便利化水平，更好服务对外开放大局，海关总署发布 2021 年第 100 号公告，决定实施以企业为单元的税款担保改革，实现一份担保可以同时在全国海关用于多项税款担保业务。海关税款担保改革业务范围包括：一是汇总征税担保；二是纳税期限担保；三是征税要素担保。企业应向注册地直属海关关税职能部门申请备案，备案后可在所有备案范围内海关通用。实现“一地备案，全国通用”。除失信企业外，适用于所有进出口货物收发货人，通过银行或非银行金融机构办理。

（一）办理流程

企业应在办理货物通关手续前向金融机构申请获取保函或保单。保函受益人或保单被保险人应包括企业注册地和报关单申报地直属海关。企业凭有效担保文本向注册地直属海关关税职能部门提交备案申请。注册地直属海关关税职能部门根据金融机构传输的保函、保单电子数据或验核企业提交的保函、保单正本，为企业在海关业务系统备案担保信息，系统生成担保备案编号。已联网金融机构向海关传输的保函、保单电子数据与正本具有同等效力，海关不再验核正本；未联网金融机构应向企业出具保函、保单正本。企业选择办理汇总征税或纳税期限担保通关的，应在报关单申报界面选取担保备案编号；选择办理征税要素担保通关的，应通过单一窗口“征税要素担保备案”模块提交征税要素担保备案申请，海关核批同意后再选取担保备案编号或按照海关规定缴纳保证金。系统成功核扣担保额度或海关核注保证金后，满足放行条件的报关单即可担保放行。企业缴纳税款或担保核销后，保函、保单的担保额度自动恢复。企业在保函、保单列明的申报地海关办理不同税款担保业务均可共用一份保函或保单，担保额度在有效期内可循环使用。

（二）保函、保单如何撤销

已备案且尚在有效期的保函、保单，企业确认担保责任已解除的，经与金融机构协商一致，可向属地关税职能部门申请撤销。联网传输的保函、保单，应由金融机构向海关发送撤销的电子数据。人工备案的保函、保单，应由企业向海关提交撤销的书面申请。

（三）停止使用税款担保

企业未在规定的纳税期限内缴纳税款的，海关可以停止其使用保函、保单办理担保通关业务。金融机构拒不履行担保责任、不配合海关税收征管工作或偿付能力存疑的，注册地直属海关关税职能部门可不再备案其保函、保单担保信息。

属地海关备案保函适用关区后，可在已备案范围内的所有海关通办税款担保业务。线上办理足不出户，海关总署已成功实现与担保机构的电子数据对接，依托财税库银横向联网系统，实现了担保备案、变更、撤销等业务的电子化作业，让企业足不出户即可完成全流程无纸化办理。企业可以根据实际需求灵活使用，真正实现保函额度“物尽其用”，有效期内可循环使用，提高资金使用效率。

2024 年 4 月 26 日，第十四届全国人大常务委员会第九次会议通过了《中华人民共和国关税法》，于 2024 年 12 月 1 日起实施，《中华人民共和国进出口关税条例》同时废止。该法规定，个人合理自用的进境物品，按照简易征收办法征收关税；超过个人合理自用数量的进境物品，按照进口货物征收关税。个人合理自用的进境物品，在规定数额以内的免征关税。进境物品关税简易征收办法和免征关税数额由国务院规定，报全国人民代表大会常务委员会备案。《中华人民共和国海南自由贸易港法》对海南自由贸易港的关税事宜另有规定的，依照其规定。进口环节海关代征税的征收管理，适用关税征收管理的规定。船舶吨税的征收，《中华人民共和国船舶吨税法》未作规定的，适用关税征收管理的规定。从事免税商品零售业务应当经过批准，具体办法由国务院制定。

第二节　海关估价与协调制度

一、海关估价制度

海关估价指经海关审查确定的完税价格，也称为海关估定价格。进出口货物的价格经货主（或申报人）向海关申报后，海关需按本国关税法令规定的内容进行审查，确定或估定其完税价格。海关估价制度，指的是进口国海关对进口货物的货价进行估算，以此价格作为计算应付关税税款基础的制度。广义的海关估价制度是由参加海关估价的主体、海关估价活动和海关估价作业程序三部分构成的法律制度。其中包括三方面内容：①对进出境货物的人员或纳税义务人的权利义务和海关的权利义务等的有关规范；②估价的准则是限定在什么情况或条件下的价格才能作为海关估价的价格或价格依据、估价的方法、海关审定价格的办法等具体业务操作规程；③为了保证估价工作的顺利进行的各种管理措施或执行程序，如价格申报、交验单证、申报时间地点等手续制度，对估价争议的解决、违章处理等一系列的规章制度。狭义的海关估价制度指海关估价准则、估价方法和海关估价的具体操作规程等规定。

海关估价制度的关键是估价准则。估价准则不同，估价方法就不同，价格制度也就不同。比如，以成本加保险费加运费为估价基础审定的完税价格就要大于以船上交货价为基础审定的完税价格，如果两者税率相同，前者应征的关税税额要大于后者，这样，前者的实际关税水平就要高于后者。另外，税率的变动比较敏感，而改变估价的方法却不易被发现，也很难证明其对关税影响的程度，所以海关估价对征收关税所产生的影响，比起单纯地降低或提高税率具有更大的隐蔽性。

有 6 种估价方法可供选择，海关在使用时，应严格按以下顺序：只有当按照第一种方法无法有效地做出估价时，才选择第二种方法，以此类推。但可以在第四种与第五种方法之间任选。6 种方法为：

第一，实际成交价格（transaction value），指商品出口到进口国实际支付或应支付的价格，通常是发票上的价格。

第二，相同产品的成交价格（transaction value of identical goods），指与应估商品同时或几乎同时出口到同一进口国销售的同类商品的价格。所谓相同产品，指在各方面相同，包括其物理性能、质量、信誉。表面上具有微小差别的其他货物，不妨碍被认定为符合相同产品的定义。对于具有两个以上相同产品的成交价格，应采用其中最低者确定应估商品的关税价格。

第三，类似商品成交价格（transaction value of similar goods），指应估商品同时或几乎同时出口到同一进口国销售的类似商品的成交价。所谓类似商品，就是与应估商品比较，各方面不完全相同，但有相似特征，使用同样的材料制造，具备同样的效用，在商业上可以互相替代的商品。在确定时应考虑包括该货物的品质、信誉、现有的商标等。

第四，倒扣法，是以进口商品，或相同、类似进口商品在国内销售时的价格为基础减去有关的税费后所得的价格。倒扣的项目有代销佣金、销售利润和一般费用、进口国国内的运费、保险金、进口关税和国内税等。

第五，估算价格（computed value），是以制造该进口商品的材料、零部件、生产费、运输和保险费等成本，及销售进口商品所产生的利润和一般费用为基础进行估算的完税价格。

第六，顺序类推法，当以上任何方法都不能确定海关估价时，应通过采用顺序类推法在进口国可得到信息的基础上加以确定。

禁止使用的估价方法有7种可供选择：进口国生产的商品在本国的销售价格，可供海关从两种可选择的估价中选用较高的估价制度，出口国国内市场的商品价格，除已确定的进口商品的估算价值以外的其他生产成本，出口到除进口国以外其他国家的商品价格，最低海关估价，武断或虚假地估价。

海关对申报价格的真实性、准确性有疑问时，或者认为买卖双方之间的特殊关系影响成交价格时，应当制发价格质疑通知书，将质疑的理由书面告知纳税义务人。纳税义务人应当自收到价格质疑通知书之日起5个工作日内，以书面形式提供相关资料或者其他证据，证明其申报价格真实、准确或者双方之间的特殊关系未影响成交价格。纳税义务人在规定的期限内未作说明、未提供有关资料的，或者海关仍有理由怀疑申报价格的真实性和准确性的，海关可以不接受纳税义务人申报的价格，按法律规定估定完税价格。

海关经过审查认为进口货物无成交价格的，可以不进行价格质疑，经与纳税义务人进行价格磋商后，审查确定完税价格。海关通知纳税义务人进行价格磋商时，纳税义务人应当自收到口头通知或收到价格磋商通知书之日起5个工作日内与海关进行价格磋商。纳税义务人未在规定的时限内与海关进行磋商的，视为其放弃价格磋商的权利，海关可以直接使用《中华人民共和国海关审定进出口货物完税价格办法》审查确定进出口货物的完税价格。海关审查确定进出口货物的完税价格后，纳税义务人可以提出书面申请，要求海关就如何确定其进出口货物的完税价格做出书面说明。海关应当根据要求向纳税义务人出具海关估价告知书。纳税义务人对海关确定完税价格有异议的，应当按照海关做出的相关行政决定依法缴纳税款，并且可以依法向上一级海关申请复议。对复议决定不服的，可以依法向人民法院提起行政诉讼。

二、协调制度

国际贸易的发展要求有一个能同时满足关税、统计和国际贸易其他方面要求的商品目录。为此，在海关合作理事会的主持下，1983年，海关合作理事会第61/62届会议通过了《商品名称及编码协调制度的国际公约》（以下简称《协调制度公约》），于1988年1月1日正式实施。《商品名称及编码协调制度》（The Harmonized Commodity Description and Coding System，HS）（以下简称《协调制度》）是《协调制度公约》的附件。目前，采用《协调制度》的国家和地区所占的国际贸易量占全球国际贸易总量的98%。

《协调制度》是世界海关组织（WCO）主持制定的一部供国际贸易各方共同使用的商品分类编码体系。目前，全球98%以上的国际贸易都使用《协调制度》目录，因此《协调制度》又被称为国际贸易的通用语言。除海关税则和贸易统计外，在运输商品计费、数据传递以及简化国际贸易单证等方面，《协调制度》也发挥着积极作用。为适应国际贸易商品的发展，WCO一般每五年对《协调制度》进行一次较大范围的修订。《协调制度》是目前国际贸易商品分类的一种“标准语言”。是一部完整、系统、通用的国际贸易商品分类体系。它将国际贸易中的商品按类、章、品目、子目进行分类，《协调制度》共21类，基本按社会生产的分工区分，如农业、化工业、纺织工业、冶金工业等。“类”下分为97章，基本上按商品的属性或用途分类。如第一章到第五章是活动物和动物产品。每一“章”由多个“品目”和在品目下进一步细分的“子目”及相应的编码构成。每一条品目包括品目条文（商品名称或商品描述）和编码（品目号列）。品目号列由四位数组成，前两位数表示品目所在的章，后两位数表示品目在有关章的排列次序。如01.01是“马、驴、骡”，前两位数表示该品目在第一章，后两位数表示所列商品为第一章的第1个品目。品目可再细分为子目。子目是平常所见的税则号第五位到第十位编号，其中第五位、第六位是《协调制度》的一级、二级子目，第七位到第十位是中国的本国子目。2017年版《协调制度》涉及242组目录修订，4位数品目调整至1 222个，6位数子目调整至5 387个，8位数8 549个，10位数11 922个。对一些国际贸易总量较少的商品目录予以合并或删除，简化和优化了《协调制度》的目录结构。新版《协调制度》特别关注环境保护和生态安全，不仅增列了信息技术、新能源技术和机械加工技术相关的产品，还新增了农业机械化和新技术医药产品等新型业态产品。

2022年版《协调制度》经2019年6月举行的海关合作理事会年会审议通过，于2022年1月1日生效。为适应国际贸易的发展，履行《协调制度公约》缔约方的义务，保证新版《协调制度》在我国有效实施，海关总署于2021年10月8日发布了2022年版《协调制度》修订目录中文版（海关总署2021年第78号公告）。

我国加入《协调制度公约》后，对《协调制度》采取了直接适用的方式。自1992年1月1日起我国正式采用《协调制度》后，开始实施《协调制度》。我国采用的《协调制度》分类目录，前6位数是HS国际标准编码，第七、八两位是根据我国关税、统计和贸易管理的需要加列的本国子目，同时，还根据代征税、暂定税率和贸易管制的需要对部分税号增设了第九、十位附加代码。新版《协调制度》的修订内容主要为《联合国禁毒公约》《鹿特丹公约》《巴塞尔公约》等国际公约涉及的产品，以及因科技发展和国际贸易中比较重要的、未单独列名的产品。主要修订方式包括标题、条文修改，对注释（包括类注、章注、子目注释）、品目、子目进行新增、删除或修改等。2022 年的新版归类目录共有 351 组修订，修订后的《协调制度》共有 21 类 97 章，4 位数 1 228 个，6 位数子目 5 609 个，8 位数 8 948 个，10 位数 12 752 个。以上子目数量，较 2017 年版均有所增加。修订较多的类目为：第十六类（机电产品）修订 52 组、第六类（化工品）47 组、第一类（动物产品）和第九类（木及木制品）均为 31 组。

由于《协调制度》已成为“国际贸易的标准语言”，因此，国家的贸易政策就会不可避免地在《协调制度》上得以体现，各国在 WCO 归类技术议题上的争议，往往都隐藏着各自的经济利益。自实施《协调制度》以来，中国海关参加了 WCO 归类技术委员会的历次会议，积极参与国际交流与合作，从最初的完全被动接受 WCO 的归类决议，到现在逐步掌握游戏规则，在充分尊重《协调制度》原则的基础上积极争取有利于本国经济利益的商品归类结论，中国海关正以一个大国海关的姿态在《协调制度》的国际舞台上发挥越来越重要的作用。

第三节　原产地相关规定

一、原产地规则

（一）原产地规则的产生

原产地规则，也称“货物原产地规则”，指一国根据国家法令或国际协定确定的原则制定并实施的，以确定生产或制造货物的国家或地区的具体规定。为了实施关税的优惠或差别待遇、数量限制或与贸易有关的其他措施，海关根据原产地规则的标准确定进口货物的原产国，给予相应的海关待遇。货物的原产地被形象地称为商品的“经济国籍”，原产地规则在国际贸易中具有重要作用。

原产地规则的产生起源于国际贸易领域对国别贸易统计的需要。然而伴随着国际贸易中关税壁垒与非关税壁垒的产生与发展，原产地规则的应用范围不断扩展，涉及关税计征、最惠国待遇、贸易统计、国别配额、反倾销、手工制品、纺织品、政府采购甚至濒危动植物的保护等诸多范畴。原产地规则已不仅仅是单纯的海关的技术性（统计）问题，已成为各国实施其贸易政策的有力工具，在一定程度上演变成非关税壁垒的措施之一。因原产地规则而引起的贸易摩擦与纠纷时有发生。

为了建立一个公正、透明、简化、一致的原产地规则，关贸总协定（GATT）与海关合作理事会（Customs CO-operation Council）曾做过长期不懈的努力。1947 年，《关贸总协定》第九条就对“原产地标记”问题做了规定，以便产品的进口国别统计和跨国营销。海关合作理事会于 1973 年在日本京都制定了《1973 年简化和协调海关手续的国际公约》（俗称《京都公约》），其中心内容是海关手续问题，也包括了原产地规则。经各有关方面的共同努力，终于在乌拉圭回合结束的 1993 年通过了《原产地规则协议》（Agreement on Rules of Origin）。该协议是关税及贸易总协定多边贸易体制内第一个关于原产地规则的国际协议，对简化、协调、统一国际间的原产地规则起到了积极的推动作用。1995 年成立的世界贸易组织（WTO）在其货物贸易理事会（The Council for Trade in Goods）中专门设立了原产地规则委员会，旨在加强原产地规则的国际协调和趋同。原产地证书是国际贸易中用来证明货物产地来源的证明文书，它是货物的来源地“护照”和“国籍”凭证。由于它往往被进口国用来实行差别关税待遇和实施国别贸易政策管理的重要依据，因此，具有了特定的法律效力和经济效用。

货物的“原产地”通常指货物的“原产国”，而其中的“国”可指一个国家或国家集团或一个地区（独立关税区等）。长期以来，国际上尚无一个统一通行的原产地规则，各国皆有权制定各自的原产地规则，由此造成不同国家（或国家集团、独立关税区）分别制定、实施不同原产地规则的、各自为政的混乱局面。一般情况下，原产地规则包括如下几项基本要素：制定原则、适用范围、原产地标准、运输规则、证书要求、监管程序、主管机构等。

（二）原产地规则的应用

原产地规则已被广泛应用于国际贸易的许多范畴。

1. 贸易统计。便于联合国、世界贸易组织等国际机构及各国的国别贸易统计和分析，便于区分货物的原产国、转口流通及最终进口消费等。然而，随着经济全球化和跨国公司的发展，因现行的原产地规则统计而得出的贸易差额已出现了误导，甚至引起贸易争端。

2. 差别关税的计征。各国为了政治、经济的需要，都对外实施“多栏制”的差别关税待遇，如一般税率（G. T）、最惠国税率（MFN）、协定税率、普惠制税率（G. S. P）等。各国海关依据进口货的原产地计征不同税率的关税。

3. 地区经济一体化的互惠措施。20 世纪 80 年代以来，国际经济的一体化进程加快，以关税同盟（如欧盟）与自由贸易区（如北美自由贸易区）为主要表现形式。其成员国以互惠互利、“一致对外”原则安排其成员国的经贸关系，在成员国之间享受减免关税待遇，并减少非关税壁垒。为了区分货物是否原产于成员国，由此产生了关税同盟与自由贸易区内部通行的原产地规则。

4. 进口配额的管理。根椐双边协议（如中美之间）或多边协议的安排，不少国家，尤其是发达国家对敏感性产品（如纺织品、服装、汽车、机电产品）实施进口配额限制，并制定了相应的原产地规则，以确定货物来源。为了进行贸易保护，进口国往往修改原产地规则的有关条款。1994 年美国通过法案，将服装的原产地判定标准由“裁剪地”改为“缝制地”，从而有效地阻碍了中国内地制造的服装利用中国香港地区的尚余配额对美出口。一词之差造成的影响非常之大。

5. 反倾销（反补贴）诉案的审理。所谓“倾销”，指在不同国家以不同价格销售货物的做法，尤指以低于货物出口原产国国内市场价格在国外销售，对进口国生产商造成不公平竞争的做法。如何确定货物的国内市场价格，货物究竟“原产”于何国，则是“反倾销”诉案调查审理的关键，势必要涉及原产地规则的运用，以防止原产国通过第三国向进口国倾销或通过在进口国“就地设厂、就地倾销”等规避行为的发生。

6. 原产地标记的监管。有的国家（如美国）为了保护消费者的权益，规定每件原产于外国的货物及其包装必须附有原产地标记，以利于海关的监管和消费者的识别和选购。原产地标记的真实性、合法性则与原产地规则密切相关。

7. 政府采购中货物的原产地判定。为了保护民族工业，维护国家经济利益，一些国家专门制定了原产地规则，旨在鼓励政府部门采购“国货”，抵制“舶来品”的冲击。

8. 涉及濒危动植物的保护。根据《华盛顿公约》的规定，为了保护濒危动植物，对某些特定的货物，使用原料涉及濒危动植物的，作了“原产地”、品种和数量的限制。

二、原产地证书

（一）常见原产地证书种类

1. 一般原产地证书。出口国根据一定的原产地规则签发的证明货物原产地的文书。

2. 普惠制原产地证书。受惠国根据给惠国方案中的原产地规则签发的证明货物原产地为受惠国的，可享受关税优惠待遇的证明文件。

3. 纺织品配额原产地证书。纺织品设置数量限制的国家为进行配额管理而要求出口国出具的产地证书。

4. 区域性经济集团成员国之间的产地证书。区域范围内（关税同盟、自由贸易区等）的国家为享受互惠减免关税而出具的产地证明书。

5. 手工制品原产地证书。证明货物的加工和制造是全人工的而非机械生产的一种加工证书。

6. 濒危动植物原产地证书。证明加工成的货物的动物或植物来自饲养的而非野生的濒危动植物（或在数量限制以内）的证明书。

（二）原产地规则的分类

1. 按货物的流向分为进口原产地规则和出口原产地规则，也有些国家把进出口原产地规则合二为一。中国香港作为自由贸易区，没有制定进口原产地规则，但为了取得进口国的国别配额，制定了出口原产地规则。

2. 按适用区域分为单一国家原产地规则和区域性的原产地规则。大部分为单一国家的原产地规则，而在自由贸易区或关税同盟各成员国之间采用统一的优惠性原产地规则。

3. 按适用范畴分为优惠性原产地规则和非优惠性原产地规则。为了使出口货物获得进口国的优惠待遇（如普惠制）或区域性经济集团的成员国之间获得互惠性的优惠待遇而制定的原产地规则，称之为“优惠性原产地规则”。普惠制（GSP）是世界上众多的发展中国家经过长期艰难的谈判斗争获得的普遍的、无歧视的、单向的关税优惠待遇，各给惠国（发达国家）都分别制定了普惠制实施方案，而普惠制原产地规则则是各实施方案的核心内容。这些规则严格而烦琐，实际已成为发达国家在普惠制突破其关税壁垒后设置的又一道“栅栏”。

4. 按货物的组成成分分为完全原产地规则和部分原产地规则。完全原产地产品一般指在一国生长、开采、收获或利用该国自然出产的原料在该国加工制成的产品。即使含有很少的进口原料（如家具的土光蜡）也将视为部分原产产品。对在公海捕捞而得的水产，有的国家的原产地规则对捕渔船的船籍和登记国还有限制。由此可见，完全原产地的界定是十分严苛的。对于含有进口成分的产品，则制定了部分原产地规则。进口的成分（原材料、部件等）必须经过“实质性改变”（substantial transformation）。

（三）原产地证书的申领

1. 资格。在中国境内依法设立，享有对外贸易经营权的企业，从事来料加工、来样加工、来件装配和补偿贸易业务的企业和外商投资企业，均可根据需要申领办理原产地证。

2. 申领环节。

（1）注册登记。申请单位持营业执照、主管部门批准的对外经济贸易经营权证明文件及证明货物符合出口货物原产地标准的有关资料，向所在地签证机构办理注册手续。申请单位的印章和申领人员的姓名在申请单位注册时应进行登记。证书申领人员应经检验检疫机构培训、考核合格，持有申领员证。

（2）申请签证。申请单位应至少在货物出运前 3 天，向检验检疫机构申请签证，提交下列文件：一般原产地证申请书一份；缮制正确、清楚并经申请单位手签人员手签和加盖公章的一般原产地证一式四份；出口商的商业发票副本一份；含有进口成分的产品还需提交产品成本明细单。

（3）申请签发“后发证书”。原产地证一般应在货物出运前签发，但如属特殊情况，未能及时申请签证，签发机构可酌情办理“后发证书”。

（4）申请签发“重发证书”。如果已签发的证书正本被盗、遗失或损毁，申请单位可申请重新签发证书；申请单位在申请签发“重发证书”前，应首先在海关总署的《中国国门时报》上作遗失声明，除提交重新缮制的证书以外，还应填写更改申请书并提供商业发票副本。

（5）申请签发“更改证书”。如果申请人要求更改或补充已签发证书的内容，应填写更改申请书，申明更改理由和提供依据，退回原签发证书，签证机构经审核无误后予以签发新证。

（6）凡进口商要求我官方机构签发一般原产地证的，申请单位应向检验检疫机构申请办理；凡进口商要求我民间机构签发一般原产地证的，由申请单位向贸促会申请办理；未明确要求的，可向检验检疫机构或贸促会申请办理。

（7）货物如在中国进行的制造工序不足，未能取得中国原产地证，可以申领“加工装配证明书”；经中国转口的外国货物，不能取得中国原产地证，可以申领“转口证明书”。申领这两种证书的申报手续和所需单据与一般原产地证相同。

申请签发一般原产地证明书应提供的单证与资料包括一般原产地证明书申请书一份；一般原产地证明书（Certificate Of Origin）一套；商业发票、装箱单各一份。

三、原产地标准

原产地规则的主要内容包括原产地标准、直接运输原则和证明文件等。其中最重要的是原产地标准。原产地标准多由各国自行规定，很不统一，海关合作理事会具体规定了原产地标准，供签订《京都公约》的各国采用。

（一）整件生产标准

产品完全是受惠国生产和制造，不含有进口的和产地不明的原材料和部件。完全在一国生产的产品包括在该国领土、领水或其海底开采的矿产品；在该国生长、收获的植物产品、动物产品及其制品；在其国内渔猎所获的产品；该国船舶在公海上捕获的海产品和用这些捕获物在该国海上加工、船上加工制造的产品；国内收集的生产和加工后的剩料和废料及废旧物品；完全用以上物品在该国国内生产的商品。

（二）实质性改变标准

适用于确定有两个或两个以上国家参与生产的产品的原产国的标准。其基本含义是：货物必须在出口国经过最后的实质性加工生产，使货物得到其特有的性质，该出口国才认为是该货物的原产国。实质性改变标准在实践中可以应用以下两种方法。

1. 常用的实施方法是改变税则及例外情况表办法。制定一条总规定，按照这一规定，在税则商品分类目录中，经过出口国加工或制造的产品应归入的税则号必须不同于所使用的进口原材料或部件的税号。

这一总规定，常附有例外情况，按欧洲经济共同体和日本的做法，用清单A和清单B分别列出不能单纯改变税则号来确定原产国的商品。清单A指经过出口国制造加工的货物，其税号虽然改变了，还不能算实质性改变，而必须同时符合表列的指定加工条件，才能确定该出口国为原产国。清单B规定某些商品经过出口国加工或制造后，其所应归的税则号虽然没有改变，但已符合清单B指定的加工条件，该出口国可被订为是该货物的原产国。

2. 制造或加工作业表法。通常编制若干总表，列出每种产品必须经过有足够重要性的技术制作或加工作业（改进品质的加工）程序，符合要求才算达到实质性改变的标准。这种方法不宜单独使用，通常是与改变税号法结合使用。从价百分比标准（又称增值百分比标准或增值标准），即出口产品，在出口国生产中所使用的生产国的本国原材料或部件费用和生产费用的总和，在该产品价格中所占的比例必须达到或超过一定的百分比；或者出口产品在出口国生产中所使用的外国进口原材料或部件价值，在该产品的出厂价格所占的比例不得超过规定的百分比。原产地规则中的直接运输规定要求受惠国的出口产品直接运输到给惠国，运输途中不得进入其他国家市场。原产地证明文件可以由制造商、生产者、供货人、出口商或其他当事人在商业发票或其他单证上做简单的声明。

但有些情况，这种声明还必须由有资格作证的机关或团体具体证明，予以确认。也可以规定格式如原产地证由有权核发该证书的机关或团体核发以确定货物的原产地。普遍优惠制给惠国一般规定使用优惠制原产地证明书格式A由出口商填写，经出口国有权核发单位如海关或商会等签发作证。

第六章　自贸区（港）与技术性贸易措施

为适应不同时期对外贸易的发展需要，我国先后共设立了六种类型的特殊区域，包括保税区、出口加工区、保税物流园区、保税港区、综合保税区和跨境工业区。按照科学统筹发展要求，海关积极落实国务院部署，正在推动各类型特殊区域向综合保税区转型升级。目前，全国共有 167 个特殊区域，其中综合保税区已达 156 个，占 93.4%，覆盖了 31 个省区市。在新时期，综合保税区的发展主要呈现出三个方面的特点：一是区域规模不断扩大。2022 年，特殊区域进出口总值比 2012 年翻了一番，对外贸易占比由 2012 年的 15.7%提高到现在的 20%。二是产业结构不断优化。保税研发、保税维修、“保税+”等行业持续发展，融资租赁、跨境电商等新兴业态蓬勃发展，呈现出多元化的发展态势。其中，2022 年保税维修进出口总值达到 1 984 亿元，同比增长 32.7%。三是区域发展更加协调。特殊区域以龙头企业为核心，带动上下游企业集聚发展态势明显。其中，四川、重庆、河南、陕西等省（市）特殊区域进出口总值占当地外贸进出口总值的比重超过 50%甚至 60%。东部地区的特殊区域发展优于中西部地区，部分省份设立了多个特殊区域，也存在着发展参差不齐的问题。在发展过程中还有不充分的问题，部分特殊区域产业单一，同质化现象比较突出，产业配套不够完善，竞争优势还不明显。针对这些问题，海关着重从以下三个方面开展工作：一是积极服务国内国际双循环。加快出台新时期推动综合保税区高质量发展的改革措施，主动融入国内统一大市场，促进内外贸一体化发展。二是积极支持特殊区域转型升级。大力支持“保税+”业态的创新发展，促进保税研发等产业集聚，助力关键核心技术攻关，服务于科技自立自强。三是积极推动智慧综保区的建设。以深化综保区综合改革为切入点，创新海关监管模式，加强科技赋能，不断优化营商环境，提升企业获得感。

第一节　自贸区（港）制度与加工贸易监管

一、自贸区（港）制度

（一）自由贸易试验区

自由贸易区概念分为两种，一种是广义的自贸区，指两个或两个以上国家或地区通过签署协定，分阶段取消绝大部分货物的关税和非关税壁垒，改善服务业市场准入条件，实现商品、服务和资本、技术、人员等生产要素的自由流动，简称FTA，即free trade agreement。截至2022年底，我国已与26个国家和地区签署了19个自贸协定，自贸伙伴覆盖亚洲、大洋洲、拉丁美洲、欧洲和非洲。我国与自贸伙伴的贸易额占外贸总额的35%左右。今后我国将积极推进加入《全面与进步跨太平洋伙伴关系协定》（CPTPP）进程，与协定成员国开展磋商，保持密切沟通；全面推进加入《数字经济伙伴关系协定》（DEPA）谈判，力争尽早正式加入；继续推进与海合会、厄瓜多尔、尼加拉瓜、以色列、挪威及中日韩等自贸协定谈判和中国-东盟自贸区3.0版等升级进程，与更多有意愿的贸易伙伴商签自贸协定，共同推动区域经济一体化和贸易投资自由化便利化的发展。另一种是划定一片国土区域或港口空间区域，也就是我国的自贸试验区。1973年海关合作理事会签订的《京都公约》将其定义如下："指一国的一部分领土，在这部分领土内运入的任何货物就进口关税及其他各税而言，被认为在关境以外，并免于实施惯常的海关监管制度。"上海、广东、天津、福建自贸试验区，是狭义的自贸试验区，是在一个国家领土里面划出一小块地，给予税收优惠及特殊监管通关便利，相当于我们的海关特殊监管区域的扩展版。目前，中国有21个自由贸易试验区，包括海南自贸港，其特点是构建相对独立的、以自由贸易化为主的海关特殊监管区域和扩大服务领域为主的服务贸易区域的结合，特别是实施准入前国民待遇和负面清单模式。

中国（上海）自由贸易试验区于2013年8月22日经国务院正式批准设立，于9月29日上午10时正式挂牌。2014年12月，上海自贸试验区由原先的28.78平方公里扩至120.72平方公里。2014年至2021年，广东、天津、福建、辽宁、浙江、河南、湖北、重庆、四川、陕西、海南、山东、江苏、湖北、云南、广西、黑龙江、北京、湖南、安徽等省份设立自贸试验区。

国务院公布的要求自贸试验区复制推广创新制度主要包括以下项目：

1. 先进区、后报关。"先进区、后报关"指在试验区境外入区环节，允许经海关注册登记的试验区内企业凭进境货物的舱单等信息先向海关简要申报，并办理口岸提货和货物进区手续，再在规定时限内向海关办理进境货物正式申报手续，海关依托中国（上海）自由贸易试验区海关监管信息化系统，通过风险分析进行有效监管的一种作业模式。主要解决快速入区、企业报关提货期间滞港成本较高以及准确申报的问题。

2. 批次进出、集中申报。允许企业货物分批次进出，在规定期限内集中报关。目前业务主要集中在国内进出自由贸易试验区，主要解决审核时间长、通关效率低和通关成本高的问题。

3. 区内自行运输。区内自行运输指经海关注册登记的试验区内企业，可以使用经海关备案的车辆，在试验区内自行运输货物的作业模式。在自贸试验区监管区内的运输应视为区内运输，即自行运输，主要解决原有转关运输方式下手续烦琐和物流成本高的问题。

4. 简化通关作业随附单证。对进出境备案清单以及国内进出自由贸易试验区的不涉税的进出口报关单取消随附单证的要求，主要解决企业报关手续烦琐、纸质报关随附单证较多、海关通关作业自动化率较低的问题。

5. 统一备案清单。贯彻海关机构融合精神，将原检验检疫申报要素融入海关进出境备案清单中，形成全新的海关进出境备案清单。根据《关于修改进出口货物报关单和进出境货物备案清单格式的公告》（海关总署公告 2018 年第 61 号）规定，对相关单证格式进行修改，在 10 位 HS 编码后增加 3 位 CIQ 编号，对相关申报项目要素进行调整。

6. 加工贸易工单式核销。工单式核销指海关与实行 ERP 系统管理的生产制造企业进行联网，通过实时采集企业每次实际投料的作业工单数据和企业进出库的申报数据，对企业生产进行定量、动态监管，实现海关法定库存数据与企业实际库存数据自动比对的一种核销方式。工单式核销是在单耗核销为基础的方式上增加的一种方式，主要解决大型装配类企业料件、成品的规格比较多，单耗变化比较大，企业来不及实时地到海关变更手续，直接造成在核销时差异大、核销难以确认的问题。

7. 保税物流联网监管。对使用仓储管理系统（WMS）的企业，实施“系统联网+库位管理+实时核注”的管理模式，主要解决海关系统与企业仓库管理系统不联网而导致的一系列问题。

8. 保税展示交易。保税展示交易指经海关注册登记的试验区内企业在区内或者区外开展保税展示交易的经营活动。允许企业在试验区物理围网以外的场所进行保税展示交易，企业可按照经营需要进行物流配送，已销售货物在规定时限内进行集中申报并完税，帮助企业降低物流成本和终端售价，加快物流运转速度。

9. 智能化卡口验放管理。升级改造卡口设施，简化卡口操作环节，实现自动比对、自动判别、自动验放，缩短车辆过卡时间。

10. 集中汇总纳税。在有效担保的前提下，允许企业在规定的纳税周期内，对已放行货物向海关自主集中缴付税款，主要解决传统模式下企业逐票缴税、海关逐票审核带来的流程重复、速度较慢、效率偏低等问题。

11. 内销选择性征税。对区内企业生产、加工并经“二线”销往国内市场的货物，企业可根据其对应进口料件或实际报验状态，选择缴纳进口关税。解决了传统模式下企业只能以实际状态征税造成的企业税负压力大，特殊监管区域优势不明显的问题。

12. 境内外维修。允许区内企业开展高技术、高附加值、无污染的境内外维修业务，海关参照保税加工监管模式实施管理。解决原有模式下仅能进行“两头在外”维修业务的局限性，以及业务模式中维修业务规范不明确的问题。

13. 融资租赁。允许企业在区内开展此项业务，分期缴纳租金，对融资租赁货物按照海关审查确定的租金分期征收关税和增值税。

14. 期货保税交割。以试验区内处于保税监管状态的货物作为交割标的物的一种销售方式。

15. 一次备案，多次使用。试验区内企业在账册备案环节通过中国（上海）自由贸易试验区海关监管信息化系统向试验区主管海关一次性备案企业、进出货物等信息，经主管海关核准后，可以在试验区各项海关业务中多次、重复使用的海关监管模式。

16. 经认证的经营者国际互认工作。经认证的经营者是世界海关组织为了落实《全球贸易安全与便利标准框架》，构建海关与商界之间的伙伴关系，实现贸易安全与便利目标而引入的一项制度。经认证的经营者互认制度指一国（地区）海关通过对另一国（地区）企业的守法程度、信用状况和安全水平较高的认可，从而使其在本国通关过程中享受与本国经认证的经营者同样的通关便利和优惠措施的制度。

17. 引入中介机构制度。引入社会中介机构辅助开展试验区保税监管和企业稽查工作，指具备相关资质的中介机构接受试验区内企业或海关委托，在企业开展自律管理和认证申请，以及海关实施保税监管和企业稽查等过程中，通过审计、评估、鉴定、认证等活动，提供相关辅助依据的工作。

18. 企业信用信息公开机制。上海海关采取主动公开和依申请公开形式，向社会公众及信息主体公开经海关注册登记的试验区内企业注册登记信息等与企业信用相关的基础信息、信用分类等级等，并为区内企业开具企业信用状况证明。

19. 企业协调员制度试点。试点企业指定负责企业海关事务的高层管理人员作为联系人，归口负责与企业协调员的日常联系，沟通协调与海关的合作事宜。试验区主管海关指定专人担任企业协调员，定期组织面向试点企业的各类政策法规和业务宣讲活动。试点企业和试验区主管海关通过协调员平台协调解决疑难问题。

20. 大宗商品现货交易。大宗商品现货交易指以试验区内大宗商品现货市场为交易平台，以试验区范围内特殊监管区域或保税仓库中处于保税监管状态的大宗基本工业原料、农产品和能源产品等为交易对象，按照市场现价进行交易的一种交易方式。

21. 委内加工。委内加工指海关特殊监管区域内企业接受境内海关特殊监管区域外企业委托，对区外企业提供的入区货物进行加工并收取加工费，加工后的产品全部运往境内区外的业务模式。

22. 货物状态分类监管。海关根据试验区内货物状态的内涵、分类及相应监管模式，设定三类不同状态货物：一是保税货物，即处在未完税之前状态的货物，主要指区内保税仓储、保税加工等货物，未离境的入区退税货物也属于保税货物；二是口岸货物，即通过自贸试验区口岸进出口或国际中转，不在区内停留或短暂在港区仓库内停留的货物；三是国内货物，即与保税货物密切关联的，从境内区外入区内进行仓储、加工，最终返回境内区外的货物，以及从进境或进口报关完税后超过海关规定的期限后仍存储在区内的货物。

23. 单一窗口。单一窗口是投资者通过单一窗口网上平台一次性报送相关注册登记的申请信息，各政府部门（包括工商、税务、质监、商务委、海关等）受理并办理投资者所申请的相关注册登记，办事结果将通过平台统一反馈至投资者的企业注册模式。

24. 出境加工。出境加工指中国境内符合条件的企业将自有的原辅料、零部件、元器件或半成品等货物委托境外企业制造或加工后，在规定的期限内复运进境并支付加工费和境外料件费等相关费用的经营活动。即订单销售“两头在内”，生产环节“中间在外”。

25. “四自一简”。“四自一简”制度指在引导企业自律和加强事中事后监管的基础上，允许区内企业自主备案、自定核销周期、自主核报、自主补缴税款，海关简化业务核准手续。

26. 先出区、后报关。对海关特殊监管区域及保税物流中心（B 型）采用区域通关一体化方式申报出境的货物，允许出境货物经主管海关核准后，依托信息化辅助管理系统核放单证先出区，在抵达出境口岸海关监管场所后向主管海关申报，通过风险分析进行有效监管。

（二）海南自由贸易港

2018 年 4 月 13 日，习近平总书记在庆祝海南建省办经济特区 30 周年大会上郑重宣布，党中央决定支持海南全岛建设自由贸易试验区，支持海南逐步探索、稳步推进中国特色自由贸易港建设，分步骤、分阶段地建立自由贸易港政策和制度体系。海南自由贸易港的实施范围为海南岛全岛，到 2025 年将初步建立以贸易自由便利和投资自由便利为重点的自由贸易港政策制度体系，到 2035 年成为中国开放型经济新高地，到 21 世纪中叶全面建成具有较强国际影响力的高水平自由贸易港。海南岛实行全岛封关运作、简并税制后，对于境外一线进口免征关税；海南岛二线进入内地对鼓励产业企业含进口料件在海南自由贸易港加工增值超过 30% 的货物，免征进口关税。海南自由贸易港对在中国洋浦港登记并从事国际运输的境内建造船舶给予出口退税，这一制度是海南自由贸易港国际船舶登记制度的有力补充，将吸引更多的中资国际航行船舶在中国洋浦港船籍港登记，将洋浦港打造成为西部陆海新通道的区域国际集装箱枢纽港。对符合条件并经洋浦港中转离境的集装箱货物，试行起运港退税政策。实施起运港退税，有利于缩短企业退税周期，提高企业资金周转率，降低企业资金占用成本。对以洋浦港作为中转港从事内外贸同船运输的境内船舶，允许其加注本航次所需的保税油，将吸引境内船舶开辟更多以洋浦港为中转港的航线，降低进出岛运输成本，提升洋浦港区域国际集装箱枢纽港的地位。截至2023年春，海关正紧锣密鼓会同有关方面，加快推进重要边境口岸的扩能建设项目，进一步提升边境口岸通关能力，指导海南省落实自由贸易港口岸布局方案，加快自贸港口岸建设，为下一步如期封关运行提供口岸设施保障。

为支持海南自由贸易港建设，进一步提升离岛旅客购物体验，海关总署、财政部、税务总局发布公告通知自2023年4月1日起，增加海南离岛旅客免税购物提货方式：离岛旅客凭有效身份证件或旅行证件和离岛信息在海南离岛免税商店（不含网上销售窗口）购买免税品时，除在机场、火车站、码头指定区域提货以及可选择邮寄送达或岛内居民返岛提取方式外。

离岛旅客每次离岛前购买单价超过5万元（含）的免税品，可选择“担保即提”方式提货，离岛旅客除支付购物货款外，在向海关提交相当于进境物品进口税的担保后可现场提货。此方式下所购免税品不得在岛内使用。旅客离岛时需要对所购商品退还担保的，应当由本人主动向海关申请验核尚未启用或消费的免税品，并提交免税品购物凭证和本人有效身份证件或旅行证件。经海关验核，对旅客交验的免税品与购物信息相符的，海关在购物凭证上确认签章。经海关实物验核通过且购物旅客本人已实际离岛的，海关退还担保。对于购物旅客本人自购物之日起超过30天未离岛、未主动向海关申请验核免税品或未通过验核的，相关担保直接转为税款。离岛旅客每次离岛前购买《关于海南离岛旅客免税购物政策的公告》附件清单所列免税品时，对于单价不超过2万元（不含）的免税品，可以按照每人每类免税品限购数量的要求，选择“即购即提”方式提货。离岛旅客支付货款后可现场提货，离岛环节海关不验核实物。

二、加工贸易监管

当前，海关对加工贸易监管主要为电子账册模式。

（一）深加工结转

深加工结转指加工贸易企业将保税进口料件加工的产品转至另一加工贸易企业进一步加工后复出口的经营活动，业务流程如图6-1所示。

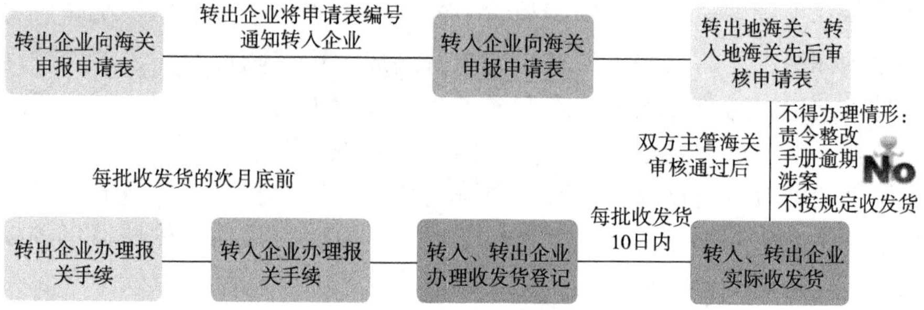

图 6-1　深加工结转业务流程

（二）外发加工

外发加工指经营企业委托承揽者对加工贸易货物进行加工，在规定期限内将加工后的产品复出口的行为，相关业务流程如图 6-2 所示。

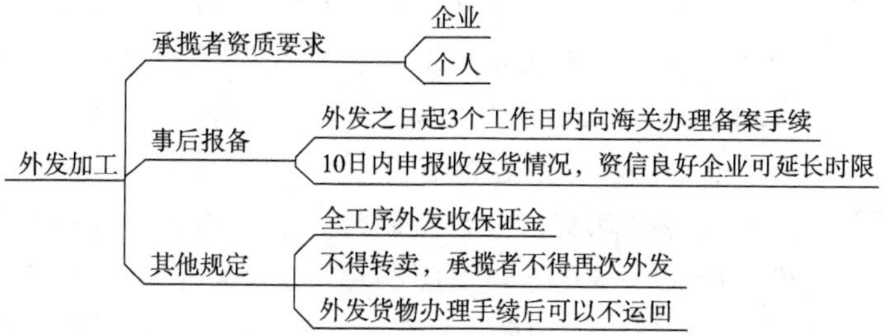

图 6-2　外发加工业务流程

（三）料件串换管理

料件串换指经海关核准，经营企业可以在保税料件之间、保税料件与非保税料件之间进行串换，工作内容如图 6-3 所示。

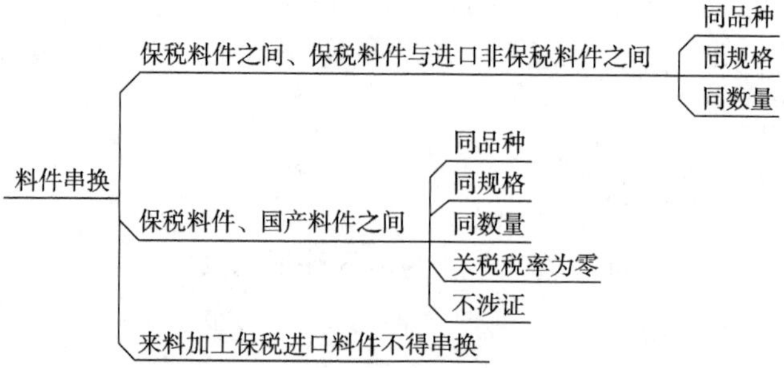

图 6-3　料件串换管理内容

（四）剩余料件结转

剩余料件结转，指加工贸易企业经海关核准将从事加工复出口业务过程中剩余的，可以继续用于加工制成品的加工贸易进口料件转到企业另一个加工贸易合同继续使用的行为，工作内容如图 6-4 所示。

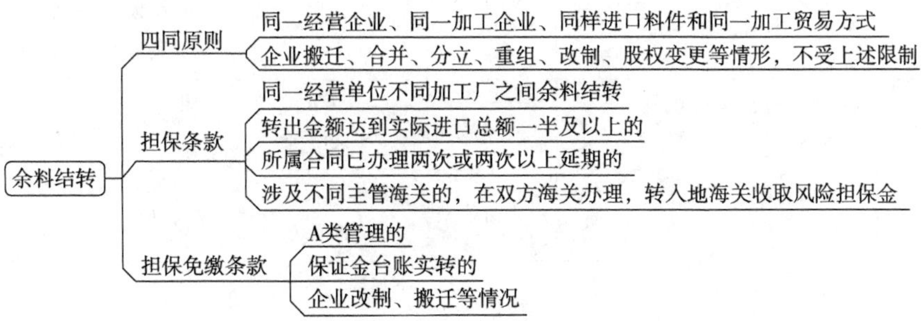
余料结转
四同原则
同一经营企业、同一加工企业、同样进口料件和同一加工贸易方式
企业搬迁、合并、分立、重组、改制、股权变更等情形，不受上述限制
担保条款
同一经营单位不同加工厂之间余料结转
转出金额达到实际进口总额一半及以上的
所属合同已办理两次或两次以上延期的
涉及不同主管海关的，在双方海关办理，转入地海关收取风险担保金
担保免缴条款
A类管理的
保证金台账实转的
企业改制、搬迁等情况

图 6-4　剩余料件结转工作内容

（五）销毁货物管理

加工贸易货物销毁处置，指加工贸易企业对因故无法内销或者退运的边角料、剩余料件、残次品、副产品和受灾保税货物，向海关申报，委托具有法定资质的单位，采取焚烧、填埋或用其他无害方式，改变货物物理、化学和生物等特性的处置活动。销毁货物时，企业需委托具有法定资质的单位进行销毁处置；销毁货物有残值的，需按照边角料管理规定办理内销征税手续。

（六）保税货物退换管理

料件退换是经营企业进口料件由于质量存在瑕疵、规格型号与合同不符等原因，需要返还原供货商进行退换，以及由于加工贸易出口产品售后服务需要而出口未加工保税料件，可以直接向口岸海关办理报关手续。已经加工的保税进口料件不得进行退换。

成品退换是加工贸易出口成品因品质、规格或其他原因退运进境，经加工、维修或者更换同类商品复出口时，允许企业凭成品退换合同在同一手册或电子账册项下按“成品退换”方式进行管理。同一手册的成品退换申报的进出口监管方式应当对应，数量、金额应当一致。已经核销的出口成品，不得按照“成品退换”方式进行申报。

（七）内销征税管理

加工贸易货物内销指经营企业申请将加工贸易剩余料件或加工过程中的成品、半成品、残次品、边角料、副产品及受灾保税货物转为国内销售，不再加工复出口的行为。

针对不同状态的保税货物，内销征税有不同的归类审价及其他监管规定。相关信息如表 6-1 所示。

表 6-1　内销征税信息系统相关规定

类别		归类	审价	缴税利息	特别关税	许可证件
料件	占进口总额 3%且总值 1 万元及以下	原进口状态	进料原进口来源相同类似	征	征	免
	占进口总额 3%或总值 1 万元及以上	原进口状态	进料原进口来源相同类似	征	征	应征
制成品	折料占进口总额 3%且总值 1 万元及以下	折料	进料原进口来源相同类似	征	征	免
	折料占进口总额 3%或总值 1 万元及以上	折料	进料原进口来源相同类似	征	征	应征
残次品	折料占进口总额 3%且总值 1 万元及以下	折料	进料原进口来源相同类似	征	征	免
	折料占进口总额 3%或总值 1 万元及以上	折料	进料原进口来源相同类似	征	征	应征
副产品边角料	因不可抗力完全失去使用价值且无法再用	免	免	免	免	免
	因不可抗力失去原使用价值，但可再利用	原进口状态	报检状态	征	免	免
	非不可抗力	原进口状态	进料原进口来源相同类似	征	征	应征

（八）企业报核

经营企业在规定的期限内将进口料件加工复出口，并自加工贸易手册项下最后一批成品出口或者加工贸易手册到期之日起 30 日内向海关报核。经营企业对外签订的合同因故提前终止的，应当自合同终止之日起 30 日内向海关报核。

（九）核销

核销指加工贸易经营企业加工复出口或者办理内销等海关手续后，凭规定单证向海关报核，海关进行核查以后办理解除监管手续的行为。海关自受理报核之日起 30 日内予以核销。特殊情况需要延长的，经直属海关关长或者其授权的隶属海关关长批准可以延长 30 日。对经核销结案的加工贸易手册，海关向经营企业签发核销结案通知书。

第二节　海关综合保税区与保税物流中心

一、海关特殊监管区域概况

海关特殊监管区域（以下简称“特殊区域”）是经国务院批准，设立在中华人民共和国关境内，赋予承接国际产业转移、连接国内国际两个市场的特殊功能和政策，由海关为主实施封闭监管的特定经济功能区域。特殊区域现有六种模式：保税区、出口加工区、保税物流园区、跨境工业区（包括珠海跨境工业园区和霍尔果斯边境合作区）、保税港区、综合保税区。特殊区域的设立需经国家相关职能部门的联合审批，采取封闭围网管理，区域内基础和监管设施验收有严格的标准；具有进出境和进出特殊区域其他区域的通关特征；具备保税等功能。中国现有 165 个特殊监管区域（现统称综合保税区）和 90 个保税物流中心。综合保税区是我国目前开放层次最高、政策最优惠、功能最齐全的海关特殊监管区域，集保税区、出口加工区、保税物流园区、保税港区的功能于一身，区内可以进行研发、加工、制造、再制造、检测、维修、仓储、物流等业务。

国际上，海关特殊监管区域大多泛指一些国家政府划定的、有别于本国关境内一般地区并实行特殊政策、由海关采取特别监管措施的区域。它在不同的国家有不同的名称和形态，如自由港、自由贸易区、保税区、出口加工区、科学工业园区、跨境作业区等。1990 年设立的上海外高桥保税区是中国首个海关特殊监管区域。30 多年来，特殊监管区域发展快速、经济效益突出，但法律和监管制度弊端也日益显现，并在一定程度上影响和制约了海关特殊监管区域的深入发展。

发展中国家为发展经济，推动出口，开始在港口和交通发达地区开辟各种类型的自由贸易区，使世界自由贸易区呈现蓬勃发展的势头。自由贸易区涵盖贸易、制造、物流、研发、展示等诸多功能，可分为自由港区域的自由贸易港区、工贸结合的自由贸易区、侧重贸易的自由贸易区、侧重工业的出口加工区、侧重物流的保税仓库区等。国际上规范的自由贸易区通过放松管制，实现了加快货物进出、人员往来、资金流动、信息传递，表现出三大自由：一是货物进出自由，不存在关税壁垒和非关税壁垒，凡合乎国际惯例的货物进出均畅通无阻，没有任何国界限制；二是投资自由，投资没有因国别差异带来的行业限制与经营方式限制，包括投资自由、雇工自由、经营自由、经营人员出入境自由等；三是金融自由，外汇自由兑换，资金出入与转移自由，资金经营自由，没有国民待遇与非国民待遇之分。主要特点为：

（一）功能综合

国际上自由贸易区的基本功能是进出口贸易、转口贸易、仓储、商业或工业性简单加工、商品展示及金融、货运等服务贸易。在区域数量增加的同时，各国、各地区在发展自己的海关特殊监管区时更加注重功能的拓展和相互间的融合。自20世纪70年代起，以转口贸易和进出口贸易为主的自由贸易区和出口加工区开始转化或相互融合，功能逐渐趋向综合化，加工、物流一般是主业，同时金融、保险、商贸、中介等第三产业和服务贸易发展成效显著。如德国汉堡自由贸易区、爱尔兰香农自由贸易区、韩国马山出口加工区等。

（二）法制完备

为实现自由贸易区在吸引投资、引进技术、服务本国经济等方面的作用，一国或地区总是在区内实行一定的特殊经济政策。但政策相对法律而言，具有应急、灵活有余而严谨、稳定不足的特点，故世界上大多数自由贸易区，一般都采取将所实行的经济政策以法律形式固定下来，且立法级别通常为中央层面。如美国对外贸易区、巴西马瑙斯自由贸易区、马来西亚自由工业区等。除国家立法外，所在地方政府还制定了相应的条例规章，规范自由贸易区的各种活动，使管理者和投资者有法可依。正是由于相对完备、有效的法制环境，遵循信赖、简化和服务的原则，自由贸易区才体现了最大限度的自由和便捷。

（三）管理高效

世界各国的自由贸易区，多数由中央政府设立专门的机构对其进行宏观管理，对所设区域内的一切机构与事务进行监管，自行制定法规与条例，独立行政而不受其他职能部门干预等。如美国的对外贸易区委员会、欧盟的欧盟理事会、墨西哥的部际委员会、巴拿马的自由贸易区管理委员会等最具有典型意义。自由贸易区区内实行统一管理，一般都坚持层次少和权力集中的原则，根据法律授权实行机构一体化、管理一体化、服务一条龙。

（四）政策优惠

目前，世界各国或地区针对自由贸易区实行的经济政策，虽因经济发展水平、政治制度不同而有所差异，但比国内其他经济地区享有更多的优惠待遇是一个共同点。自由贸易区作为“境内关外”，为鼓励外商前来投资，要求进出境关税豁免，境外进出特殊监管区的货物，包括转运、储存，均无需交纳关税，且一般不受时间数量限制，区内货物运往境内其他区域，须征收关税，征收对象一般是根据出区货物所含进口部分的原材料或零部件。智利的伊基克自由贸易区，除了免收关税外，还免公司所得税和增值税，货物（包括生活资料）免除一切地方税，进口货物仅征货价3%的货物税。巴拿马科隆自由贸易区，客户每年需交主要税种是公司所得税，税率为2.5%~8.5%，而其他地区则为32%，地方税收仅交车辆牌照税，其余全部免税。

（五）通关便捷

海关机构大都比较精简，管理便捷，监管手续简化，一概免除繁杂的常规手续，对区内企业和货物实行“一线放开，二线管住，区内自由”和“管住卡口，管出不管进”。“一线放开”，即境外货物进出自由贸易区不需向海关呈验，也不需正式报关。“二线管住”，即海关依法管住管严自由贸易区与国内非自由贸易区的通道，以保护国家的关税收入。“区内自由”，即区内货物可以进行任何形式的储存、展览、组装、制造和加工，自由流动和买卖，无需经过海关批准，只需备案，因此自由贸易区通关速度快，货物集散快，物流量大。如美国自由贸易区只有少数几个海关专管人员，有权对货物抽查，但须向管理机构出示证件才准予入区。汉堡自由港对区内的非监管货物，只要能提供有关单证证明的，视同在欧盟境内另一口岸已办结手续，海关也可予以通行。

一般认为，以保税区为开端的中国海关特殊监管区域，是改革开放以来批准的第一批国际贸易和加工制造功能区，是借鉴美国、韩国等地已经较为成功成熟的国际自由贸易区设立的，也是中国进一步推进改革开放的产物。中国各特殊监管区域发展方向不同，政策、进度不一，海关对这些区域的监管在模式上也各有特点。天津滨海新区海关特殊监管区域种类齐全，各有侧重，发展态势良好，在全国特殊监管区域中具有代表性。以天津保税区海关下辖的保税区、保税物流园区及综合保税区为例，空客A320飞机由此起飞，欧亚大陆桥从这里起航，第三方物流、国际分拨配送、高新技术产业发展迅猛，货运量、报关单量、海关税收连年增长，区域发展势头迅猛。业务发展呈现保税物流增长快于保税加工、中西部地区增长快于东部沿海地区、重点区域辐射带动作用显著等特点。

1997年6月，国务院批准了《保税区海关监管办法》，规定保税区是海关监管的特定区域，海关依法对进出保税区的货物、运输工具、个人携带物品实施监管。在这一办法中，对进区备案、进口进区货物免证免税、简单加工、加工贸易内销按料件征税等都进行了原则性规定。2007年8月29日，《中华人民共和国海关保税港区管理暂行办法》实行。各地海关在实践中进行摸索，以原有口岸监管模式为蓝本，参照区外监管规定，在普遍性基础上结合各地区实际情况，制定了一些细化办法，初步解决了执法被动、缺乏依据等问题。以天津保税区为例，辖区包括了保税区、物流园区、保税区（空港）、综合保税区及空港经济区，目前共制定制度规范432项，基本覆盖了区域主要业务，同时先后于1997年、2002年、2006年和2011年开发推广更新升级管理信息系统，对区域进行电子化监管，同时实行24小时预约通关和卡口全天通行制度，这些措施对促进区域经济发展起到了明显促进作用，受到区内企业和地方政府的欢迎。

作为推动外贸发展力量之一的海关特殊监管区域，政策、法规和管理制度都要不断优化，形成促外贸发展的良好导向。建立海关特殊监管区域监管新模式应该把握以下原则：一是以企业管理为核心，贯彻“由企及物”理念，按照“守法便利”原则，通过前期审核、验厂，中期核查、盘库，后期稽查管住区内企业，进而管住保税货物。二是以信息化为依托。没有区域信息化平台，不关联各业务环节之间的信息，风险式管理就无从谈起。区域信息化系统应覆盖通关、仓库管理、卡口等环节，并与视频监控系统有效结合。三是以风险式管理为基础，将风险式管理理念贯穿于整个监管链条，改变“纺锤型”的精力集中于通关环节的做法，加强事前分析和事后稽查，建成“哑铃型”监管方式。突出区域特点，建立区域内企业、货物的风险参数库，指导各环节监管，并根据反馈修正风险参数，形成监管闭环。四是以实际监管到位为目的。海关的职责是把关，监管必须实际到位，只有这样特殊监管区域才有继续存在和发展的可能。五是以服务区域发展为追求。特殊监管区域是国家改革开放的重要功能区，承担着连接国内、国外两个市场的任务，海关作为监管部门，应与地方政府一同积极创建良好的投资经营环境，将特殊监管区域建成辐射和拉动地区经济发展的“桥头堡”。

二、海关特殊监管区域发展的局限性

目前，特殊监管区域的“一区一法”的状态，既没有一个统一的法规，又缺乏配套规定，无法适应中国当前经济发展的现状；虽然特殊监管区域与区外加工贸易具有基本一致的特征并且存在紧密联系，但目前区外海关立法中（包括加工贸易、通关监管、企业管理等方面），基本都将特殊监管区域排除在外，不仅造成海关立法资源的浪费，更给基层海关的执法活动带来了困惑和风险。因此，从海关自身出发，以法规的形式明确所有特殊监管区域的管理制度，优化统一设置相应的准入条件、审批标准、验收规范、考评体系和退出机制，对海关普遍适用的业务规程和操作规程应尽可能扩大或涵盖到特殊监管区域的相应业务。

长期以来，中国特殊监管区域存在分布极不均衡的问题，80%集中在东部沿海地区，各地政府申请设立特殊监管区域的热情始终不减。一是中央政府应根据国家发展战略和区域产业结构、经济发展水平、交通运输条件等条件和实际发展需要，科学制定全国特殊监管区域发展规划，并依据规划进行布点和审批；各地政府应从本地的客观实际出发，认真分析本地区经济基础、产业结构、开放程度、交通条件及设立特殊监管区域投入产出综合效益和辐射带动作用等方面的基本情况和比较优势，做到充分论证，合理布局，据实申办，科学发展。二是新设的特殊监管区域要重点加大开发建设和招商引资的力度，保障土地、资金、项目的落实，提高特殊监管区域“造血功能”，提升特殊监管区域对本地区的推动促进作用，重点支持物流配送、商贸交易、服务外包等现代服务业的发展。

海关作为建设和发展特殊监管区域的主要部门之一，应当进一步对现有的海关监管体系进行改革、完善，以促进特殊监管区域成为推动外贸发展中的重要力量，实现中国经济的平稳较快发展。海关特殊监管区域新承担的任务是：实现转型升级，推动梯度转移，承接加工贸易向区内集中。全国海关要引导加工贸易产业链向高端延伸，促进国际服务外包和检测维修业务健康有序地发展。

三、保税物流中心的设立

由于我国保税区在发展过程中出现了一系列问题，国务院停止批复新的保税区，出口加工区的单一功能已经不适应当前经济发展环境，还需不断进行整合，拟统一受理审批综合保税区。且保税物流园区虽然政策优势十分明显，但它只能依托保税区而设立保税区，出口加工区和物流园区都必须经过国务院有关部门对有关设施、场所验收合格后才可以开展有关业务，各项要求均非常严格。而保税物流中心是以海关总署为主导，会同国务院有关部门验收即可开通，公铁物流园已经具备了仓储群等硬件、围网监管等地区口岸海关层面验收以及相关一系列保税物流中心申报所必需的基础条件。且保税物流中心可以适时升级为最具功能优势和自由贸易政策的海关综合保税区等区域（宜宾等地已经顺利实现这一发展升级）。所以，笔者认为，与保税区、出口加工区、保税物流园区等相比，我国部分区域设立保税物流中心非常迫切，开通运营后十分有利于推动区域外向型经济的持续健康快速发展。

保税物流中心是在海关监管下设立，且由物流企业经营保税货物仓储、转运、简单加工（更换包装或其他不改变货物性质的处理）、配送、检测维修和报关，并为用户提供辐射国内外的多功能、一体化的综合性服务的保税监管场所。海关对保税物流中心按照保税区监管模式，实施区域化和网络化的封闭管理。根据经营方式的不同，保税物流中心分为 A 型保税物流中心和 B 型保税物流中心两种。A 型保税物流中心是以一个物流公司为主，满足跨国公司集团内部物流需要开展保税货物仓储、简单加工、配送的海关监管场所。B 型保税物流中心是由多家保税物流企业在空间上集中布局的具有一定规模和综合服务功能，并联结国内、国外两个市场的公共型物流集合区域，在这一区域内，可以有多家保税物流企业，开展保税仓储、物流配送、进出口贸易业务。鉴于 A 型保税物流中心功能较为单一，无法满足目前部分区域国际化城市建设以及外向型经济发展对物流产业提出的新要求，本部分主要探讨设立B型保税物流中心（以下简称“保税物流中心”）的必要性和可行性。

保税物流中心是一个以国际中转、国际采购、国际配送、国际转口贸易为中心的运作平台。它是海关全封闭监管的特殊区域，从实际意义上讲它就是一个小型的自由贸易区。保税物流中心的功能涵盖海关直通监管点、公共保税仓库、出口监管仓库等进出口保税的各个方面：一是保税仓储功能。可保税存储各种贸易方式的进口货物和已申报出口的货物，保税物流中心内货物可以与其他海关监管区域、场所之间进行自由转移和跨关区报关提取等。二是国际物流配送供应链功能。货物可自由配送给境内、外企业，也可与国内其他海关监管特定区域之间进行结转。三是简单加工和增值服务。可从事不改变货物化学性和不超过海关规定增值率的简单加工，即流通性加工增值。四是进出口贸易和转口贸易功能。保税物流中心内企业可与境外开展进出口贸易和转口贸易。五是类似口岸功能。实现内陆地区保税物流中心与港口的联动，企业直接在保税物流中心海关报关，境内货物进入保税物流中心视同出口，可享受出口退税政策，并在进入物流中心环节退税。

保税物流中心的优惠政策体现在三个方面：首先，在海关监管方面：一是保税物流中心与境外之间进出的货物，除实行出口被动配额管理外，不实行进出口配额、许可证管理。二是保税物流中心内的仓储物流企业，开展进出口货物的分拨配送业务，经海关核准，可实行“凭担保分批出保税物流中心、集中报关”。三是保税物流中心内可进行分级、挑选、刷贴标志、改换包装形式等简单加工。其次，在税收管理方面：一是保税物流中心比照出口加工区的相关政策，区外企业运入保税物流中心的货物视同出口，可办理退税。二是保税物流中心内企业在区内加工的货物，凡属于货物直接出口和销售给区内企业的，免征增值税、消费税。最后，在外汇管理方面：一是保税物流中心内的货物分拨企业，在自有外汇不足以对外付汇的情况下，允许货物分拨企业购汇解决。二是实行保税物流中心内企业非贸易购汇试点，对货物流与资金流不一致的付汇，允许保税物流中心外的企业凭相关证件向境外企业购付汇。

保税物流中心是一笔丰富资源。它必将促进工业生产分工细化，加速物流社会化和专业化，对招商引资、经济发展、加工贸易的发展产生积极影响，并进一步促进经济产业结构的调整和优化，提升第三产业的比重，促进外贸出口和增长。保税物流中心坚持优化运营方式，满足跨国公司“大进大出、快进快出”的物流通关要求，为供应链企业提供综合物流服务，必将改善物流环境，降低物流成本，增强出口竞争力，优化投资环境，带动与经济相适应的保税物流业的发展。随着经济的发展，过去主要依靠减免税等优惠政策吸引外资的做法已不能完全适应投资者的需求。产业聚集、区域聚集等效应和物流环境，包括物流基础设施、物流管理政策和制度以及物流服务质量和水平等，已成为投资者评价一个地区投资环境的重要内容。而保税物流中心以两仓基本功能为基础，打破两仓界限，糅合、集成、拓展两仓功能，并根据现代物流的发展需要赋予若干新功能，在进出口物流中发挥着“采购中心、配送中心、分销中心”的作用。保税物流中心企业的人流、物流、商流、资金流、信息流将会融入整个区域经济大潮，为城市的第三产业提供无限商机。如果按照每一个产业工人带动两到三个为之配套服务的人员计算，保税物流中心进驻的企业越多，就为整个城市创造更多的就业岗位。保税物流中心实现“一次申报、一次查验、一次放行”的快速通关，充分运用信息技术和现代科技手段，能够实现区域化监管、网络化管理、电子化通关、科学化监控。企业在保税物流中心内进行分类、分拣、分装等简单加工业务，即可使产品得到增值、获取收益。

四、保税物流中心申报步骤

根据2015年海关总署令第130号、2015年海关总署令第227号公布的《海关总署关于修改部分规章的决定》、2017年海关总署令第235号公布的《海关总署关于修改部分规章的决定》、2018年海关总署第240号令《海关总署关于修改部分规章的决定》等一系列要求，我国定位于为适应现代国际物流业的发展，规范海关对保税物流中心（B型）及其进出货物的管理和保税仓储物流企业的经营行为，根据《海关法》和国家有关法律、行政法规，制定了保税物流中心管理办法。经过历次修改，更进一步明确了保税物流中心（B型）是指经海关批准，由中国境内一家企业法人经营，多家企业进入并从事保税仓储物流业务的保税监管场所。经海关批准可以存入的货物包括国内出口货物，转口货物和国际中转货物，外商暂存货物，加工贸易进出口货物，供应国际航行船舶和航空器的物料、维修用零部件，供维修外国产品所进口寄售的零配件，未办结海关手续的一般贸易进口货物，经海关批准的其他未办结海关手续的货物，等等。

海关总署公告2018年第52号《关于海关特殊监管区域和保税物流中心（B型）保税货物流转管理的公告》促进了保税货物流转管理手续简化和效率提升，根据《海关法》和有关法律、行政法规，优化管理和服务，进一步提升信息化管理水平，推广特殊监管区域管理系统、保税物流管理系统的应用，明确了企业在特殊监管区域管理系统、保税物流管理系统设立保税底账后，办理海关特殊监管区域间、海关特殊监管区域与保税物流中心（B型）间，以及保税物流中心（B型）间的保税货物流转（设备结转）业务适用该公告。公告明确指出，保税货物转入、转出保税核注清单按10位商品编码进行汇总比对，商品编码比对一致且法定数量相同的，双方核注清单比对成功；系统比对不成功的，按双方核注清单商品编码前 8 位进行汇总比对，商品编码比对一致且法定数量相同的，转人工比对。商品编码比对不一致或法定数量不同的，对转出保税核注清单予以退单，由转入转出双方协商，并根据协商结果对保税核注清单进行相应修改或撤销。保税货物流转双方对同一商品的商品编码协商不一致时，应按转入地海关依据商品归类的有关规定认定的商品编码确定。转入、转出保税核注清单均已审核通过的，企业进行实际收发货，并按相关要求办理卡口核放手续。

上述这些海关等部委审批文件规定，设立物流中心在中西部地区、东北地区应当不低于 2 万平方米。为此需要公铁物流园将现有布局进行优化调整，扩充原有两个库房基础上的规划格局，确保封关围网面积达到 2 万平方米。

除此之外，目前我国部分物流园监管区已经符合海关对物流中心的监管规划建设要求，选址也已经在靠近海港、空港、陆路交通枢纽及内陆国际物流需求量较大，交通便利，设有海关机构且便于海关集中监管的地方；目前需要经省级人民政府确认，符合地方经济发展总体布局，满足加工贸易发展对保税物流的需求，并同时建立符合海关监管要求的计算机管理系统，提供供海关查阅数据的终端设备，并按照海关规定的认证方式和数据标准，通过“电子口岸”平台与海关联网，以便海关在统一平台上与国税、外汇管理等部门实现数据交换及信息共享，设置符合海关监管要求的隔离设施、监管设施和办理业务必需的其他设施。

在物流中心经营企业方面，建议选一家实力强大、本地国企为主、其他单位（尤其外地港口企业和外地口岸实体产业单位）参股参与的平台方，促进贸易综合体服务和保障整个物流中心持续健康发展。该贸易综合体平台公司企业须经工商行政管理部门注册登记，具有独立企业法人资格，具备对中心内企业进行日常管理的能力，具备协助海关对进出物流中心的货物和中心内企业的经营行为实施监管的能力。保证不得在区内建立商业性消费设施。比如，俞新欧公司就是一家三国四家共同打造、重庆市政府主导的优势企业，创造了重庆中欧班列的全球领先优势；再如，陕西陕煤供应链有限公司，就以国企为主、民营上市公司瑞茂通为辅，在煤炭供应链通关货运和电厂供应等方面业绩显著。

基于此，申请设立物流中心的该贸易综合体平台公司企业应当向所在直属海关提出书面申请，并递交以下资料：加盖企业印章的申请书、自治区人民政府同意申请设立保税物流中心的意见书、物流中心所用土地使用权的合法证明及地理位置图、平面规划图。然后，待海关总署和国务院审批同意后即可开展业务。

五、国内其他保税区域发展现状

我国保税物流中心与综合保税区的差别主要在于前者无法开展实质性加工

和生产业务，其他如保税仓储物流等功能均一致。

伴随着我国改革开放的逐步深入，综合保税区等海关特殊监管区域已发展成为我国开放型经济发展的先行区、加工贸易转型升级的集聚区，为承接国际产业转移、推进区域经济协调发展、促进对外贸易和扩大就业等发挥了重要作用。2019 年 1 月，由海关总署会同国家税务总局、商务部等 14 个部委研究起草的《关于促进综合保税区高水平开放高质量发展的若干意见》（以下简称《意见》）颁布。《意见》共提出 21 项具体任务举措，着力培育综合保税区在产业配套、营商环境等方面的综合竞争新优势，区内企业将获得增值税一般纳税人资格。21 条具体任务举措推动综合保税区发展成为具有全球影响力和竞争力的加工制造中心、研发设计中心、物流分拨中心、检测维修中心、销售服务中心等“五大中心”。以打造加工制造中心为例，具体举措包括针对区内加工企业要求最为迫切的增值税一般纳税人资格问题，提出赋予区内企业一般纳税人资格；允许拟入区企业进口自用机器设备等，自国务院批准设立综合保税区之日起即提前适用相关的免税政策；允许区内企业承接国内委托加工业务；免除手机、汽车零部件等产品内销环节自动进口许可证；简化海关业务核准手续，实行企业自主备案等。

总结发现，随着经济的逐步发展，企业对政府提出的要求也在不断变化。区域经济发展对物流中心园区在诚信管理、快捷通关、一体化监管等方面提出了更高要求，形成了一种“倒逼”机制。海关作为把守国家经济大门的卫士，要不断改进监管和服务，大力推进贸易便利化，实现海关发展和地方发展的有机统一。由于海关管理受传统监管思维影响，注重严密监管，推进贸易便利化步伐不快，同时受地方追求局部利益的影响，支持区域经济发展举措缺乏科学性，在实际监管中与相关部门合作意识不够，信息互通和资源共享等方面存在诸多问题。这要求我国综合保税区和保税物流中心需要在诚信完备的管理体系、方便快捷的通关手续、标准统一的执法服务以及和谐均衡的发展环境等四个方面进行改进。

坚持新发展理念是“十四五”时期海关发展原则之一，要把新发展理念作为海关工作的指挥棒，使创新、协调、绿色、开放、共享融入海关改革发展，做到一体把握、全局统筹、协同推进、联动发展，不断开拓海关发展新境界，为构建新发展格局，实现更高质量、更有效率、更加公平、更可持续、更为安全的发展做出海关积极贡献。“十四五”海关规划中提出，以“智慧海关、智能边境、智享联通”建设和国际合作为抓手，以共建“一带一路”国家为重点，全方位推动机制性海关检验检疫合作，逐步构建海关大外事工作格局，在推动构建新型国际关系和人类命运共同体中体现中国海关的责任担当。

物联网技术作为智慧海关的内容之一为海关监管带来了新的变化。发端于

20 世纪 90 年代的物联网（the Internet of Things），被认为是继计算机、互联网和移动通信网之后的又一次信息产业浪潮，是信息科技领域一次重大的发展和变革机遇。随着区域经济的持续发展，海关仅凭借现有的人力资源、技术手段、监管理念，履行职责的难度将越来越大，而物联网时代将带来革命性的变化：一旦海关利用物联网技术实现每一件监管对象的精确“掌控”，如同大脑对每个神经细胞的控制一样，一个智慧型海关将最终建立，严密监管与高效服务的矛盾将迎刃而解。以物联网为基础的智慧型海关监管系统平台，重点在于利用物联网技术手段实现报关、查验、监管等海关业务的信息化、智能化，使物联网技术在简化监管流程和提升海关服务水平等方面的应用充分体现出来。假如在保税区和保税物流中心构建应用“进出口货物、运输工具和监管场所”三位一体的风险式物联网子系统，结合目前保税区域监管和服务工作实际，应当考虑从以下几个方面进行统筹规划：一是建立健全海关卡口智能门禁系统。主要包括在堆场码头、特殊区域卡口和企业仓库等地推广应用车号识别系统、集装箱箱号识别系统、称重系统、LED 显示系统、电子闸门栏杆等子系统；所有载货车辆凭事先办理的信息卡进出区，系统自动读取车辆载货信息并自动判别放行。二是建立集装箱电子关锁系统，采用低频有源 RFID 的主动式电子关锁或超高频 915 无源的被动式电子关锁，在物联网卡口智能大门应用的基础上，获取各监管场所大门的进出门信息；结合海关用户电子申报信息，进行比对和甄别，根据监管法规判别是否可以放行，生成海关监管电子放行指令，并实现远程自动海关放行。三是建立运输工具动态监控系统。在海关关区或监管范围内的交通工具，可以通过该系统将其位置及运动情况进行网上的可视化监控，可以在任何时间了解海关监管车辆、船舶等运输工具的位置、运行情况和轨迹，从而使监管和指挥部门及时掌握各种信息，达到对运输工具动态监控的目的。无源 915 电子车牌不用电池，识别率高，可靠性好，使用方便，识别率高达 99%，深得用户的好评，被誉为海关物联网中最实用、最可靠的先进技术手段，因此建议进一步加大应用范围。四是建立可疑对象重点监查系统，利用物联网技术对诚信等级低、有走私犯私和恶意偷逃关税前科的重点企业及其进出口货物，对比较容易走私的重点产品，如石油、烟草、毒品、文物、贵金属、武器、数码电子产品、奢侈品等，及对来自走私猖獗的国家和地区的运输工具及货物，采取风险提前预警、提前监控和提前防范的监管措施，并对其动态和静态情况进行全程跟踪和重点布控，随时准备对其进行无遗漏的重点查验。

在实际监管和服务过程中，各级海关应当充分发挥市场配置资源的作用，调动企业的积极性，注重投资的经济效益，扶持重点项目建设，采取大企业试点，然后逐步推广的方式。一是在保税设备上粘贴电子标签，海关通过加贸平台对保税设备进行实时监控；同时通过在加贸平台上建立企业进口减免税等各类保税设备的电子底账，可以实现对设备的备案、年审、解除监管等业务的网上办理，企业省去了向往返海关递交纸质单证的麻烦；对展览展示汽车整个物流过程、展览过程、退运留购出区过程加以严密监控，确保海关掌握车辆的全部动态信息。二是对展览展示汽车进行全程监控，为展览展示汽车以整箱货物直提入保税区或保税物流园区，在实施查验备案环节进行电子标签的粘贴和录入，保税仓库、仓库到展厅路线主要节点和汽车展厅覆盖物联网天线，用以实时读取车辆信息，并在海关监控端设置试听报警系统对违反规定车辆进行报警。三是在监管通道上，相隔一定距离设立具有可视功能的无线传送基站，对移动中的电子标签进行接力式全程实时可视化监控，搭建国际及国内的“绿色通道”。

综上所述，我国已具备了推广应用物联网技术的环境，各级保税区和物流中心应当一方面集合地方经济发展需求，做好宣传引导工作，选择条件成熟的行业和企业加强沟通，提高认知度和参与度，在促进企业改善内部管理的同时提高海关通关效率；另一方面在法律和政策允许的前提下，对实施电子标签管理的企业提供便利，在物联网技术应用模式方面形成合作共赢的格局，为区域加工制造和外贸物流企业提供更加优质高效的服务。随着经济全球化进程的不断加快，我国跨国经济合作的领域和层次日益广阔且不断深化，国际贸易中的保税贸易量增长迅速，并随着时间和国际环境的变化呈现出新的发展趋势和特点。

第三节　技术性贸易壁垒协定

20 世纪 60 年代，《关贸总协定》（GATT）成员开始启动非关税壁垒谈判。标准、许可程序、政府采购、反倾销和海关措施是当时确定的五个谈判领域。1979 年达成了 20 多个成员参加的诸边协定，即《技术性贸易壁垒协定》（《TBT 协定》）。90 年代初，在乌拉圭回合谈判期间，美国等成员积极推动农产品出口谈判，在《TBT 协定》基础上推动达成了《实施卫生与植物卫生措施协定》。1995 年成立世界贸易组织时，《TBT 协定》从诸边协定转化为多边协定，《实施卫生与植物卫生措施协定》也成为世贸组织多边协定的组成部分。世界贸易组织、《技术性贸易壁垒协定》、《卫生与植物卫生措施协定》为相关国际机构工作、各类自贸区谈判和多、双边交涉奠定了规则基础。

一、《技术性贸易壁垒协定》的主要内容与特点

《技术性贸易壁垒协定》管辖范围主要是工业品和农产品的技术性贸易壁

垒，不适用政府采购和《实施卫生与植物卫生措施协定》的有关措施。《技术性贸易壁垒协定》对成员在标准、技术法规和合格评定程序三方面的措施加以规范，包括正文和三个附件。正文主要规定了透明度要求、采用国际标准和对贸易不得造成不必要障碍（必要性测试）等方面的内容。协定附件主要规定了标准、技术法规和合格评定程序的定义、关于标准制定的良好行为规范等内容。《技术性贸易壁垒协定》和《实施卫生与植物卫生措施协定》以美、欧等国家的行政法为参考和基础，根据美、欧等西方发达国家的做法，行政部门根据立法部门授权制定行政法规，同时依据行政程序法要求将法规草案公布供国内相关方评论。对技术性强的管理事务，行政部门往往在法规中援引私人部门制定的标准协助管理。

《技术性贸易壁垒协定》《实施卫生与植物卫生措施协定》要求各国制定法规时以国际标准为基础。法规草案应向世贸组织通报以供成员进行评论。协定的一个重要实体性规定是法规对贸易的限制仅为实现国内规制目标所必需，不得构成对贸易不必要的障碍，即需要满足必要性测试要求。必要性测试是美、欧等行政法设立的一种要求，其基本含义是公共部门在为实现正当规制目标行使公权力时，要避免对私人权利造成不必要的限制，规制措施不得超出为实现公共目标所必需的限度。即行政部门在通过公权力实现管理目标而对私人权利进行限制时，这种限制仅以实现政府的管理目标为限。

技术性贸易措施对企业的影响主要体现在两个方面：一是直接受损。若不符合进口国技术性贸易措施要求，企业产品可能遭受进口国扣留、召回、销毁、退货等处罚，造成直接损失；如由于不符合进口国农残限量标准，企业产品被扣留退运造成的经济损失。二是成本提升。为适应技术性贸易措施的要求，企业须进行技术改造，更换标签及包装，新增检验、检疫、认证、处理及各种手续，由此产生大量新增费用。如企业为满足国外环保要求，加强原材料采购管控及检测方面的投入。

为认真履行世贸组织有关透明度的义务，我国设立了 TBT/SPS 国家咨询点（中华人民共和国 WTO/TBT-SPS 国家通报咨询中心），统一代表中国政府机构、行业协会、企业和个人向其他世贸组织成员进行咨询，开展通报和评议。目前，该中心设在海关总署国际检验检疫标准与法规研究中心。企业在遇到国外技术性贸易措施实施时间不清、细则不明、无法核实等问题，又无法通过其他渠道获取准确信息时，可直接向当地海关反映，通过海关总署国际合作司或中华人民共和国 WTO/TBT-SPS 国家通报咨询中心对外咨询。

按照世贸组织有关透明度的义务规定，世贸组织成员在制（修）定和实施技术法规、标准及合格评定程序等技术性贸易措施时，须向其他世贸组织成员通报，给予其他成员合理时间（通常为60天）提出书面意见，并给出答复，以保证其他成员及时了解并采取措施适应变化。而对其他成员发布的技术性贸易措施通报进行评议，是我国作为世贸组织成员的重要权利。目前，海关总署国际合作司负责海关系统技术性贸易措施通报评议工作，各地海关均有开展技术性贸易措施通报评议的职责。企业遇到新发布还未实施的技术性贸易措施时，认为其存在不合理、不科学情况，影响企业出口时，可向当地海关提出评议需求，积极参与海关部门组织的通报评议，提出要求国外推迟、更改，甚至取消实施相关措施的意见建议，报海关总署国际合作司、中华人民共和国 WTO/TBT-SPS 国家通报咨询中心对外发出意见，以维护产业利益。

世贸组织分别设有 TBT 及 SPS 两个委员会。上述委员会每年分别召开三次例会。在例会上，各成员可对其他世贸组织成员拟实施或已实施的，不符合 TBT、SPS 协定原则、对贸易造成不必要障碍的措施和做法，提出“特别贸易关注”，敦促其他成员对相关措施进行澄清、修改、废止、推迟实施等，共同维护世贸组织成员的利益。目前，各地海关均会在 WTO/TBT 和 SPS 例会召开前，按照海关总署国际合作司的要求，向企业征集出口遭遇的国外技术性贸易措施阻碍情况。企业遇到拟实施或已实施的技术性贸易措施阻碍时，可向当地海关反映，参与海关部门组织的行业研讨，提出诉求和意见，海关总署国际合作司将通过国际合作机制，积极推动问题解决或向好发展。

举例来说：2020 年 6 月，针对企业反映泰国出台农药残留检测新规、要求输泰保鲜果蔬批批进行 134 项农残检测，我相关产品出口面临停滞风险的问题，济南海关立即收集泰国新规并组织关区技贸专家进行研究分析，从检测项目、检测频率、涉及范围等几方面提出贸易关注，总署国际合作司通过多双边渠道多次开展对外交涉，促使泰国调整进口保鲜果蔬合理管控措施，有关检测项目和企业检测费用降幅分别达 86%和 80%，为我企业年均节省检测成本 36 亿元以上，货物滞港时间预计缩短 5 个工作日，保障年约 100 亿元的保鲜果蔬正常出口泰国。

二、《实施卫生与植物卫生措施协定》的主要内容与特点

《实施卫生与植物卫生措施协定》的管辖范围是食品和动植物领域的检验检疫。协定包括正文和 3 个附件，正文主要规定了非歧视、科学依据、风险评估、最小贸易限制、协调、临时措施、非疫区和透明度等内容。附件主要规定了卫生与植物卫生措施的定义、透明度具体要求以及控制、检查和批准程序等内容。《实施卫生与植物卫生措施协定》指定了三个国际标准制定机构——食品法典委员会（Codex）、国际动物卫生组织（OIE）、国际植物保护公约（国际植物保护公约），这些机构制定的标准为国际标准，符合国际标准的卫生与植物卫生措施被视为符合《实施卫生与植物卫生措施协定》。《实施卫生与植物卫生

措施协定》允许成员确定自己的保护水平，成员偏离国际标准的技术法规，需提供科学依据。在科学依据不充分的情况下，协定允许成员采取临时措施，但成员应在合理期限内根据风险评估结果，对临时措施进行调整。在《实施卫生与植物卫生措施协定》项下，成员可打破国家（地区）领土的概念，在一个国家（地区）内，根据不同区域病虫害的流行程度，进行区域化管理。《实施卫生与植物卫生措施协定》第6条规定，成员在提供必要证据的前提下，可声明其领土内的病虫害非疫区或低度流行区。海关技术性贸易措施工作以保护人类健康和安全、保护动物或者植物的生命和健康、保护环境、防止欺诈行为、维护国家安全为目标，遵循世界贸易组织《技术性贸易壁垒协定》和《实施卫生与植物卫生措施协定》的相关规则。

海关技贸措施工作主要包括信息收集、分析研判、决策处置、通报评议及磋商协调、贸易影响调查等。信息收集指海关收集筛选进出口货物涉及人体健康和财产安全、动植物健康、食品安全、商品质量安全等相关信息，信息渠道包括但不限于以下方面：海关查验、检测机构报告，境外通报召回及出口退运，消费者投诉等。分析研判指海关对收集的信息进行分析研判，对情况复杂、潜在影响大、专业要求高、论证周期长的信息，将委托专业评估机构开展专项调查和评估，评估信息风险等级、危害程度、影响范围，并提出相应的策略建议。决策处置是根据分析研判和评估意见，针对不同风险程度实施相应的处置措施，包括风险关注、风险预警和实施反应措施等。必要的反应措施包括但不限于调整企业信用等级、调整监管模式、责令生产经营者退运或者销毁、停止进出口、停止销售和使用或者召回存在风险危害的进出口产品、组织调查特定时间段内的同类产品安全状况、制定并实施相关技贸措施等。通报评议及磋商协调指海关对其他成员按照《TBT协定》及《实施卫生与植物卫生措施协定》等相关规则通报的技贸措施，以及相关国际组织制（修）定的相关国际标准，组织评议，提出评议意见；对其他成员制定、采用或实施的，可能或已经对贸易造成影响的技贸措施，组织研究提出处理意见并利用多双边场合进行交涉，开展磋商协调。贸易影响调查指海关根据职能组织开展国外相关技贸措施对中国产业影响的调查、分析与评估工作，一般分为国外技贸措施影响年度调查和针对国外重大技贸措施、重点出口产品、重点出口地区受影响情况等进行的专项调查。

第七章　海关企业管理与稽（核）查

第一节　报关备案管理与信用认证

海关企业管理，指海关基于进出口货物监管，对与此有关的当事人或其代理人从事进出口事务的相关资格、进出口活动以及其内控制度等是否符合国家法律法规及有关制度规范的管理，是海关依职权做出的一种行政执法行为。简言之，海关企业管理实质就是海关行使职权管理企业，是海关对进出口货物收发货人和报关企业的主体资格和在进出境活动中的相关行为是否合法合规，以及企业内控制度是否符合海关规范的管理。海关企业管理贯穿于海关监管的全过程。

一、海关报关单位备案管理

中国的外贸经营权管理的历史沿革分为六个阶段：第一阶段：1949 年至 1978 年，外贸经营实行高度集中的国家统一经营。第二阶段：20 世纪 80 年代，权力下放成为这一阶段经营权改革的主旋律。由原来的只允许外贸专业公司进行外贸放开至赋予部分国有大中型企业自营进出口权。第三阶段：1989—1991 年的三年治理整顿时期，为配合全国范围的调整经济过热工作，各类外贸企业的进出口经营范围经过了重新划分，实行了严格的限制。第四阶段：以 1994 年颁布实施的《中华人民共和国对外贸易法》为标志，是建章立制、规范审批阶段。第五阶段：90 年代末至 2004 年 6 月底，由审批制逐步向备案登记制过渡。第六阶段：2004 年 7 月我国将外贸经营权管理由审批制改为备案登记制，取消了外贸经营权的门槛限制。

自 2019 年 12 月 1 日起，实行对外贸易经营者备案登记制度，率先在自贸区试点取消审批。2022 年 12 月 30 日，第十三届全国人民代表大会常务委员会第三十八次会议决定对《中华人民共和国对外贸易法》作如下修改：删去第九条，即“从事货物进出口或者技术进出口的对外贸易经营者，应当向国务院对外贸易主管部门或者其委托的机构办理备案登记；但是，法律、行政法规和国务院对外贸易主管部门规定不需要备案登记的除外。备案登记的具体办法由国务院对外贸易主管部门规定。对外贸易经营者未按照规定办理备案登记的，海关不予办理进出口货物的报关验放手续"。自此，我国从事进出口业务的企业，对于申请进出口环节许可证、技术进出口合同登记证书、配额、国营贸易资格等相关证件和资格的市场主体，商务部和有关部门不再要求其提供对外贸易经营者备案登记材料。企业自动获取进出口权，但是仍需办理海关登记获取报关权限。

为贯彻落实国家简政放权、简化行政审批事项的要求，全面落实国务院决策部署，深化商事登记制度改革，海关对报关单位注册登记制度进行了优化。自 2015 年 10 月 1 日起，已取得统一社会信用代码为编码的新企业，在向海关申请报关单位注册登记时，仅向海关提供以下材料即可：报关单位情况登记表，加载统一社会信用代码的营业执照副本复印件，其他与注册登记有关的文件材料。新企业按照上述规定提交复印件的，应当同时提供原件供验核。注册地海关依法对申请注册登记材料是否齐全、是否符合法定形式进行核对。申请材料齐全指海关按照规定公布的条件要求申请人提交完备材料。申请材料符合法定形式指申请材料符合法定时限、记载事项符合法定要求、文书格式符合规范。申请材料齐全、符合法定形式的申请人由注册地海关核发证书。

目前，海关企业管理主要有资格管理、守法管理、信用管理、建立海关与企业合作伙伴关系以及海关企业管理国际合作等五项职能。资格管理指海关针对从事进出口业务的企业和报关员是否具备特定的资格所进行的管理。海关企业管理业务中的资格管理主要指对报关单位和报关员的注册登记、备案。《海关法》规定，未依法经海关注册登记的企业和未依法取得报关从业资格的人员，不得从事报关业务。任何企业要想从事进出口活动，就必须先向海关办理企业注册登记手续。海关核准企业注册登记，将企业注册登记资料录入海关企业管理系统后，核发报关注册登记证书和海关 10 位编码，企业才能进行申报、纳税或办理其他海关业务。2021 年 11 月 19 日，海关总署发布第 253 号令，公布了《中华人民共和国海关报关单位备案管理规定》（以下简称《备案管理规定》），于 2022 年 1 月 1 日起施行，原《中华人民共和国海关报关单位注册登记管理规定》和《出入境检验检疫报检企业管理办法》同时废止。

报关单位，是指按照《备案管理规定》要求在海关备案的进出口货物收发货人、报关企业。其中进出口货物收发货人申请备案的，进出口货物收发货人、报关企业已办理报关单位备案的，其符合条件的分支机构也可以申请报关单位备案。下列单位按照国家有关规定需要从事非贸易性进出口活动的，应当办理临时备案：①境外企业、新闻、经贸机构、文化团体等依法在中国境内设立的常驻代表机构；②少量货样进出境的单位；③国家机关、学校、科研院所、红十字会、基金会等组织机构；④接受捐赠、礼品、国际援助或者对外实施捐赠、国际援助的单位；⑤其他可以从事非贸易性进出口活动的单位。报关单位申请备案时，应当向海关提交报关单位备案信息表。办理临时备案的，应当向所在地海关提交报关单位备案信息表，并随附主体资格证明材料、非贸易性进出口活动证明材料。报关单位备案长期有效。临时备案有效期为 1 年，届满后可以重新申请备案。

备案办理流程：登录中国国际贸易单一窗口或“互联网+海关”在线提交备案申请（网址：http://www.singlewindow.cn/）。基本流程为：①企业登录中国国际贸易单一窗口标准版应用，进行用户登录，首次使用的企业先选择“立即注册”，填写信息注册账号后登录；依次选择“企业资质”—“海关企业通用资质”—“企业备案”—“备案申请”，按照界面要求，填写企业基本信息，将加盖企业公章的报关单位备案信息表电子版上传附件，最后点“申报”在线提交备案申请。②经审核，备案材料齐全，符合报关单位备案要求的，海关在 3 个工作日内予以备案。备案信息通过中国海关企业进出口信用信息公示平台公布。③海关审核通过后，企业可登录中国国际贸易单一窗口，通过申请端自行打印备案回执。报关单位名称、市场主体类型、住所（主要经营场所）、法定代表人（负责人）、报关人员等报关单位备案信息表载明的信息发生变更的，报关单位应当自变更之日起 30 日内向所在地海关申请变更。

注销备案。有以下情况的需注销备案：①因解散、被宣告破产或者其他法定事由终止的；②被市场监督管理部门注销或者撤销登记、吊销营业执照的；③进出口货物收发货人对外贸易经营者备案失效的；④临时备案单位丧失主体资格的；⑤其他依法应当注销的情形。报关单位已在海关备案注销的，其所属分支机构应当办理备案注销手续。报关单位未按照前款规定办理备案注销手续的，海关发现后应当依法注销。报关单位备案注销前，应当办结海关有关手续。

违规处罚。报关单位有下列情形之一的，海关责令其改正，拒不改正的，海关可以处 1 万元以下罚款：①报关单位名称、市场主体类型、住所（主要经营场所）、法定代表人（负责人）、报关人员等发生变更，未按照规定向海关办理变更的；②向海关提交的备案信息隐瞒真实情况、弄虚作假的；③拒不配合海关监督和实地检查的。

报关单位在办理备案、变更和注销时，应当对所提交材料的真实性、有效性负责并且承担法律责任。

二、进出口企业信用管理

随着经济全球化的发展和科学技术的进步，提升贸易便利化水平是世界各国应履行的义务，同时贸易安全也成为世界各国重点关注的问题。特别是美国“9·11”恐怖袭击事件后，许多国家担忧跨国犯罪、恐怖主义等破坏因素很容易给脆弱的全球贸易体系带来安全威胁，促进贸易便利化和加强贸易安全之间的矛盾日益显现。为了缓解这一矛盾，世界海关组织于2005年6月签署了《全球贸易安全与便利标准框架》（以下简称《标准框架》），倡导海关与海关之间加强合作，以共同接受的标准为基础，运用互通的电子信息准确识别高风险的集装箱或货物，以确保货物和集装箱的安全。同时，《标准框架》更着重鼓励海关加强与企业的沟通合作，强调企业在贸易供应链中的重要地位和主导作用，AEO制度①应运而生。在全球贸易快速发展的背景下，"一带一路"倡议和自贸区的建立标志着中国改革开放新格局已经形成，中国将以更加开放的视野融入全球经济。2014年12月，中国正式施行AEO制度，到2018年3月中国海关总署出台《中华人民共和国海关企业信用管理办法》，进一步构建了中国海关AEO制度，成为目前中国AEO制度最重要的法律依据，表明中国海关正在大力推进AEO制度的实施。

《标准框架》中AEO制度的引入，开启了各成员国实施AEO制度的起点。2006年，世界海关组织进一步批准通过了《经认证的经营者实施指南》以便与《标准框架》同步推进实施，《经认证的经营者实施指南》涵盖了"经认证的经营者的条件、要求和便利"、"经认证的经营者的审核和认证"和"相互认可"三大部分，通过对认证所需的条件、认证流程和便利优惠措施等条款详细的说明，使AEO制度成为可量化且可操作的制度体系，以便利各国海关及企业进行认证时有据可依、按章办事。《经认证的经营者实施指南》为世界各国及经济组织学习借鉴AEO制度实施路径提供了参考性准则，允许各国结合本国特色增加补充性的标准及条款，形成自己本土的经认证的经营者认证制度。

《标准框架》对经认证的经营者的定义范围很宽泛，将所有从事国际贸易相关的、对海关通关安全有直接影响的经营企业列入其中。企业提出申请后，海关或其授权的机构作为主要的验证方，需要对申请的企业进行稽查，以验证是否符合相应的供应链安全标准及要求。凡是满足要求的经营者将被认证为经认证的经营者企业，成为海关的合作对象，与海关建立伙伴关系，寻求互利双赢。AEO制度的构建，从本质上改变了海关与企业之间传统的管理与被管理的关系，倡导海关与企业的平等相处、合作共赢，极大地提升了海关的监管效率，加快了通关速度，有利于保障贸易安全与便利。

"经认证的经营者的条件、要求和便利"提出了企业成为经认证的经营者的条件以及海关实施要求，主要包括以下13个方面：海关守法记录；具有符合

① AEO（Authorized Economic Operator）意为"经认证的经营者"，在世界海关组织（WCO）制定的《全球贸易安全与便利标准框架》中被定义为"以任何一种方式参与货物国际流通，并被海关当局认定符合世界海关组织或相应供应链安全标准的一方，包括生产商、进口商、出口商、报关行、承运商、理货人、中间商、口岸和机场、货站经营者、综合经营者、仓储业经营者和分销商"。

要求的贸易记录管理系统；财务偿付能力；磋商、合作与交流；教育、培训和提高安全意识；信息交换、准入和保密；货物安全；运输工具安全；经营场所安全；人员安全；商业伙伴安全；危机管理和灾难防御制度；测量、分析和改进制度。

中国海关自实施 AEO 制度以来，鼓励并支持国内企业积极开展经认证的经营者认证，加强与欧、美等国家海关合作试点项目，并已在经认证的经营者国际互认合作中取得了实质性进展。中国自建立经认证的经营者制度以来，发展迅速，已步入经认证的经营者制度及互认工作的先进国家行列。截至 2023 年初，中国海关已经与欧盟、新加坡、巴西、哥斯达黎加等 26 个经济体 52 个国家（地区）签署了 AEO 互认协议，互认国家和地区数量居世界首位。其中，包括 35 个“一带一路”共建国家，5 个区域全面经济伙伴关系（RCEP）成员国和 13 个中东欧国家。对于 AEO 认证，国内企业由开始不太理解到积极主动申请，经过了一番认识过程。AEO 认证并非只是为了一张纸，而是通过资料准备、制度修订、流程整改等工作，使得企业“管理提升”，推进企业与世界接轨。而通过 AEO 认证的企业，其进出口货物在确定商品归类、原产地确定、海关估价和办结其他海关手续前可优先验放，由海关统一设立协调员，享受经认证的经营者便捷通关服务。AEO 的作用，有效地促进了企业参与到 AEO 认证中来。海关总署制定公布的《海关认证企业标准》明确了中国海关经认证的经营者企业的评价标准，包括内部控制、财务状况、守法规范、贸易安全和附加标准等 5 大类标准，其中，高级认证企业标准有 18 条 32 项具体指标，一般认证企业标准有 18 条 29 项具体指标，企业可以按照该标准进行自我评估，认为自身符合各项具体指标要求的，就可以向所在地海关提出申请。若企业经评估发现自身存在不符合标准的情形，也可以对照标准进行自我规范、改进，待达到标准要求后，再向海关提出认证申请。经企业申请，海关通过书面审核和实地认证后，认为企业符合认证标准规定的，颁发认证企业证书，成为海关认证企业，也就是经认证的经营者企业。据统计，中国经认证的经营者企业货物出口至经认证的经营者互认国家（地区）时，查验率降低了 60%～80%，通关时间和通关成本降低了 50%以上。

2021 年 11 月 1 日，《中华人民共和国海关注册登记和备案企业信用管理办法》（海关总署令第 251 号，以下简称《信用办法》）开始实施，配套执行的《海关高级认证企业标准》（以下简称“新标准”）同时发布并施行。将此前的“海关企业”修改为“海关注册登记和备案企业”，从名称上确定了海关实施信用管理的范围，实现了对海关注册登记企业和备案企业信用管理的全覆盖。具体修改内容包括：保留了“高级认证企业”和“失信企业”，将此前的“一般认证企业”“一般信用企业”整合归并为“其他在海关注册登记和备案企业”。

高级认证企业增加了3项便利措施：出口货物原产地调查平均抽查比例在企业平均抽查比例的20%以下；优先办理进出口货物通关手续及相关业务手续；优先向其他国家（地区）推荐农产品、食品等出口企业的注册。将此前对高级认证企业实施的“重新认证”调整为“复核”，复核周期由3年延长至5年。同时，企业信用状况发生异常情况的，海关可以不定期开展复核。经复核，不再符合高级认证企业标准的，海关应当制发未通过复核决定书，并收回高级认证企业证书。

新版《信用办法》增设了严重失信主体名单。结合海关管理职责，对存在“违反进出口食品安全管理规定、进出口化妆品监督管理规定或者走私固体废物被依法追究刑事责任的”以及“非法进口固体废物被海关行政处罚金额超过250万元”的失信企业，进一步强化惩戒管理。同时，改变了对失信企业全部实施联合惩戒的“一刀切”做法，将实施跨部门联合惩戒的范围限定为列入严重失信主体名单的失信企业，充分体现了依法依规和“过惩相当”原则。对有意愿成为高级认证企业或需要开展认证复核的企业，海关将有针对性地指导企业正确理解海关认证企业标准，准确把握标准要求，帮助企业提升内控管理、守法规范以及贸易安全水平，实现高级认证企业数量的稳健增加。

第二节　海关稽查制度与程序

20世纪90年代初期，随着中国建立社会主义市场经济体制，进一步扩大对外开放，进出口贸易量迅速增长，海关管理目标要求与管理资源不足的矛盾日益突出。为适应市场经济条件下对外贸易快速发展的需求，实现海关有效监管和高效运作的双重目标，中国海关深化行政体制改革，借鉴发达国家海关外部审计制度的经验，于1994年正式建立和推行海关稽查制度。其核心内容是将审计方法引入海关管理中，以企业为基本监管单元，由传统的单一对货物监管向以企业和货物监管并重转变，实现了在进出口货物通关放行之后，加强对企业进出口活动的监督和检查，扩大了海关监管空间，初步实现了海关管理的“前推”和“后移”。

一、海关稽查的主要职责和任务

海关稽查，是指海关自进出口货物放行之日起3年内或者在保税货物、减免税进口货物的海关监管期限内及其后的3年内，对与进出口货物直接有关的企业、单位的会计账簿、会计凭证、报关单证以及其他有关资料（以下统称账簿、单证等有关资料）和有关进出口货物进行核查，监督其进出口活动的真实性和合法性。

在海关管理体系中，海关稽查的职能定位是现代海关制度的重要组成部分，构筑综合治税大格局的重要防线，优化海关管理、规范海关执法的有效手段，解决海关面临双重矛盾的重要途径，中国海关与国际海关通行规则相接轨、履行国际义务的重要力量。主要职责是：

（一）监督企业进出口活动

通过稽查，监督企业进出口活动的真实性、合法性和规范性，掌握企业日常进出口动态和异常情况，检查企业生产经营活动是否符合海关监管要求，提高海关后续管理效能。

（二）查发企业各类问题

通过稽查发现并防范各类违法违规行为，使国家各项进出口管理政策和规定能够得到有效实施，保障国家税收，维护国家的进出口秩序。

（三）验证企业守法状况

通过稽查，测试企业内控制度，审查企业进出口活动，以验证企业守法状况、规范企业内部管理、帮助引导企业守法自律，为海关对企业实施分类管理、推进通关作业改革、经认证的经营者制度提供支持。

（四）完善海关内部管理

通过稽查，能够发现海关管理上的薄弱环节，并及时向有关部门提出改进建议，建立海关稽查与一线监管、税收征管、保税管理、打击走私等部门的良性互动机制，从而完善海关内部管理。

二、海关稽查的主要方式

传统意义上的海关稽查包括常规稽查、专项稽查、验证稽查三种方式。现阶段海关不再区分常规稽查与专项稽查等，一律按照查发问题导向实施作业。

（一）常规稽查

常规稽查指海关根据关区的实际情况，以监督企业进出口活动，提高海关后续管理效能为目标，以中小型企业为重点，采取计划选取与随机抽取相结合的方式，对企业开展的全面性稽查。

（二）专项稽查

专项稽查指海关根据关区的实际情况，以稽查企业各类问题，为税收和防范走私违法活动提供保障为目标，以风险程度较高或政策敏感性较强的企业或行业为重点，采用风险分析、贸易调查等方式，对某些企业或某些商品实施的行业式、重点式、通关式稽查。

（三）验证稽查

验证稽查指海关以验证企业守法状况或贸易安全情况，动态监督企业进出口活动，规范企业内部管理，促进企业以守法自律为目标，对申请评为和已评为 A 类或 AA 类管理的企业分别开展的准入式、监控式稽查。

三种稽查方式既有区别，又密切联系，如表 7-1 所示。

表 7-1　三种稽查工作方式

稽查方式	常规稽查	验证稽查	专项稽查
稽查对象	所有与进出口活动直接有关的企业	需海关进行守法验证的企业，目前包括 AA 类和经认证的经营者认证企业	所有与进出口活动直接有关的企业
稽查重点	以中小企业为重点，开展计划式稽查和随机式稽查	以大型或较大型企业为重点，开展准入式稽查和监控式稽查，对企业实施动态管理	以高风险企业为重点，以行业性稽查为主要方式，开展行业式、重点式和通关式稽查
稽查方法	符合性测试与实质性测试并重，对企业全部进出口活动进行全面稽查	以符合性测试为主，辅以较低审查程度的实质性测试，重点是测试企业与进出口有关的内控制度	以实质性测试为主，符合性测试为辅，针对企业局部进出口活动进行稽查
稽查目标	监督企业进出口活动，扩大海关稽查覆盖面，加强海关后续管理	验证企业守法状况，促进企业守法自律，为减轻一线通关监管压力和企业分类管理提供支持	查发企业各类问题，为税收和防范走私活动提供保障

三、海关稽查的内容和流程

（一）海关稽查的内容

海关对一般贸易进出口、保税业务、进出口货物减免税、进出口商业瞒骗和价格瞒骗开展稽查。海关对被稽查人下列活动的真实性和合法性实施稽查：进出口申报，进出口关税和其他税、费的缴纳，进出口许可证件的交验，与进出口货物有关的资料记载、保管，保税货物的进口、使用、储存、加工、销售、运输、展示和复出口，减免税进口货物的使用、管理，转关运输货物的承运、管理，暂时进出口货物的使用、管理，其他进出口活动。根据《〈中华人民共和国海关稽查条例〉实施办法》，海关按照海关监管的要求，根据与进出口货物直接有关的企业、单位的进出口信用状况和风险状况以及进出口货物的具体情况，确定海关稽查重点。经直属海关关长或者其授权的隶属海关关长批准，海关可以不经事先通知进行稽查。

（二）海关稽查的流程

1. 通知。海关决定对企业实施稽查时，提前3日将海关稽查通知书送达企业，企业收到通知书后应及时与海关联系，并按通知中的稽查范围准备相应账册、业务单证及有关资料。

当企业有重大违法嫌疑，企业的会计账簿、会计凭证、会计报表、会计电算化资料、报关单证等有关资料或进出口货物可能被擅自转移或毁弃，以及特殊情况海关认为有必要时，海关可不事先通知企业而径行稽查。径行稽查时海关将海关稽查通知书当面送达企业。

2. 实施。海关实施稽查时，应当组成稽查组，稽查组的组成人员不得少于两人。企业应配合海关稽查工作，其法定代表人或主要负责人或其授权代表应到场，如实反映情况，并提供必要的工作条件。

此阶段，海关稽查人员查阅、复制企业的账簿、单证等有关资料。企业应按海关要求提供有关资料，协助清点、复制，并在复印件上签字、盖章。企业所在地不具备查阅或复制账簿、单证等有关资料的工作条件或者其他原因稽查组需要在其他场所进行查阅、复制的，由稽查组制发账簿单证调审单，实施异地查阅或者复制。当海关稽查人员认为有必要时，可对企业有关人员制作询问笔录，企业有关人员应如实回答海关工作人员的提问，询问结束后在询问笔录上签字（盖章）。

海关稽查人员认为有必要的，可对企业的生产经营场所和进出口货物存放场所进行检查。检查时，企业的法定代表人或主要负责人或其授权代表应到场，按照海关的要求开启场所、搬移货物，开启、重封货物的包装。检查结束后，企业应在海关工作人员填写的检查记录上签字（盖章）。

海关稽查人员认为有必要的，可对企业的账簿、单证等有关资料和进出口货物实施封存。封存时海关出具封存通知书，并对账簿、单证等有关资料和货物加贴海关专用封志。企业在对封存物清点后应当在封存通知书所附清单上签字（盖章）。

3. 报告。海关稽查人员根据稽查情况撰写稽查报告，并征求企业意见。企业收到稽查报告后，应在7日内向稽查组提出书面意见，逾期未提交的，视为无意见。

4. 结论。海关在收到企业反馈的稽查报告之日起 30 日内做出海关稽查结论，并送达企业，稽查结束。海关在稽查中发现企业有走私、违反海关监管规定行为嫌疑的，海关予以立案调查。具体是指：稽查过程中没有发现问题的，做出“未发现问题”的稽查结论；发现关税或者其他进口环节的税收少征或者漏征的，由海关依照海关法和有关税收法律、行政法规的规定向被稽查人补征；因被稽查人违反规定而造成少征或者漏征的，由海关依照海关法和有关税收法律、行政法规的规定追征；认定被稽查人有违反海关监管规定行为的，由海关依照海关法和海关行政处罚实施条例的规定处理；发现被稽查人有走私行为，构成犯罪的，依法追究刑事责任；尚不构成犯罪的，由海关依照海关法和海关行政处罚实施条例的规定处理。

海关稽查流程如图 7-1 所示。

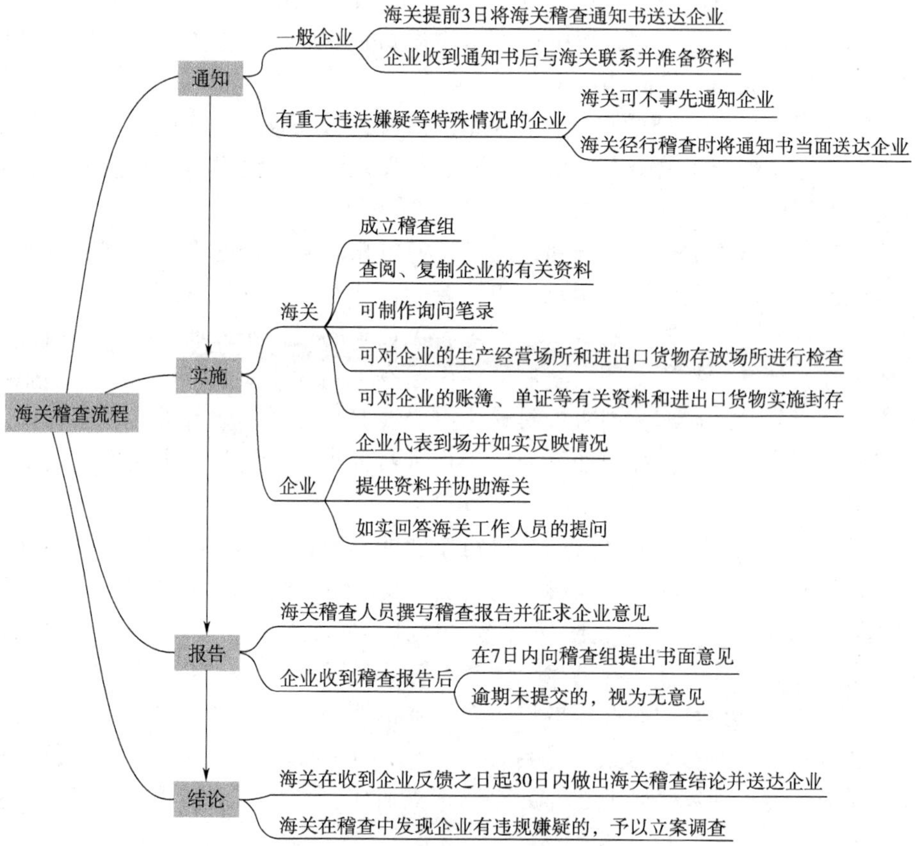

图 7-1　海关稽查流程

第三节　海关核查制度与程序

海关核查是指海关依法在规定期限内对与进出口活动有关的企业、单位的会计账簿、会计凭证、报关单证以及其他有关资料和与进出口活动有关的实物及经营场所进行勘验检查，监督被核查人进出口有关活动真实性、合法性和规范性的行为。海关核查能够加强海关后续监管，有利于维护当事人的合法权益，提升进出口企业在内控管理、守法经营、贸易安全等各方面的管理水平，对于保障国家税收收入，促进对外贸易的健康发展有重要的意义。根据规定，海关核查实行属地管理，原则上由企业注册（备案）地海关负责。直属海关根据工作需要，可以指定隶属海关对关区范围内企业实施核查。企业实际生产经营地与注册（备案）地不一致，需要跨关区实施核查的，核查实施海关可联系相关海关协助核查。海关核查的对象主要是与进出口活动有关的企业、单位。

随着“多查合一”改革的深入推进，海关核查的内容不断丰富。目前，已涵盖关税、统计、企管、保税、动植物检疫、食品、商品检验等业务领域核查事项。海关总署分批次将相关业务纳入“多查合一”事项核查标准化作业表统一规范实施。

一、海关核查作业流程

海关核查作业流程如图 7-2 所示。

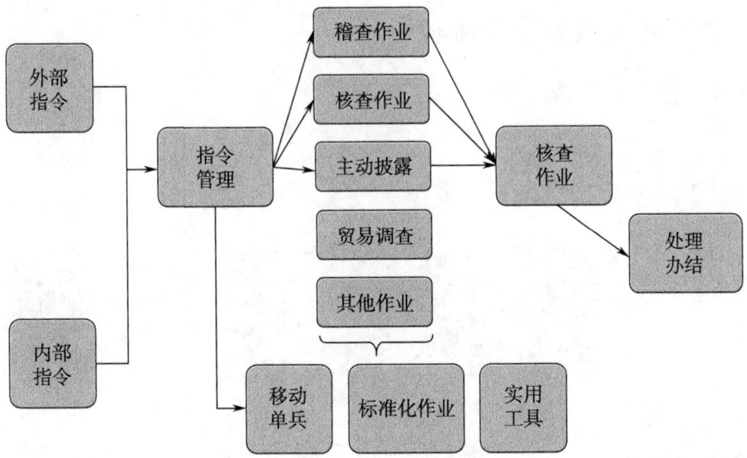

图 7-2　海关核查作业流程

二、海关核查指令运行机制

“多查合一”改革后，企业稽查、关税、统计、检验检疫等部门的核查需求将统一由稽查部门组织实施。“两中心”作为信息流转枢纽，统筹各部门的管理要求和指令建议，向直属海关稽查部门下达核查指令，由稽查部门统一组织实施。

直属稽查部门对核查作业指令做到四统一，即：统一指令接收、统一组织实施、统一作业标准和统一结果反馈。

三、海关核查指令管理作业流程

海关核查指令管理作业流程如图 7-3 所示。

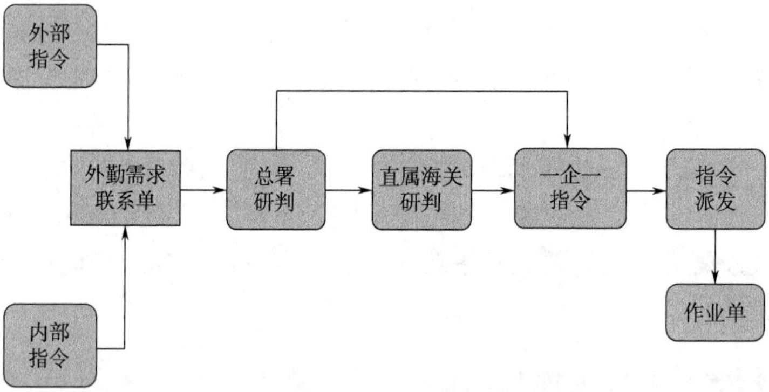

图 7-3　海关核查指令管理作业流程

四、直属海关核查指令流程

直属海关核查指令流程如图 7-4 所示。

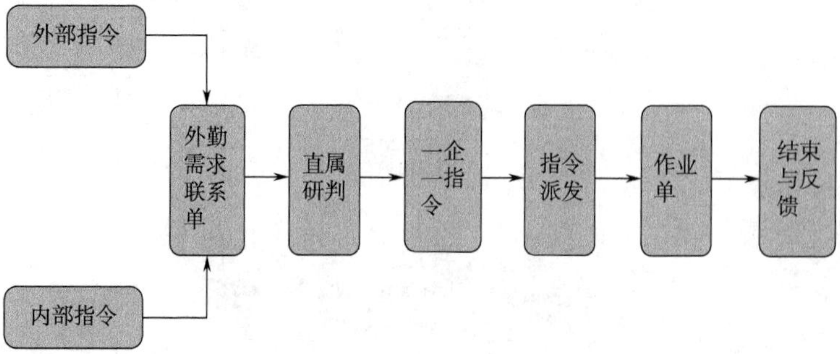

图 7-4　直属海关核查指令流程

五、海关核查需求接收

（1）直属海关稽查部门负责统一接收核（稽）查指令。

（2）总署各部门向总署“两中心”提交管理要求或指令建议，经“两中心”分析研判后，转化为核（稽）查指令。

（3）直属海关各部门或隶属海关向本关区二级风险防控中心提交管理要求，经二级风险防控中心分析研判后，转化为核（稽）查指令或提交至总署风险防控中心的核（稽）查指令建议。

（4）核（稽）查指令均需通过信息化系统发出和接收，直属海关稽查部门负责统一接收核（稽）查指令。

六、海关核查提醒事项

核查指令派发时的提醒事项：

（1）角色：指令收发岗、指令人员派单岗。

（2）资质要求。

（3）指令流转到承办部门后，作业开始计时。系统自动生成核查作业编号。

（4）指令派发业务逻辑：科室派单-人员派单。

（5）科室派单有四种形式。

（6）人员派单有两种形式。

（7）系统自动识别指令是否有作业时限要求。

（8）指令捆绑功能。

（9）指令退回功能。

“多查合一”改革是海关全面深化改革总体方案的重要内容，也是全国通关一体化关检业务全面融合框架中的重要内容之一，改革的总体思路为后续监管集约、关检业务融合、运行机制优化，旨在整合后续监管职责，统筹外勤后续执法，调整机构设置，优化资源配置，稽（核）查任务归口实施。其中，首批纳入“多查合一”改革事项的包括稽查业务、保税监管业务、企业管理业务、关税业务、统计业务、口岸监管业务、动植物检疫监管业务、商品检验监管业务、进出口食品安全监管业务 9 大类 59 项作业项目。第二批纳入“多查合一”改革事项的为在首批内容的基础上关税业务类增加了 2 项，动植物检疫监管类增加了 6 项，商品检验监管业务类增加了 2 项。

首批“多查合一”事项（部分）如表 7-2 所示。

表 7-2 首批“多查合一”事项（部分）

类别	事项名称
稽查业务（2 项）	企业稽查
	贸易调查
保税监管业务（26 项）	对企业分立、合并或者破产业务的核查
	对三无（倒闭）企业联合勘探业务的核查
	对下厂催核手册业务的核查
	对剩余料件业务的核查
	对深加工结转业务的核查
	对内销保税货物业务的核查
	对消耗性物料业务的核查
	对单耗业务的核查
	对外发加工业务的核查
	联网监管企业或“以企业为单位”改革试点企业盘存核查
进出口食品安全监管业务（12 项）	出口食品化妆品境外通报核查
	进境粮食国内生产、加工、存放单位核查
	进境中药材国内生产、加工、存放单位核查
	进境毛燕国内生产、加工、存放单位核查
	进口食品化妆品进口商核查
	出口化妆品生产企业核查
	进口食品指定存储冷库核查
	进境肠衣定点加工、存放企业核查
	出口食品备案种植场（基地）核查
	出口食品备案养殖场（基地）核查
	出后备案食品生产企业核查
	进口食品不良记录企业核查

第二批“多查合一”事项如表 7-3 所示。

表 7-3 第二批“多查合一”事项

类别	事项名称
关税业务（2 项）	原产地预审调查
	签证调查

续表

类别	事项名称
动植物检疫监管业务领域（6项）	出境动物注册养殖场核查
	出境非食用动物产品生产加工存放注册登记企业核查
	出境粮食生产、加工、存放企业核查
	出境水果注册果园、包装厂核查
	出境竹木草制品生产加工企业监督管理机制
	出口饲料和饲料添加剂注册生产、加工、存放企业核查
商品检验监管业务（2项）	出口商品质量安全风险监测抽查
	未经联网核查的进口医疗器械后续核查

第八章　海关统计分析

第一节　海关统计概述

统计学是通过搜索、整理、分析、描述数据等手段，以达到推断所测对象的本质，甚至预测对象未来的一门综合性学科。我国对统计调查项目的分类主要是根据制定主体不同而划分的。《中华人民共和国统计法》（下称《统计法》）第 11 条规定，统计调查项目分为 3 种，具体包括国家统计调查项目（比如，每隔十年开展的人口普查、农业普查，每隔 5 年开展的经济普查等）、部门统计调查项目（比如，教育部的高等学校基层统计报表制度等）和地方统计调查项目（比如，北京市新设企业经营状况调查等）。

为提高统计调查的整体效率，《统计法》第 12 条对统计调查项目的管理做出了明确规定：国家统计调查项目的设定报国务院备案，重大的国家统计调查项目报国务院审批。部门统计调查项目，统计调查对象属于本部门管辖系统的，报国家统计局备案；统计调查对象超出本部门管辖系统的，报国家统计局审批。对地方统计调查项目的审批实行分级管理。《统计法实施条例》第 6 条规定：部门统计调查项目、地方统计调查项目的主要内容不得与国家统计调查项目的内容重复、矛盾。各级人民政府统计机构和有关部门应该明确职责分工，避免重复统计，维护政府统计的公信力。

一、海关统计的任务和作用

海关统计是海关依法对进出口货物贸易的统计，是国民经济统计的组成部分，是中国对外贸易的官方统计，海关内部的业务工作统计被称为海关业务统计，是海关对各项业务管理的工作量与工作成果的部门统计。1981 年，经国务院批准，中国对外正式公布的进出口贸易情况使用了海关统计数字，海关统计成为中国的官方统计。2005 年 12 月 25 日，国务院公布《海关统计条例》，2006 年 3 月 1 日起实施，为海关统计工作科学有效开展和海关统计原始资料的准确性提供了法规保障。目前中国海关全面采用国际标准，其统计方法与统计口径同国际通行的贸易统计方法相一致，除具有社会经济统计的一般特点外，还具有全面性、可靠性和国际可比性三大特点。

（一）海关统计的工作任务

1. 依法开展统计调查，全面收集、审核进出口货物收发货人或者其代理人的原始报关资料，并对统计数据进行汇总、整理。

2. 依法对进出口贸易统计数据进行统计分析，研究对外贸易运行特点、趋势和规律，根据进出口贸易统计数据以及国内外有关宏观经济统计数据开展进出口实时监测和动态预警工作。

3. 利用海关统计数据依法开展统计监督，对企业进出口行为和过程进行监督，对海关执法活动进行分析评估，并检查、纠正虚报、瞒报、伪造、篡改统计资料的行为。

4. 根据国家有关规定开展统计咨询服务。除依法公布以及无偿提供的综合统计资料外，海关还对进出口贸易统计的数据资料提供有偿咨询服务。

（二）海关统计的作用

1. 有助于强化国家宏观经济管理与宏观调控。

（1）海关统计全面运用现代计算机技术和科学的统计分析方法，可以客观、真实、及时、正确地反映国家对外贸易的总体情况，有利于国家及时掌握对外贸易情况，适时制定和调整对外贸易政策，进行宏观调控。

（2）政府及其管理部门可以通过海关统计数据反映的现实情况，运用经济杠杆调整市场供求，避免主观性和盲目性。海关统计通过进出口数据，在一定程度上可以及时、正确地反映国内外市场供求变化情况，有利于政府及其管理部门对市场运行过程所产生的、不可避免的盲目性进行及时有效的干预；有助于经济实体知己知彼，有效组织生产和经营活动。

（3）海关统计还可以对国家有效引进和利用外资提供依据。海关统计能及时、正确地反映我国进出口国外物质资源的基本情况，有利于国家对引进和利用外资政策的制定和适时调整。

2. 有助于国家对进出口情况进行监测和预警。海关统计部门可以通过对海关所采集的数据进行整合分析，向政府及有关管理部门反映进出口环节的不正常情况，引起政府及有关管理部门的重视，促使其进一步加强管理，从而起到对企业进行守法监督和规范进出口秩序的作用。

3. 有助于海关对业务管理、执法状况进行监控。通过对海关贸易统计和业务统计数据的监控分析，对海关业务管理、执法状况进行执法评估和统计监督，加强海关科学管理，防范海关执法风险和廉政风险，打击各种走私、违法活动。

二、海关统计制度的基本内容

（一）海关统计资料的管理

包括海关统计数据的收集、海关统计数据的审核、海关统计数据的报送、海关统计资料的编制、海关统计资料的发布和提供。

（二）海关统计的范围

列入我国海关统计范围的货物必须同时具备以下两个条件：①跨越我国经济领土边界的物质商品流动；②改变我国的物质资源存量。

我国将进出口货物分为列入海关统计的进出口货物、单项统计货物和不列入海关统计的货物三类。

1. 列入海关统计的进出口货物。

（1）一般贸易：指我境内有进出口经营权的企业单边进口或单边出口的货物。

（2）补偿贸易：指由境外厂商提供或者利用境外出口信贷进口生产技术或设备，由我方进行生产，以返销其产品方式分期偿还对方技术、设备价款或贷款本息的交易形式。

（3）寄售代销贸易：指寄售人把货物运交事先约定的代销人，由代销人按照事先约定或根据寄售代销协议规定的条件，在当地市场代为销售，所得货款扣除代销人的佣金和其他费用后，按照协议规定方式将余款付给寄售人的交易形式。寄售人与代销人之间不是买卖关系，而是委托关系，代销人对货物没有所有权。进口寄售货物的增发部分按“寄售、代销贸易”统计。

（4）保税仓库进出境货物：指从境外直接存入保税仓库的货物和从出口监管仓库运出境的货物，不包括保税区的仓储、转口货物。本项统计所称保税仓库仅指设置在非保税区内的保税仓库。

（5）易货贸易：指不通过货币媒介而直接用出口货物交换进口货物的贸易。以易货贸易形式开展的边境小额贸易，其进出口货物按“边境小额贸易”统计。

（6）加工贸易：指经营企业进口全部或者部分原辅材料、零部件、元器件、包装物料（以下简称“料件”），经加工或装配后，将制成品复出口的经营活动，包括进料加工、来料加工。

2. 不列入海关统计的货物。具体包括：①过境、转运和通运货物；②未进出境的转口货物；③未进出境，在境内以外汇结算的货物；④暂时进出口货物；⑤租赁期一年以下的租赁进出境货物；⑥无代价抵偿的进出口货物；⑦退运货物；⑧中国驻外国和外国驻中国使领馆进出口的公务物品；⑨进出境旅客的自用物品（汽车除外）；⑩边民互市贸易进出境货物；⑪进出境的运输工具在境外添装的燃料、物料、食品以及放弃的废料物料。⑫其他（包括修理物品，打捞物品，无商业价值的广告品或货样，我国籍渔船在公海或外海自捕的水产品，我国籍船舶或飞机在境内添装的燃料、物料、食品等）。

3. 不列入海关统计但实施单项统计的货物。包括免税品、进料与来料加工以产顶进货物、进料与来料加工转内销货物、加工贸易转内销设备、进料与来料深加工结转货物及余料、加工贸易结转设备、退运货物、进料与来料加工。

（三）海关统计基本项目

包括商品类别、数（重）量、海关统计价格、国别（地区）、经营单位、贸易方式、境内目的地和境内货源地、运输方式、海关关别、放行时间。

三、海关统计分析与监测

（一）海关统计分析的重点

1. 进出口环节中贯彻执行国家经济发展政策、产业政策和外贸管理措施的情况，政策措施的实际效果，有关政策的变化对进出口的影响。

（1）宏观经济政策：财政政策、货币政策、产业政策、区域政策、利用外资政策、外汇管理政策等。

（2）外贸政策：出口退税、进口税率调整、贸易管制措施、商品检验检疫、加工贸易、边境小额贸易等方面的政策。

2. 对外贸易发展进程的跟踪与分析。

（1）里程碑：如进出口总值突破 10 000 亿美元、外商投资企业进出口比重超过一半等。

（2）急剧变化：激增或锐减的变化及其原因、影响。

（3）转折：重要事件前后对比（如入世前后）。

3. 重点商品的进出口情况及其对国内产业的影响。

（1）关系国计民生的商品：粮食、石油、钢材、小麦、玉米、大豆、棉花、食糖、稻谷和大米、植物油等。

（2）传统大宗商品：纺织服装、鞋、玩具、重要塑料制品等。

（3）国内高关税保护的行业产品：汽车、农产品。

（4）国内鼓励产业产品：IT 产品、高附加值的机电产品。

（5）国内供求缺口大的商品：矿产资源、化工原料。

4. 外部环境变化及贸易保护的影响。

（1）外部环境：大国（地区）和周边地区政治经济环境变化，双边或多变贸易协定的签订。

（2）贸易保护措施：国外实施的反倾销、特保措施、反补贴、保障措施、绿色壁垒和技术壁垒等；我国实施的反倾销、贸易保障、检验检疫等。

5. 进出口行为的社会影响。

(1) 自然环境:"洋垃圾"、废金属、境外污染工厂的转移。

(2) 公众的身体健康:转基因、口蹄疫、疯牛病、放射性、有毒水果等危害身体健康的商品。

(3) 持续发展:经营秩序、自然资源、贸易效益等。

除上述五点以外,海关统计分析的重点还包括加工贸易、保税仓库、保税区和出口加工区进出口货物的结构、流向和流量;不同贸易方式、不同性质企业的进出口情况;进出口过程中具有代表性或地方特色的情况;某一时期进出口过程中具有倾向性的问题,社会关注的热点问题,如人民币持续升值、我国加入世界贸易组织后的产业安全、贸易平衡、贸易摩擦、出口退税、汇率改革、宏观经济调控、科学发展、和谐发展等热点问题。

(二) 海关统计分析报告

1. 海关统计分析报告的类型。海关统计分析报告是指通过对海关统计数据的分组、对比、计算和综合分析,在对海关统计数据感性认识的基础上,归纳、汇总并上升到理性结论的一种认识过程,同时将认识结果以一定的文字或图表方式表达出来。海关统计分析报告大致可以分为以下 3 类:进度型分析报告、专题型分析报告、综合型统计分析报告。

2. 海关统计分析报告的质量要求。海关统计分析报告质量的基本要求是:有较强的针对性、可靠性、及时性和较高的文字水平。在其内容和形式上应符合以下要求:选题准确,针对性强;一文一旨,观点鲜明;资料可靠,逻辑清楚;时效性强,反应及时。

(三) 进出口监测预警系统的作用

1. 实时监测。能够按日进行监测和监控,及时发现进出口过程中出现的异常现象,及时跟踪反馈国家相关政策法规在进出口领域的影响和实际效果,保障、支持国家有关外贸政策的实施。

2. 快速反应。对外贸进出口领域出现的新情况、变化特征和规律能够准确捕捉并及时反馈,对各级领导和相关管理部门多样化的数据需求能够在最短的时间内回复,在总署与直属海关之间建立起方便快捷的数据交换和使用渠道。

3. 科学预测。具备对多种分析对象进行预测的能力,能够用多种方法对同一分析对象进行预测,相互验证,能够将预测结果自动导入预警系统中,为动态预警提供支持。

4. 动态预警。能够对已确定的 300 多种重要商品的进出口状况进行及时的自动预警提示,对某一商品的进出口状况能够从多角度识别和综合判断,根据预警结果能够通过预警系统查找到预警商品的表征状况和显性原因。

第二节　海关统计

海关统计数据的采集指通过计算机对通关作业系统的报关单数据进检查，将当天已结关的数据记录自动提取转换，进入统计中间库的过程。为避免统计数据漏转或误转，各直属海关按月对转入统计中间库的数据与报关单原始数据库的有关数据进行核对，对漏转和误转数据，须查明原因，并及时对统计中间库的数据进行更改。

海关统计包括进出口货物的下列项目：品名及编码、数量和价格、经营单位、贸易方式、运输方式、进口货物的原产国（地区）、起运国（地区）、境内目的地、出口货物的最终目的国（地区）、运抵国（地区）、境内货源地、进出口日期、关别、海关总署规定的其他统计项目。上述指标是海关统计的基础数据，是海关统计数据的法定采集指标。根据国民经济发展和海关监管需要，海关总署可以对统计项目进行调整。

海关统计数据是计算机对已结关报关单数据的监管方式和运输方式代码的判断自动采集生成的。采集的范围包括三部分数据：贸易统计、单项统计、不统计。贸易统计是收集监管方式代码后两位为“10”至“39”且运输方式代码为“2-6，9”的进出口数据记录；单项统计是收集监管方式代码后两位为“41”至“66”或运输方式代码不为“2-6，9”的进出口数据记录；不统计是收集监管方式代码后两位为“00”的进出口数据记录。

一、海关统计数据审核

海关统计数据审核指统计人员对已结关的海关统计数据进行统计初审、复审和复核的过程。通常，统计人员运用计算机系统设置的各种检控程序对转入统计中间库的数据进行检查，打印各种统计数据审核表（或无纸化审核表）进行审核。海关统计数据审核表是一种以计算机记录的形式，按设定的程序打印的海关统计数据原始记录表，俗称“过录表”，是统计人员审核数据的常用检查表。计算机根据设定的检查条件，在检查表上自动打印出对有关统计项目需注意审核的提示。审核过录表是保证海关统计数据质量的重要环节。

海关统计数据的审核范围包括进（出）口口岸名称、经营单位、境内目的地/货源地、运输方式、起运/运抵国别（地区）、原产国/目的国国别（地区）、贸易方式、商品名称及商品编码、计量单位及数（重）量（包括毛重、净重、第一数量及第二数量）、成交方式及成交币制、单价及总价、结关日期、人民币值和美元值以及其他海关统计项目。其中，进出口商品的品种、数（重）量、价格、国别（地区）、经营单位、境内目的地、境内货源地、贸易方式、运输方式等是重点审核的统计项目。审核把关主要由海关总署综合统计司和各直属、隶属海关共同来完成。海关总署主要负责各直属海关上报的229字符的最终复核、检查工作，重点是对错误信息和大数量、大金额数据记录进行检控。各直属、隶属海关是统计数据审核的主要力量，绝大多数差错的发现并及时更正主要靠各直属、隶属海关完成。目前，各关统计数据的审核环节包括电子审核、人工专业化审核、现场接单（放行）审核、隶属海关统计部门（岗位）审核、直属海关统计部门复审、综合统计司复核。具体工作流程如图8-1所示。

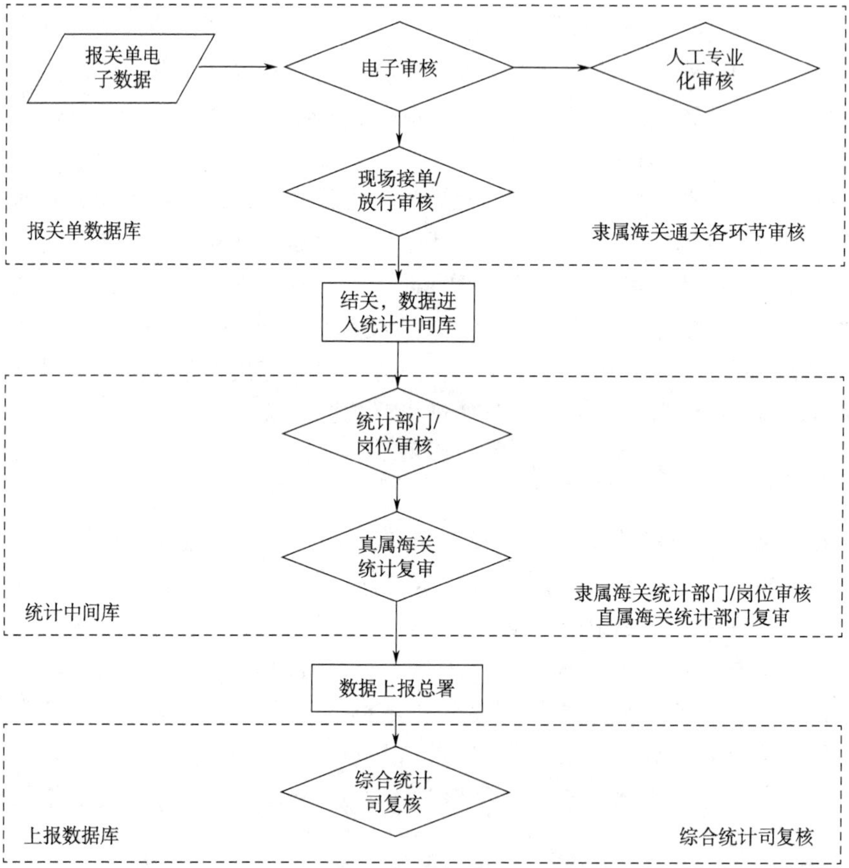

图8-1　海关统计数据审核流程

从1993年起，全国所有直属海关均通过计算机网络直接向总署传输月度海关统计数据。1995年，海关月度统计的截止日期从1980年以来的每月25

日改为每月末日，实现与联合国关于按公历月编制贸易统计的国际标准的一致。

各直属海关在上报统计数据之前将复审后的统计中间数据库文件转换生成229字符统计数据文件。在数据转换前要对统计中间数据库进行错误信息和逻辑检查。为保证上报数据准确无误，向海关总署传输之前必须对所生成的统计数据229字符文件进行错误信息检查，并将统计数据库文件的数据一览表与统计上报文件的数据一览表进行核对，保证两表数据与上报文件清单的数据一致。各直属海关在规定时间内将本关区统计数据传输至海关总署，如遇网络发生故障，应采用其他方式将统计数据按时报至海关总署。在上报数据时，先传数据清单文件，再传229字符文件。由于数据量大、各关报关单数量不一，为保证各关有足够的时间审核数据，同时也为避免都集中在最后几天上报数据，造成网络信道拥挤，各关上报数据采取分段传输方式进行。

海关总署汇总各直属海关报送的统计数据后，在规定时间内将反馈数据放在海关总署指定内部网络平台上：当月各直属海关所在省（自治区、直辖市）的进出口原始数据（按进出口贸易的经营单位所在地、关别和境内目的地/货源地）反馈；本年度各直属海关统计更正数据；当月《海关统计》（月刊）第1至第14表。各直属海关的技术部门应于规定的时间内，在海关总署指定的网络账号下提取反馈数据，并做好数据备份文件，避免数据丢失；提取反馈数据后，将提取的数据与反馈数据清单文件进行核对（记录条数、人民币值、美元值），确保提取数据的完整性；根据提取的更正数据，对本省（自治区、直辖市）的统计数据进行更正；打印反馈数据库更正清单，备份存档，供分析数据时查询使用。

二、海关统计数据更正

海关统计数据更正指对已结关的报关单数据经统计审核并确认错误的数据进行修改或删除的工作。海关统计数据更正从时间上可分为上报总署前的更正和上报总署后的更正。从工作岗位上可分为业务现场、隶属海关统计科和直属海关统计处对统计数据的更正。经检查发现存在差错，统计人员可以在统计中间库中对以下统计指标进行更正：进出口岸、商品名称、商品编码、商品编码附加码、运输方式、原产/最终目的国（地区）、起运/运抵国（地区）、第一数量、第一计量单位、第二数量、第二计量单位、统计人民币值、统计美元值、成交总价、成交币制、成交方式、监管方式、收发货地、税款、关税值、减免税、减免关税、征免方式、征减免方式、毛重、净重等。

（1）对于结关后的报关单数据的修改。现场业务部门在报关单库中对经核查确认错误的数据进行更正。更正后的数据自动进入统计中间库。

（2）对向海关总署上报前发现的统计数据差错，由于特殊原因暂时无法在报关单库中进行更正的，统计部门可以按下列办法对统计中间库的数据直接进行更正：①经核查后确认需更正的差错数据，按海关总署规定的格式填制“统计数据更正单”。②在统计数据库中找出“统计数据更正单”列明的需作更正的数据，逐条进行增加、删除或更改。③数据更正完毕后打印“统计数据更正清单”，认真核对所更正的数据。数据更正操作人员和主管科长确认数据更正无误后，在更正清单上签字。

（3）对向海关总署上报后发现的统计数据差错，统计部门按下列办法对统计数据库的数据进行更正。

第一，统计数据上报后如果发现较大差错，应于规定时间前，将“统计数据更正单”传至海关总署综合统计司。

第二，对 1 月至当月上报后的统计数据，除按规定的办法对本关统计中间库数据进行更正外，还应形成 1 月至当月的更正数据文件，并进行错误信息和更正数据文件名的检查。确认更正数据和数据文件名无误后，于当月月底前将更正数据文件传至海关总署。

（4）次年 2 月底以后发现的跨年度并已结关但未转入统计数据库的报关单数据和统计数据差错，不再对统计数据库进行增加和更正。

第三节　海关业务统计

一、海关业务统计概述

海关业务统计是海关统计工作的组成部分，是海关管理过程和管理结果的反映，是海关进行科学决策和有效管理的重要依据。海关业务统计是海关内部统计，属于部门统计范畴。海关业务统计的基本任务是对海关各项业务管理活动进行统计调查和统计分析，准确、及时、全面地反映海关业务状况，开展统计监督，为各级领导和有关部门了解情况、制定措施、指导工作、编制计划和行政管理提供信息服务。海关业务统计涵盖了海关业务的各个方面，是对海关业务管理过程的数字描述，调查、收集、整理海关管理工作中的数据，是海关业务统计的基础工作。

海关业务统计以隶属海关为基本统计单位，各隶属海关按公历月逐月统计本关各项统计指标数据，并按行政隶属关系，逐级上报。图 8-2 为海关业务统计系统作业流程，其主要步骤如下：

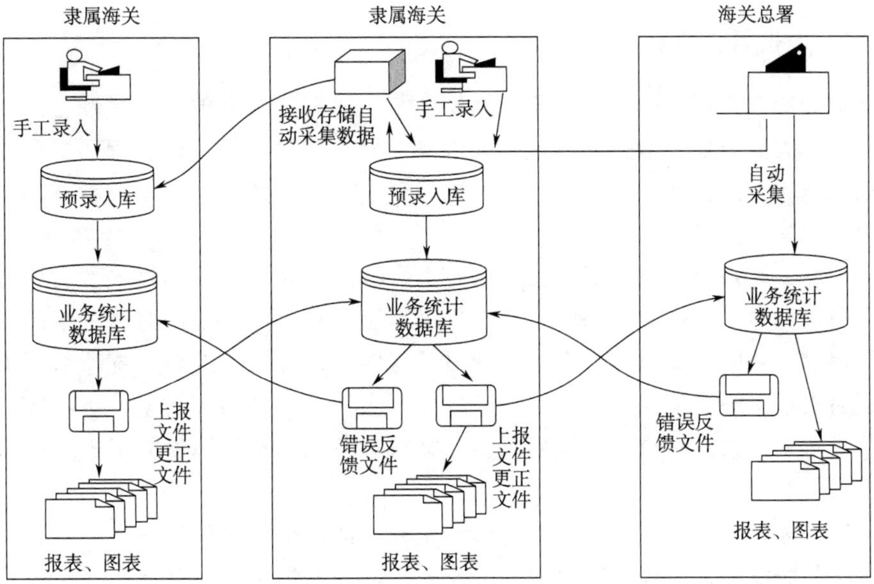

图 8-2　海关业务统计系统作业流程

（1）总署综合统计司每月初运行基于海关业务信息化管理系统的自动采集程序，生成自动采集数据文件，并存放于指定的公共目录下。

（2）直属海关到总署指定的公共目录提取本关区自动采集数据文件，并存放于本关指定的公共目录下。

（3）隶属海关手工录入非自动采集的数据，保存到预录入库中，并到直属海关指定的公共目录提取本关的自动采集数据，保存到预录入库中。

（4）需要上报时，隶属海关将预录入库数据汇总到业务统计库，经过双重审核之后，生成上报文件。

（5）隶属海关需要更正数据的，生成更正文件并上报。

（6）直属海关手工录入非自动采集的数据保存到预录入库中，并到直属海关指定的公共目录提取自动采集数据，保存到预录入库中。

（7）直属海关将本关的预录入数据汇总到直属海关业务统计库，并将各隶属关的上报文件追加到直属海关业务统计库。经双重审核后，生成上报文件，上报总署。

（8）直属海关需要更正数据的，生成更正文件并上报。

（9）海关总署将上报文件和更正文件以及总署直接提取的数据（如税收入库、稽查、缉私等）汇总到总署业务统计数据库。

（10）各级海关需要查询分析、生成报表时，读取各自的业务统计库。

除以上步骤外，还存在上级海关对下级海关下发错误反馈文件的过程。

二、业务作业流程

业务作业流程指海关业务统计数据在某一级海关内部的流转情况，其核心是实现海关业务统计数据的双重审核管理。所谓双重审核管理，指在直属海关和隶属海关，由统计部门和业务部门共同对业务统计数据进行审核管理的数据审核作业模式。

《海关业务统计工作制度》第 6 条和第 10 条规定：各直属海关和隶属海关对业务统计数据实行业务部门与统计部门双重审核，业务部门对需上报的数据进行审核，并由本部门负责人签字认可后送同级统计部门复核，统计部门确认无误后报送上级海关统计部门。业务部门对报送的统计数据质量负责；统计部门负责对上报数据质量进行最后复核，并对业务部门和下属海关报送数据质量情况进行检查、指导。

在实际的业务作业流程中，为保证业务统计数据双重审核管理制度的顺利实施，各级海关统计部门应根据本关业务职能划分情况，对业务统计指标实施分类管理，确保本级海关上报的每一条业务统计数据都经过统计部门与业务部门的双重审核。

图 8-3 为业务统计业务作业流程。其主要包括以下步骤：

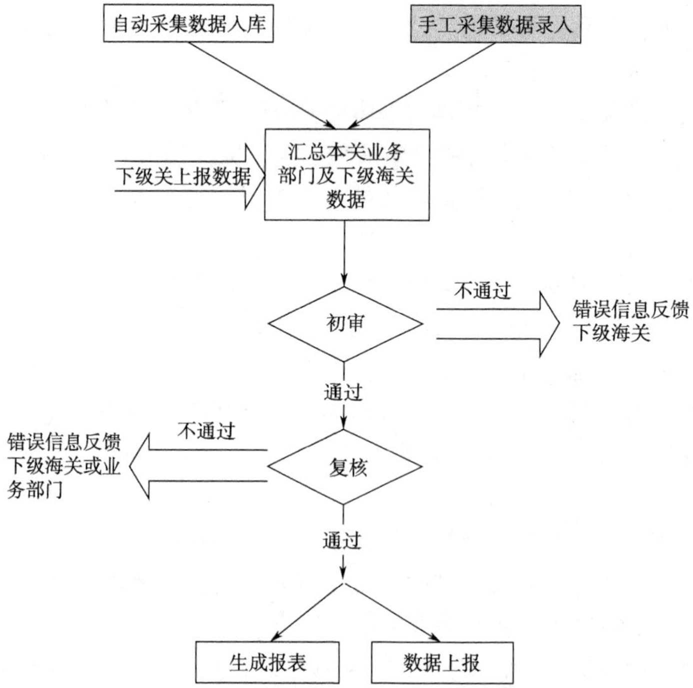

图 8-3　业务统计业务作业流程

（1）由本级海关业务部门手工录入数据，由本级海关统计部门追加自动采集数据存入预录入库。

（2）由本级海关统计部门汇总第1步各业务部门手工录入的数据，并接收和追加下级海关上报的数据。

（3）由各业务部门按分类管理情况对各自管理的业务数据进行初审，如存在疑问则进行核实、修正。

（4）统计部门对所有的业务统计数据进行复核，对存在疑问的数据则要通知相关的本级海关业务部门或下级海关统计部门进行核实、修正。

除此之外，统计部门还要根据上级海关的错误反馈情况进行相应的数据核实、修正工作。

海关业务统计操作规范是对业务统计作业流程的具体描述，是海关业务统计工作正常、有序开展的保证。总署综合统计司制定的《中华人民共和国海关统计工作管理规定》是海关业务统计操作规范的具体体现，它规范了海关业务统计数据从采集、审核、上报到检控、信息反馈、数据更正的全过程，具有很强的实务性。

三、海关业务统计数据采集

海关业务统计数据有三个来源：自动采集数据、总署反馈数据和手工录入数据。

（一）自动采集数据

自动采集数据是指指标属性为“自动采集”（即指标属性标志为“A”）的数据。这部分指标的数据由总署综合统计司每月月初采用业务统计数据自动采集程序从海关业务信息化管理系统提取。数据提取完成后存放于指定公共目录下，各直属海关负责接收到本关区公共目录，各隶属海关再自行到直属海关指定的公共目录下提取本关数据，并将其装入本关数据库。

（二）总署反馈数据

总署反馈数据指指标属性为“反馈数据”（即指标属性标志为“B”）的数据。这部分指标的数据根据业务部门的意见，由总署综合统计司集中统一采集，直属海关统计部门每月定期到总署指定的公共目录下提取，并装入本关业务统计数据库。目前，稽查数据、海关税收缴库数据、缉私数据属于这类数据。

（三）手工录入数据

除上述业务统计指标数据外，其他指标数据均由手工收集、整理、录入。这部分数据一般由隶属海关的各业务部门按指标要求，通过建立各项业务工作量登记制度台账、填制报表等方式完成数据录入。

四、数据审核和传输

数据审核的对象主要是“手工录入数据”和“自动采集数据”，“总署反馈数据”无需审核，数据审核前须由各级海关统计部门专人负责完成数据汇总。

按审核主体分，数据审核有业务部门审核和统计部门复核；从审核手段看，海关业务统计管理系统提供了 5 种审核手段：完整性检查、规则检查、经验值检查、数据整理和人工审核，前 4 种审核手段由计算机自动完成。

数据审核的方式按先下级海关后上级海关，先业务部门后统计部门，先机器后人工的顺序进行。

数据的传输包括自下而上的数据文件上报（包括月度上报文件和更正文件）和自上而下的文件下发（包括检控信息文件、反馈文件和恢复文件）。

五、数据查询和更正

（一）数据查询

上级海关在数据审核中发现数据存在疑问时，可以使用下发检控信息文件或电话通知两种手段核查数据，检查信息文件的记录包括未通过“规则库”和“经验值库”检查以及未添加审核标志的记录。检控信息文件的生成、下发和接收由各级统计部门负责。

（二）数据更正

数据上报上级海关后，数据更正一般坚持自下而上的更正顺序。对隶属海关，数据更正是在本级海关数据库中直接修改，而后形成更正文件上报；对直属海关，数据更正是接收、追加下级海关报送的更正文件，并向总署报送本级海关的更正文件。更正文件的报送与接收由各级海关的统计部门负责。

第四节　统计分析与应用

海关统计分析是海关统计工作的重要组成部分，是海关统计部门的重要职责，是对海关统计数据进行加工整理、分析研究的工作，通过数据分析及时准确地反映中国货物进出口政策执行情况，进出口秩序情况，进出口贸易方式构成、商品构成、企业构成和市场构成等。常用的海关统计分析方法有绝对分析、相对分析、平均分析、平衡分析、指数分析、动态分析等多种。各种分析方法需要有各种不同的分析指标，这些指标从不同侧面描述了对外贸易现象的某些特征，通过对这些指标做进一步的比较分析，或对不同时空下的同类指标进行比较分析，可以揭示对外贸易现象的主要特征和规律。

一、进出口监测预警

进出口监测预警系统是依据海关统计数据和国内外有关宏观经济统计数据

建立的，是以商品为单元，以多种经济分析指标和计量经济模型为主要内容，对外贸进出口进行全方位、多层次、多角度监测、监控和预警的分析应用系统。进出口监测预警系统由5个功能相对独立又相互关联的分析系统构成，分别是快速反应子系统、对外贸易指数子系统、预测子系统、预警子系统和查询子系统。

（一）快速反应子系统

每天、每月对所有税号商品、全国各地区、各贸易伙伴、各种贸易方式进出口状况进行全面、及时、系统的自动运行监测；对各种分类的重要商品的基本进出口情况进行实时监控。

（二）对外贸易指数子系统

按照月度监测各种分类的进出口商品价格变化、数量变化和价值变化，编制发布《中国对外贸易指数》月刊。

（三）预测子系统

利用海关统计数据和有关经济变量数据对重点商品进出口进行月度和季度连续预测，对整体进出口规模进行季度、年度预测。

（四）预警子系统

通过对进出口统计数据和相关的宏观经济数据的综合分析，利用计量经济学模型建立主要商品进出口状况的评价体系，对重要商品进出口合理区间做出科学界定，多角度、多方位地判断主要商品进口、出口是正常还是过量，偏多或不足，及时发布动态预警信息。

（五）查询子系统

全国海关统计数据查询分析系统是为了改进监测预警系统和其他系统的查询功能而设计的。系统根据用户定义的查询条件，能准确、快捷地查询全国各地区、各关区的统计数据，并且按一定格式输出报表、图形供分析使用。

二、海关统计监督

海关统计监督是以通关数据为基础，通过对数据的审核对比、运用数理统计的方法和先进的分析软件，对海关主要业务管理的过程进行科学的量化分析，从宏观和微观两个层面对海关执法状况进行全面的监测监督。海关统计数据既是对外贸进出口结果的反映，也是海关管理结果的反映。海关统计部门作为全国海关统计工作的主管部门，同样行使着统计监督的职责。海关统计监督的作用主要体现在：一是海关统计监督是海关执法监督体系的重要组成部分；二是有利于强化垂直领导体制；三是有利于化解海关廉政风险；四是有助于保障海关管理对象的合法权益，提高海关执法效率，保障外贸进出口的顺利进行。海关统计监督工作包括执法评估和个案监督两种形式。

（一）执法评估

海关执法评估系统是根据数理统计原理，运用专门的统计分析软件，对执法活动中产生的数据（主要是通关数据）进行科学分析和比较，对当前走私规模状态和海关税收征管质量、贸易管制条件执行情况、加工贸易监管状况、通关效能、监管质量等进行动态监测分析，对各关行政执法和业务管理水平做出量化评估的业务分析管理系统。海关执法评估报告是执法评估工作的最终反映。根据执法评估所涉及的范围不同分为综合性执法评估与专题性执法评估，相应写成的报告分别为综合性执法评估报告和专题性执法评估报告。综合性执法评估指对一段时间某海关的行政执法状况进行全面、宏观的评估。评估的范围包括海关业务的各个方面的主要内容。专题性执法评估是针对海关业务的某一个方面，应用执法评估的方法和理念，对与此相关的海关工作进行深入的评估分析，比较与全国海关之间执法水平的关系，反映该关在该方面行政执法的状况。执法评估分析报告要总体反映一个海关的执法状况，从整体趋势中反映海关的执法状况；要从海关业务的角度，把执法评估的指标具体化，及时指出具体的风险点或提供具体的异常数据记录。

（二）个案监督

个案监督的重点是对企业进出口异常行为所反映出的海关管理问题进行监督。通过对进出口数据的审核对比，发现企业在运输线路、商品归类、申报价格、贸易方式、贸易管制等方面是否存在错报或逃避海关管理的异常行为，以及这种行为之所以发生的海关管理方面的原因；对海关管理中的违规行为和不当操作予以监督。海关在政策执行中的偏误有的可以从进出口统计数据中明显地反映出来，统计人员应在熟悉海关管理规定的基础上，发现海关管理环节的漏洞；结合外贸政策的调整和经济环境的变化，监督海关管理面临的潜在风险。

三、海关统计资料的编制

海关统计资料的编制指对所收集的统计数据，进行科学的汇总与加工整理，使之系统化、条理化，能够反映进出口货物贸易特征。海关统计资料的发布指各级海关统计部门以海关统计原始资料为基础，经采集、整理、汇总加工编制的海关统计资料，通过统计刊物、纸介质、磁介质、电子数据交换、新闻媒介等形式，定期向地方政府通报和向社会各界公开发布。海关总署应当定期、无偿地向国务院有关部门提供有关综合统计资料。直属海关应当定期、无偿地向所在地省、自治区、直辖市人民政府有关部门提供有关综合统计资料。海关于每年的 12 月将下一年度月报、年报等统计资料的公布时间对外公告。

自 1980 年中国恢复海关统计以来，海关统计有效地发挥了信息、咨询、监督作用，其准确性、及时性、全面性和可靠性已逐步得到了社会各界的认识，目前，海关统计信息咨询服务已成为中国海关重要的对外窗口。海关不仅可以通过分析贸易商的历史活动检测到其过去欺诈行为的数量，还可以使用行政管理部门内部和外部的其他信息源，提高控制措施的有效性及其整体绩效。

我国海关统计制度为联合国推荐的总贸易制。列入海关统计的货物须同时具备两个条件：一是实际进出关境，即跨越我国的经济领土；二是改变我国境内物质存量。对于是否“跨越我国的经济领土”，由海关统计原始资料中的“运输方式”识别，包括水路（代码 2）、铁路（代码 3）、公路（代码 4）、航空（代码 5）、邮政（代码 6）、管道电网等固定设施（代码 G）、旅客携带（代码 L）以及其他（代码 9），详见海关行业标准 HS/T61-2019。对于是否“改变我国境内物质存量”，由海关统计原始资料中的“贸易方式”识别，包括一般贸易、来料加工贸易、进料加工贸易、捐赠物资、边境小额保税仓库进出境货物、海关特殊监管区域物流货物等。贸易方式代码是监管方式代码的后两位，详见海关行业标准 HS/T60-2019，列入海关统计的，贸易方式代码为“01”至“41”。对于未实际进出境（例如，二线进出海关特殊监管区域、保税监管场所及其他特定区域的货物），或虽然实际进出境但没有改变境内物质存量的货物（例如，暂时进出口货物、展览品、退运货物、修理物品、过境货物等），海关根据需要实施海关单项统计。

第三篇　口岸与生态安全

2015年7月1日，新的《中华人民共和国国家安全法》（下称《国家安全法》）正式实施，确立了新的国家总体安全观，首次将“非传统安全”写入法律，在国家层面上明确了非传统安全属于国家安全的重要组成部分。口岸生态安全，既要全面监管，不可疏漏；又要聚焦重点，有的放矢。维护口岸生态安全是海关检验检疫部门依法履职的必然要求。新的《国家安全法》明确要求中央国家机关各部门按照职责分工，管理指导本系统、本领域国家安全工作，进一步将检验检疫部门开展口岸疫病疫情防控、维护生态安全职能法定化。

随着国际贸易形式的发展变化，全球疫病疫情不断发生、外来有害生物频繁入侵以及物种资源流失等安全问题日益凸显，新的安全威胁因素如核生化、核辐射等的不断呈现，使生态安全隐患进一步加深，监管难度也进一步加大。把口岸作为国家生态安全监管重点，海关检验检疫部门责无旁贷，必须下决心、下力气，确保“场域安全”，遏制危害生态安全的情况发生。为此，我们总结了“四个一流”安全体系作为创建生态安全示范港的重要保障。

一是树一流安全理念。新形势下，应当将“国家安全任务”与非传统安全管理工作联系起来，拓展生态安全的内涵，形成动植物检验检疫安全、商品质量检验安全、卫生检疫安全及食品安全的国门大防控生态安全体系。

二是建一流安全体系。以“企业主体、政府主导、检验检疫指导、相关部门协作”的口岸生态管理机制为指导，对内依据《国家安全法》赋予海关检验检疫部门的职责及相关要求，梳理生态安全风险要素，完善相关制度，创新监管手段，加强对大宗资源新货物、高风险产品及卫生安全高威胁风险因子的监管和防范；加强应急防范能力的建设，注重风险信息的收集、评估、预警，对风险的发生能够有效地应对。

三是创一流安全保障。通过建立移动医疗室、新能源改造升级等方式，在不断完善口岸核心能力建设的基础上，将动植物检疫核心能力纳入口岸核心能力大体系、大范畴同步建设，并逐步将食品、工业品检验等核心能力建设也逐步纳入。此外，外来安全风险的预警硬件设施等也要规划建设和完善升级。

四是促一流安全效率。建立国门安全屏障的目的，既要做到确保不放过任何危险生物入境，也要提高效率，确保港口货物正常快速流转，保障经济发展。要不断创新模式，积极探索智慧口岸建设，运用大数据理念，有效提高风险把控、质量管理的能力，达到数据驱动科学决策的目的，以全员参与的理念，全方位保障口岸生态安全。

第九章　国家口岸管理

口岸是人员、货物、交通工具合法进出境的地方，是开展国际经贸、国际交往和国际旅游的必经通道，对每个国家和地区的经济、社会发展至关重要，因而各国都对口岸管理问题高度关注。研究表明，目前国际口岸管理体制主要呈现出三个特点：在使命上，需应对安全与便利的双重挑战；在形式上，呈现“边境和口岸实现一体化管理”的趋势；在机制上，海关的优势作用得到普遍承认。在上述三个特点的作用下，根据国情的差异，国际口岸管理体制发展主要呈现两种模式：一是“嫁接”式，由机构重组主导的口岸管理模式。二是“加强合作”式，由机构合作主导的口岸管理模式。

随着国际物流业的不断发展，现代贸易实践对促进贸易便利、改善口岸通关模式提出了更高的要求，各国政府都在采取改革口岸管理体制、应用信息技术等多种手段推动贸易安全和便利。在诸多措施中，单一窗口越来越受到国际组织和各国的重视，并成为促进贸易便利化、提高国家竞争力的主要措施。中国的电子口岸具有中国特色，它考虑到了地域的不同、管理体制的不同，分为中央层级和地方层级两个平台，相互协作，互为补充。从沿海地区经济发展形势看，建设单一窗口将为提高沿海口岸竞争力创造新的优势。口岸是各沿海港口城市的重要经济资源，对本地区和相关区域经济的发展都起着非常重要的作用。建设单一窗口，首先要完善电子口岸领导体制、管理机制。其次，要完善平台建设，使单一窗口实现企业申报数据一次性递交、跨系统共享、多部门共用等建设目标。

在市场经济条件下，要促进口岸企业守法经营、自我约束。一是要完善口岸执法机制和外贸企业经营的法制环境，提高海关管理的法制化地位，使边境贸易管理的各个方面做到有法可依、有章可循，从而使海关的监管风险得到有效控制，降低海关执法风险。二是推动口岸基础信息平台的建设，满足多种组织、多种业务形态的一体化作业要求，实现船公司、货主、各种代理机构及与港口航运相关的金融、保险、海关等部门的信息共享，实现供应链各环节的信息以高效、准确、快速的方式传递，将沿边口岸及周边区域的建设和发展，与国家能源、区域经济发展和宏观经济发展战略相结合，搭建全方位的优惠政策平台，吸引社会各方资源和力量投入沿边口岸，参与沿边开放。

相关执法依据主要包括《国务院关于口岸开放的若干规定》（国发〔1985〕

113 号)、《国务院关于口岸开放管理工作有关问题的批复》(国发〔2002〕14 号)》、《国务院办公厅转发口岸领导小组关于〈地方口岸管理机构职责范围暂行规定〉的通知》、《国务院关于改进口岸工作支持外贸发展的若干意见》、《国务院关于印发优化口岸营商环境促进跨境贸易便利化工作方案的通知》、《国家"十四五"口岸发展规划》,以及海关总署、公安部、交通运输部、原质检总局联合印发的《口岸准入退出管理办法(暂行)》等。

第一节 机构职能与营商环境

一、口岸管理机构概况

口岸是供人员、货物、物品和交通工具直接出入国(关、边)境的港口、机场、车站、通道等。口岸概念有狭义和广义之分,从狭义上讲,经国务院批准对外开放的港口、机场、车站、跨境通道等,都是对外开放口岸的主要载体;从广义上讲,是包括开放口岸在内的特定区域。前者已经获得认定和全面政策支持;后者主要起因于中国口岸在历史上分为一类和二类两种,目前由各地商务系统和外贸部门及企业自行通过签署备忘录和口岸业务分流等方式自行设定名称。

按照统筹兼顾对内与对外开放,"引进来"与"走出去"并举等原则,我国自 20 世纪 90 年代以来对二类口岸分不同情况进行了清理整顿:把效益好、布局合理,能够实施有效监管的,纳入国家口岸发展规划,分期分批报国务院审批;把有一定效益、距离原一类口岸较近、能够实施有效监管的,由所在地省(自治区、直辖市)人民政府报国务院批准后并入原一类口岸;把有一定效益,但不属于常年过货的,作为临时开放口岸,按临时口岸审批程序报批;把效益不好,布局不合理,并难以做到有效监管的,逐步关闭;对一些超出审批范围的内陆铁路和公路原二类口岸,不再纳入口岸管理范畴,一律按开放口岸的后续监管、查验场所进行运作,由海关总署审批。

口岸管理属于政府行政管理的范畴,是政府行使行政管理职能的具体体现。口岸管理范畴主要包括:第一,检查检验。主要指对进出境人员、货物、交通运输工具进行检查、检验、检疫和监管等活动。第二,综合管理。主要指地方政府对口岸运营实施的协调管理活动,包括指导和协调口岸各业务单位之间的相互关系、口岸查验单位之间的相互关系、口岸各业务单位与各口岸查验单位之间的相互关系。口岸综合管理机构对口岸查验单位以协调、服务、监督及仲裁为主。第三,经营管理。主要指交通运输企业、外贸进出口企业等各类口岸经营服务企业的生产经营管理活动。根据政企分开原则，口岸管理机构并不直接介入和干预企业的具体经营活动。口岸管理机构对这些业务活动主要表现在外部协调、监督、服务和仲裁等方面。综上所述，口岸管理包括口岸查验和综合管理两部分。口岸查验是口岸的日常管理工作，由海关、边防、海事等部门分工负责。综合管理由地方政府负责。口岸查验单位对业务单位来讲是管理机构，对综合管理机构来讲又是被协调的对象。

口岸管理主要通过行政、经济、法律、纪律、思想政治五种手段进行。第一，行政手段。各口岸检查检验单位采取垂直管理体制，上级领导机关通过行政手段将决策传递给口岸现场检查检验单位，下级检查检验单位应当服从和执行上级决策。地方政府实施口岸综合管理是横向管理和协调服务，地方口岸管理机构与口岸检查检验单位之间不存在隶属关系，不能以行政指令手段指挥各检查检验单位工作。第二，经济手段。政府机构根据客观经济规律，通过税收、价格等经济杠杆调节市场供求关系、市场主体利益之间的关系，影响行政对象，以实现管理目标。第三，法律手段。政府通过行政立法、司法等方式实施行政管理。第四，纪律手段。要求公职人员严格遵守工作秩序、执行命令和履行职责，以更好地履行行政职能。第五，思想政治工作手段。通过宣传、教育，使口岸各有关单位自觉依法办事，促进行政职能的实现。

口岸出入境边防检查是国家通过设在对外开放口岸的边防检查机关，依法对出入境人员、交通运输工具及其携带、载运的行李物品等实施检查、监督的一种行政管理活动。出入境边防检查的主要任务是：维护国家主权，保证国家和对外开放口岸安全，维护口岸出入境秩序，便利出入境人员和交通运输工具通行，为国家改革开放和各项建设发展服务。具体任务包括：出入境人员检查，出入境交通运输工具检查、监护，出入境边防检查调查研究，特定人员和交通运输工具的口岸控制，出入境边防检查统计，口岸限定区域及国境通道警戒管理等。边防检查的基本法规是《中华人民共和国出境入境管理法》《中华人民共和国出境入境边防检查条例》等。中国的边防检查制度随着新中国成立而建立，1997 年 12 月之前，中国边防检查人员为现役制武装警察，由各省（区、市）边防总队具体领导边防检查站的工作。1997 年 8 月，国务院决定在北京、天津、上海、广州、深圳、珠海、厦门、海口、汕头 9 个城市进行边防检查职业化改革试点，将上述城市所属边防检查人员由现役制改为职业制。

改革开放前，中国口岸管理条块交叉，各部门分头负责，口岸没有综合的管理机构和职能部门。口岸管理涉及边防、海关、卫生检疫、动植物检疫、商品检验、港务监督、船舶检验等多个专业性部门，还需外贸、港口装卸、交通运输和后勤服务保障等部门的协调、配合。1973 年 2 月，国务院下发《关于口岸工作的情况和改进意见》，对口岸工作存在的问题提出了改进意见。1978 年

11 月，国务院发布《关于加强港口口岸组织领导的通知》，确定了港口口岸综合管理的方针、管理范围及形式。通知明确要求边防、海关、港务监督、卫生检疫、动植物检疫等部门和单位都应接受口岸机关的领导，并明确国务院港口口岸领导小组的主要职责为研究制定港口口岸的具体方针、政策、任务和重大措施；督促口岸各有关部门贯彻执行党中央、国务院有关口岸工作的方针、任务；对港口生产、建设进行督促检查并提出要求；处理各部门之间的纠纷，必要时做出决定；督促检查各港口口岸办公室的工作；交流港口口岸工作经验等。各沿海港口口岸办公室在当地党委、政府的统一领导下，负责对港口口岸工作进行统一管理。

1984 年 1 月，国务院发布《关于进一步加强口岸工作领导的通知》，进一步明确了国务院口岸领导小组的主要职责。此后，口岸工作管理的范围由过去的港口口岸扩大到水运、陆路、航空口岸。沿海地方政府也相继建立健全了口岸工作领导机构及办事机构。1985 年 9 月，国务院发布《关于口岸开放的若干规定》（国发〔1985〕113 号），明确了口岸开放、关闭的审批权限和审批程序，开放口岸应根据需要设立边防、海关等检查检验机构以及国家规定的其他口岸机构，还明确了口岸检查检验设施建设资金来源。1998 年 3 月，根据党的十五大关于推进机构改革的精神，第九届全国人大第一次会议通过了国务院机构改革方案，此后口岸管理机构、查验机构设置及职能进一步整合、优化。国务院撤销了国家口岸办公室，口岸规划和审理等工作职能划归海关总署承担并设立海关总署规划办公室。地方口岸管理机构及职能相应地发生了较大变革。机构改革中，国务院决定将海关总署由副部级升格为正部级。改革水上安全监督管理体制，交通部所属的港务监督局与船舶检验局职能整合组建海事局。

2006 年 5 月，中央编办批复同意将海关总署口岸规划办公室更名为国家口岸管理办公室，并赋予指导和协调地方政府口岸工作等新职能。2018 年 3 月，第十三届全国人大第一次会议审议通过了国务院机构改革方案，明确“将国家质量监督检验检疫总局的出入境检验检疫管理职责和队伍划入海关总署”，将公安部的出入境管理、边防检查职责整合，建立健全签证管理协调机制，组建国家移民管理局，由公安部管理。各级党委、政府逐步加强了对口岸工作的组织领导，各省（自治区、直辖市）相继恢复设置或明确了省级政府口岸管理机构。目前，全国各省（自治区、直辖市）政府均设立了省级口岸管理机构，拥有对外开放口岸的大部分地级市以及对外开放程度较高的县级市也基本设有口岸管理部门。各省级口岸办公室的机构级别和隶属关系各不相同，除极少数省份设有独立的口岸管理机构外，其余各省级口岸办公室主要设在省级政府的办公厅、商务厅、发改委、外事办等部门内部，对外加挂省级口岸办公室的牌子，主要职责任务是负责本辖区申报口岸开放和临时开放、协调组织实施新开放或者扩大开放口岸基础设施和查验配套设施、协调口岸通关中各有关部门的工作关系等。

口岸准入退出应服从服务于国家战略和外交大局的需要，遵循“保障发展、规范运行，有进有退、动态管理”的原则。口岸开放运行三年后客货运量应达到以下标准：海运口岸年出入境货运量不少于 100 万吨或出入境人员数量不少于 1 万人次，内河口岸年出入境货运量不少于 20 万吨或出入境人员数量不少于 1 万人次，界河口岸年出入境货运量不少于 5 万吨或出入境人员数量不少于 1 万人次，铁路口岸年出入境货运量不少于 10 万吨或出入境人员数量不少于 10 万人次，公路口岸年出入境货运量不少于 5 万吨或出入境人员数量不少于 5 万人次。沿海地区航空口岸年出入境货运量不少于 3 万吨或出入境人员数量不少于 10 万人次，沿边和内陆地区航空口岸年出入境货运量不少于 3 万吨或出入境人员数量不少于 5 万人次。上述标准与同期发布的国家口岸发展五年规划保持一致，实施动态管理。

申请设立口岸应具备以下条件：一是省级行政区域内口岸布局合理。二是预期有明显的经济社会效益。三是省级行政区域内已开放口岸无以下情形：①未按国家有关规定及时通过验收的；②口岸执法环境恶劣的；③口岸查验基础设施存在严重安全隐患的。四是有符合国家标准的口岸查验基础设施建设整体规划及建设方案，建设资金来源明确；有能够承担口岸开放后查验业务的查验机构和人员编制解决方案。五是符合国防安全、反恐、环境保护等要求，口岸所在县级行政区域是国务院批准的对外开放地区。六是有明确的口岸具体位置和开放范围。七是符合其他相关条件。

设立口岸按照以下程序申请：一是项目所在地省（自治区、直辖市）人民政府向国家口岸管理部门申请列入《国家口岸发展五年规划》。对于列入上一个五年规划但未能及时向国务院提出开放申请的项目，省（自治区、直辖市）人民政府应重新申请列入下一个五年规划。二是项目列入《国家口岸发展五年规划》后，根据项目成熟度，所在地省（自治区、直辖市）人民政府口岸管理部门每年向国家口岸管理部门申请列入《口岸开放年度审理计划》。机场原则上临时开放客运量或货运量达到正式开放标准 50%方可列入年度审理计划；边境口岸在两国达成外交一致后适时申请列入年度审理计划。三是项目列入《口岸开放年度审理计划》后，所在地省（自治区、直辖市）人民政府应于年内向国务院提出口岸开放申请。四是国务院批复口岸对外开放后，所在地省（自治区、直辖市）人民政府应加强口岸查验基础设施建设，在规定期限内由口岸所在地省（自治区、直辖市）人民政府口岸管理部门向国家口岸管理部门申请国家验收。

设立口岸按照以下程序审批：一是收到省（自治区、直辖市）人民政府申请《国家口岸发展五年规划》的项目后，国家口岸管理部门会同国务院有关部门、有关军事机关进行研究论证，报国务院批准后印发实施。二是收到省（自治区、直辖市）人民政府口岸管理部门申请列入《口岸开放年度审理计划》的项目后，国家口岸管理部门会同国务院有关部门、有关军事机关按年度进行研究论证，报国务院备案后实施。三是收到国务院转来的省（自治区、直辖市）人民政府申请口岸开放的请示后，国家口岸管理部门会同国务院有关部门、有关军事机关进行审理；国务院有关部门、有关军事机关应在收到国家口岸管理部门征求口岸开放意见函之日起60日内反馈意见；国家口岸管理部门应在有关部门、有关军事机关反馈意见60日内将审查意见上报国务院（因政治外交等原因不能如期上报的除外）。四是国家口岸管理部门收到省（自治区、直辖市）人民政府口岸管理部门关于申请口岸验收请示后，会同国务院有关部门、有关军事机关组织验收，验收通过后印发会议纪要。五是国家口岸管理部门对外公布口岸对外开放。边境口岸经两国外交换文后再正式开通，水运口岸、航空口岸履行国家相关程序后再正式运行。

口岸有以下情形之一的应予以退出：一是口岸依托的港口、机场、铁路车站已被行政主管部门取消经营许可的；二是国务院批准开放后3年内未通过口岸验收且申请延期1年后仍未通过的（因毗邻国家原因口岸未能通过验收的情形除外）；三是口岸自公布运行之日起客货运量连续3年达不到国家相应标准的（边境口岸除外）；四是口岸查验基础设施不符合要求，影响口岸监管工作正常开展的；五是口岸存在重大安全隐患的；六是口岸执法环境恶劣的；七是因国家政治、军事、外交、安全、环境保护等原因必须退出的。

临时开放是指在国家对外国人开放地区的非开放港口、水域、机场、陆路边境，经批准允许人员、交通运输工具、货物、物品在一定期限内出入境，以及限制性水运口岸、航空口岸、陆路边境口岸，在一定期限内突破限制性条件出入境。机场、陆路边境临时开放和限制性航空口岸、陆路边境口岸临时突破限制性条件由国家口岸管理部门会同国家相关部门、有关军事机关审批。港口、水域临时开放和限制性开放的水运口岸临时突破限制性条件由国务院交通运输主管部门会同国家相关部门、有关军事机关审批。已运行的水运口岸开放范围内尚未启用的港口、水域、码头、泊位，需要临时启用供人员、交通运输工具、货物、物品出入境的，由所在地省（自治区、直辖市）人民政府口岸管理部门商直属口岸查验机构、所在地省级人民政府有关部门批准。军用航空器临时从我国非开放机场或限制性航空口岸起降的，由军事主管部门自行办理。

具备基本查验设施和查验人员，满足安全生产要求，存在如下需求，可申请临时开放：一是救灾、朝觐等特殊需求的；二是外事、经贸、会议等大型国际性活动需要的；三是列入国家口岸发展五年规划的民用机场试运行和急需物资出入港口、水域需要的；四是国务院已批准对外开放、查验设施基本建成但尚未通过口岸验收的；五是国家外交需要或邻国通过外交渠道提出需求的；六是具有重大影响的人员、交通运输工具、物资出入境需要的；七是跨境基础设施建设期间人员、交通运输工具和物资出入境需要的；八是其他需临时开放的特定情形。

首次申请临时开放的材料至少包括以下内容：一是申请临时开放的必要性说明或可行性报告；二是所在地直属口岸查验机构意见；三是基础设施建设情况及生产经营许可资质情况；四是查验设施（或临时查验设施）建设情况；五是临时开放所需查验人员配置情况；六是申请临时开放的期限；七是港口安全作业、防污染和保安条件；八是临时开放区域划定情况。

机场临时开放或限制性航空口岸临时突破限制性条件，由所在地省（自治区、直辖市）人民政府口岸管理部门商直属口岸查验机构同意后，向国家口岸管理部门提出申请。延长临时开放或限制性航空口岸临时突破限制性条件期限的，参照上述条款执行。国家口岸管理部门征得公安部、海关总署、质检总局、民航局和中央军委有关部门同意后，批复省（自治区、直辖市）人民政府口岸管理部门执行。陆路边境临时开放或陆路边境口岸临时突破限制性条件，由所在地省（自治区、直辖市）人民政府口岸管理部门商直属口岸查验机构同意后，向国家口岸管理部门提出申请。延长陆路边境临时开放或陆路边境口岸临时突破限制性条件期限的，参照上述条款执行。港口、水域临时开放，或限制性水运口岸临时突破限制性条件，由所在省（自治区、直辖市）人民政府口岸管理部门或直属海事机构商直属口岸查验机构同意后，向国务院交通运输主管部门提出申请。延长临时开放或延长临时突破限制性条件期限的，参照上述条款执行。

口岸验收是指国家口岸管理部门会同国务院有关部门、有关军事机关，依照相关程序对水运、航空、铁路、公路口岸开放运行准备工作组织的检查和确认。口岸验收是口岸正式开放的前提，是口岸严密监管和高效运转的基础。口岸的验收应在国务院批复口岸开放后 3 年内完成，经国家口岸管理部门批准可延期 1 年验收。通过验收后，口岸按程序实现开通运行。申请口岸验收应具备以下条件：一是国务院已批准口岸对外开放、扩大开放；二是口岸基础设施、查验基础设施符合国家有关规定和查验基础设施建设标准；三是港口、码头、机场、铁路车站等基础设施生产运行所需审批手续履行完毕；四是相关国防、军事设施的保护措施符合规定；五是配置完成国务院批准的查验机构和人员；六是口岸区域划定清晰；七是口岸规范安全运行机制及配套管理制度已建立。

二、优化营商环境促进贸易便利化

习近平总书记多次做出重要指示，强调要促进贸易和投资自由化、便利化，完善市场化、法治化、便利化的营商环境。时任国务院总理李克强明确指示，要求进一步研究减少进出口环节监管证件、降低进出口环节合规成本、提高通关便利化水平。2018 年 10 月，国务院印发《优化口岸营商环境促进跨境贸易便利化工作方案》（国发〔2018〕37 号），提出 20 条措施。近年来，海关总署（国家口岸办）认真落实党中央、国务院决策部署，会同各口岸管理相关部门通过深化“放管服”改革，研究采取了一系列的有力措施，推动口岸营商环境持续优化，通关便利化水平明显提升。这些举措包括：连续 5 年组织推进促进跨境贸易便利化专项行动，精简进出口环节监管证件，大幅压缩口岸通关进出口货物的整体通关时间，深入推进海关通关便利化改革，规范和降低进出口环节的费用，持续提升口岸管理信息化水平等。

为提高营商环境，我国陆续推出了“优设施、搭平台、促联通、强合作、提效能”的有力举措。一是优化口岸设施，会同有关方面，加快推进重要边境口岸的扩能建设项目，进一步提升边境口岸通关能力。依托国家布局，促海南落实自由贸易港口岸布局方案，加快自贸港口岸建设，为下一步如期封关运行提供口岸设施保障。二是促进内外联通，积极推动陆路边境口岸复通。相关陆路边境口岸的货运复通已经实现“能开尽开”，相关客运通道也在有序恢复开通中。进一步促进中欧班列、西部陆海新通道等跨境班列发展，支持各地“海铁联运”等多式联运发展。三是强化国际合作，大力推动“智慧海关、智能边境、智享联通”国际合作，协调推进智慧口岸建设，稳妥推进农副产品快速通关“绿色通道”，推动跨境贸易相关单证交换共享。营商环境中的跨境贸易指标反映企业在进出口方面的便利程度，主要测评标准是装运货物进出口环节所涉及的成本和程序，包括单证合规和边界合规两方面。单证合规的时间和成本包括出口、进口获得单证（如单证的发行和盖章）、准备单证（如收集信息以完成海关申报表和原产地证书）、处理单证（如等待相关机构在所有检查完成后发放植物检疫证书）、呈阅单证（如向道路警察出示海关申报表或向港务管理机构出示港口码头收据）以及提交单证（如当面或通过电子方式向海关机构提交申报表）所花的时间和成本。边界合规的时间、成本包括出口、进口企业和代理人遵守海关规定和其他有关规定进行清关和检查程序所需时间、费用，以及货物在港口或边境通过的时间、成本。

第二节　国际贸易单一窗口建设

一、国际贸易单一窗口简介

国际贸易“单一窗口”是促进贸易便利化、改善口岸营商环境的重要举措和平台。按照联合国对“单一窗口”的定义，“单一窗口”是使国际贸易和运输相关各方在单一登记点递交满足全部进口、出口和转关相关监管规定的标准资料和单证的一项措施。如果为电子报文，则只需一次性提交各项数据。在国务院口岸工作部际联席会议统筹推进下，由国家口岸管理办公室牵头，公安部、交通运输部等25家口岸相关单位组成“单一窗口”建设工作组，统筹推进国际贸易“单一窗口”国家标准版建设并在全国推广应用。国家标准版“单一窗口”已经实现与25个部门的“总对总”系统对接和信息共享，完成16大功能模块的建设，提供企业服务事项达598项，覆盖水运、空运、公路、铁路等各类口岸，以及特殊监管区域、自贸试验区、跨境电商综试区等各类区域，服务于生产、贸易、仓储、物流、电商、金融等各类企业，基本满足企业“一站式”业务办理需求。当前，“单一窗口”累计注册用户达300万家，日申报业务量1 000万票，实现全国所有口岸及区域全覆盖，基本满足国际贸易“一站式”业务办理需求，成为企业面对口岸管理相关部门的主要接入服务平台。“单一窗口”将大通关流程由“串联”改为“并联”，实现一点接入、一次提交、一次查检、一键跟踪、一站办理的“五个一”功能特色，有效促进了“减优提降”（减环节、优流程、提效率、降成本），持续改善口岸环境，促进贸易便利，取得了明显成效。

二、国际贸易单一窗口功能

在“减环节”上，“单一窗口”变有纸为无纸、线下为线上、串行为并行，让贸易更加简单自如。全国推行运输工具（船舶）“一单多报”，一次性取消企业原申报所需44类、70余种，共计150页的纸质申报材料，船舶进出境全流程通关手续办理由原先的16小时压缩至2小时。在“优流程”上，“单一窗口”打通了企业通关贸易中的堵点、切中痛点、破除难点，让数据多跑路，企业少跑腿。在提效率上，“单一窗口”将口岸各部门作业系统由“物理集中”到产生“化学反应”。企业无需频繁切换各部门作业系统，通过“单一窗口”全部完成。在“降成本”上，“单一窗口”减少企业大量重复性录入申报工作，切实增强了企业获得感，并且实行免费申报制度，大大减轻企业负担，实现普惠、共赢和公平。

建设单一窗口首先要完善电子口岸领导体制、管理机制。单一窗口建设涉及多个部门及它们各自的信息系统，电子口岸平台及其管理、运维机制必须得到单一窗口参与各方的认可。其次，要完善平台建设，符合单一窗口实现企业申报数据一次性递交、跨系统共享、多部门共用等建设目标。系统开发建设中要充分借鉴和采用国际、国家标准，并确保系统的安全、稳定、高效运行，为企业和口岸管理部门提供全面、优质的技术服务与保障。各监管部门根据监管需要，共享平台信息资源，通过设计监管互认和执法互助作业流程，实现监管部门联合监管。推进贸易许可、外汇、国税等监管部门按各自对贸易、运输企业的管理要求，将相关备案登记、国际贸易许可办理、外汇结算、退税等事项，转移到单一窗口平台办理。开展国际贸易数据简化和标准化，结合单一窗口发展状况，推动管理创新，优化作业流程。

第三节　口岸分布与未来展望

一、口岸分布情况

截至 2024 年初，中国共有经国务院批准的对外开放口岸 315 个。

中国有 2.2 万公里的陆地边境线、1.8 万公里的海岸线，陆域与 14 个国家（从鸭绿江口到北仑河口依次为朝鲜、俄罗斯、蒙古、哈萨克斯坦、吉尔吉斯斯坦、塔吉克斯坦、阿富汗、巴基斯坦、印度、尼泊尔、不丹、缅甸、老挝、越南）接壤，隔海与 8 个国家（韩国、日本、菲律宾、马来西亚、文莱、印度尼西亚、越南、朝鲜）相望。海关总署不断深化内地与港澳口岸交流合作，积极支持粤港澳大湾区建设，会同广东省、香港与澳门特区政府和相关部门合力推动广深港高铁和港珠澳大桥口岸设置，达成在广深港高铁西九龙站实施“一地两检”合作安排，在港珠澳大桥珠海口岸粤澳通道实施“合作查验、一次放行”通关新模式。

二、口岸发展未来展望

在市场经济条件下，要促进口岸企业守法经营、自我约束，首要一点是完善口岸执法机制和外贸企业经营的法制环境，提高海关管理的法制化地位，使边境贸易管理的各个方面做到有法可依、有章可循，从而使海关的监管风险得到有效控制。完善与世贸组织、世界海关组织规则相适应的口岸管理法律体系。贸易便利化谈判将“更高的透明度和可预见性”作为“核心原则”之一。要适应这一要求，必须积极参与到国际规则的制定过程中，了解最终的协定对口岸管理工作的约束性；尽快制定、出台口岸管理法律、法规，从法律的角度明确口岸部门的工作职能，改进和完善相关法律的执行手段和实施方式，建立透明、规范的口岸管理法律法规体系。针对各类口岸运输方式的特点，进一步完善通关、监管模式和流程。现行通关、监管模式和流程设计，多以海运口岸为蓝本，诸多具体规定不适合沿边口岸的铁路、公路等运输方式。有必要对沿边口岸的通关、监管法规进行集中清理，调整其中不适应沿边口岸通关需要的内容，重新规划和设计通关、监管模式和流程，提高沿边口岸的货物通过能力和政府监管水平。国际上口岸逐步流行的物联网管理模式，其核心技术是 RFID 和传感器。物联网的真正价值在于网而不在于物。为此，必须充分发挥市场配置资源的作用，调动企业的积极性，从满足物流需求的实际出发，注重投资的经济效益。政府要为前期港口口岸物流网的建设投资，并为其发展营造良好的政策环境，扶持重点项目建设，确保物流网所用数据传输格式与口岸电子政务平台和港航电子商务平台保持一致，以实现数据共享，更好地为港口公用物流信息平台服务，并在此基础上逐步开展各类细分的应用项目。

为服务“一带一路”，促进跨境口岸互联互通和跨境贸易便利化，海关总署（国家口岸办）加强口岸国际合作工作，深化中国与俄罗斯、哈萨克斯坦、越南、蒙古等毗邻国家口岸管理部门间的合作交流，先后建立了双（多）边口岸合作机制，定期研究磋商边境口岸开放、口岸设施建设改造、边境地方政府和口岸查验部门间合作等议题，共同协商解决口岸通关中出现的问题，提高口岸通关效率。近年来，中俄口岸合作多年写入两国领导人高访期间发表的联合公报，中越、中蒙等都曾在两国领导人见证下签署过合作协议，及时协调解决了中蒙甘其毛都口岸、中哈霍尔果斯口岸、中越友谊关口岸、中老磨憨口岸等口岸拥堵问题，在中哈、中吉、中塔、中蒙、中越边境选取有条件的口岸开通了农副产品快速通关“绿色通道”，会同外方协同推动中俄边境满洲里、黑山头、绥芬河、珲春等口岸允许两国公民自驾 8 座以下小车进出边境限定区域。

口岸是国家对外开放的门户，是对外交往和经贸合作的桥梁，也是国家安全的重要屏障。根据《中华人民共和国国民经济和社会发展第十四个五年规划和二〇三五年远景目标纲要》，统筹考虑国家综合交通运输网络发展布局，国家区域发展总体战略，国家口岸查验机构编制配置以及地方开放型经济发展的实际需要，着眼全面提升枢纽口岸功能，坚定不移推进口岸布局优化。

下一步，我国将巩固沿海地区口岸在构建新发展格局中的主力军地位，深入推进环渤海、长三角、东南沿海、粤港澳大湾区、西南沿海五大口岸集群一体化融合发展。在具备条件的地区，积极支持邮轮游艇码头以适当方式有序对外开放。对接我边境省区既有重要公路、铁路、水运和民航运输枢纽，推动形成重点枢纽口岸、物流节点口岸、便捷运输通道为一体的边境口岸开放体系。支持具备条件的内陆地区既有口岸增开国际客货运航线航班班列，根据需要增设汽车整车、药品等进口口岸和海关指定监管场地，进一步提升口岸运行效益。支持沿海沿边与内陆地区口岸加强通关制度衔接，推动沿海沿边地区口岸给予内陆地区货物通关同等待遇。构建更加符合新发展格局、“一带一路”建设需要的国际航线网络布局。支持国际枢纽口岸和区域枢纽口岸做大做强，推动关闭客运量长期不达标航空口岸，鼓励非枢纽口岸优化整合航线。严格控制非枢纽机场和军民合用机场开放，鼓励和推动其他城市向枢纽口岸集聚实现进出境功能。

第十章　国境卫生检疫

第一节　国境卫生监督管理

海关总署内设卫生检疫司，主要职责是拟订国境卫生检疫监管的工作制度及口岸突发公共卫生事件处置预案，承担国境卫生检疫、传染病及境外疫情监测、卫生监督、卫生处理以及口岸突发公共卫生事件应对工作。国家卫生健康委员会负责传染病总体防治和突发公共卫生事件应急工作，编制国境卫生检疫监测传染病目录。国家卫生健康委员会与海关总署建立健全应对口岸传染病疫情和公共卫生事件合作机制、传染病疫情和公共卫生事件通报交流机制、口岸输入性疫情通报和协作处理机制。卫生检疫机关的职责是：执行《中华人民共和国国境卫生检疫法》（以下称《国境卫生检疫法》）及其实施细则和国家有关卫生法规；收集、整理、报告国际和国境口岸传染病的发生、流行和终息情况；对国境口岸的卫生状况实施卫生监督；对入境、出境的交通工具、人员、集装箱、尸体、骸骨以及可能传播检疫传染病的行李、货物、邮包等实施检疫查验、传染病监测、卫生监督；对入境、出境的微生物、生物制品、人体组织、血液及其制品等特殊物品以及能传播人类传染病的动物，实施卫生检疫；对入境、出境人员进行预防接种、健康检查、医疗服务、国际旅行健康咨询和卫生宣传；签发卫生检疫证件；进行流行病学调查研究，开展科学实验。

海关总署实施国境卫生检疫工作的主要法律依据是《国境卫生检疫法》《国际卫生条例（2005）》《中华人民共和国传染病防治法》等。

《中华人民共和国国境卫生检疫法实施细则》对饮用水、食品及从业人员的卫生要求是：国境口岸和交通工具上的食品、饮用水必须符合有关的卫生标准；国境口岸内的涉外宾馆，以及向入境、出境的交通工具提供饮食服务的部门，必须取得卫生检疫机关发放的卫生许可证；卫生许可证由县以上卫生行政部门签发。申请卫生许可证需具备以下条件：具有与生产经营的食品品种、数量相适应的食品原料处理和食品加工、包装、贮存、销售等场所，保持该场所环境整洁，并与有毒、有害场所以及其他污染源保持规定的距离；使用的原、辅材料等应当符合相应的国家标准、行业标准及有关规定；具有与生产经营的食品品种、数量相适应的生产经营设备或者设施，有相应的消毒、更衣、盥洗、采光、照明、通风、防腐、防尘、防蝇、防鼠、防虫、洗涤以及处理废水、存放垃圾和废弃物的设备或者设施；具有合理的设备布局和工艺流程，防止待加工食品与直接入口食品、原料与成品交叉污染，避免食品接触有毒物、不洁物；贮存、运输和装卸食品的容器、工具和设备应当安全、无害、保持清洁，防止食品污染，并符合保证食品安全所需的温度等特殊要求，不得将食品与有毒、有害物品一同贮存、运输；具有经过食品安全培训、符合相关条件的食品安全管理人员；建立与本单位实际相适应的保证食品安全的规章制度，包括环境清洁卫生管理制度、食品安全自查管理制度、食品进货查验记录制度、从业人员健康管理制度。从事食品生产的，还应当建立生产加工过程食品安全管理制度、出厂检验记录制度、不合格产品管理制度；从事餐饮服务的，还应当建立设施设备卫生管理制度、清洗消毒制度、加工操作规程、食品添加剂的管理制度；用水应当符合国家规定的生活饮用水卫生标准。

一、国境口岸食品行业申请卫生许可证要求

从事国境口岸食品生产、食品销售、餐饮服务的，申请卫生许可证时应提交相应的材料。

（一）首次申请

首次申请需提交以下材料：国境口岸卫生许可证申请书；企业应提法定代表人身份信息，自然人应提交有关负责人的身份信息；委托他人代为办理的应提交代办人的身份信息。其他材料：从事食品生产的，应当提交场所及其周围环境平面图、生产加工各功能区空间布局平面图、生产工艺流程图、设备布局图；食品生产设备设施清单；食品生产的执行标准。航空配餐企业还应当提供符合冷链运输要求的专用食品运输车辆、冷冻冷藏设施的证明材料。

1. 从事食品销售，应当提交与食品销售相适应的经营设施空间布局平面图、经营设施设备清单。从事入/出境交通工具食品供应的，还应当提供符合冷链运输要求的专用食品运输车辆、冷冻冷藏设施的证明材料。利用自动售货设备进行食品销售的，申请人还应当提交自动售货设备的产品合格证明、具体放置地点，经营者名称、住所、联系方式、食品经营许可证的公示方法等材料。

2. 从事餐饮服务的，应当提交经营场所和设备布局、加工流程、卫生设施等示意图；有送餐服务的，应当提供符合保温或者冷链运输要求的专用食品运输设施的证明材料。

（二）变更申请

变更申请需提交国境口岸卫生许可证申请书及变更具体内容的说明材料

[仅限以下情形：名称、法定代表人（负责人）、经营范围或者地址门牌号改变（实际经营场所未改变）或者功能布局、工艺流程、设施设备改变，可能影响食品安全]。

（三）延续申请

延续申请需提交以下材料：国境口岸卫生许可证申请书（需在原国境口岸卫生许可证有效期届满30日前向原发证机构书面提出申请）；原申请提交材料是否发生变化的说明材料（有变化的，应当补充相关材料）。

（四）注销申请

注销申请应提交国境口岸卫生许可证申请书；取得准予注销许可后，应交回原国境口岸卫生许可证。

二、饮用水供应申请国境口岸卫生许可证要求

建立生活饮用水卫生管理制度，包括从业人员卫生培训、专（兼）职卫生管理人员、供水设备设施维护、卫生管理档案等有关内容；水质应当符合国家规定的生活饮用水卫生标准；供水设备应当运转正常，并按照规定的期限清洗、消毒；供水设施在规定的卫生防护距离内不得有污染源，生活饮用水水箱必须专用，与非饮用水不得相通，必须安全密闭、有必要的卫生防护设施；与生活饮用水直接接触的供水设备及用品，应当符合国家相关产品标准，无毒无害，不得污染水质；具备感官指标和余氯、pH值等常用理化指标检测能力；自备水源供水设施与城镇公共供水管网不得有任何连接；二次供水设施与城镇公共供水管网不得直接连接，在特殊情况下需要连通时必须设置不承压水箱；集中式供水应当有水质消毒设备。

从事饮用水供应的，申请卫生许可证时应提交以下材料：

（一）首次申请

国境口岸卫生许可证证申请书；企业应提交法定代表人身份信息，自然人应提交有关负责人的身份信息；涉及饮用水卫生安全产品的卫生许可批件；（自主核验）设计图纸及相关文字说明，如平面布局图、设备布局图、管网平面布局图、管网系统图等；自备水源的应当提供制水工艺流程文件。

（二）变更申请

国境口岸卫生许可证申请书；变更具体内容的说明材料［仅限以下情形：名称、法定代表人（负责人）、经营范围或者地址门牌号改变（实际经营场所未改变）或者功能布局、工艺流程、设施设备改变，可能影响食品安全］。

（三）延续申请

国境口岸卫生许可证申请书（需在原国境口岸卫生许可证有效期届满30日

前向原发证机构书面提出申请)；原申请提交材料是否发生变化的说明材料(有变化的，应当补充相关材料)。

（四）注销申请

注销申请应提交国境口岸卫生许可证申请书；取得准予注销许可后，应交回原国境口岸卫生许可证。

三、国境口岸公共场所经营申请卫生许可证要求

从事国境口岸公共场所经营的，申请国境口岸卫生许可需符合以下条件：有固定的营业场所，根据经营规模、项目设置清洗、消毒、保洁、盥洗等设施设备和公共卫生间，并保证各项设施运转正常，禁止挪作他用；设立卫生管理人员，具体负责本公共场所的卫生工作；建立卫生管理制度，包括从业人员卫生培训、卫生设施设备维护、公共场所危害健康事故应急、卫生管理档案等内容；水质符合国家规定的要求；应当配备有效的医学媒介生物控制措施及废弃物存放专用设施；室内空气质量和微小气候及提供的用品、用具应当符合国家卫生标准和要求，采用集中空调通风系统的，应当符合集中空调通风系统相关规定的要求；应当设置醒目的禁止吸烟警语和标志。

（一）申请

从事国境口岸公共场所经营的，申请卫生许可证时应提交以下材料。

1. 首次申请。国境口岸卫生许可证申请书；企业应提交法定代表人身份信息；自然人应提交有关负责人的身份信息；营业场所平面图和卫生设施平面布局图。

2. 变更申请。国境口岸卫生许可证申请书；变更具体内容的说明材料［仅限以下情形：名称、法定代表人（负责人)、经营范围或者地址门牌号改变(实际经营场所未改变）或者功能布局、工艺流程、设施设备改变，可能影响食品安全］。

3. 延续申请。国境口岸卫生许可证证申请书（需在原国境口岸卫生许可证有效期届满30日前向原发证机构书面提出申请)；原申请提交材料是否发生变化的说明材料（有变化的，应当补充相关材料)。

4. 注销申请。注销申请应提交国境口岸卫生许可证申请书；取得准予注销许可后，应交回原国境口岸卫生许可证。

（二）办理流程

1. 普通程序。适用于国境口岸从事食品生产（含航空配餐)、食品销售(含入/出境交通工具食品供应)、餐饮服务（食品摊贩除外)、饮用水供应、

公共场所经营单位或者个人申请国境口岸卫生许可。申请人向所在地海关递交申请材料，海关当场或在5个工作日内决定是否受理；对申请材料不齐全或者不符合法定形式的，应当场或者在签收申请材料后5日内一次告知申请人需补正的全部内容，逾期不告知的，自收到申请材料之日起即为受理。海关应当以书面形式决定是否受理卫生许可申请。海关受理申请后，申请材料经审查合格，确有必要需现场核查的，受理的海关应在5个工作日内成立由2名以上经培训合格的海关卫生监督工作人员组成的卫生许可现场核查组。现场核查不合格且无法整改的，现场核查组应当提出不予许可意见；现场核查不合格且可以整改的，现场核查组可以要求申请人限时整改。对食品生产经营单位的现场核查不计入行政许可时限，但最长不超过1个月，且应告知申请人。受理的海关应当根据申请材料审查和现场核查结果，对符合条件的，做出准予行政许可的决定，应向申请人颁发卫生许可证；对不符合条件的，做出不予行政许可的决定，海关应向申请人送达不予行政许可决定书，同时说明理由，告知申请人享有依法申请行政复议或者提出行政诉讼的权利。

公共场所卫生许可“告知承诺制”申请程序（适用于全国范围内口岸区域）。对申请实施公共场所卫生许可“告知承诺制”的，海关收到申请后，应当通过告知承诺书，向申请人告知下列内容：口岸公共场所卫生许可所依据的主要法律、法规、规章的名称和相关条款；准予行政审批应当具备的条件、标准和技术要求；需要申请人提交材料的名称、方式和期限；申请人做出承诺的时限和法律效力，以及逾期不做出承诺、做出不实承诺和违反承诺的法律后果；海关认为应当告知的其他内容。

申请人当面递交申请的，海关应当当场发给告知承诺书；申请人通过海关互联网提出申请的，海关应当在收到申请后3个工作日内，向申请人提供告知承诺书。

申请人收到告知承诺书，愿意做出承诺的，应当在被告知的期限内，填写申请人基本信息，并对下列内容做出确认和承诺：所填写的基本信息真实、准确；已经知晓海关告知的全部内容；自身能够满足海关告知的条件、标准和技术要求；能够在约定期限内提交海关告知的相关材料；愿意承担不实承诺，违反承诺的法律责任；所作承诺是申请人真实意思的表示。

申请人应当将经签章的告知承诺书当面递交或者邮寄给主管海关。告知承诺书经海关和申请人双方签章后生效。告知承诺书一式两份，由海关和申请人各保存一份。

申请人应当按照告知承诺书的约定，向主管海关提交相关申请材料。告知承诺书约定申请人在递交告知承诺书时提交部分材料的，申请人应当在递交告知承诺书时一并提交；约定在行政审批决定做出后一定期限内提交相关材料的，申请人应当按照约定期限提交。

海关收到经申请人签章的告知承诺书以及告知承诺书约定的材料后，应当受理并原则上当场做出行政许可决定，在5个工作日内印制国境口岸卫生许可证并依法送达申请人。

做出准予行政许可决定后，申请人在告知承诺书约定的期限内未提交材料或者提交的材料不符合要求的，海关应当依法撤销行政许可决定。海关应当在做出准予行政许可决定后2个月内，对申请人的承诺内容是否属实进行检查。发现申请人实际情况与承诺内容不符的，海关应当要求其限期整改，整改时间不超过30天；逾期拒不整改或者整改后仍不符合条件的，海关应当依法撤销行政许可决定。

对于申请人不选择告知承诺方式的，海关应当按照《国境口岸卫生许可管理办法》的规定，实施行政许可。

海关应当建立申请人、被审批人诚信档案。申请人在规定期限内未提交材料，或提交的材料不符合要求的，以及海关在审查、后续监管中发现申请人做出不实承诺或者违反承诺的，主管海关应当记入诚信档案，并对该申请人不再适用告知承诺的审批方式。

2. 许可变更。申请人向原发证海关递交申请材料，原发证海关对申请变更内容进行审核。变更申请材料齐全、说明材料真实有效，准予变更的，颁发新的国境口岸卫生许可证，原国境口岸卫生许可证号及有效期限不变。

3. 许可延续。在国境口岸卫生许可证有效期届满30日前，申请人向原发证海关书面提出延续申请。原发证海关应对原许可的经营场所、功能布局、工艺流程、设施设备等是否有变化，以及是否符合相关规定进行审核。准予延续的，颁发新的卫生许可证。

4. 许可注销。符合下列情形之一的，海关直接注销国境口岸卫生许可，并予以公示：卫生许可有效期届满未延续的；法人或者其他组织依法终止的；卫生许可依法被撤销、撤回或者卫生许可证件依法被吊销的；因不可抗力导致卫生许可事项无法实施的；法律、法规规定的应当注销卫生许可的其他情形。被许可人申请注销卫生许可的，原发证海关需对其申请进行审核后注销国境口岸卫生许可，并予以公示。

全国自由贸易试验区的口岸区域内口岸卫生许可证（涉及部分公共场所）核发实施备案管理改革。

适用范围。全国自由贸易试验区的口岸区域公共场所（仅限音乐厅、展览馆、博物馆、美术馆、图书馆、书店、录像厅/室）申请口岸卫生许可的，适用备案管理，申请人需到海关行政审批窗口现场办理。

（三）口岸卫生许可证核发业务流程

口岸卫生许可证核发通用业务流程如图 10-1 所示。

口岸卫生许可证核发（适用于公共场所卫生许可证核发）业务流程如图 10-2 所示。

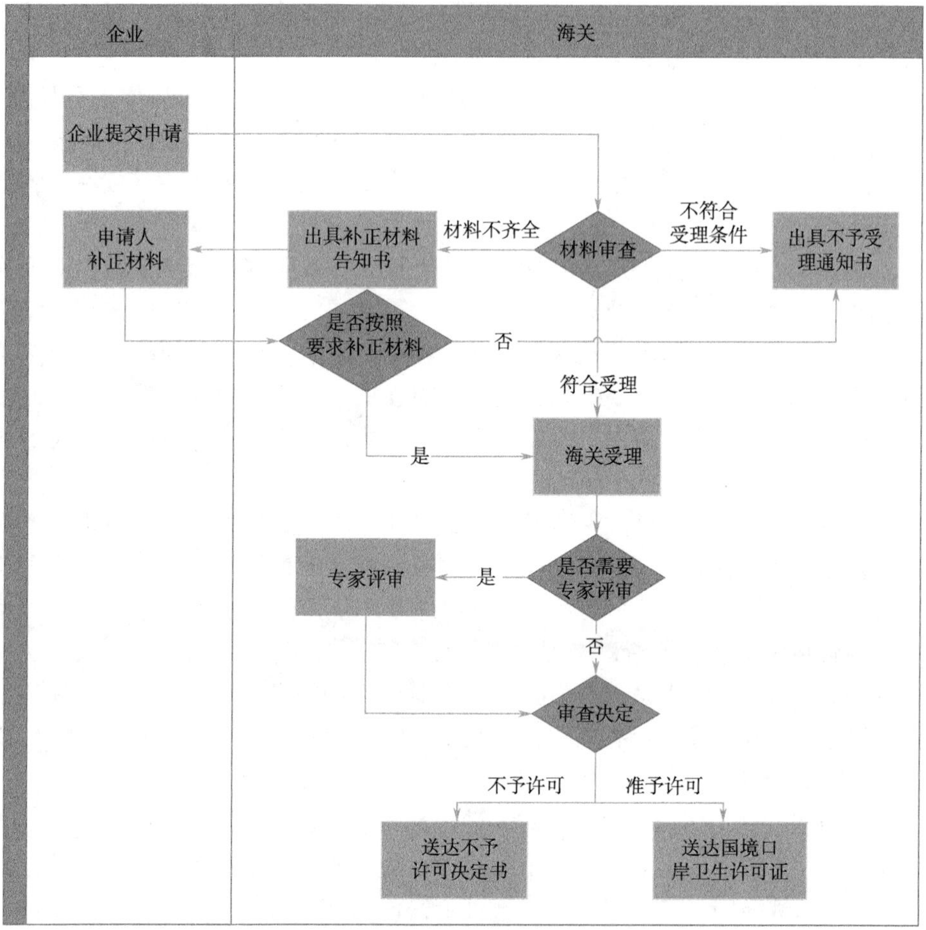

图 10-1　口岸卫生许可证核发业务流程图

此外，出入境特殊物品卫生检疫审批作为行政许可事项，与口岸卫生监督相对独立。依据《中华人民共和国国境卫生检疫法实施细则》《出入境特殊物品卫生检疫管理规定》要求，由各个直属海关负责辖区内出入境的微生物、人体组织、生物制品、血液及其制品等特殊物品的卫生检疫审批（以下简称“特殊物品审批”）工作。入境、出境携带、托运或者邮递特殊物品的，必须向卫生检疫机关申报并接受卫生检疫，凭卫生检疫机关签发的特殊物品审批单办理

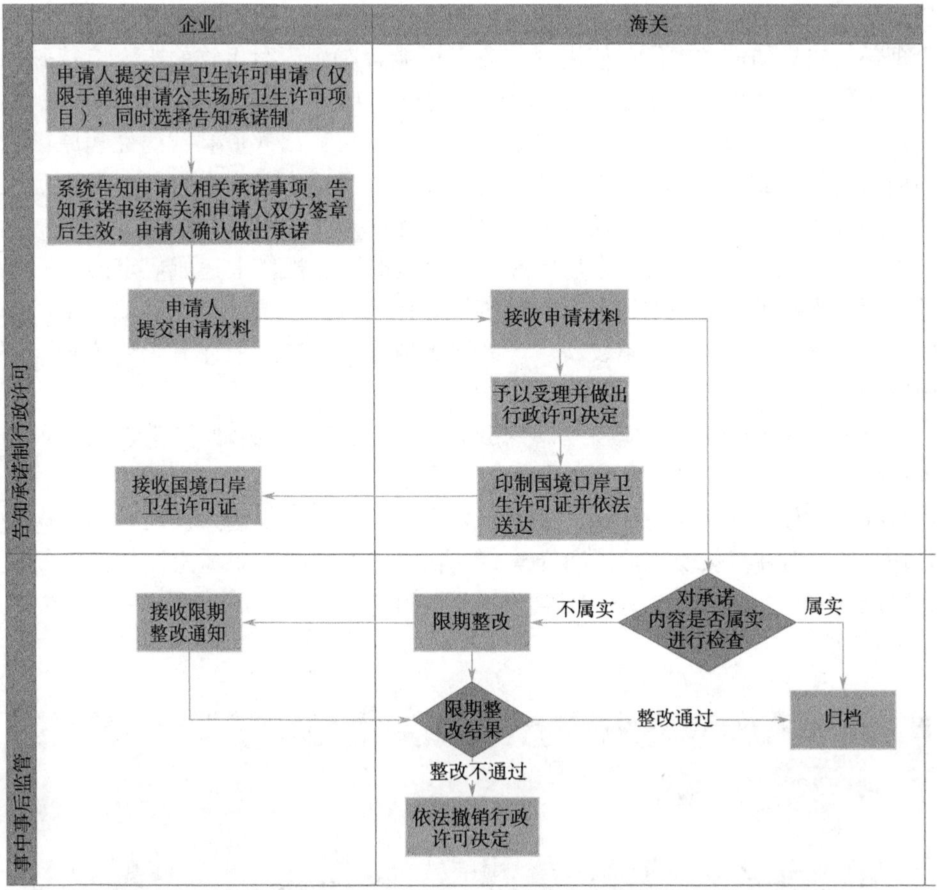

图 10-2　口岸卫生许可证核发（适用于公共场所卫生许可证核发）业务流程

通关手续。未经卫生检疫机关许可，不准入境、出境。海关自受理之日起 20 个工作日内做出是否准予许可的决定。

申请特殊物品审批的，货主或者其代理人在线上填写申请材料，按照以下规定提供相应材料：

入/出境特殊物品卫生检疫审批申请表；出入境特殊物品描述性材料，包括特殊物品中英文名称、类别、成分、来源、用途、主要销售渠道、输出输入的国家或者地区、生产商等；入境用于预防、诊断、治疗人类疾病的生物制品、人体血液制品，应当提供国务院药品监督管理部门发给的进口注册证书；入境、出境特殊物品含有或者可能含有病原微生物的，应当提供病原微生物的学名（中文和拉丁文）、生物学特性的说明性文件（中英文对照件）以及生产经营者或者使用者具备相应生物安全防控水平的证明文件；出境用于预防、诊断、治疗人类疾病的生物制品、人体血液制品，应当提供药品监督管理部门出具的销售证明；出境特殊物品涉及人类遗传资源管理范畴的，应当提供人类遗传资源管理部门出具的批准文件；使用含有或者可能含有病原微生物的出入境特殊物品的单位，应当提供与生物安全风险等级相适应的生物安全实验室资质证明，BSL-3 级以上实验室必须获得国家认可机构的认可；出入境高致病性病原微生物菌（毒）种或者样本的，应当提供省级以上人民政府卫生主管部门的批准文件；进入风险评估程序的，须提供风险评估报告。

申请人为单位的，首次申请特殊物品审批时，除提供上述所规定的材料以外，还应当提供单位基本情况，如单位管理体系认证情况、单位地址、生产场所、实验室设置、仓储设施设备、产品加工情况、生产过程或者工艺流程、平面图等。

申请人为自然人的，应当提供身份证复印件。出入境病原微生物或者可能含有病原微生物的特殊物品，其申请人不得为自然人。

办理流程如下：申请（网上办理，全天）—受理（申请人发现申请错误需要补正的，可在海关受理前撤回修改）—初审（必要时组织风险评估）—复核和决定（受理之日起 20 日，不含风险评估和实验室检测时间）—办结。如图 10-3 所示。

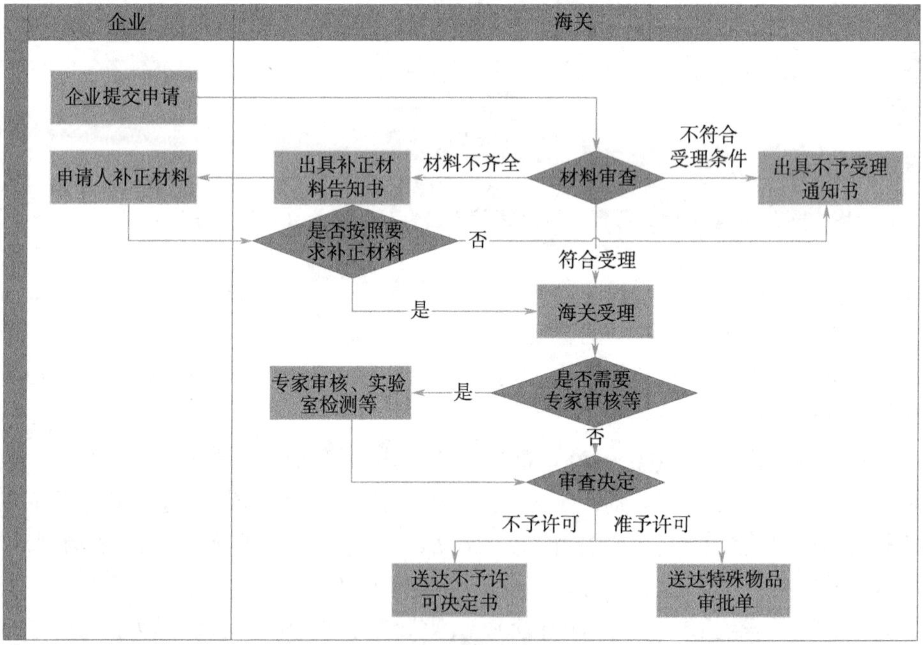

图 10-3　特殊物品卫生检疫审批流程

第二节　运输工具卫生监督管理

交通工具主要包含出入国境的航空器、船舶、列车与其他车辆。船舶是卫生技术区域最多，卫生区域项目最复杂的交通工具。随着国际贸易的发展，国家间外来的人员、交通工具极为频繁，同时也给传染病在国际上传播提供了机会。针对交通工具上可能携带或存在的公共卫生风险，交通工具卫生监督必须有效控制传染源，切断传播途径，实施卫生控制措施，改善交通工具卫生面貌。

一、卫生监督的特性

卫生监督是政府行政部门依据公共卫生法规的授权，对公民、法人及其他组织贯彻执行卫生法规的情况进行监督检查，对违反卫生法规、危害人体健康的行为追究法律责任的一种行政管理活动。卫生监督应遵循维护人体健康、预防为主、保障社会健康、医学科学、应急性以及行政性与技术性相结合的原则。

（一）卫生监督的一般特性

1. 主体特定性。卫生监督的主体必须是卫生行政机关，作为交通工具卫生监督的主体则是口岸的卫生主管当局，也就是各级口岸的海关组织。

2. 国家强制性。卫生监督作为国家管理行政权运转的一种特殊方式，是由卫生主管当局单方面决定的国家管理活动，是国家意志的体现，体现着国家强制性。

3. 职权法定性。卫生监督主体所执行的法律法规只能是法律规定应当由卫生监督主体实施、执行的法律、法规和规章，执法主体不得越权执法。

4. 行为主动性。卫生监督是一种直接影响相对人权利和义务的主动行为，不以相对人的意志为转移。

（二）卫生监督的职责

1. 交通工具卫生监督部门。交通工具卫生监督部门负责检测从受染地区离开或到达的行李、货物、集装箱、交通工具、物品、邮包和骸骨，以便其始终保持无感染或无污染源（包括媒介和宿主）的状态；尽量切实可行地确保旅行者在入境口岸使用的设施维持合乎卫生的状态并保持无感染或无污染源（包括媒介和宿主）；负责监督对行李、货物、集装箱、交通工具、物品、邮包和骸骨采取的任何灭鼠、消毒、灭虫或除污措施或对人员采取的任何卫生措施；尽可能事先告知交通工具运营者对交通工具采取控制措施的意向，并应在有条件的情况下提供有关使用方法的书面信息；负责监督清除和安全处理交通工具中任何受污染的水或食品、人或动物排泄物、废水和任何其他污染物；采取可行措施，检测和控制船舶排放的污水、垃圾、压舱水和其他有可能引起疾病的物质，因这些均可污染港口、河流、运河、海峡、湖泊或其他国际水道的水域；监督在入境口岸向旅行者、行李、货物、集装箱、交通工具、物品、邮包和骸骨提供服务的人员，必要时包括实施检查和医学检查；具备有效的应急措施以应对突发公共卫生事件。

2. 交通工具运营者。交通工具运营者遵守世卫组织建议并经缔约国采纳的卫生措施；告知旅行者世卫组织建议并经缔约国采纳的舱内卫生措施；经常保持所负责的交通工具无感染或无污染源（包括媒介和宿主）状态。如果发现有感染或污染源的证据，需要采取相应的控制措施。

二、卫生监督的准备与实施

卫生监督的总体工作流程如图 10-4 所示。

图 10-4　卫生监督总体工作流程

（一）检查前准备

船方及代理提供的船舱相关信息，包括航海健康、船舶动态、持有证书、船舱载货信息等，检查人员通过运输工具管理系统对信息进行审核，同时进行风险评估。海关总署风控中心进行相应评估后，确定相应的风险等级，同时将相关的作业要求发送至海关端。海关及时评估该船舶的公共卫生风险，准备检查人员及设备，如有特殊检查要求，提供检查要求清单反馈船方，决定所应采取的相应措施。专业检查区域分为食品、公共场所、饮用水和病媒生物监测；采样设备为水质采样箱子、容器和其他；此外还有个人防护设备。

（二）登临前检查

检查防鼠设施、防鼠装备和防鼠网的正确使用，从源头上保证交通工具与码头之间不会发生病媒生物，特别是鼠类的交换。夜间登临时，注意扶梯口和舷梯是否有强光照射，检查防鼠设施是否正确悬挂，确认防鼠板的外径应至少 90cm，锥角呈 30 度，材质为钢或铝。距离码头至少 8m，距离船舶至少 0.6m。

（三）见面会

登轮后与船长充分沟通，告知工作目的、介绍检查团队、听从船方安排等。根据所列的检查清单，查阅相关单证文件。

（四）登临检查

1. 单证检查：分为必须提供和所需其他文件。

2. 现场检查：检查顺序原则上从高到低，从内到外，从清洁区到非清洁区。

3. 采样：发现病媒生物时，捕捉病媒生物送实验室；有患病的旅客或员工时，应采集相关生物样品。

4. 结果判定：没有发现公共卫生风险证据、船方对相关控制措施迅速整改或者落实，达到控制措施效果的，判定为合格船舶。对卫生监督结果优良的给予肯定。发现公共卫生风险证据且短期内无法整改或者整改措施不到位的，实施船舶检查和（或）控制措施的条件有限，船方对检查未尽到配合义务或阻挠检查的，根据船舶公共卫生风险研判，进行采样，采样结果不合格的，只要发生情况之一的，判定为不合格船舶。

5. 卫生控制：发现传染病病人的，及时对病人进行处置，并对交通工具实施预防性卫生处理。发现病媒生物孳生的，要求交通工具运营者自行实施或委托专业队伍开展病媒生物控制工作，海关人员应开展卫生处理监管与效果评价。发现卫生措施有重大缺陷或执行不力的，应要求运营者针对缺陷开展设施改造、设备更换或加强制度管理等，海关对运营者提供技术指导和专业支持。

第三节 疾病监测及突发事件管理

国境卫生检疫机关发现检疫传染病或者疑似检疫传染病时，除采取必要措施外，必须立即通知当地卫生行政部门，同时用最快的方法报告国务院卫生行政部门，最迟不得超过24小时。邮电部门对疫情报告应当优先传送。中华人民共和国与外国之间的传染病疫情通报，由国务院卫生行政部门会同有关部门办理。

一、健康检查要求

申请出境居住一年以上的中国籍人员，必须持有卫生检疫机关签发的健康证明。中国公民出境、入境管理机关凭卫生检疫机关签发的健康证明办理出境手续。在境外居住一年以上的中国籍人员，入境时必须向卫生检疫机关申报健康情况，并在入境后一个月内到就近的卫生检疫机关或者县级以上的医院进行健康检查。公安机关凭健康证明办理有关手续。健康证明的副本应当寄送到原入境口岸的卫生检疫机关备案。

国际通行交通工具上的中国籍员工，应当持有卫生检疫机关或者县级以上医院出具的健康证明。健康证明的项目、格式由国务院卫生行政部门统一规定，有效期为 12 个月。

中国卫生检疫机关阻止患有严重精神病、传染性肺结核病或者有可能对公共卫生造成重大危害的其他传染病的外国人入境。结核病是世界传染病头号杀手，是艾滋病感染者的首要死因，也是抗生素所致耐药性死亡的首要原因。《卫生部、公安部关于来华外国人提供健康证明问题的若干规定》规定：申请来华定居，或任职、就业、学习在华居留一年或一年以上的外国人（包括其随行家属）。如果外国人在国外已经进行了监测体检，携带的健康证明要求必须是：提交所在国公共医院签发的健康证明书；如果该证明书系私立医院签发的，则必须经所在国公证机关公证。

执行健康检查规程的机构是国际旅行卫生保健中心，业务事项包括监测体检、预防接种、旅行医学咨询、健康教育宣传、联防联控、境外哨点工作等。根据《出入境人员健康检查规程》和《出入境人员健康检查证明书签发规范》，实施监测体检的机构是在国家质量监督检验检疫总局备案，并经考核合格且获得医疗机构执业许可的检验检疫机构所属的国际旅行卫生保健中心。从业人员要求是从事体检工作的并具有医师资格证书、医师执业证书；护士具有有效的执业证书；医技人员具有专业技术职称证书及相关的上岗证书。

二、监测体检的后续处置

（一）传染病调查

通过对传染病调查，帮助诊断是否患有传染病，帮助防控传染病，降低发病率。

（二）传染病上报

传染病上报流程如图 10-5 所示。

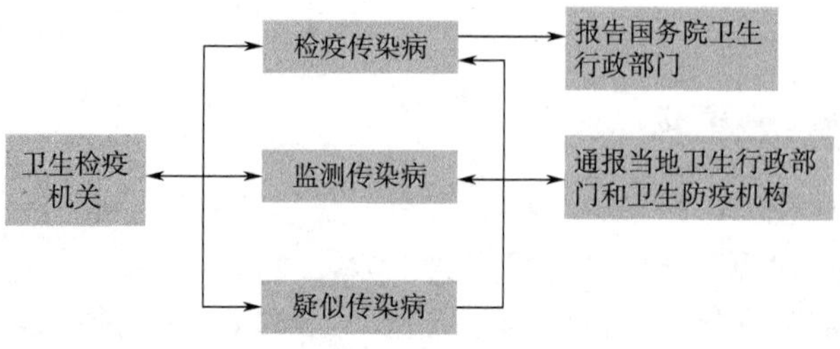

图 10-5　传染病上报流程

除了以上所说的检疫传染病、监测传染病外，在监测体检中发现的其他传染病，也需要上报，这是一种疫情的收集，通过对传染病的收集和分析，有助于我们采取科学的防控手段。

（三）离境、就诊与复查

患有限制入境疾病的外籍人员，由省、自治区、直辖市公安厅（局）审批，缩短其停留期限或取消其居留资格，当地卫生检疫机关和有关接待部门负责监督其出境，公安机关予以协助。患有其他传染病的外籍人员，应当要求其到指定的医疗机构进行就诊。在经过治疗后，予以复查，确认没有传染性后，签发境外人员体格检查记录证明。出境的中国籍人员在监测体检中发现传染病的，应当要求其到医疗机构就诊，经过治疗后再到保育中心进行复查，确认疾病已经治愈，没有传染性后，再签发国际旅行健康检查证明书。

三、突发公共卫生事件

突发公共卫生事件是指突然发生，造成或可能造成出入境人员和国境口岸公众健康严重损害的重大传染病疫情、群体性不明原因疾病、重大食物中毒以及其他严重影响公众健康的事件，包括鼠疫、霍乱、黄热病、肺炭疽、传染性非典型肺炎病例的；乙类、丙类传染病较大规模的暴发、流行或多人死亡的；发生罕见的或者国家已宣布消除的传染病等疫情的；传染病菌种、毒种丢失的；发生临床表现相似的但致病原因不明且有蔓延趋势或可能有蔓延趋势的群体性疾病的；中毒人数 10 人以上或者中毒死亡的；以及其他可能危及国境口岸的，包括在涉及国境口岸和出入境人员、交通工具、货物、集装箱、行李、邮包等渠道。

海关总署统一协调、管理国境口岸突发事件应急指挥体系，并研究制定国境口岸突发事件出入境检验检疫应急处理方案；指挥和协调检验检疫机构做好国境口岸突发事件出入境检验检疫应急处理工作，组织调动本系统的技术力量和相关资源；督导检验检疫机构有关应急工作的落实情况，收集、整理、分析和上报有关情报信息和事态变化情况，为国家决策提供处置意见和建议；向各级检验检疫机构传达、部署上级机关有关各项命令；鼓励、支持和统一协调开展国境口岸突发事件出入境检验检疫监测、预警、反应处理等相关技术的国际交流与合作。

第十一章　生物安全与海关风险防控

生物安全是国家安全的重要组成部分，是人民健康、社会稳定、国家长治久安的重要基石，是经济社会发展的重要支撑、国家利益的根本保障。生物安全属于非传统安全，是一种全新的国家安全类型。国门生物安全是指一个国家（或地区）避免因管制性生物通过出入境口岸进出国境而产生危险的状态，以及维护这种安全的能力。国门生物安全涉及农林业生产安全、人身安全、生态安全、经济安全（包括国际贸易）以及社会安全等，是国家安全的重要组成部分。《中华人民共和国生物安全法》（下称《生物安全法》）自 2021 年 4 月 15 日施行以来，为健全我国生物安全法律保障体系提供了基本遵循，对于海关维护国门生物安全具有重大现实意义。

根据《生物安全法》，国家建立首次进境或者暂停后恢复进境的动植物、动植物产品、高风险生物因子国家准入制度；赋予海关对高风险人员、运输工具、货物、物品等实施指定进境口岸管理的职权；建立监测网络，完善监测报告系统，开展主动监测和病原检测，并纳入国家生物安全风险监测预警体系；授予海关在特定时期加强证件核验，提高查验比例，采取暂停相关人员、运输工具、货物、物品进境等紧急措施的权限，《生物安全法》对“暂停进境”等紧急防控措施做出了更为具体、明确、全面的规定，为海关妥善应对境外重大生物安全事件提供了更多有力抓手；建立了重大新发、突发传染病、动植物疫情联防联控机制，为常态化防控传染病、动植物疫情打造坚强堡垒；明确了海关应当对过境生物安全风险依法把关的监管职责；明确了病原微生物实验室设立单位制定科学、严格的管理制度，定期对有关生物安全规定的落实情况进行检查，对实验室设施、设备、材料等进行检查、维护和更新等管理责任。

《生物安全法》实施以来，海关贯彻总体国家安全观，统筹发展与安全，坚持以人为本、风险预防、分类管理、协同配合的原则，坚决筑牢口岸检疫防线，密切关注境外重大传染病和动植物疫情发展态势，严格落实动植物疫情疫病监测和早期预警机制，抓紧抓实口岸疫情防控，有效防止疫情叠加。坚持全链条口岸动植物检疫防控，严格落实动植物检疫防御体系的检疫准入、检疫审批、境外预检、口岸查验、实验室检测、检疫处理、隔离检疫、定点加工、疫情监测等措施，织密织牢国门生物安全防护网。每年中国海关组织开展“国门绿盾”等专项行动，在寄递、旅客携带物渠道截获外来物种等活体动植物数万批次，持续加强疯牛病、非洲猪瘟、高致病性禽流感、松材线虫、红火蚁、沙漠蝗、非洲马瘟等重大动植物疫情口岸检疫防控工作。严格口岸检疫检查，每年截获有害生物数十万种次、检疫性有害生物数万种次，近年来先后首次检出了致死粒线虫、铃兰短体线虫、北美齿小蠹等 4 种危险性有害生物，将番茄褐色皱果病毒等 5 种有害生物增补入《进境植物检疫性有害生物名录》。

第一节　生物安全检测

外来物种是指在一定区域内历史上没有自然发生分布而被人类活动直接或间接引入的物种，其通过有意或无意的人类活动被引入自然分布区外，在自然分布区外的自然、半自然生态系统或环境中建立种群，并对引入地的生物多样性造成威胁、影响或破坏的物种。我国是世界上遭受外来生物入侵危害最严重的国家之一，众多外来入侵物种对我国农林牧渔业、生态环境、生态多样性、公路航道运输甚至人类健康和生命安全造成了严重影响。生物入侵是指外源生物（包括微生物、植物和动物）被引入本土，种群迅速蔓延失控，造成本地物种种类濒临灭绝，并引发其他危害的发生。一旦这种外来物种在当地自然繁殖，形成对当地生态或者经济的破坏，这种物种就可称为外来入侵物种或外来有害生物。根据各国外来物种入侵情况，国际自然保护联盟公布了全球 100 种最具威胁的外来入侵物种名单。开展国境口岸病媒生物监测是守护国门生物安全的重要工作，监测的主要对象包括鼠、蚊、蝇、蜚蠊、蜱、蚤、螨、蠓等，其中鼠及其体表寄生虫、蚊为国境口岸重点关注对象。近年来，松材线虫、新菠萝灰粉蚧、香蕉穿孔线虫、美国白蛾、红火蚁、假高粱等检疫性有害生物被频繁截获；疯牛病、高致病性禽流感、口蹄疫、猪蓝耳病、非洲猪瘟等动物传染病的疫情在边境口岸频频发生。随着我国进出口贸易不断增长，外来物种入侵的风险不断加大。病媒生物是传染病传播的重要媒介，像大家熟知的鼠疫、黄热病、疟疾、登革热等传染病，都是通过病媒生物进行传播的。外来入侵物种包括巴西龟、薇甘菊、美国白蛾、福寿螺、松材线虫、红火蚁等，其中红火蚁和福寿螺在生活中最常见。

一、国门生物安全检测的工作依据

国门生物安全检测是法律赋予海关的职责，是国家交办的工作任务。1981 年，针对美国加州、地中海实蝇疫情，国务院下发《国务院批转农业部关于严防地中海实蝇传入国内的紧急报告的通知》（国发〔1981〕167 号），要求防止地中海实蝇传入国内。从 2004 年开始，动植司每年印发国家检疫性实蝇和其他外来有害生物监测计划，明确监测对象，制定监测指南，组织开展中国外来有害生物口岸监测工作。2014 年，习近平总书记提出总体国家安全观，要求重视生态安全在内的非传统安全。2016 年，《中共中央国务院关于加快推进生态文明建设的意见》（中发〔2015〕12 号），要求健全国门生物安全查验机制，有效防范物种资源丧失和外来物种入侵，国门生物安全监测的重要性更加凸显。

各直属海关根据《第 6 号国际植物检疫措施标准》（ISPM No. 6）在入境口岸周边 2 公里范围内开展外来有害生物的监测普查工作。各直属海关应在监测区域内，采用灯诱法（如黑光灯）、陷阱法（如糖醋液等）、黄盘法和人工样线调查等常规有害生物采集方法开展有害生物监测。如监测区域内有林地、草地、果园等生境，参照重点监测项目要求开展有害生物监测。监测时间为 4 月到 11 月，每季度监测 1 次，监测结果需填写入境口岸有害生物常规监测记录表。

二、重点监测项目

（一）检疫性实蝇

1. 重点监测区域：入境口岸、机场、水果集散地等周边地区及出口果蔬种植基地等实蝇传入发生风险较大的地点。

2. 其他相关的监测要求：包括北方地区冬季大棚瓜果类寄主作物上设点监测，以验证柑桔小实蝇等有害生物是否能在北方越冬；与境外开展实蝇监测合作。

3. 监测调查方法：见《检疫性实蝇监测技术指南（2019）》。

4. 发现疫情后的处置：见《检疫性实蝇监测技术指南（2019）》中的附件 1《检疫性实蝇疫情应急处置指南》。

5. 电子报表的报送：各直属海关要在监测布点后的 90 天内上报前 60 天的监测布点和监测结果，末次监测布点和监测结果小结电子报表需在当年监测季结束之后 30 天内报送。

6. 技术支持单位：广州海关。

（二）外来有害杂草

1. 重点监测区域：进口大豆、玉米、小麦、大麦、高粱、油菜籽等高风险货物进境港口、接卸码头、运输沿线、定点加工厂、仓库等周边地区以及进口矿砂堆场附近等地。

2. 监测调查方法：见《外来杂草监测技术指南（2019）》。

3. 发现疫情后的处置：监测发现长芒苋疫情的，参照《长芒苋疫情防控处置技术指南（2019）》进行防控铲除。曾发疫情并根据该指南成功铲除的，应总结经验，在年度总结、集中报告。

4. 技术支持单位：上海海关。

（三）马铃薯甲虫

1. 重点监测区域：中俄、中朝、中蒙的入境口岸，开展马铃薯甲虫疫情调查和监测。

2. 监测调查方法：见《马铃薯甲虫口岸监测技术指南（2019）》。

3. 技术支持单位：哈尔滨海关。

（四）舞毒蛾

1. 重点监测区域：舞毒蛾发生或有潜在发生风险的港口及其周边5公里范围内，或内陆集装箱集散地点周边5公里范围内。

2. 监测调查方法：见《舞毒蛾监测与检疫查验技术指南（2019）》。

3. 技术支持单位：大连海关。

（五）林木害虫

1. 重点监测区城：全国范围内具有进境木材的口岸、大型进口木材集聚区或加工厂。

2. 监测调查方法：根据进境木材类别（主要指针叶木及阔叶木）和口岸地理特点设置监测区域、区内监测点，选择相应的监测方法。详见《口岸外来林木害虫监测指南（2019）》。

3. 技术支持单位：南京海关。

（六）斑翅果蝇

1. 重点监测区域：出口樱桃、葡萄、油桃等斑翅果蝇适生寄主产区内的注册果园。

2. 监测调查方法：见《斑翅果蝇监测技术指南（2019）》。

3. 技术支持单位：广州海关。

（七）油菜茎基溃疡病菌和向日葵黑茎病菌

1. 重点监测区域：油菜籽及向日葵种子进境口岸及监管区。

2. 监测调查方法：见《口岸油菜茎基溃疡病菌监测指南（2019）》和《向日葵黑茎病菌监测指南（2019）》。

3. 技术支持单位：上海海关。

（八）棉花曲叶病毒和黄瓜绿斑驳花叶病毒

1. 重点监测区域：文件指定的海关对棉花、朱槿、黄秋葵、垂花悬铃花、红麻等寄主植物开展棉花曲叶病毒调查，文件指定的海关对葫芦科作物种植地和种子繁育基地进行黄瓜绿斑驳花叶病毒的监测调查。

2. 监测调查方法：见《棉花曲叶病毒监测技术指南（2019）》和《黄瓜绿斑驳花叶病毒监测技术指南（2019）》。

3. 技术支持单位：大连海关。

（九）苹果枝枯病菌和马铃薯斑纹片病菌

1. 重点监测区域：文件指定的海关辖区，在苹果枝枯病菌相关寄主种植地区，尤其是梨、苹果、樱桃、山楂、李子等出口注册果园种植区，为苹果枝枯病菌的重点调查区域；文件指定的海关辖区，在马铃薯斑纹片病菌相关寄主的种植区，尤其是胡萝卜和芫荽等伞形花科、番茄和辣椒等茄科作物种子繁育和种植基地，为马铃薯斑纹片病菌重点调查区域。

2. 监测调查方法：见《苹果枝枯病菌监测指南（2019）》和《马铃薯斑纹片病菌监测指南（2019）》。

3. 技术支持单位：上海海关。

（十）水生动物疫病

1. 重点监测对象：见《进出境水生动物疫病监测计划（2019）》。

2. 监测调查方法：见《进出境水生动物疫病监测计划（2019）》。

3. 技术支持单位：深圳海关。

（十一）供港澳陆生动物疫病

有关监测计划将以海关文件形式另行下发。

各直属海关要制定辖区年度外来有害生物监测计划和水生动物疫病监测实施方案，有害生物监测计划应于当年的4月份（以文件下发为准）报动植司，并抄送秘书处。秘书处要及时汇总，并发送给各监测牵头海关。监测到有害生物要及时进行鉴定。发现重要或可疑的外来有害生物，要尽快送有关专家进行复核和确认，并及时向动植司报告，同时抄送秘书处。未经批准，任何单位和个人不得对新闻媒体、学术报刊公布疫情监测结果。各直属海关按文件时间节点形成外来有害生物监测年度报告上报动植司，同时抄送秘书处。秘书处要及时汇总，并组织外来有害生物监测牵头单位进行分析、总结，形成外来有害生物年度监测报告，上报动植司。进出境水生动物疫病监测报告汇总分析工作按照监测计划执行。

针对监测发现的重要疫情，相关直属海关要及时启动疫情应急处置方案，跟踪疫情动态，形成疫情分析评估报告，报呈总署。疫情发现地的农产品出口基地要加强相关疫情监测与防控。此外，要充分运用监测数据开展有害生物的防控工作，在防控中加强与农业农村部、环保部、国家林业局，以及各省级政府协调沟通，分工协作，联动协调、畅通监测与防控体系，厘清地方与海关事责，统筹发挥海关技术、信息优势与地方农林部门的防控职责，将国门生物安全防控纳入政府日常工作，共享监测数据，共同做好外来有害生物监测防控工作。外来有害生物和水生动物疫病监测秘书处分别设在上海海关和深圳海关，主要负责协调和研究解决各直属海关日常监测工作中遇到的技术问题，按照监控计划有关要求组织。

国门生物安全监测牵头海关（技术支持单位）要对相应监测项目制订监测指南、拟订监测计划，汇总和分析年度监测结果，开展相关技术培训。

成立监测工作小组，制定详尽周密的监测方案，开展切实有效的病媒生物监测工作，针对鼠类及其体表寄生虫（蚤、蜱、螨）、蚊类、游离蜱类等开展每季度、每月不同种类不同频率的监测工作，建立长效合作机制，应用智能查验、抽采样、检疫处理等先进技术和装备，通过大数据分析，做好前瞻性风险预警和实时防控，筑牢“境外、口岸、境内”三道防线。以“4·15”国家安全日活动为平台，开展系列特色国门生物安全科普宣传，进入社区、学校开展“国门生物安全”系列宣讲活动。深入当地有害生物防治企业，通过有害生物防治科普培训平台，多形式开展专项检查指导工作及宣贯活动，鼓励企业发挥自身优势，积极参与到国门安全防卫工作中，增强广大人民国门生物安全意识，拒绝破坏生物多样性的恶劣行为，取得良好的社会效果。对于出入境旅客而言，在进出境之前，主动了解我国或出境目的国的法律法规，如有发热、咳嗽、流涕、头痛、咽痛、呕吐、腹泻、呼吸困难等症状时，或携带特殊物品（微生物、人体组织、生物制品、血液及血液制品）、骸骨、放射性物质等，应向海关申报，配合海关检查。应知晓明确禁止携带、邮寄进/出境物种类范围。查阅《中华人民共和国禁止携带、寄递进境的动植物及其产品和其他检疫物名录》，不携带、邮寄名录内动植物及其产品。

第二节　实验室生物安全和生物安全实验室

2013 年 3 月 17 日，国家安全委员会成立。2014 年 4 月 15 日，国家安全委员会召开第一次会议，习近平主席在会上首次提出了总体国家安全观。总体国家安全观包括太空安全、深海安全、极地安全和生物安全四个方面。

一、生物安全

生物安全指采取适当的预防与控制措施，以防止由于生物技术开发与利用对生态环境和人类健康所产生危害或潜在威胁。主要包括五个方面：传染病相关的生物安全、生物入侵相关的生物安全、生物恐怖相关的生物安全、生物技术的两用性导致的生物安全和食品安全导致的生物安全。

二、生物安全法规

（一）国外生物安全法规

国外对于生物安全的法律法规发布得比较早。1983 年，WHO 发布了一个生物安全实验室的操作手册。目前，国际上的生物安全实验室都是以 2009 年美国疾病控制与预防中心和美国国立健康研究院发布的《微生物实验室生物安全指南》为基础，结合 WHO 发布的《实验室生物安全手册》来一起遵照使用。其他组织，如国际标准化组织等也发布了一些相关的法律法规和指南。国外生物安全法律法规和指南包括建设技术要求、运行管理要求和微生物良好操作规范。

（二）中国生物安全法规

中国生物安全法规在 2013 年出现严重急性呼吸综合征以后才开始制定并健全起来的。早在 2004 年发布的《中华人民共和国传染病防治法》里就包括了一些生物安全的内容。2004 年国务院发布第 424 号令《病原微生物实验室生物安全管理条例》，标志着中国的生物安全管理进入了一个规范化和防护化阶段。此外，卫生部在 2006 年之后陆续发布了《可感染人类的高致病性病原微生物菌（毒）种或样本运输管理规定》《人间传染的病原微生物名录》等，环境保护总局发布了《病原微生物实验室安全管理办法》。

2003 年，环保总局对医疗废弃物进行了一些相关的规定，目前有关医疗废弃物相关的法律法规包括《医疗卫生机构医疗废物管理办法》《医疗废物管理行政处罚办法》《医疗废物的分类目录》《医疗废物专用包装物、容器标准和警示标识规定》以及集中处理的技术规范。中国还在 2011 年出台了《生物安全实验室建设技术规范》，具体指导生物安全实验室的建设以及集中处理废物的技术规范。

2021 年 4 月 15 日，《中华人民共和国生物安全法》（下称《生物安全法》）实施。该法作为生物安全领域的基础性、综合性、系统性法律，旨在维护国家安全、防范和应对生物风险，保障人民的生命健康，保护生物资源和生态环境，促进生物技术健康发展。《生物安全法》规定了国家对防控重大新发突发传染病、动植物疫情、生物技术研究、开发与应用、病原微生物实验室生物安全管理、人类遗传资源与生物资源安全管理、防范外来物种入侵与保护生物多样性、应对微生物耐药、防范生物恐怖袭击与防御生物武器威胁等 8 个方面实施生物安全管理和监督。海关作为《生物安全法》的执法主体之一，严格依照《生物安全法》规定，开展口岸查验，验证进出境的人员、运输工具、集装箱、货物、物品、包装物和国际航行船舶压舱水排放等是否符合中国生物安全管理要求。坚持全链条口岸动植物检疫防控，通过风险评估、检疫准入、境外预检、风险监控、口岸查验、隔离检疫、风险预警和应急处置等一系列制度体系和技术体系，筑起“境外、口岸、境内”三道防线。

1. 危险度分级——《病原微生物实验室生物安全管理条例》。《病原微生物实验室生物安全管理条例》对病原微生物进行了分级，从高到低病原微生物分为四类，第一类和第二类微生物被称为高致病性微生物。第一类病原微生物（致病性最强）指能够引起人类或者动物非常严重疾病的微生物，以及中国尚未发现或者已经宣布消灭的微生物；第二类病原微生物指能够引起人类或者动物严重疾病，比较容易直接或者间接地在人与人、动物与人、动物与动物间传播的微生物；第三类病原微生物指能够引起人类或者动物的疾病，但一般情况下对人、动物或者环境不构成严重危害，传播风险有限，实验室感染后很少引起严重疾病，并且具备有效治疗和预防措施的微生物；第四类病原微生物指在通常情况下不会引起人类或者动物疾病的微生物。

在 WHO 的《实验室生物安全手册》中，病原微生物的危险度分级是按照从低到高的顺序，所以在 WHO 的《实验室生物安全手册》中，危险度三级和危险度四级的病原微生物是高致病性的病原微生物，和中国相反。

2.《人间传染的病原微生物名录》。《人间传染的病原微生物名录》对 155 种细菌、放线菌、衣原体、支原体立克次体和螺旋体及 59 种真菌、6 种朊病毒的中英文的名称、分类学的地位、危害程度的分类，操作不同的实验活动所需要的生物安全的级别，以及运输包装、分类进行了详细的规定。目录如表 11-1 所示。

三、生物安全实验室

（一）生物安全实验室等级

根据操作的不同等级的病原微生物，把生物安全防护水平的实验室分为生物安全一级、生物安全二级、生物安全三级和生物安全四级。其中，生物安全一级实验室的生物安全水平是最低的，一级和二级实验室叫作基础实验室，三级和四级实验室叫作防护实验室。不同的生物安全实验室操作的病原体的危险度的等级不同，实验室所需要的设施设备和防护要求也不同。

1. 生物安全一级实验室要求。必须要为安全运行以及清洁和维护提供充足的空间；实验室的墙壁、天花板和地板宜平整、易清洁、防水以及耐化学品和消毒剂的腐蚀。地板应当是防滑的，同时应尽可能地避免管线暴露在外；实验台应防水，并可耐消毒剂、酸、碱、有机溶剂的腐蚀并能适度耐热，最好密封于墙上；在靠近进出口的位置要有一个洗手池，门上要有一些可视窗，若实验室要操作刺激或者腐蚀性物质的话，还应该有洗眼的一些装置和紧急喷淋的装置；实验室要有一些灭火器和呼吸器等用于消防急救和通信的设备。如果实验室的窗户不是密闭的，而是可以开启的，窗户上要有防蚊纱窗以避免媒介的进入；实验室应该保证照明和充足的电力供应，设立应急照明装置。

2. 生物安全二级实验室要求。在生物安全一级实验室的基础上还应该满足其他的一些要求。比如，在门上应该有生物安全标识，个人进行实验操作的时候要有适当的个人防护，实验室操作的时候要有生物安全柜，做完实验的废弃物要通过高压灭菌锅灭菌以后才能进行后续的处理。

表 11-2 《人间传染的病原微生物名录》目录

序号	病毒名称			危害程度分类	实验活动所需生物安全实验室级别					运输包装分类		备注
	英文名	中文名	分类学地位		病毒培养	动物感染实验	未经培养的感染材料的操作	灭活材料的操作	无感染性材料的操作	A/B	UN 编号	
1	Alastrim virus	类天花病毒	痘病毒科	第一类	BSL-4	ABSL-4	BSL-3	BSL-2	BSL-1	A	UN2814	
2	Crimean-Congo hemorrhagic fever virus（Xinjiang hemorrhagic fever virus）	克里米亚-刚果出血热病毒（新疆出血热病毒）	布尼亚病毒科	第一类	BSL-3	ABSL-3	BSL-3	BSL-2	BSL-1	A	UN2814	
3	Eastern equine encephalitls virus	东方马脑炎病毒	披膜病毒科	第一类	BSK-3	ABSL-3	BSL-3	BSL-2	BSL-1	A	UN2814	仅培养物A类
4	Ebola virus	埃博拉病毒	丝状病毒科	第一类	BSL-4	ABSL-4	BSL-3	BSL-2	BSL-1	A	UN2814	
5	Flexal virus	Flexal 病毒	沙粒病毒科	第一类	BSL-4	ABSL-4	BSL-3	BSL-2	BSL-1	A	UN2814	

3. 生物安全三级实验室要求。需同时满足生物安全一级和生物安全二级实验室的要求，在建筑物里已成为一个隔离区，或者是一个独立的建筑物，人员进出的时候受控。实验室里一定要有负压，还要有独立的送排风系统。实验室通过设置缓冲间，在防护区的门上装有护锁装置。实验室所有污物要经过处理或者是消毒灭菌之后才能进行排放。实验室里需安装双扉高压灭菌锅，实验人员在进行操作时要进行适当的个人防护。实验室的洗手装置应该是免接触的。实验室内供水和供气阀门应该设置防止回流的装置。在实验室工作的所有人员都应该进行强制的体检。

4. 生物安全四级实验室要求。生物安全四级实验室在满足生物安全三级实验室的基础上还有其他的一些硬性要求。比如，生物安全四级实验室要在独立的建筑物内或者是独立成一个隔离区，控制人员出入，使用正压工作服进行个人防护，废弃物要通过高压灭菌后交专业公司回收，要有化学淋浴装置用于正压工作服的消毒。生物安全四级实验室有两种：手套箱型和正压防护型。

（二）生物安全实验室的管理

1. 实验室风险评估五原则。实验室在进行实验活动时，首先要对开展的实验活动进行风险评估，风险评估时要掌握五个原则，因为这五个原则都是以英文字母 P 开始的，故简称 5P 原则：病原体背景信息（pathogen）、具体工作活动（procedure）、人员资质（personnels）、设施/环境（place）、防护装备（protective equipment）

2. 生物安全四要素。在实验室开展实验活动时，需注意四个要素：管理要素、人员防护要素（PPE）、实验操作规程和设施设备要素。

（1）管理要素。建立完整的生物安全相关制度；要对人员进行相关的生物安全培训；定期进行健康监测；熟悉实验室 SOP，并严格按照规定执行；实验室人员需进行可靠性背景调查。

（2）人员防护要素：呼吸防护装备、防护眼罩、防护服、防护鞋。

（3）实验操作规程。实验室人员有良好的实验操作行为，并进行过良好的操作规范培训；熟悉实验室防护服的穿脱；熟悉锐器的正确使用；熟悉实验室和工作场所发生溢洒以后的处理以及人员如何进行紧急撤退和废弃物处理。

（4）设施设备要素。实验室有负压的隔离装置，设施满足定向的气流，实验室有空气高效过滤的 HEPA 过滤器等。

四、生物安全标识与使用

2018 年，卫生部发布了《病原微生物实验室生物安全标识》（WS 589-2018），详细规定了在病原微生物实验室如何进行生物安全标识和它的正确使用。该文件将生物安全标识分为五大类，即禁止标识、警告标识、指示标识、提示标识、专用标识，分别如表 11-2、表 11-3、表 11-4、表 11-5、表 11-6 所示。

表 11-2　禁止标识（部分）

编号	图形标识	名称	标识种类	设置范围和地点
1-1		禁止入内 No entering	J	可引起职业病危害的作业场所入口处或涉险区周边，如可能产生生物危害的设备出现故障时，维护、检修存在生物危害的设备、设施时，根据现场实际情况设置
1-2		禁止通行 No thoroughfare	H，J	有危险的作业区，如实验室、污染源等处

表 11-3　警告标识（部分）

编号	图形标识	名称	标识种类	设置范围和地点
2-1		生物危害 Biohazard	H，J	易发生感染的场所，如生物安全二级及以上实验室入口、菌（毒）种及样本保藏场所的入口和感染性物质的运输容器表面等
2-2		注意安全 Warning danger	J	易造成人员伤害的场所及设备

表 11-4　指示标识（部分）

编号	图形标识	名称	标识种类	设置范围和地点
3-1		必须穿防护服 Must wear protective clothes	J	因防止人员感染而须穿防护服的场所，如实验室入口处或更衣室入口处

续表

编号	图形标识	名称	标识种类	设置范围和地点
3-2		必须穿工作服 Must wear work clothes	J	按规定必须穿工作服（实验室基本工作服装）的场所，如实验室风险较低，不需要穿防护服的一般工作区域
3-3		必须戴防护帽 Must wear protective cap	J	易污染人体头部的实验区

表 11-5　提示标识（部分）

编号	图形标识	名称	标识种类	设置范围和地点
4-1		紧急出口 Emergent exit	J	便于安全疏散的紧急出口处，与方向箭头结合设在通向紧急出口的通道、楼梯口等处。可详见 GB 15630

表 11-6　专用标识（部分）

编号	图形标识	名称	标识种类	设置范围和地点
5-2		设备状态 Equipment status	J	处于正常使用、暂停使用、停止使用状态的仪器和设施设备上或其附近

续表

编号	图形标识	名称	标识种类	设置范围和地点
5-3		医疗废物 Medical waste	H，J	医疗废物产生、转移、贮存和处置过程中可能造成危害的物品表面，如医疗废物处置中心、医疗废物暂存间和医疗废物处置设施附近以及医疗废物容器表面等

五、实验工作人员良好的操作行为

如果没有良好的操作行为，人员可能会引起实验室感染。实验室感染一般包括几种途径：吸入——气溶胶；摄入——飞溅、污染的手或其他物品；注入——针头、注射器、锐器，或者动物的咬伤、划痕；直接接触——受污染的物品、溢出物或溅到皮肤和黏膜上或眼睛中。

在工作中需要养成良好的操作行为，尤其要正确地使用锐器，避免感染性物质的注入，使用完的锐器要丢到锐器盒中；在实验室操作时要尽量少用玻璃器皿；操作感染性材料时要注意进行适当的个人防护。

六、生物安全柜的概念

生物安全柜是具备气流控制及高效空气过滤装置的操作柜，可有效降低实验过程中的有害气溶胶对操作者和环境的危害，生物安全柜是实验室进行感染性物质实验操作时最重要的防护装备之一，属于一级防护屏障。生物安全柜可以分为Ⅰ级、Ⅱ级和Ⅲ级，Ⅰ级可以保护实验操作者和环境，但不能保护实验样本；Ⅱ级和Ⅲ级可以同时保护样本、实验操作者和环境，即实现所谓的“三保护”。其中Ⅱ级生物安全柜又分为Ⅱ级 A1、A2、B1、B2 四种类别，对人员、环境和监测样本都具有保护作用。

在实验室中用得最多的应该是Ⅱ级 A2 型生物安全柜和Ⅱ级 B2 型生物安全柜。实验室用的生物安全柜的级别并不是越高越好，需要根据从事的具体操作来判断。A2 型的生物安全柜有 30%的空气，气流是外排的，有 70%的气流进行重新循环。如果实验室使用 A2 型的生物安全柜可以将外排的空气直接排到房间，即若不接排风管也可以通过套管连接将空气直接排到室外。B2 型的生物安全柜是 100%的外排，没有空气在室内进行内循环，所以它的排风系统一定要通过硬连接管道才能将风排出去。

A2 型的生物安全柜和 B2 型的生物安全柜都可以满足生物安全二级、生物安全三级和生物安全四级的要求。只从事感染性材料的操作，A2 型和 B2 型生物安全柜就可以满足要求。A2 型只能从事少量的放射性和有毒化学物质的操作，B2 型可以从事大量的放射性和有毒气体的操作。对于小面积的实验室，安装室内取风、全排型的生物安全柜时，要保证实验室内足够的送风量和换气次数，否则会影响生物安全柜的正常运行和实验室压力及压力梯度的稳定，因此小空间的实验室应尽量安装气流室内循环的生物安全柜。

使用前应开机运行一段时间，具体以生物安全柜说明书为准，使安全柜内气流稳定，洁净度达到设定要求。使用过程中，生物安全柜前窗防护面板高度应该推至最佳位置，太高会导致窗口水平风速过低，太低不利于实验操作。进行感染性物质操作时，生物安全柜应遵循双人工作原则，一人做合适的手部防护后，进行生物安全柜内主操作，实验操作过程中其双手不得随意进出安全柜。另一人在旁边协助，需要拿进安全柜的物品由协助者递进安全柜；需要移出安全柜的物品由协助者经消毒移出安全柜。中间区域铺上隔水垫为操作面，左边摆放移液器、TIP 头、干净试剂耗材等，右侧摆放废物桶、锐器盒等。安全柜内物品应该尽量少，不得堵塞前后两排格栅，以免影响气流。

操作者双手着手套后深入安全柜进行操作实验，操作应尽量靠近安全柜操作面的后部，动作应轻柔。

操作过程中，如安全柜内发生少量溢洒事故，实验人员应立即停止工作以合适的消毒剂浸湿的纱布覆盖溢洒物，作用 3~5 分钟后，将隔水垫卷起置于污物桶内。实验人员更换手套重新铺设隔水垫后可继续实验操作。操作完成后将需要高压蒸汽灭菌的物品置于高压灭菌袋内，放入灭菌指示卡，以胶带扎好袋口，放入高压蒸汽灭菌器内进行高压灭菌。

生物安全柜使用完毕后应该进行清场消毒，以合适的消毒剂浸泡的纱布由左往右缓慢擦拭安全柜操作台面，作用 3 分钟后再以清水浸湿的纱布由左往右缓慢擦拭安全柜台面，继续运行 10 分钟后关闭安全柜风机，拉下防护面板并开启紫外线灯照射 30 分钟。以下五种情况需要对生物安全柜进行检测：新生物安全柜放到指定位置后；生物安全柜被移动位置后；对生物安全柜进行检修后；生物安全柜更换高效过滤器后；生物安全柜定期常规监测，每年一次。

生物安全检测项目包括垂直气流平均速度，工作窗口气流流向，工作窗口气流平均速度，送风高效过滤器检漏，排风高效过滤器检漏，工作区洁净度，噪声，照度，柜体内外的压差（适用于Ⅲ级生物安全柜），工作区气密性（适用于Ⅲ级生物安全柜）。

七、意外事故

（一）意外事故类型

意外事故可分为生物性、化学性、物理性、天然灾害和火灾五种。

（二）制定防备意外事故方案

防备意外事故方案包括防备自然灾害，如火灾、洪水、地震；生物危害的危险度评估；意外暴露的处理和清除污染；人员从现场的紧急撤离；人员暴露和受伤的紧急医疗处理；暴露人员的医疗监护；暴露人员的临床处理；流行病学调查；高危险度等级微生物；高危险区域的地点，如实验室、危险品储藏室；明确处于危险的个体和人群；明确责任人员及其责任，如生物安全员、地方卫生部门临床医生以及消防和警务部门，张贴紧急联系电话；列出能接受暴露或感染人员进行治疗和隔离的单位；暴露或感染人员的转移；列出免疫血清、疫苗、药品、特殊仪器和物资的来源；应急装备的供应，如防护服、消毒剂、化学和生物学的溢出处理盒、清除污染的器材物品。

（三）职业暴露

职业暴露指由于自身从事的职业原因暴露在某种危险因素中，有被感染或引发某种疾病的潜在危险。高危人群包括实验室、医护、预防保健人员以及有关的监管工作人员。职业暴露的生物因素包括各种经血液传播的疾病及呼吸道传播的疾病，如血源性传播疾病（HIV）、严重急性呼吸综合征、埃博拉、呼吸道传播的疾病（MERS）、医护人员感染。

1. 暴露后紧急处理。包括刺伤、割伤和擦伤的处理、黏膜的处理、溢洒处理、生物安全柜内溢洒处理、离心机内发生溢洒处理。

2. 报告与记录。要及时报告主管部门，报告内容包括事故发生的时间、地点及经过；暴露方式和暴露的具体部位及损伤程度；暴露源种类（呕吐物、血液或其他体液）；处理方法及处理经过。

3. 暴露后预防。比如，HIV 暴露后预防：早晚对暴露者进行测量体温并观察相应症状。若在此期间出现发热（体温高于 37.5℃）、咳嗽等与接触病原感染类似症状，则应被视为可能发生感染，应立即报告实验室负责人，并送医院进行诊治。再如，预防性用药：注射疫苗。

4. 暴露后随访。

HBV：1 个月、3 个月、6 个月后检测抗——HBs。

HCV：暴露后 4 周、6 周检测丙肝 RNA，4 个月、6 个月定期追踪肝功、Anti-HCV。

HIV：暴露后 1 个月、2 个月、3 个月、6 个月、12 个月对 HIV 抗体进行检测。

梅毒：停药后 1 个月、3 个月进行梅毒抗体检测。

第三节　海关风险管理

为了防控风险，确保国门安全，海关成立了风险管理司及直属海关层面风险防控局，负责拟订海关风险管理制度并组织实施，承担海关风险监测工作，建立风险评估指标体系、风险监测预警和跟踪制度、风险管理防控机制。同时，协调开展口岸相关情报收集、风险分析研判和处置工作，研究提出大数据海关应用整体规划、制度、方案并组织实施，定期发布口岸安全运行报告，指挥、协调处置重大业务风险和安全风险。

一、申报风险

（一）申报错误

操作书写失误、货物溢短装、不可抗力灭失等客观因素都会导致申报数据与实际货物不符。

（二）未申报

指企业应根据相关法律规定向海关申报相关信息而未申报，如企业在未向海关提前办理手续并获得许可的情况下，即对保税货物或减免税货物或其他处于海关监管之下的货物擅自进行了处置，包括内销、抵押、转让等。

（三）申报不实

指进出口收发货人对货物的具体信息数据，如品名、税则号列、数量、规格、价格、贸易方式、原产地、特殊关系等项目的申报与事实不符，进而影响到海关监管秩序、国家税款征收和统计准确性。

二、归类风险

进出口货物的管理条件、减税、免税优惠等问题的出现取决于对商品的分类。对商品进行分类对专业、技术的要求都比较高，不仅要准确地找出商品的相关税号，还要对商品的认知具备一定的专业性。尽管企业中的相关管理人员在进行工作的过程中具备了一定的方式和技巧，但是对于那些相对来说比较特别的、新的或者是归类性质不清晰的商品有时候也会出现归类不准确的现象，加上每个工作人员对不同商品的理解都存在着一定的差异，也就避免不了对同一种类的商品有着不同种类的分类结果，所以在归类时也产生了一定的风险。

三、审价风险

进出口货物的完税价格是海关计收税款的基础。目前确定进出口货物完税价格的方法采用最多的是成交价格法。2006 年 3 月，海关总署公布的新的《海关审定进出口货物完税价格办法》列明了采用成交价格需要满足的几个条件，但并不具体。另一审价难题是关于特许权使用费。国际通行的《WTO 估价协定》只是原则性地规定了特许权使用费应该计入进口货物的三项条件，在实践中难以判断，所以争议颇多。为此，中国《海关审定进出口货物完税价格办法》做了专门的规定，但由于对海关制度缺乏了解，加上公司内部的管理缺陷，就可能导致漏报价格。此外，很多企业为了各自的目的，把金额报高或是报低，而海关系统有预警功能，一旦超出海关系统数据库价格范畴，系统马上会弹出对话框告知价格有问题。

四、侵犯知识产权风险

近年来，在国际贸易领域，知识产权纠纷案件不断增多。海关作为进出境监督管理机关，根据《海关法》的规定负有对与进出境货物有关的知识产权实施保护的职责，依法采取措施制止侵犯知识产权货物的进出境。海关知识产权保护的范围包括商标专用权、著作权和与著作权有关的权利、专利权、奥林匹克标志专用权等。

五、经认证的经营者企业后续管理及稽查风险

《信用管理办法》规定，海关对经认证的经营者企业会定期（3 年）进行重新认证，很多企业因未对进出口货物及单证采取有效的后续管理，导致认证失败，海关稽查时，很多环节不合规。比如，单证管理混乱、单证未按照海关规定的保存年限进行归档、减免税货物移作他用或者进行抵押、保税材料外发未及时向海关进行备案等类似情形。据统计，重新认证的高级认证企业通过率不到 40%。

风险处置的目的是有效控制和化解海关管理中的各类风险。健全和完善风险处置的操作规范和运行制度，根据各类风险程度，灵活运用消除、转移、防范、控制、分散、接受、回避风险等处置策略，合理选择风险处置方法和手段，对各种风险进行有效控制和化解。完善与商务、税务、银行、外汇管理等部门的计算机联网，实现货物流、信息流和资金流等跨部门、跨行业、跨地区的数据交换和信息共享。建立健全与有关行业和重点企业的新型合作伙伴关系，拓宽海关风险管理的信息源。

海关风险布控规则运行评估是在海关风险作业系统中，根据法律、行政法规、海关规章或总署规范性文件所确定的，以及根据情报、管理需要、风险分析提出的，涉及前置、事中、事后环节，以数据化形式实现的统一的业务管理要求。风险布控规则运行评估是风险管理工作的有机组成部分，是传导风险管

理工作的重点，提升海关工作人员技能，构建沟通反馈机制。风险布控规则运行评估的法规依据包括风险管理司关于印发《海关风险布控规则运行评估办法（试行）》的通知（风险函〔2019〕27号）、风险管理司《关于规范风险布控规则运行评估工作的通知（风险函〔2019〕38号）。风险防控司负责对风险布控规则进行评估，按照分工负责对直属海关风险防控分局设置的风险布控规则进行评估；直属海关风险防控部门负责对本关区所设置的风险布控规则进行评估。风险管理司定期制定或修订布控绩效评估指标。风险防控部门每日对本部门在运行的布控规则查获效能进行评估，根据专项风险防控需要设置专项评估指标和评估周期。直属海关风险防控部门每月汇总本单位所开展的运行评估，报送风险防控局。风险防控局汇总形成本领域的全国性布控规则运行评估报告，并对直属海关风险防控部门的布控规则提出评估意见。风险管理司不定期地发布评估结果。直属海关风险防控部门根据评估意见改进其布控规则，并予以反馈。海关风险布控规则运行评估信息化系统要确保运行评估的权威性、完整性、集合性、灵活性。

2023年2月14日，海关总署与香港海关签署《海关总署与香港海关深化风险管理合作安排》。本次签署合作安排，将进一步促进粤港澳大湾区内人员、货物及物品安全、便捷流通，服务粤港澳大湾区高质量发展。海关总署与香港海关通过开展风险信息共享、联合研判、协同行动等合作，严厉防控打击毒品、枪爆物资、濒危动植物、文物等物品非法进出境活动，对走私违法行为形成强力震慑。同时，提升口岸安全风险防控针对性和精准度，促进粤港澳大湾区贸易安全与通关便利。香港作为粤港澳大湾区重要组成部分，是内地重要贸易伙伴，两地货物流通数量巨大。2022年，内地与香港之间贸易总值20 402.7亿元。这些都为海关总署统筹发展和安全，服务加快构建新发展格局、推进与“一带一路”国家（地区）风险管理合作进一步夯实了基础，助力提升国际贸易安全和通关便利化水平，强化信念，铸忠诚、担使命、守国门、促发展、齐奋斗。近期海关总署组织起草了《海关风险管理实施办法（征求意见稿)》。

六、生物安全风险防控机制

（一）生物安全风险防控相关制度

生物安全风险防控制度包括：检测预警制度，组织建立国家生物安全风险监测预警体系，提高生物安全风险识别和分析能力。调查评估制度，根据风险监测的数据、资料等信息，定期组织开展生物安全风险调查评估。信息共享制度，组织建立统一的国家生物安全信息平台，实现信息共享。信息发布制度，国家生物安全总体情况、风险警示信息、安全事件等由相关部门发布。名录和清单制度，对涉及生物安全的材料、设备、技术、活动、重要生物资源数据、传染病、动植物疫病、外来入侵物种等制定、公布名录或者清单，并动态调整。标准制度，国务院标准化主管部门和国务院其他有关部门根据职责分工，制定和完善生物安全领域相关标准。审查制度，对影响或者可能影响国家安全的生物领域重大事项和活动，进行生物安全审查，有效防范和化解生物安全风险。应急制度，组织制定相关领域、行业生物安全事件应急预案，开展应急演练、应急处置、应急救援和事后恢复等工作。事件调查溯源制度，组织开展调查溯源，确定事件性质，全面评估事件影响，提出意见建议。国家准入制度，海关对发现的进出境和过境生物安全风险，应当依法处置；经评估为生物安全高风险的人员、运输工具、货物、物品等，应当从指定的国境口岸进境，并采取严格的风险防控措施。境外重大生物安全事件应对制度，境外发生重大生物安全事件的，海关依法采取生物安全紧急防控措施。

（二）生物安全风险防控的现状

近年来，随着出境货物量迅猛增多，加之“海淘”、跨境电商等业态的发展，入境动植物及其产品种类和来源地广泛，给国门生物安全保障工作带来挑战。为此，全国海关切实把禁止洋垃圾入境作为我国生态文明建设的标志性举措，充分发挥大数据引擎作用，坚持集中打击和常态化分散打击相结合，深入开展“国门利剑”“蓝天”等系列打击走私专项行动，强化源头监管、口岸监管和后续稽查，坚决将洋垃圾封堵于国门之外。同时，积极参加“保卫”“雷电”等国际联合行动，多次提供精准情报指引香港、马来西亚、越南、新加坡等海关查获走私象牙、穿山甲鳞片、犀牛角等共计 100 余吨。在第 17、18 次濒危野生动植物种国际贸易公约缔约方大会上，海关总署缉私局连续荣获“克拉克·巴文”野生物种执法奖，充分展现了世界各国和国际组织对中国海关严打濒危动植物走私、履行国际公约的高度认可。党的二十大以来，海关更是作为国门生物安全的主要执法单位，坚决贯彻践行总体国家安全观，不断强化外来入侵物种监测、“洋垃圾”退运、濒危物种走私查获等工作，筑牢国门安全屏障，保持加强生态文明建设的战略定力，不断探索以生态优先、绿色发展为导向的高质量发展新路子，加大生态系统保护力度，打好污染防治攻坚战，守护好祖国大好河山优美、亮丽风景线，严格履行濒危野生动植物种国际贸易公约，严禁外来生物入侵，严防动植物疫情疫病传入传出，全方位保护国内生态环境稳定，促进生态文明建设。

第十二章　海关缉私

根据《中华人民共和国海关行政处罚实施条例》，违反海关法及其他有关法律、行政法规，逃避海关监管，偷逃应纳税款、逃避国家有关进出境的禁止性或者限制性管理，有下列情形之一的，属于走私行为。

(1) 未经国务院或者国务院授权的机关批准，从未设立海关的地点运输、携带国家禁止或者限制进出境的货物、物品或者依法应当缴纳税款的货物、物品进出境的；

(2) 经过设立海关的地点，以藏匿、伪装、瞒报、伪报或者其他方式逃避海关监管，运输、携带、邮寄国家禁止或者限制进出境的货物、物品或者依法应当缴纳税款的货物、物品进出境的；

(3) 使用伪造、变造的手册、单证、印章、账册、电子数据或者以其他方式逃避海关监管，擅自将海关监管货物、物品、进境的境外运输工具，在境内销售的；

(4) 使用伪造、变造的手册、单证、印章、账册、电子数据或者以伪报加工贸易制成品单位耗料量等方式，致使海关监管货物、物品脱离监管的；

(5) 以藏匿、伪装、瞒报、伪报或者其他方式逃避海关监管，擅自将保税区、出口加工区等海关特殊监管区域内的海关监管货物、物品，运出区外的；

(6) 有逃避海关监管，构成走私的其他行为的。

目前海关缉私部门和缉私工作受公安部和海关总署双重领导，以公安部领导为主，重点是加强政治领导、干部管理和队伍建设。海关缉私业务工作由海关负责。海关总署缉私局为海关总署内设机构，列入公安部序列第十四局，主要负责拟订反走私社会综合治理政策措施并组织实施，查处走私、违规案件，侦办走私罪案件，开展缉私情报工作，组织开展打击走私国际（地区）间合作，承担世界海关组织情报联络工作。具体工作主要有：开展冻品、烟酒、成品油、医疗美容重点行业领域商品监管，开展风险防范排查工作，督促落实经营者主体责任，严厉打击惩治走私濒危野生动植物及其制品违法犯罪行为，携手省、市、区打私办各成员单位结合自身业务和辖区特点，以电子屏幕宣传等方式开展反走私普法宣传进企业、进市场、进机关活动，增强人民群众对打击走私工作的知晓度和参与率，推动社会各界广泛参与打击和防范走私工作。

当前，缉私警察工作主要分为刑事、行政案件两部分。刑事执法工作是对违反《海关法》及有关法律、行政法规，逃避海关监管，偷逃应缴税款单位达20万元、个人达10万元或者一年内曾因走私被给予二次行政处罚后又走私，以及非法运输、携带、邮寄国家禁止、限制进出口的货物、物品进出境，达到刑法规定情节的，予以刑事立案侦查。行政执法工作是对依法不追究刑事责任的走私行为和违反海关监管规定的行为，以及法律、行政法规规定由海关实施行政处罚的行为的处理。

第一节　缉私机构与缉私执法

缉私，即查缉走私，是海关的主要职责之一，指海关用刑事执法和行政执法手段，在海关监管场所和设关地附近的沿海沿边规定地区内，对走私违法犯罪活动进行制止、查处和综合治理的行为。

一、缉私机构

为严厉打击走私犯罪活动，1998年7月，经国务院批准，组建了走私犯罪侦查局（当时为公安部二十四局，现为十四局），设在海关总署，受海关总署和公安部双重领导（当时以海关总署领导为主，现以公安部领导为主）。走私犯罪侦查局在广东分署、各直属海关及其分支机构设立了43个走私犯罪侦查分局和100多个走私犯罪侦查支局。2001年，经国务院批准，海关总署广东分署、部分直属海关走私犯罪侦查分局列入所在省、自治区、直辖市公安厅（局）序列。2002年12月，经国务院办公厅批准，海关总署走私犯罪侦查局更名为海关总署缉私局，各海关走私犯罪侦查分局更名为××海关缉私局，各海关走私犯罪侦查支局更名为××海关缉私分局。这是一支对走私犯罪案件依法进行侦查和预审以及对走私行为、违规行为进行行政处罚的专职缉私队伍。

二、缉私执法

根据法律规定，海关是查缉走私的主管部门。中国海关为维护国民经济安全和对外贸易秩序，对走私犯罪行为给予坚决打击。中国实行“联合缉私、统一处理、综合治理”的缉私体制，海关在公安、工商等其他执法部门的协作配合下，负责组织、协调和管理缉私工作，对查获的走私案件统一处理。全国海关坚决查缉毒品、文物、武器弹药、濒危动植物和反动、淫秽、盗版、散发性宗教宣传品等走私违法犯罪活动，积极配合有关部门开展打击骗汇、骗退税、制售假冒伪劣产品等经济犯罪活动，为维护国家经济安全和社会稳定做出了积极贡献。

根据《中华人民共和国刑法》（下称《刑法》）、《中华人民共和国刑事诉讼法》（下称《刑事诉讼法》）、《中华人民共和国行政处罚法》（下称《行政处罚法》）、《中华人民共和国海关法》（下称《海关法》）、《中华人民共和国人民警察法》（下称《人民警察法》）和公安部关于实行警务公开的规定，海关缉私部门的职责包括：在中华人民共和国海关关境内，依法查缉走私犯罪案件，依法查处走私、违规等行政违法案件；对走私犯罪案件进行侦查和预审工作，对走私犯罪嫌疑人依法采取强制措施，对侦查终结的走私犯罪案件移送检察机关审查起诉；对不构成走私犯罪的走私行为，构成走私犯罪但依法不追究刑事责任的走私行为，以及违反海关监管规定的行为依法进行调查、审理和行政处罚；接受和办理地方公安、市场监管和烟草专卖等行政执法机关查获移交的走私犯罪案件和走私、违规等行政违法案件；缉私警察在履行职务过程中，依照《海关法》、《人民警察法》和《人民警察使用警械和武器条例》的规定，可以依法使用警械、武器；依法办理、参与和海关缉私部门有关的申诉、复议（其中行政复议由海关法规部门办理）、诉讼、赔偿；受理检举、控告，对查办情况进行反馈，并依据有关规定实施奖惩；依法对抗拒、阻碍海关缉私部门执行职务的行为进行治安处罚，对情节严重、涉嫌刑事犯罪的，移交地方公安机关处理；承办国务院及海关总署、公安部交办的重大走私案件和其他事项；负责反走私社会综合治理工作以及反走私形势分析，对口联系各级党政打私主管部门、各行政管理部门、各行业主管部门、各经济主管部门、大型企业集团等有关社会各界。

海关缉私部门办案人员在执法过程中依照法律规定行使以下权力：

（一）检查权

在海关监管区和海关附近沿海沿边规定地区，可以检查有走私嫌疑的运输工具和有藏匿走私货物、物品嫌疑的场所，检查走私嫌疑人的身体；办理走私案件时，在海关监管区和海关附近沿海沿边规定地区以外，经直属海关关长或者其授权的隶属海关关长批准，可以对有走私嫌疑的运输工具和除公民住处以外的有藏匿走私货物、物品嫌疑的场所进行检查。检查应由两名或两名以上办案人员进行，应有被检查方代表或见证人在场，人身检查应由两名以上与被检查人同性别的办案人员在单独的场所进行。检查完毕应当填写检查记录或填写人身检查记录，并由办案人员、被检查人或见证人签名（盖章）。

（二）扣留权

1. 对走私犯罪嫌疑人，经直属海关关长或者其授权的隶属海关关长批准，可以扣留。扣留时，应向被扣留人出示扣留决定书。扣留时间从被扣留人被带回海关后，在扣留决定书上签字或者捺指印时起算，被扣留人拒绝签名或者捺指印的，应当予以注明。排除走私嫌疑或者法定扣留期满的，应当立即解除扣留，并制发解除扣留决定书，由被扣留人在解除扣留决定书上签名或者捺指印，被扣留人拒绝签名或者捺指印的，应当予以注明。扣留时间不超过24小时，在特殊情况下可以延长至48小时。

2. 对违反《海关法》或者其他有关法律、行政法规的进出境运输工具、货物、物品可以扣留。

3. 对违反《海关法》或者其他有关法律、行政法规的进出境运输工具、货物、物品有牵连的合同、发票、账册、单据、记录、文件、业务函电、录音录像制品和其他资料可以扣留。

（三）查阅、复制权

办案人员有权查阅、复制与进出境运输工具、货物、物品有关的合同、发票、账册、单据、记录、文件、业务函电、录音录像制品和其他资料。

（四）查问、调查权

办案人员有权对违反《海关法》或者其他有关法律、行政法规的当事人及知情人进行查问和调查。

（五）连续追缉权

对于违反海关监管逃逸的进出境运输工具或者个人，可以连续追至海关监管区和海关附近沿海沿边规定地区以外，带回处理。

（六）佩带和使用武器权

办案人员为履行职责，可以依照法律的规定佩带和使用武器。

（七）收取担保权

有违法嫌疑的货物、物品、运输工具无法或者不便扣留的，当事人或者运输工具负责人应当向海关提供等值的担保，未提供等值担保的，海关可以扣留当事人等值的其他财产。

（八）处罚权

对不构成走私犯罪的走私案件和违反海关监管规定案件以及依照其他有关法律规定由海关处理的其他违法案件的当事人有权进行处罚。

（九）责令改正权

海关缉私部门对违反《海关法》及其有关法律、法规的行为，除依法处罚外，还有权要求违法行为人改正违法行为。

（十）请求协助权

在执行职务受到暴力抵抗时，有权请求公安机关和人民武装警察部队予以协助。海关缉私部门可以查询涉案单位或个人在金融机构、邮政企业的存款、汇款。

2023 年召开的海关打击走私工作会议暨全国打私办主任会议，提出全力开展“国门利剑 2023”联合行动，持续深化海关全员打私，构建反走私社会治理共同体，进一步强化缉私综合保障；严厉打击“水客”、离岛免税“套代购”走私、洋垃圾、象牙等濒危物种走私、重点涉税商品及冻品等农产品走私。2023 年 2 月 17 日，香港海关与国家海关总署缉私局、澳门海关在香港海关总部举行“内地与香港及澳门海关打击走私高层会议”，商讨打击水客走私等违法活动的整体策略及行动部署。

第二节 缉私执法程序与国门安全

一、缉私执法程序

（一）缉私执法依据

根据《海关法》的规定，海关缉私部门管辖《刑法》第 151 条、第 152 条、第 153 条、第 155 条、第 347 条和第 350 条规定的走私武器、弹药罪，走私核材料罪，走私假币罪，走私文物罪，走私贵重金属罪，走私珍贵动物、珍贵动物制品罪，走私珍稀植物、珍稀植物制品罪，走私淫秽物品罪，走私普通货物、物品罪，走私废物罪，走私毒品罪和走私制毒物品罪案件的侦查和预审工作，以及对犯罪嫌疑人采取强制措施。

根据《海关法》和《海关行政处罚实施条例》，海关缉私部门对依法不追究刑事责任的走私行为和违反海关监管规定的行为，法律、行政法规规定由海关实施行政处罚的行为，以及地方公安、市场和烟草专卖等行政执法机关查获的需要移送海关处理的走私、违规等行政违法案件进行调查和行政处罚。

（二）走私犯罪案件办理程序

1. 走私犯罪案件办理的基本程序包括受案、立案、侦查、侦查终结。海关缉私部门受理群众举报的走私犯罪案件、海关其他部门和地方公安、市场、烟草专卖等行政执法机关查获移交的走私犯罪案件。海关缉私部门对受理的案件，应当在受案后立即对案件材料进行审查。对不属于自己管辖的案件，应当在 24 小时内移送有管辖权的机关处理。经过审查，认为有犯罪事实需要追究刑事责任，且属于管辖范围的，应当予以立案；认为没有犯罪事实，或者犯罪情节显著轻微，不需要追究刑事责任的，不予立案。

2. 侦查手段方面。

（1）传唤和讯问犯罪嫌疑人。海关缉私部门对不需要拘留逮捕的犯罪嫌疑人可以传唤到其所在市县的指定地点或其住处进行询问。讯问犯罪嫌疑人必须由侦查人员进行。讯问时，侦查人员不得少于两人。讯问同案的犯罪嫌疑人，应当个别进行。讯问犯罪嫌疑人时，侦查人员应当告知犯罪嫌疑人其所享有的权利和应尽的义务，认真听取犯罪嫌疑人陈述有罪的情节和无罪的辩解，严禁刑讯逼供或者使用威胁、引诱、欺骗以及其他非法的方法获取供述。对犯罪嫌疑人供述的犯罪事实、申辩和反证，海关缉私部门都应当认真核查，依法处理。

（2）询问证人。海关缉私部门依法询问证人时，侦查人员不得少于两人，并应向证人出示海关缉私部门的证明文件或侦查人员的工作证件；应当个别进行，并告知证人其依法享有的权利和应尽的义务。询问不满 18 岁的证人时，可以通知其法定代理人到场。

（3）勘验、检查。海关缉私部门对于与犯罪有关的场所、物品、人身可以依法利用各种技术手段进行勘验或检查。犯罪嫌疑人如果拒绝检查，侦查人员认为必要时，可以强制检查。检查妇女的身体，应当由女侦查人员或医师进行。为查明案情，海关缉私部门可以依法进行侦查实验，但禁止一切足以造成危险、侮辱人格或者有伤风化的行为。

（4）搜查。海关缉私部门可以依法对犯罪嫌疑人及可能隐藏罪犯或者犯罪证据的人的身体、物品、住处和其他有关的地方进行搜查。进行搜查时，必须向被搜查人出示搜查证，执行搜查的侦查人员不得少于两人，同时应当有被搜查人或者其家属、邻居或者其他见证人在场。搜查的情况应当制作搜查笔录，并由有关人员签名或盖章。搜查妇女的身体，应当由女侦查人员进行。执行拘留、逮捕时遇有特殊紧急情况，不用搜查证也可以进行搜查。

（5）扣押物证、书证。海关缉私部门对侦查发现的可用以证明犯罪嫌疑人有罪或无罪的物品和文件（包括邮件、电子邮件、电报）应当依法扣押；但与案件无关的物品、文件，不得扣押。持有人拒绝交出应当扣押的物品、文件的，海关缉私部门可以强行扣押。执行扣押物品、文件的侦查人员不得少于两人，并持有有关法律文书或者侦查人员工作证件。对于扣押的物品和文件，海关缉私部门应当会同在场证人和被扣押物品和文件的持有人查点清楚，当场开列统一印制的扣押物品、文件清单一式三份，写明物品或文件的名称、编号、规格、数量、重量、质量、特征及其来源，按规定由有关人员签名或盖章后，其中一份须交给持有人。对扣押的物品、文件，任何单位和个人不得使用、调换、损毁或者自行处理，经查明确实与案件无关的，应当在 3 日以内解除扣押，予以发还。对于扣押的危险品或者鲜活、易腐、易失效、易贬值等不宜长期保存的货物、物品，可以根据具体情况，依法委托有关部门变卖、拍卖，变卖、拍卖的价款暂予保存，待诉讼终结后一并依法处理。

（6）查询、冻结存款、汇款。海关缉私部门可以依照规定查询、冻结犯罪嫌疑人、犯罪嫌疑单位在金融机构或邮电部门与犯罪有关的存款、汇款。冻结存款的期限为6个月，有特殊原因需要延长的，每次延长期限最长不超过6个月。对于冻结的存款、汇款，经查明确实与案件无关的，应当在3日以内解除冻结，并通知被冻结存款、汇款的所有人。

（7）鉴定。为了查明案情，解决案件中某些专门性问题，海关缉私部门应当依法指派或者聘请具有鉴定资格的人进行鉴定。海关缉私部门应当将用作证据的鉴定结论告知犯罪嫌疑人。如果犯罪嫌疑人对鉴定结论有异议并提出申请，经海关缉私部门负责人批准后，可以补充鉴定或重新鉴定。

（8）辨认。为了查明案情，海关缉私部门在必要时可以依法让犯罪嫌疑人、证人对与犯罪有关的物品、文件、场所或者犯罪嫌疑人进行辨认。辨认应当在侦查人员的主持下进行。主持辨认的侦查人员不得少于两人。辨认经过和结果应当制作辨认笔录。对犯罪嫌疑人的辨认，辨认人不愿意公开进行时，可以在不暴露辨认人的情况下进行，侦查人员应当为其保守秘密。

（9）通缉、边控、网上追逃。海关缉私部门可以对应当逮捕的在逃犯罪嫌疑人发布通缉令，将其追捕归案，也可以发布悬赏通告。抓获被通缉者的海关缉私部门可以凭通缉令将其羁押。为防止犯罪嫌疑人逃往境外，海关缉私部门可以依法在边境口岸采取边控措施。在确定犯罪嫌疑人在逃之日起7个工作日内，在全国在逃人员信息系统录入在逃人员信息。

根据法律规定，海关缉私部门有权对犯罪嫌疑人采取拘传、取保候审、监视居住、拘留、逮捕等强制措施。拘留时必须出示拘留证，对于被拘留人，海关缉私部门应当在拘留后24小时内进行讯问。发现不应当拘留的，应当立即释放。拘留后，除按规定可以不予通知的情形外，海关缉私部门应当在24小时内制作拘留通知书，送达被拘留人家属或者单位。对于被拘留的犯罪嫌疑人需要逮捕的，海关缉私部门最迟在30日内提请人民检察院审查批准。犯罪嫌疑人真实姓名、住址、身份不明，在30日内不能查清提请批准逮捕的，经海关缉私部门负责人批准，拘留期限自查清身份之日起计算。对犯罪嫌疑人逮捕后的侦查羁押期限不得超过两个月。因案情复杂等期限届满不能侦查终结的案件，可以依法提请人民检察院批准延长羁押期限。

（三）走私、违规等行政违法案件处理程序

走私、违规等行政违法案件的处罚决定包括简易程序、简单程序和一般程序。

1. 简易程序，指海关办案人员在违法案件发生的现场，对当事人当场做出处罚决定所适用的法律程序。适用简易程序，办案人员应当向当事人出示执法证件，填写预定格式、编有号码的行政处罚决定书，并当场送达当事人。简易程序的适用范围：违法事实确凿并依法有据，对公民处以50元以下、对法人或者其他组织处以1 000元以下的罚款或警告的行政违法案件。

2. 简单程序案件，指海关在行邮、快件、货管、保税监管等业务现场以及其他海关监管、统计业务中发现的违法事实清楚、违法情节轻微，经现场调查后，可以当场制发行政处罚告知单的违反海关监管规定案件。简单程序的适用范围在《中华人民共和国办理行政处罚简单案件程序规定》中有明确规定。

3. 一般程序，是海关行政处罚案件适用的基本程序，适用于除依据简易程序和简单程序处理外的其他所有海关行政处罚案件的办理。对适用一般程序调查终结的案件，经直属海关关长或其授权的隶属海关关长批准，可以做出如下决定：对事实清楚、证据确凿的违法行为，根据情节轻重和具体情况，及时做出行政处罚决定；对违法情节轻微，依法可以不予行政处罚的，做出不予行政处罚决定；违法事实不能成立的，予以撤销案件；符合法定收缴条件的，予以收缴；违法行为涉嫌犯罪的，移送刑事侦查部门依法办理。

海关在做出行政处罚决定之前，应当以行政处罚告知单的形式，告知当事人做出行政处罚决定的事实、理由和依据，并告知当事人依法享有的权利。当事人可以提出陈述、申辩要求。海关必须充分听取当事人意见，对当事人提出的事实、理由和依据，应当进行复核；当事人提出的事实、理由或依据成立的，海关应当采纳。海关不得因当事人申辩而加重处罚，但海关发现新的违法事实的除外。海关做出暂停从事有关业务、暂停报关执业、撤销海关注册登记、取消报关从业资格、对公民处 1 万元以上罚款、对法人或者其他组织处 10 万元以上罚款、没收有关货物、物品、走私运输工具等行政处罚决定之前，应当告知当事人有要求举行听证的权利；当事人要求听证的，海关应当组织听证。

行政处罚案件自行政处罚决定书送达之日起，当事人应当在 15 日内履行处罚决定。未在 15 日内履行处罚义务的，海关可以依法加处罚款或者滞纳金。受海关处罚的当事人或者其法定代表人、主要负责人应当在出境前缴清罚款、依法被没收的违法所得和依法追缴的货物、物品、走私运输工具的等值价款。当事人在离境前未缴清上述款项的，应当提供相当于上述款项的担保。当事人在法定期限内不申请行政复议或者提起行政诉讼，经催告仍不履行处罚决定的，海关可以将查封、扣押的财物依法拍卖抵缴罚款。处以警告、罚款等行政处罚，但不没收进出境货物、物品、运输工具的，不免除有关当事人依法缴纳税款、提交进出口许可证件、办理有关海关手续的义务。当事人履行海关的行政处罚决定并办结缴纳税款等海关手续的，海关应当及时解除其担保责任，发还其交纳的保证金或交付的抵押物。经海关批准，当事人可以暂缓或者分期履行海关行政处罚决定。

当事人对海关行政处罚决定不服的，可自海关行政处罚决定书送达之日起 60 日内向做出行政处罚决定海关的上一级海关申请行政复议或者自海关行政处罚决定书送达之日起 6 个月内，直接向人民法院提起行政诉讼。海关复议部门应当自受理申请之日起60日内做出行政复议决定，申请人不服复议决定的，可以在收到复议决定书之日起15日内向人民法院提起行政诉讼。公民、法人和其他组织要求行政赔偿的，应当先向赔偿义务机关提出，也可以在申请行政复议和提起行政诉讼时一并提出。提请程序按照《中华人民共和国国家赔偿法》《中华人民共和国海关行政赔偿办法》执行。

二、国门安全

国家安全是国家的基本利益，是一个国家处于没有危险的客观状态，即国家没有外部的威胁和侵害，也没有内部的混乱和疾患的客观状态。当代国家安全包括10个方面的基本内容，即国民安全、领土安全、主权安全、政治安全、军事安全、经济安全、文化安全、科技安全、生态安全、信息安全，其中，最基本、最核心的是国民安全。2021年2月，习近平总书记提出了海关贸易安全的工作要求。近年来非传统安全问题层出不穷，转换并不断衍生出新的安全问题，严重影响中国可持续发展。海关作为进出境监管机关，在防范境外安全威胁方面，占据无可替代的天然“关口”管理位置。国门安全是一个变动的存在，表现为一个动态的过程。在一个相对封闭的地域或空间，国门安全风险是相对单一的、静止的和可控的；国门安全风险的演化过程也是简单的、线性的和可预测的；国门安全风险的潜在危害是可预测、可防控的。但在全球化和信息化时代，口岸日益成为各国人员、货物（物品）和交通工具进出境的唯一合法通道，口岸的主权性、开放性、国际性和国门安全风险源的多样性共同导致国门安全风险的流动性、跨境性、复杂性和外溢性。研究国门安全风险，必须考虑时间维度。例如，通过查缴反动宣传品，保护国家政治安全；通过准确的海关统计数字，为国家宏观经济政策的制定提供正确依据，保护国家经济安全；通过依法征税，保护相关产业安全和经济安全；通过打击走私假币、黄金，保护国家金融安全；通过打击废物非法越境转移，保护国家生态安全；通过打击稀有矿产非法出口，保护国家资源安全；通过打击文物出口走私，保护国家文化安全；通过打击有害食品入境和毒品走私，保护国家民生安全和社会稳定；通过打击走私核、生、化、爆物品及枪支、弹药，实现反恐怖和维护社会稳定。

第三节　缉私工作原则与行政处罚救济

一、缉私工作原则

海关缉私工作要坚持实事求是、依法行政、依靠群众的原则。

坚持实事求是的原则就是在情报收集中，注意做到客观、准确、及时、系统，保证真实性、可靠性。在案件缉查中，尊重客观事实，进行认真细致的调查研究。收集证据，注意不将主观臆想、猜测怀疑、诅咒发誓、道听途说、假设材料当证据；不只注意收集当事人从事走私和其他违反海关法行为情节严重的证据，还要注意收集当事人非走私和其他违反海关法行为、走私和其他违反海关法行为情节轻微的证据，确保证据材料的准确、可靠、真实、充分。案件处理中，要认真细致地核对材料，进行全面的分析研究，注意发现问题和矛盾，避免靠主观判断对案件做出结论和处理。结合近几年海关缉私的执法实践，强调执法环境的严峻性，依法办案是海关缉私执法的根本。而且，在注重实体法的同时，一定要强调注重程序法的必要性和紧迫性。

坚持依法行政的原则就是在海关缉私中要坚决按照《海关法》、《刑法》及其他有关法律、法规、规章行使国家赋予的权力，规范海关缉私人员的行为。这是正确理解和贯彻海关“促进为主”的业务方针，体现“两手抓、两手都要硬”思想的一个方面。要求海关缉私人员熟悉、掌握、精通《海关法》及缉私业务活动中有关的法律、法规，有较高的业务素质。只有这样，海关缉私人员才能在具体业务活动中，在实体上、程序上严格依据法律、法规、规章，不超越法定权限，熟练运用有关法律、法规，依法获取证据，查明事实，对走私罪、走私行为、其他违反海关法和行为与非走私行为，正确区分合法与非法，准确运用法律，正确处理走私罪、走私行为、其他违反海关法行为的案件，准确执法。在办案取证的过程中，取证手段、范围、内容、形式、程序、时间，都要符合有关法律规范的要求，否则就不能作为定案证据。

坚持依靠群众的原则指海关缉私部门在依法行使职权、开展调查活动时，必须充分发挥群众的智慧和力量，自觉接受群众的监督，把海关缉私部门查处走私和其他违反海关法行为与群众反走私违法斗争相结合。这是由人民政府性质所决定的。坚持依靠群众的原则是海关缉私部门完成缉私任务的基础、保证和优势所在。不但需要海关缉私人员具有依靠群众、相信群众的观点和态度，而且需要他们学会联系群众、做群众工作的方法，使群众清楚什么是走私违法行为及其危害，以及海关缉私部门查处走私违法的职责；使群众明了反走私人人有责，不但不盲目参与走私，而且积极监视、揭发走私的违法行为，更好地支持、配合、协助海关缉私部门的工作。海关缉私部门在查明走私违法、正确定性处理案件过程中行使缉私权力必须要有法律依据和授权，这种权力受到同机关各个行政层级在工作上的行政监督，也受到各行政制约机构（如监察室、法规处、纪检组等）的执法程序监督，另外还受到检察院、人民法院的法律监督和审判监督。

二、行政处罚救济

海关行政处罚的种类是海关行政处罚的外在和具体形式。《中华人民共和国行政处罚法》（下称《行政处罚法》）规定的法定处罚种类有 6 种：警告、罚款、没收违法所得、没收非法财产、责令停产停业、暂扣或者吊销许可证件，暂扣或者吊销执照；允许法律和行政法规创设新的处罚种类。根据《海关法》《海关行政处罚实施条例》和其他法规，海关的行政处罚包括警告、罚款、没收违法所得、没收非法财产、责令停产停业、暂扣或者吊销许可证件六种。行政处罚救济途径有两种：一是向做出处罚决定的上一级机关申请复议，二是向人民法院提起行政诉讼。法律规定，被处罚人对治安管理行政处罚决定不服的，可以依法申请行政复议或者提起行政诉讼。新修订的《行政处罚法》已经于 2021 年 7 月 15 日正式施行，本次修订是在 1996 年该法生效后的第一次大的修订（2009 年和 2017 年两次作了个别条文修改）。海关总署已于 2021 年 4 月 20 日对外颁布了《海关办理行政处罚案件程序规定》，不仅对原有不符合新《行政处罚法》的条款进行了修改，还将新法中提及的有关听证和简单案件程序规定全部吸收，意味着海关行政处罚法律体系更加清晰。

根据新的法规，为查清事实需要对案件中专门事项进行检测、检验、检疫、技术鉴定的费用由海关承担，其结果应当告知当事人。对公民处没收 1 万元以上违法所得、对法人或者其他组织处没收 10 万元以上违法所得，降低资质等级、吊销许可证件、责令停产停业、责令关闭、限制从业等处罚的当事人可以要求听证。查问、询问未成年人，应当依法通知其法定代理人或者其成年家属、所在学校的代表等合适成年人到场，并采取适当方式，在适当场所进行，保障未成年人的名誉权、隐私权和其他合法权益。执法人员查问、询问时，对违法嫌疑人、证人的陈述必须充分听取，并且如实记录。扣留涉嫌违法货物、运输工具等应通知当事人到场，并听取当事人的陈述和申辩。增加不予处罚的告知义务，未履行告知义务，或者拒绝听取当事人的陈述、申辩，不得做出处罚决定或者不予处罚决定。当事人有证据足以证明没有主观过错的应当不予行政处罚。违法行为轻微并及时改正，没有造成危害后果的，不予行政处罚。初次违法且危害后果轻微并及时改正的，可以不予行政处罚。当事人积极配合海关调查且认错认罚的或者违法行为危害后果较轻的，可以从轻、减轻处罚。有违法嫌疑的货物、物品、运输工具应当或者已经被海关依法扣留的，当事人可以向海关提供担保，申请免予或者解除扣留。执法人员询问证人，可以到其提出的地点进行。经当事人或者其代理人书面同意，海关可以采取用电子邮件等方式送达行政处罚决定书等法律文书，海关可以要求对方书面确认法律文书送达地址。违法事实确凿并有法定依据，对公民处以 200 元以下，对法人或者其他组织处以 3 000 元以下罚款或者警告的行政处罚，海关可以适用简易程序当场做出行政处罚决定。对不适用简易程序，但是事实清楚，当事人书面申请，自愿认错认罚，且有其他证据佐证的行政处罚案件，符合规定情形的，海关可以通过简化取证、审核、审批等环节，快速办理案件，在立案之日起7个工作日内制发行政处罚决定书或者不予行政处罚决定书。

2023年12月11日，海关总署发布2023年第182号《关于海关行政处罚裁量基准的公告》，引发了社会热烈关注。随后，基准一、二、三全部实施。

第四篇　行政与国际发展

海关是国家进出境监督管理机构。中国海关实行三级垂直管理，依次为海关总署、直属海关和隶属海关。全国现有近十万名关员，共有 42 个直属海关，600 多个隶属海关。

在新时代新征程上，中国海关深刻领悟“两个确立”的决定性意义，坚决做到“两个维护”。在以习近平同志为核心的党中央坚强领导下，完整、准确、全面贯彻新发展理念，构建新发展格局，推动高质量发展，坚持稳中求进，落实“三个更好统筹”责任，坚持守国门、促发展，服务国家经济社会发展大局。2022 年，海关税收入库 2.28 万亿元，增长 13.6%。坚守外防输入第一道防线，在入境人员中检出新冠阳性 5.5 万例，占 3 年口岸累计检出总数的 67%，为夺取全国疫情防控重大决定性胜利做出了海关应有贡献。严格检验检疫把关，防止重大动植物疫情传入和外来物种入侵，累计检出有害生物 58 万种次。严厉打击走私，立案侦办走私犯罪案件 4 500 多起，案值 1 200 多亿元，维护了国门安全和营商环境。开展“口岸危险品综合治理”百日专项行动，清理因疫情积压在口岸的危险品 2 400 多批，查处伪瞒报 1 600 多批，及时排除了积压在口岸的危险品在高温天气条件下的重大风险，确保口岸安全。促发展是“人民海关为人民”的应有之义。多措并举服务外贸保稳提质，持续优化口岸营商环境，跨境贸易更加便利，进出口整体通关时间大幅压缩。定期发布外贸数据及各类外贸指数，服务宏观决策和外贸企业。先行先试服务高水平对外开放，推进海南自贸港、自贸试验区、横琴粤澳深度合作区、综合保税区海关监管制度创新。积极服务高质量共建“一带一路”，推动“智慧海关、智能边境、智享联通”理念纳入世界海关组织战略规划，与多个国家签署海关合作协议 80 份。支持中欧班列等国际物流大通道建设。千方百计助企纾困，先后出台 23 项支持措施，促进外贸稳增长。开展“海关关长送政策上门”活动，切实为企业办实事、解难题。认真执行减税、税收优惠政策，共减税、退税 2 850 亿元。

新时期，全国海关着力做好“1+1+6”重点工作，第一个“1”

就是全面学习、全面把握、全面落实党的二十大精神，确保二十大精神在海关走深走实。第二个“1”就是以建设智慧海关为抓手全面推进中国特色社会主义现代化海关建设，以海关高效率监管，服务高质量发展和高水平开放。“6”就是着力构建全链条安全监管体系，守牢疫情防控第一道防线，落实一揽子外贸促稳提质措施，服务高质量共建“一带一路”，打造高水平对外开放平台，坚持高标准全面从严治党等六项重点任务。全国海关将牢记“三个务必”，铸忠诚、担使命、守国门、促发展、齐奋斗，按照新一届政府要求，赓续奋进，在宏伟蓝图中画好海关的“工笔画”，把党的二十大重大部署转化为海关的具体行动，并务求实效，为推进中国式现代化建设贡献海关力量。

第十三章　海关管理

第一节　海关职责分工

海关总署是国务院直属机构，为正部级。

海关总署贯彻落实党中央关于海关工作的政策方针和决策部署，在履行职责过程中坚持和加强党对海关工作的集中统一领导。

一、海关总署主要职责

（1）负责全国海关工作。拟订海关（含出入境检验检疫，下同）工作政策，起草相关法律法规草案，制定海关规划、部门规章、相关技术规范。

（2）负责组织推动口岸“大通关”建设。会同有关部门制定口岸管理规章制度，组织拟订口岸发展规划并协调实施，牵头拟订口岸安全联合防控工作制度，协调开展口岸相关情报收集、风险分析研判和处置工作。协调口岸通关中各部门的工作关系，指导和协调地方政府口岸工作。

（3）负责海关监管工作。制定进出境运输工具、货物和物品的监管制度并组织实施。按规定承担技术性贸易措施相关工作。依法执行进出口贸易管理政策，负责知识产权海关保护工作，负责海关标识管理。组织实施海关管理环节的反恐、维稳、防扩散、出口管制等工作。制定加工贸易等保税业务的海关监管制度并组织实施，牵头审核海关特殊监管区域的设立和调整。

（4）负责进出口关税及其他税费征收管理。拟订征管制度，制定进出口商品分类目录并组织实施和解释。牵头开展多双边原产地规则对外谈判，拟订进出口商品原产地规则并依法负责签证管理等组织实施工作。依法执行反倾销和反补贴措施、保障措施及其他关税措施。

（5）负责出入境卫生检疫、出入境动植物及其产品检验检疫。收集分析境外疫情，组织实施口岸处置措施，承担口岸突发公共卫生等应急事件的相关工作。

（6）负责进出口商品法定检验。监督管理进出口商品鉴定、验证、质量安全等。负责进口食品、化妆品检验检疫和监督管理，依据多双边协议实施出口食品相关工作。

（7）负责海关风险管理。组织海关贸易调查、市场调查和风险监测，建立风险评估指标体系、风险监测预警和跟踪制度、风险管理防控机制。实施海关信用管理，负责海关稽查。

（8）负责国家进出口货物贸易等海关统计。发布海关统计信息和海关统计数据，组织开展动态监测、评估，建立服务进出口企业的信息公共服务平台。

（9）负责全国打击走私综合治理工作。依法查处走私、违规案件，负责所管辖走私犯罪案件的侦查、拘留、执行逮捕、预审工作，组织实施海关缉私工作。

（10）负责制定并组织实施海关科技发展规划、实验室建设和技术保障规划。组织相关科研和技术引进工作。

（11）负责海关领域国际合作与交流。代表国家参加有关国际组织，签署并执行有关国际合作协定、协议和议定书。

（12）垂直管理全国海关。

（13）完成党中央、国务院交办的其他任务。

二、职能转变与职责分工

（一）职能转变

1. 加强监管，严守国门安全。以风险管理为主线，加快建立风险信息集聚、统一分析研判和集中指挥处置的风险管理防控机制，监管范围从口岸通关环节向出入境全链条、宽领域拓展延伸，监管方式从分别作业向整体集约转变，进一步提高监管的智能化和精准度，切实保障经济安全，坚决将洋垃圾、走私象牙等危害生态安全和人民健康的货物物品以及传染病、病虫害等拒于国门之外。

2. 简政放权，促进贸易便利。整合海关作业内容，进一步减少审批事项，减少事中作业环节和手续，推进“查检合一”，拓展“多查合一”，优化通关流程，压缩通关时间。整合各类政务服务资源与数据，加快推进国际贸易“单一窗口”，实现企业“一次登录、全网通办”。加快“互联网+海关”建设，通关证件资料一地备案、全国通用，一次提交、共享复用。加快建设服务进出口企业的信息公共服务平台，收集梳理各国进出口产品准入标准、技术法规、海关监管政策措施等，为进出口企业提供便捷查询咨询等服务，实现信息免费或低成本开放。

3. 深化口岸改革。从国家安全和整体利益大局出发，优化口岸布局，整合距离相近的口岸，关闭业务量小的口岸，严格控制新开口岸，减少口岸无序竞争和低水平重复建设。

（二）职责分工

1. 与农业农村部的有关职责分工。农业农村部会同海关总署起草出入境动植物检疫法律法规草案；农业农村部、海关总署负责确定和调整禁止入境动植物名录并联合发布；海关总署会同农业农村部制定并发布动植物及其产品出入境禁令、解禁令。在国际合作方面，农业农村部负责签署政府间动植物检疫协议、协定；海关总署负责签署与实施政府间动植物检疫协议、协定有关的协议和议定书，以及动植物检疫部门间的协议等。两部门要相互衔接，密切配合，共同做好出入境动植物检疫工作。

2. 与国家卫生健康委员会的有关职责分工。国家卫生健康委员会负责传染病总体防治和突发公共卫生事件应急工作，编制国境卫生检疫监测传染病目录。国家卫生健康委员会与海关总署建立健全应对口岸传染病疫情和公共卫生事件合作机制、传染病疫情和公共卫生事件通报交流机制、口岸输入性疫情通报和协作处理机制。

3. 与国家市场监督管理总局的有关职责分工。两部门建立机制，避免对各类进出口商品和进出口食品、化妆品进行重复检验、重复收费、重复处罚，减轻企业负担。海关总署负责进口食品安全监督管理。进口的食品以及食品相关产品应当符合我国食品安全国家标准。境外发生的食品安全事件可能对我国境内造成影响，或者在进口食品中发现严重食品安全问题的，海关总署应当及时采取风险预警或者控制措施，并向国家市场监督管理总局通报，国家市场监督管理总局应当及时采取相应措施。两部门建立进口产品缺陷信息通报和协作机制。海关总署在口岸检验监管中发现不合格或存在安全隐患的进口产品，依法实施技术处理、退运、销毁，并向国家市场监督管理总局通报。国家市场监督管理总局统一管理缺陷产品召回工作，通过消费者报告、事故调查、伤害监测等获知进口产品存在缺陷的，依法实施召回措施；对拒不履行召回义务的，国家市场监督管理总局向海关总署通报，由海关总署依法采取相应措施。

第二节 海关人力资源与应急事件处理

海关人事部门主要承担海关总署机关、全国海关系统和各类下属单位的9万多名干部人事、机构编制、海关关衔、劳动工资和教育工作，指导海关行业人才队伍建设，指导所属院校管理。海关人力资源管理严格遵守各类法规。

一、海关人力资源管理

按照准军事化要求加强海关队伍管理，是海关事业发展的根本大计。全国海关以提高素质、优化结构、改进作风和增强团结为重点，坚持党管干部原则，全面建设现代海关队伍势在必行，其关键在于抓好三个环节——开发、配置和激励。其中，“开发”包括人才的引进与现任人才的教育培训；“配置”指科学的组织设计、合理的用人机制；“激励”是说创建组织文化，应用激励机制调动人员积极性。严把进口关是提高海关队伍素质的基础工作。在录用国家公务员时，应该根据海关发展对人员素质结构的要求，坚持“公开、公平、竞争、择优”的原则，做到宁缺毋滥，避免所需人才不足而专业不对口造成人才浪费的情形。加强领导干部轮训和晋职晋衔培训、岗位培训、入关培训，继续办好党校领导干部理论进修班。加强教育培训管理，建立覆盖海关系统全体人员的教育培训电子档案。加强培训教材和师资队伍建设。此外，还要在完善考试管理制度的基础上，积极开展远程教育试点工作。严格按照《海关人才发展规划》的各项要求，在海关队伍建设过程中，探索干部“能上能下”“瘦上强下”机制，研究科学正确地处理坚持党管干部、扩大民主、依法办事三者之间的有机关系。积极推进干部“能下能出”，制定并实施调整不称职和不胜任现职领导干部办法。要克服文凭等于知识，文凭就是人才的片面认识，树立海关人才评价机制要体现科学发展观和正确政绩观的思想，建立以业绩为依据，构建以品德、知识、能力等要素评价人才的指标体系。海关行政领导人才的评价，重在群众认可；专业技术人才的评价，重在业内认可；现场执法人才的评价，重在执法水平和服务质量。要进一步务实、全面推行专家制度，建立动态的考核评估档案，为人才的选拔、培养、使用、淘汰提供真实完整的资料数据，为海关人才战略服务。

根据中国现行的口岸管理体制，海关、边检等口岸执法机构负有对进出口货物和人员监管的职责。同时，地方政府又承担着口岸基础设施、促进外贸经济发展的政府职责，进出口企业和进出境人员都有遵守国家进出口贸易法律法规的法定义务。在海关突发事件应急处理中，需要各方发挥自身职能作用和优势，一方面要打破部门和职责之间的界限，形成口岸现场突发事件处置的合力；另一方面要跨越组织间的分工进行协同治理，处理好海关系统内部不同层级及部门间的协作关系，建立海关突发事件应急处理事前预案机制和监测预警机制、事中协同治理机制和事后评估奖惩机制三位一体的海关突发事件应急处置机制，进一步提高海关应对突发事件的管理水平。

二、海关突发事件应急处置预案机制

（一）海关突发事件应急处置预案的主要内容

海关突发事件应急处置预案体系由 1 个总体预案《海关系统突发事件应急预案》和若干个专项预案构成。专项预案包括《海关监管现场突发事件应急预案》《海关反恐怖工作预案》《海关缉私突发事件应急预案》《海关信息系统安全应急预案》等。为进一步建立健全海关系统应急工作机制，海关总署要求全国各直属海关，加强对应急工作的统一领导、集中指挥和协作配合，要求各关结合各自工作实际，抓紧制定直属海关层面的应急预案。

应急预案主要内容包括：

1. 总则：说明编制预案的目的、工作原则、编制依据、适用范围等。

2. 组织指挥体系及职责：明确各组织机构的职责、权利和义务，以突发事件应急响应全过程为主线，明确事故发生、报警、响应、结束、善后处理处置等环节的主管部门与协作部门；以应急准备及保障机构为支线，明确各参与部门的职责。

3. 预警和预防机制：一般包括突发事件信息搜集与动态监测系统、预测预警评估系统、事件上报处理和信息发布系统三个子系统。

4. 应急响应：包括分级响应程序（原则上按一般、较大、重大、特别重大四级启动相应预案），信息共享和处理，通信、指挥和协调，紧急处置，应急人员的安全防护，群众的安全防护，社会力量动员与参与，事故调查分析、检测与后果评估，新闻报道，应急结束等 11 个要素。

5. 后期处置：包括善后处置、社会救助、保险、事故调查报告和经验教训总结及改进建议。

6. 保障措施：包括通信与信息保障，应急支援与装备保障，技术储备与保障，宣传、培训和演习，监督检查等。

7. 附则：包括有关术语、定义，预案管理与更新，国际沟通与协作，奖励与责任，制定与解释部门，预案实施或生效时间等。

8. 附录：包括相关的应急预案、预案总体目录、分预案目录、各种规范化格式文本，相关机构和人员通信录等。

（二）海关突发事件应急处置监测和预警机制

海关通过借助先进的信息技术，建立突发事件动态监测预警机制，可以增强应对能力，保持信息畅通，有效监控事态的发展，减少损失，保持社会稳定。该机制具有如下特点：个案快速上报、应对响应及时、信息交流通畅、联络指挥高效、信息发布权威，提供基于互联网的信息平台，进而建立针对各类事件的案例数据库、预案知识库、预警模型数据库，为预防、监控和妥善处理突发事件提供科学依据。其监测预警对象包括海关业务处理中可能遇到的自然灾害、事故灾难、公共卫生事件和社会安全事件等。该机制是为满足海关应急指挥中心在非应急状态下的日常工作需要而建立的，通过对国内外灾害事件汇总分析、预警准备、突发事件管理、综合查询、预案管理、知识库管理、方法库管理、情报管理、日常办公、外事管理等功能的管理，达到预测、预防突发事件的目的。

（三）突发事件信息搜集与动态监测系统

突发事件的发生具有分散性、隐蔽性、积聚性和突发性的特点，海关可以根据这些特点建立基于呼叫中心的信息搜集和上报的监测机制，可以通过互联网、短信、电话、传真等手段上报监测数据，并且系统分析日常管理的数据、日常管理作业流程及其他相关的应用系统是否存在突发事件的隐患，随后将监测数据存储到数据库中，利用各种数据挖掘工具，进行突发事件信息的挖掘分析，做到突发事件及早发现、消灭，提前预防、及时处理。突发事件信息搜集与动态监测系统一般包括以下三个子系统。

1. 指标管理系统。指标管理子系统对指标的确定进行决策支持，以信息手段提高指标体系的科学性、合理性和可行性。包括：①指标编辑子系统，根据各地的需要，由用户完成指标项的添加、修改和删除。②指标存储子系统，根据各个指标的特点以及整个指标体系的特征，选择科学合理的存储方式存入磁盘，为指标的查询和计算提供方便。指标存储子系统包括自然灾害预警指标体系、事故灾难预警指标体系、突发事件预警指标体系和突发社会安全事件预警指标体系。

2. 呼叫系统。突发事件应对的监测预警系统必须建立在多样化、可扩展的可靠的信息渠道上，采用呼叫中心的形式搜集相关信息可以解决预警系统中必需的数据来源问题，各地信息采集站、应急指挥分中心、公众通过呼叫中心报告紧急事件信息，上报的形式可以是互联网、短信、电话、传真等。通过基于互联网的信息平台将上报的信息保存在应急指挥中心的数据库中。呼叫中心通过互联网、短信、电话、传真等多种手段采集各级各类监测机构的信息，突破了以往单纯依赖电话或者网站等单一手段的局限性；采用多种方式对搜集到的数据或者报警信息进行及时记录，使各种信息有据可查，杜绝谎报警情的行为发生，保证了数据和报警信息的有效准确，从而做到实时响应和全方位监测预警；同时，将呼叫中心嵌入信息系统，实现了信息资源的整合。

3. 动态监测系统。依据选择的动态监测指标，采用实时取值的方法，对一定时期内的指标进行实时监测，并产生监测报告。监测子系统能够完成指标的即时查询、汇总、对比、分析等功能，并将监测结果以柱状图、折线图的形式进行表达。

（四）突发事件预测预警评估系统

预测预警评估系统由警情评估和预警两个子系统构成。其工作机制是根据预防为主的原则，建立海关各种突发事件预测预警模型，分析预警监测的对象，在预警值接近安全阈值时发出相应级别的警报，决定并宣布有关地区进入预警期，同时根据应急预案报告相应等级的海关领导，并对预警指标进行分析，找出警情产生的根源，以便启动应急预案。

警情评估是突发事件预警系统的重要环节，是制定突发事件处置对策的科学依据。建立科学有效的评估方法，可有效减少突发事件造成的损失。预测预警评估系统主要建设内容包括：建立完整的评价体系，包括评估主体（主要由研究各类突发事件的专家组成）、评价目标（分析突发事件的严重程度，确定相应级别）、评价指标体系、评价模式、评价结构等，开展事前评估和事后评价；对突发事件发生的原因、发展的趋势以及当前形势进行分析，目的是要得出控制突发事件的有效方法，最大限度地减少人员伤亡和财产损失。

事件预警可采用景气灯号模型进行。所谓景气灯号，就是采用类似于交通管制信号系统的方法（即灯号显示法）反映不同类型的突发事件预警指标的变化状况与变化趋势，又叫“景气警告指标”方法。按照突发事件发生的紧急程度、发展态势和可能造成的危害程度，将各类突发事件预警级别分为Ⅰ级、Ⅱ级、Ⅲ级和Ⅳ级，分别用红色、橙色、黄色和蓝色表示，Ⅰ级为最高级别。Ⅰ级、Ⅱ级预警的发布，需报请海关总署领导批准，由海关总署办公厅负责组织，统一对外发布或宣布取消；Ⅲ级和Ⅳ级由提出预警建议的海关按照有关规定对外发布或宣布取消。发布预警信息时应当说明突发事件的类别、起始时间、预警级别、可能影响范围、可能造成的影响或危害、警示事项、应采取的措施和发布机关等。

（五）事件上报处理和信息发布系统

事件上报处理和信息发布系统能够根据不同类型的突发事件的管理模式及报告制度，设定该专业的突发事件的报送流程。突发事件一旦发生，系统必须能够自动地根据已经配置好的报送流程，根据事件等级的不同，直接报送到不同的直报机构，同时，根据不同的事件等级将信息报送或抄送不同的应急指挥中心。信息发布是基于一个互联网网站的信息发布平台，对系统内用户和系统外用户同时提供信息发布服务，系统向指挥中心用户发布专业信息，提供专业应急信息的服务功能；并能及时向公众发布事件发展情况、紧急救助信息服务和善后处理工作信息，最大限度地发挥信息共享、传递和交流的作用。发布的信息包括事件个案信息、统计分析信息、预警信息、政策文件、专业论坛等。

在口岸管理部门和地方政府协同治理突发事件的背景下，海关缉私现场应急管理工作还需要加强与社会各界的协同。只有与相关社会组织、商会、管理相对人进行积极的沟通，在突发事件发生时，才能最大限度地消除误解，争取社会各界的理解和支持，积极配合和协助海关处理突发事件，将突发事件的负面影响和损失降到最低。充分发挥海关垂直管理体制优势，以“统一领导、分工协作、合力监控、即时响应、高效运作”为原则，完善海关三级突发事件分级处置机制，形成海关总署—直属海关—隶属海关防控处置网络，将应急管理成员部门如办公室、风险防控、缉私、监管等合署办公，整合各业务领域分析监控系统，实现各类风险信息的互联互通。通过三级监控指挥系统，打破各条块的界限，及时发现各口岸异常情况，总结各类型业务现场突发事件特征和应对措施，统一调配各口岸的监管和应急处置队伍，全面提升应急响应、处置决策和掌控指挥的能力，做到资源共享、平台整合，发挥各部门、各层级海关应急处置整体效能（如图 13-1 所示）。

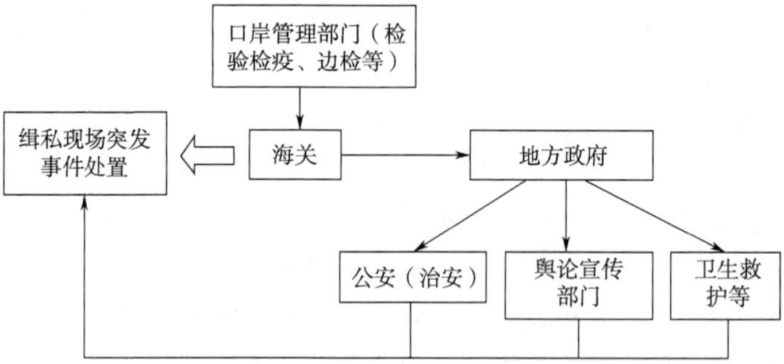

图 13-1　海关防控处置网络

第三节　海关财务装备与罚没物资处理

一、海关财务与装备

海关财务与装备部门主要负责海关各类资金、基金、税费、财务会计、基本建设、政府采购、涉案财物等管理制度的拟订和组织实施，承担预算绩效管理、财务内控和监督检查工作。审核、编制、管理中长期财政规划，承担预算、决算管理和会计核算管理工作；承担集中收付管理工作，办理各类经费的领拨手续；承担各类经费、资金、基金和专项拨款等监督管理工作。组织管理基本建设，承担基本建设项目审核、上报工作，监督基本建设项目实施；承担各项税收资金以及罚没收入等非税收入管理工作，办理税收入库核销统计、非税收入的缴交和会计核算工作。组织实施海关行政事业性收费项目，管理事业单位及所属经济实体经营服务性收费。指导监督事业单位、社会团体、经济实体的财务管理工作，承担机关日常财务管理和会计核算工作，管理银行账户和各类票据；承担已移交涉案财物的保管、变卖、处置等管理工作；承担政府采购监督管理工作。拟订车船装备、制装、封锁、业务单证、票据等装备设备的管理制度、需求计划、采购预算和分配方案并组织实施，承担公务用车制度改革工作。拟订国有资产管理制度并组织实施，办理固定资产出租、出借、处置事项的审核、审批及申报工作。拟订公共机构节能工作管理制度并组织实施。拟订后勤管理制度并组织实施，指导和协调隶属海关后勤服务工作。

海关罚没物资大多数是在进出境监管中被海关罚没的货物、物品、运输工具，总体可以分为两类：一是涉案违法类。根据《海关法》《海关行政处罚实施条例》等有关法律法规规定，由人民法院判决没收的走私货物、物品、违法所得、走私运输工具、特制设备，或海关决定没收、收缴的货物、物品、违法所得、走私运输工具、特制设备，由海关依法统一处理。二是超期类和放弃类。根据《海关法》有关规定，超期未报关进口货物，误卸或者溢卸进境货物，在海关规定期限内未办理海关手续或者无人认领的物品、无法投递又无法退回的进境邮递物品，以及收货人或所有人放弃进口货物和进出境物品，由海关提取依法变卖处理。

二、罚没物资的处理

罚没物资的处理方式有如下几种情况：

（1）公开拍卖：对除国家法律法规另有规定或因特殊情况不宜公开拍卖的以外，海关按照《中华人民共和国拍卖法》的有关规定公开拍卖，这是海关处理罚没物资的主要方式。海关按照处理进度委托拍卖行不定期地举行拍卖会，对罚没物品进行公开处理，拍卖所得全部上缴国库。

（2）定向变卖：例如，海关依法没收的成品油，按有关规定交中国石油天然气集团公司或中国石油化工集团公司所属石油批发企业统一收购。

（3）销毁：查获的淫秽物品、非法出版的音像制品、非法宣传品、走私卷烟、送检不合格或无法取得卫生许可证的进出口货物等均要进行销毁处置。

（4）移交主管部门处理：罚没的文物、濒危动植物及其制品等均移交给行政主管部门依法处理。

（5）转交中国红十字会：主要是对查获的侵犯知识产权的货物、物品，拆除商标后转交中国红十字会用于社会公益事业。

海关对罚没物资处置，严格按照《海关法》等法律法规进行，罚没货物从入库、处置、出库都在海关罚没货物管理系统中体现，整个流程由多部门参与并受海关内部督审、监察等部门监督。为严格执法、规范管理，海关总署财务司根据《海关法》《海关行政处罚实施条例》及其他有关法律、法规、规章，结合海关罚没财物管理工作实际，制定并出台了《海关罚没财物管理办法》。

罚没物资拍卖是指海关在依法查处走私犯罪、行政执法过程中没收或其他执法部门移交的走私货物，抵税款、罚款等依法应由海关变卖的货物，均由海关委托省人民政府或设区市人民政府指定的公物拍卖机构进行公开拍卖，以公开竞价的形式，将海关罚没物品转让给最高应价者的一种买卖方式。

有两类罚没货物不得拍卖，第一类是海关罚没物资中的违禁品不能拍卖，第二类是国家另有管理规定不宜拍卖的罚没物资，这些货物可依法采取定向变卖、移交国家有关主管部门、捐赠、销毁等方式进行处理。例如，走私成品油要由国家指定部门销售，文物要移交国家省级以上文物主管部门，被海关依法没收的侵犯知识产权货物主要捐赠给公益事业或销毁，濒危动植物及其制品、毒品、武器、反动宣传品等都不能进行拍卖。《海关法》规定，人民法院判决没收或者海关决定没收的走私货物、物品、违法所得、走私运输工具、特制设备，由海关依法统一处理，海关依法处置的罚没财物所得成交价款以及海关决定处以的罚款，全部上缴中央国库。

第四节　海关政治文化与准军事化管理

公务员指依法履行公职、纳入国家行政编制、由国家财政负担工资福利的工作人员。海关公务员是中国公务员队伍的一个组成部分，承担着“依法行政，为国把关，服务经济，促进发展”的神圣职责。实行海关关衔制度，决定了海关队伍必须是一支要求更加严格、管理更加规范、纪律更加严明和政治坚强、业务过硬、值得信赖的准军事化纪律部队。

一、海关思想政治文化建设

（一）思想政治工作

加强思想政治工作，提高工作人员的觉悟，是海关工作基础的基础。领导和机关作风是否深入、扎实，方法是否科学、得当，直接关系到基层单位贯彻落实《海关基层建设实施纲要》的质量和效益。因此，迫切需要领导和机关带头改进工作作风和方法。

1. 培养和倡导实事求是的作风。实事求是是马克思主义活的灵魂，也是指导基层建设必须遵循的重要原则。只有坚持实事求是，才能按照基层建设的客观规律抓好基层。培养和倡导实事求是的作风要从现在做起、从身边事做起、从每一件小事做起。要牢固树立面向基层、服务基层的思想，自觉做到一切工作着眼基层，利益面前优先基层，遇到困难方便基层。机关职能部门应当从大局出发，树立“一盘棋”的思想，在基层建设工作中，部门之间要互相帮助、互相支持、团结协作，力求思想上合心、工作中合力、组织上合成，协调有序地搞好基层建设。

2. 培养和倡导一步到位的作风。各级领导和机关要自觉做到了解情况到一线、检查督促到一线、解决问题到一线，虚心听取基层干部职工的意见和建议，用基层这面镜子反思领导和机关的工作，防止和克服基层建设“热在上面，冷在下面；热在点上，冷在面上；热在一时，冷在平时”的问题。工作中，还要注意抓好基层单位的“带头人”，虽然加强基层建设各级领导都有责任，但大量的工作还是要靠他们去组织实施，领导和机关既要给他们引路子、压担子，更要传经验、教方法，提高他们的素质和能力。

3. 培养和倡导严谨细致的作风。新形势下，海关基层建设面临的任务比较艰巨，要求越来越高，需要各级领导和机关发扬严谨细致的工作作风，在基层建设的每一个方面、每一个环节，都要抓规范、抓管理、抓统一，做到处处有章可循。对基层单位而言，要结合实际，创造性地贯彻落实上级有关加强基层建设的指示和要求，不能照搬照转。培养和倡导严谨细致的作风，还要注意以细求准，既要全局上想得周到，也要细微之处思考到位；既要勤于“身”入，更要善于“心”入；既要细致调查，又要细心分析，把加强基层建设工作落到实处。

（二）海关角色定位

为适应区域经济一体化对中国外贸经济新形势的新要求，建立与现代国际物流发展相适应的现代通关监管模式，促进贸易便利和国家安全，应探索区域性海关管理的新模式，实现业务数据的充分共享、业务流程和操作方式的规范统一，业务衔接与协同的严密高效。海关角色定位必须明确：

1. 保障国际贸易安全与便利的职能。利用自身的行业优势，科学实施通关监管和检验检疫服务工作，激发合作发展的活力，积极推动区域内政府间对话与合作，突破现有体制障碍，最终实现区域内经济的快速发展和社会的全面进步。

2. 实现进出口环节税款应收尽收的职能。要树立以税收征管工作为“轴心”的全局意识，摒弃各部门自身利益，按照点面结合的要求，选择重点企业和敏感商品进行重点分析，确定稽查重点。从资金流、信息流、货物流入手，积极探索贸易调查的新思路、新方法，严厉打击商业瞒骗行为，达到“调查一类商品、摸清一种行情、规范一个行业、促进企业守法”的目的。

3. 服务中国国家外交和经贸格局的职能。继续倡导和推进信息互换、执法互助、监管互认（3M）国际合作理念，以监控化学品、核材料、设备和技术、导弹和相关物项及技术、生物两用品和技术等两用物项和技术，提高甄别高风险货物、高风险企业的能力，保证风险分析与布控的针对性，积极探索“单一贸易窗口”、“一站式”海关检查，联合作业、统一载货清单，海关信息交换等合作试点项目，同时拓宽情报搜集渠道、优化情报搜集模式，广泛搜集包括举（密）报、动态分析在内的各种信息，实现情报搜集的完整性，加大境外证据的收集力度，防止各类超辐射、有毒、有害及废弃物品走私入境。

4. 提供宏观经济形势分析与预测的职能。加强海关统计分析和进出口监测预警，做到统计准、分析透、依据足、建议好，重点深入分析数据异常变动背后的原因，发挥海关院校、信息中心、数据中心的资源优势，监测中国与主要贸易伙伴的市场份额，及时反映重大突发事件对中国外贸产生的影响，力争形成一批具有前瞻性、全局性和战略性的成果，指导、引领中国经济发展。

5. 支持创新型、智慧型国家构建的职能。从培育和扶持自主品牌的高度出发，强化国内企业自主知识产权的边境保护意识，鼓励企业积极参与知识产权海关保护，为企业备案知识产权和申请保护措施提供政策支持；发挥知识产权海关保护打击侵权行为和服务合法企业的双重作用，为国内企业自主创新提供服务和支持，促进国内企业不断提高市场占有率和国际市场竞争力。与此同时，物联网技术对提升现阶段中国海关业务管理的信息化、智能化水平，促进海关业务管理系统与系统外相关业务管理系统的兼容、协同和快速、高效运作，进而提高通关效率、推动贸易便利化进程，都有着重要的理论和现实意义。

（三）科学管理

管理是创建一流海关的关键。出色的管理就是在科学管理的基础上有效地实行人本管理。科学管理突出“严”和“规范”，人本管理突出“情”和“氛围”，只有两者有机结合才能产生工作的高效率。在全国海关现有的工作环境和关员素质情况下，绝对不能因为强调“以人为本”的思想，而忽视纪律文化。全国海关必须更加强调工作的执行力问题，只有坚持这一点，一切工作才能落到实处，一流海关的创建才能见成效。全国海关各级领导要特别重视整体发展目标，重视精神鼓励，重视知识和人才，重视文化，重视领导方式的转变。具体而言，就是要以班子建设为龙头，以实施目标管理和量化管理为手段，不断强化队伍管理。

（四）加强创新

创新是创建一流海关的动力。创新是一个民族进步的灵魂，全国海关创新体系的创建包括以下三个层次：

1. 观念的创新。综合部门要努力为业务部门服务，做好各种保障工作；业务职能部门要努力为海关业务一线服务，切实改变高高在上、发号施令的工作作风。

2. 管理体制和运行机制的创新。这是全国海关创新体系的第二层次。所谓的管理体制，是指以集权和分权为中心的、全面处理组织纵向各层次之间的责权利关系的体系，亦称为组织体制。简单地说，就是要解决“谁来做、做什么”的问题。全国海关体制创新主要是进行组织结构提升，合理分配办领导、科领导和一线关员三个层次之间的责、权、利关系。运行机制主要涉及做事的规则，如程序、标准、原则等，是在管理体制决定“谁来做、做什么”的基础上进一步明确“怎么做，做到什么程度”的问题。

3. 管理方法和手段的创新。主要是引入科学成熟的管理决策和绩效管理工具，借助现代信息技术和网络技术，实现管理方法的科学化和管理手段的现代化。重点工作是要在引入专家决策机制、创新绩效管理和预算管理方面进行大胆探索。同时，借助科技手段，整合管理资源，以电子政务为突破口，建立全国海关创新的三个体系，即业务政务管理体系、服务体系和预警体系，不断在努力创建的过程中探索前进。

（五）学习型组织建设

学习是创建一流海关的基础。如何提高全国海关的人力资本，创建一个“学习型的组织”至关重要。加强学习型组织建设，是适应当前海关面临的形势和任务的需要，也是实现创建一流基层海关的需要。建设学习型组织是一项长期的系统工作，要循序渐进，稳步推进。全国海关必须以创建终身教育体系为核心，创新学习载体，完善学习机制，营造积极向上的学习氛围。

（六）文化建设

文化是创建一流海关的灵魂。老子说：“天下莫柔弱于水，而攻坚强者莫之能胜，以其无以易之。”文化对海关而言，犹如水和空气之于自然，水溶解万物，并融于万物之中。海关文化凝聚和焕发广大关员的归属感、积极性、创造性，得到广大关员的认同与维护，载荷于创建一流海关的始终。要通过塑造文化体系，将创建一流基层海关的整体价值追求融入特色文化的内涵中。

二、准军事化纪律部队建设

目前，世界上绝大多数国家和地区的海关都实行了等级制度，在做法上大体可分为两类：一类是实行与本国军队相同的军衔制，如俄罗斯和独联体各国、朝鲜等；另一类是实行海关关衔制，如英国、法国、澳大利亚、日本以及中国台湾地区和香港特别行政区。衔级制度的最大特点是体现层级关系和资历状况，便于队伍的统一指挥和统一管理，有利于调动各方面的积极性，促进干部团结和队伍整体建设。根据海关队伍的具体情况和特点，参照中国实施警衔制度的经验，并研究借鉴国外海关关衔制度的做法，中国海关关衔等级的设置，体现了以职务等级为主、关衔为辅的原则。经过各方的共同努力，《中华人民共和国海关关衔条例》经过全国人大常委会审议后，于2003年2月28日通过，并经国家主席令颁布实施。该条例共6章23条，对实行关衔的基本原则、评授关衔的范围，关衔等级的设置，关衔的授予、晋级、保留、降级、取消等，都做了明确的规定。关衔设五等十三级。分别是海关总监、海关副总监；关务监督一级、二级、三级；关务督察一级、二级、三级；关务督办一级、二级、三级；关务员一级、二级。

建设准军事化海关纪律部队是党中央、国务院对海关提出的明确要求，是新形势下的一种新的理念、新的必然和新的管理模式，也是海关工作不辱使命的保障。2006 年 5 月 11 日，海关总署召开全国海关准军事化海关纪律部队建设工作会议，会议以科学发展观为指导，认真落实全国海关关长会议精神，通过了《海关总署党组关于全面开展准军事化海关纪律部队建设的决定》（以下简称《决定》），着重解决了什么是准军事化海关纪律部队建设、如何建设等重大问题。会议要求从 2007 年开始，准军事化海关纪律部队建设要在巩固“外树形象”的基础上，重点在“内强素质”上下功夫，着力提高海关队伍的政治素质，切实加强领导干部作风建设，切实加强和改进思想政治工作，切实加强党风廉政建设工作；提高海关队伍的业务素质，统一海关业务制度和执法标准，广泛深入地开展岗位练兵活动，加大教育培训力度，进一步提高海关执法监督效能，提高海关内部管理水平，努力做到机关建设和基层建设相互促进，业务建设和队伍建设深度融合。

海关在组织机构上分为 3 个层次：第一层是海关总署；第二层是广东分署，天津、上海 2 个特派员办事处，42 个直属海关和两所海关学校（上海、秦皇岛各一所，前者也是海关总署党校）；第三层是各直属海关所辖 600 多个隶属海关机构。此外，在布鲁塞尔、莫斯科、华盛顿以及香港特别行政区等地设有派驻机构。现有关员（含海关缉私警察）约 10 万人。所谓的直属海关，是指由海关总署直接领导、负责管理一定区域范围内海关业务的海关，为正厅（局）级规格，一般设置在直辖市、副省级城市、地级市等。所谓的隶属海关，是指由直属海关直接领导、负责办理具体海关业务的海关，也是企业、个人日常接触的海关。隶属海关一般是正处级规格，比如，中关村海关、上海科创中心海关等；但有少部分是副厅（局）级规格，比如，烟台海关、首都机场海关、浦东海关等。

第十四章　海关法制

海关主要法规依据是《海关法》《船舶吨税法》《海关关衔条例》《进出口商品检验法》《国境卫生检疫法》《进出境动植物检疫法》《进出口关税条例》《进出口货物征税管理办法》《进出口商品归类管理办法》《海关监管场所管理办法》等。海关法律救济是国家为保障公民、法人或者其他组织的合法权益、避免其受到违法或者不当的海关职权行为侵害所确立的一项专门法律制度。海关法律救济指由有关国家机关根据海关管理相对人的申请，依法对海关依职权做出行为的合法性和适当性进行审查，对违法或不当的海关职权行为做出予以变更或撤销等处理决定，使海关管理相对人的合法权益免受侵害或者得到恢复补救的法律制度。海关依职权做出的行为既包括海关依据《海关法》及有关法律、行政法规和海关规章做出的具体行政行为，也包括海关侦查走私犯罪公安机构根据《刑事诉讼法》和《公安机关办理刑事案件程序规定》等刑事法律规范，对走私犯罪活动所实施的刑事执法行为。海关法律救济包括海关行政复议、海关行政诉讼、海关行政赔偿和刑事赔偿等。

第一节　海关行政复议

一、海关行政复议及其特征

行政复议指公民、法人或者其他组织认为行政主体的具体行政行为侵犯其合法权益，并经公民、法人或其他组织申请，由做出具体行政行为的上一级行政机关或法律、法规规定的其他机关依照法定程序对该具体行政行为进行审查，并做出决定的活动。

海关行政复议，指公民、法人或者其他组织认为海关及其工作人员的具体行政行为侵犯其合法权益，依法向海关复议机关提出申请，由海关复议机关依照法定程序对该具体行政行为进行审查，并做出决定的活动。海关行政复议具有如下特征：

第一，海关行政复议的申请人是公民、法人或者其他组织。在海关行政法律关系中，海关是管理者，代表国家行使行政管理职能，有权要求公民、法人或者其他组织履行义务，如违反《海关法》，有权依据《海关法》的规定予以处罚。

第二，海关行政复议的被申请人是做出具体行政行为的海关。首先，在海关行政复议中，公民、法人或者其他组织不服的是海关及其工作人员做出的具体行政行为，而不是其他行政机关实施的行政行为；其次，海关工作人员是以海关的名义实施具体行政行为的，代表的是海关，其行为后果也归结于其所在海关。因此，海关行政复议的被申请人只能是海关。

第三，海关行政复议是因公民、法人或者其他组织认为海关具体行政行为侵犯其合法权益而提起的。根据《中华人民共和国行政复议法》（以下简称《行政复议法》）第 6 条、《中华人民共和国海关实施〈行政复议法〉办法》（以下简称《办法》）第 6 条的规定，公民、法人或者其他组织对海关具体行政行为可以提起海关行政复议。必须指出的是，根据《行政复议法》第 2 条的规定，只要公民、法人或者其他组织认为海关的具体行政行为侵犯其合法权益，都可提起海关行政复议，而不论该具体行政行为是否确实侵犯了其合法权益。

第四，海关行政复议的复议机关是海关。根据《行政复议法》第 12 条及《办法》第 2 条、第 3 条、第 14 条的规定，只有海关是海关行政复议的复议机关，海关行政复议申请人只能向有管辖权的海关提起海关行政复议。

二、海关行政复议的分类

对海关行政复议可以根据不同的标准进行分类。

根据复议对象的不同，海关行政复议可分为对海关行政处罚不服申请的复议、对海关强制措施不服申请的复议、对海关征税决定不服申请的复议、根据《行政复议法》第 6 条的有关规定对海关其他具体行政行为不服申请的复议。

根据复议机关的不同，海关行政复议可分为对上一级海关的行政复议和对海关总署的行政复议。

根据复议是否前置，海关行政复议可分为复议前置的海关行政复议和非复议前置的海关行政复议。复议前置指行政复议是相对人提起行政诉讼所必须具备的前置条件。在海关行政复议中，复议前置的复议只有对纳税争议的复议，其他均为非复议前置的海关行政复议，公民、法人或者其他组织既可向海关申请复议，也可不经复议直接向人民法院提起行政诉讼。

三、海关行政复议的基本原则

（一）合法原则

合法原则，指海关行政复议机关在处理行政复议案件时，必须严格按照宪法和法律规定的职责权限，要做到以事实为根据、以法律为准绳，对公民、法人或者其他组织申请复议的具体行政行为，按法定程序进行审查。

合法原则体现在四个方面：一是依法履行复议职责。海关行政复议机关有法定的义务和责任依法受理申请人的复议申请，并对海关具体行政行为予以审查、做出决定。二是审查实体是否合法。包括审查海关具体行政行为认定事实是否合法、证据是否确凿、做出的行政决定的内容是否适当、是否超越职权或者滥用职权、是否有不履行法定职责造成损害的情况等内容。三是审查程序是否合法。海关行政复议机构审查海关具体行政行为时，必须从程序上审查原具体行政行为是否合法，遗漏某些程序，或者混淆程序先后次序，都将构成程序违法。四是审查做出海关具体行政行为的依据是否合法。这种审查主要依据法律、行政法规的规定进行，同时，海关规章以及规范性文件也是审理的必然依据。

（二）公正原则

海关行政复议机关履行行政复议职责，应当遵循公正原则。在行政复议工作中遵循公正原则的主要内容有三个方面：一是适用法律依据正确。海关行政复议机关必须使用正确的法律依据进行公正裁决，在审查行政复议案件时，其事实的认定、法律的适用以及做出的决定，都要符合法律和事实。二是裁决适当。具体行政行为在实施时，往往有可供海关选择的措施和处理的幅度，海关可以根据具体情况具体处理。但是这种处理适当与否，需要海关行政复议机关予以裁量。三是解决矛盾和争议，不得回避，不得不作为。《行政复议法》第20条规定："公民、法人或者其他组织依法提出行政复议申请，行政复议机关无正当理由不予受理的，上级行政机关应当责令其受理；必要时，上级行政机关也可以直接受理。"

（三）公开原则

公开原则是行政法合理性原则的核心内容，也是社会主义民主原则的体现。行政复议制度本身就具有很强的民主性，在整个行政复议过程中，应当保证申请人的权利通过公开原则的贯彻，得到切实的保障。

（四）及时原则

及时原则指海关行政复议机关应当在法律规定的期限内完成行政复议案件的审理工作。海关行政复议机关必须按照《行政复议法》所规定的受理、审理、做出决定的期限执行，延长期限必须严格按照法律规定，要有法律依据。

（五）便民原则

便民原则指海关行政复议机关应当随时考虑公民、法人或者其他组织行使复议申请权如何更加便利，在尽量节省费用、时间的情况下，保证公民、法人或者其他组织充分行使行政复议申请权，以避免人力、物力和财力的浪费。同时，在为申请人提供便利时，照顾到海关行政复议机关的行政效率。

（六）有错必纠原则

有错必纠是行政复议机关审理行政复议案件所必须遵守的基本要求。为做到有错必纠，海关行政复议机关必须实事求是，一切从实际情况出发，重证据、重调查研究，从而对被申请人的具体行政行为的事实和性质做出正确的认识。同时，要正确理解法律、法规，准确适用有关法律、法规的规定，从而对行政复议的事实做出正确的裁判。

四、海关行政复议的范围

行政复议的范围指复议机关受理行政复议案件的主管权限，它是复议机关在受理行政案件问题上与其他国家机关包括行政机关的分工与权限范围的确定。海关行政复议的范围可从以下两个方面予以确定：

（一）可以申请海关行政复议的范围

根据《行政复议法》《办法》和有关海关法律、行政法规的规定，公民、法人或者其他组织对下列具体海关行政行为不服的，可以申请复议：

1. 海关行政处罚。对海关做出的罚款，没收货物、物品、运输工具，追缴无法没收的货物、物品、运输工具的等值价款，没收违法所得，暂停从事有关业务，暂停执业，撤销报关注册登记，取消报关从业资格等行政处罚决定不服的可以申请复议。

2. 行政强制措施。根据《海关法》第6条的规定，海关可以采取扣留走私嫌疑人和走私嫌疑货物、物品、运输工具等行政强制措施。根据《中华人民共和国海关稽查条例》的规定，海关还可采取封存有关进出口货物、账簿等资料的行政强制措施。对海关做出的行政强制措施不服的，可以提起海关行政复议。

3. 对海关做出的责令退运进出境货物、物品，收取保证金、保证函、抵押物、质押物，有关资质证、资格证等证书的变更、中止、撤销，关于企业的分类以及按该分类进行的管理等行政决定不服的，可以提起海关行政复议。

4. 认为海关违法收取滞报金、监管手续费等费用或者违法要求履行其他义务的，可以提起海关行政复议。

5. 公民、法人或者其他组织认为其符合法定条件申请海关依法颁发资质证、资格证、执业证等证书，申请海关依法审批、登记有关事项，或者申请海关办理报关、查验、放行等海关手续，海关没有依法办理的，可以向海关行政复议机关申请复议。

6. 公民、法人或者其他组织申请海关履行保护人身权、财产权的法定职责，海关没有依法履行的，可以提起行政复议。

7. 公民、法人或者其他组织对海关在完税价格审定，税则归类，原产地，税率和汇率适用，缓征、减征或者免征税款，税款的征收、追缴、补税、退税，征收滞纳金，从银行账号划拨税款，拍卖或变卖财产抵缴税款及其他征税行为有异议的（以下简称纳税争议），可以提起行政复议。

8. 公民、法人或者其他组织认为海关的其他具体行政行为侵犯其合法权益的，也可以提起海关行政复议。若认为海关的具体行政行为所依据的《办法》第7条中的规定之一不合法，在申请行政复议时，可以一并提出对该规定的审查申请。

（二）不能申请海关行政复议的范围

根据《行政复议法》和《办法》的规定，公民、法人或者其他组织对下列事项不能提起海关行政复议：国务院部、委员会规章和地方人民政府规章；海关对海关工作人员做出的行政处分或者其他人事处理等决定；海关对民事纠纷所做出的调解或者其他处理行为。

五、相关程序

根据《行政复议法》和《办法》，海关行政复议程序共有申请、受理、审理、决定四个阶段。这种程序较之司法程序更灵活简便，较之一般海关行政活动程序更加严格复杂，保证海关行政复议活动的合法高效。

（一）海关行政复议的申请

海关行政复议的申请，指公民、法人或者其他组织认为海关具体行政行为侵犯其合法权益，而依法要求海关行政复议机关对该具体行政行为进行审查和处理，以保护自己的合法权益的一种方式。海关行政复议的开始以申请为前提，但申请并不导致海关行政复议的必然发生，还须经过海关复议机关的审查。符合法定条件的，应予受理；不符合法定条件的，海关复议机关有权不予受理。

1. 申请行政复议的期限。《行政复议法》第9条规定："公民、法人或者其他组织认为具体行政行为侵犯其合法权益的，可以自知道该具体行政行为之日起六十日内提出行政复议的申请；但是法律规定的申请期限超过六十日的除外。"即任何行政复议申请期限都不得少于60日。《办法》第9条规定："海关的具体行政行为（包括作为与不作为）是持续状态的，提出行政复议申请的期限自该具体行政行为终了之日起计算。因不可抗力或者其他正当理由耽误法定申请期限的，申请期限自障碍消除之日起继续计算。"如果因为提出申请的时间超过了法定期限而未被受理，申请人可以选择行政诉讼程序或者向有关部门提起申诉。

2. 申请行政复议的条件。申请复议应当符合下列条件：申请人是认为海关具体行政行为侵犯其合法权益的公民、法人或者其他组织；有明确的被申请人；有具体的复议请求和事实根据；属于海关行政复议的范围；属于受理海关复议机关管辖；法律、法规规定的其他条件。

3. 行政复议申请的形式与内容。根据《行政复议法》和《办法》的规定，申请人申请海关行政复议，可以书面申请，也可以口头申请。但未明确规定复议申请书应当载明的内容，一般来说，复议申请书大致应载明申请人的姓名（法人或者其他组织的名称、法定代表人的姓名、职务）、性别、年龄、职业、地址及邮政编码；被申请人的名称、地址；申请复议的要求和理由；提出复议申请的日期。申请人可以通过邮寄、传真或者亲自交送的方式递交复议申请书。

（二）海关行政复议的受理

海关行政复议的受理指行政复议机关基于复议申请是否有正当理由而决定是否受理和处理。海关行政复议机关收到复议申请后，应当在5个工作日内进行审查，可能有三种情况：一是对不符合《行政复议法》《办法》规定的，行政复议机关应裁决不予受理并告知理由；二是对符合《行政复议法》《办法》规定，但是不属于本海关管辖的，海关行政复议机关应当在审查期限内告知申请人向有管辖权的复议机关提出；三是对符合《行政复议法》《办法》规定，且属于本海关受理的，自海关行政复议机构收到之日起即为受理。两个以上的复议申请人对同一海关具体行政行为分别向海关复议机关申请复议的，海关复议机关可以并案审理，并以收到后一个复议申请的日期为正式受理的日期。海关行政复议机关对复议申请决定受理的，应当制作行政复议申请受理决定书和行政复议答复通知书，送达申请人、被申请人。

（三）海关行政复议的审理

海关行政复议的审理是海关行政复议机关对复议案件的事实是否清楚，适用依据是否正确，程序是否合法进行全面审查的活动过程，主要有下列要求和步骤：

1. 审理方式。《行政复议法》第22条规定："行政复议原则上采取书面审查的办法，但是申请人提出要求或者行政复议机关负责法制工作的机构认为有必要时，可以向有关组织和人员调查情况，听取申请人、被申请人和第三人的意见。"这一规定表明，中国行政复议制度采取书面审理原则，在必要时也可以采用听证方式审理，听证的要求和程序在《办法》中有明确的规定。

2. 审理准备。海关行政复议机关应当自行政复议受理申请之日起7个工作日内，将行政复议申请书副本或者行政复议申请笔录复印件发送给被申请人。被申请人应当自收到申请书副本或者行政复议申请笔录复印件之日起10日内，提出书面答复，并提交当初做出具体行政行为的证据、依据和其他有关材料。

3. 执行不停止原则和例外。海关行政复议案件审理开始以后，原海关具体行政行为继续执行，执行不停止。但是，若出现以下四种情况之一，可以停止执行：被申请人认为需要停止执行；行政复议机关认为需要停止执行；申请人申请停止执行，行政复议机关认为其要求合理，决定停止执行；法律规定停止执行。

4. 审查范围。

（1）复议机关审查具体行政行为是否以合法性为限。中国复议制度确立了适当性审查原则而非以合法性为限，明确规定对明显不当的具体行政行为可以撤销、变更或者确认该具体行政行为违法。对决定撤销或者确认该具体行政行为违法的，可以责令被申请人在一定期限内重新做出具体行政行为。

（2）是否以申请事项的范围为限。海关行政复议机关应对具体行政行为进行全面审查，不受申请事项范围的限制。在复议过程中，申请人对海关行政处罚决定不服，可以提出复议申请。

（3）是否以具体行政行为为限。《行政复议法》排除了申请人对抽象行政行为的申请复议权。但又规定，公民、法人或者其他组织认为行政机关的具体行政行为所依据的有关规定（抽象行政行为）不合法，在对具体行政行为申请行政复议时，可以一并向行政复议机关提出对该规定的审查申请。《办法》第7条则明确了依据的有关规定范围。

5. 审理依据。海关行政复议以法律、行政法规、海关行政规章，以及海关总署制定、发布的或直属海关制定、发布的具有规范权利义务内容的规范性文件为依据。

6. 审理步骤。复议案件的审理一般分为以下步骤：第一，认真阅读复议材料，审阅全案宗材料；第二，核对证据材料，进行调查研究，收集证据；第三，审查法律适用问题，即审查原海关具体行政行为的做出是否有法律依据，适用法律是否正确；第四，复议机关经过审理，对复议案件的处理提出意见。

7. 复议申请的撤回。复议申请的撤回指提出复议申请后做出复议决定前，经行政复议机关同意撤回申请，不再要求行政复议机关做出裁决的意思表示。复议申请的撤回有两种情形：一是复议申请人在复议中认识到申请难以成立，对原具体行政行为转向认同，主动请求撤回；二是由于被申请人改变了原具体行政行为，申请人接受此种改变，请求撤回。申请人撤回复议申请后不得再以同一事实理由提出复议申请。但如果申请人再次提出复议申请的事实和理由有所变化，海关复议机关应当允许。

8. 行政复议的中止。在复议过程中，有下列情形之一的，海关行政复议机关应中止对具体行政行为的审查，制作行政复议中止决定书，并送达申请人、被申请人、第三人及其代理人：对《办法》第7条所列有关规定，有权处理的海关、行政机关正在处理期间的；作为申请人的法人或者其他组织终止，尚未确定权利义务承受人的；申请人死亡，需要等待其亲属表明是否参加复议的；申请人丧失行为能力，尚未确定法定代理人的；申请人或被申请人因不可抗力的事由，不能参加复议的；需要依据司法机关、其他行政机关、组织的决定或者结论做出复议决定的；其他应当中止复议的情形。中止复议的原因消除后，应当恢复复议。

9. 行政复议的撤销。《办法》第 20 条规定："海关行政复议机关在受理复议申请之后，复议决定做出之前，发现在受理复议申请之前申请人已向人民法院提起行政诉讼并被受理的，应当制作《撤销行政复议案件决定书》，决定撤销复议案件，并送达申请人、第三人和被申请人。"

（四）海关行政复议的决定

海关行政复议的决定是海关行政复议机关在审理案件后，就被申请人的具体行政行为是否合法、适当等问题依法做出的裁判。

1. 海关行政复议决定。根据《行政复议法》第 28 条、《办法》第 39 条的规定，海关行政复议机关经过审理，可做出决定维持；决定被申请人限期履行法定职责；决定撤销、变更或者确认该具体行政行为违法，并责令被申请人在一定期限内重新做出具体行政行为的复议决定。

海关行政复议机关做出复议决定，应当依照《行政复议法》第 28 条的规定制作行政复议决定书，载明：申请人的姓名、性别、年龄、职业、住址（法人或者其他组织的名称、地址，法定代表人的姓名、职务）；第三人姓名、性别、年龄、职业、住址（法人或者其他组织的名称、地址，法定代表人的姓名、职务）；被申请人的名称、地址，法定代表人的姓名、职务；申请人申请复议的要求、理由、依据；被申请人答复的要求、理由、依据；复议认定的事实、证据、依据和理由；复议机关的复议决定和依据；不服复议决定向人民法院起诉的期限；做出复议决定的日期；复议机关的签章。

海关行政复议机关应当向当事人送达行政复议决定书且必须有送达回证，由受送达人在送达回证上记明收到日期、签名或者盖章，受送达人在送达回证上的签收日期为送达日期。

2. 海关行政复议的复议期间。《行政复议法》第 31 条规定："行政复议机关应当自受理申请之日起六十日内做出行政复议决定；但是法律规定的行政复议期限少于六十日的除外。"即海关行政复议机关应当自收到复议申请书之日起 60 日内做出复议决定。

海关行政复议机关审理复议案件时，有可能产生延长期限的特殊需要，根据《行政复议法》和《办法》的规定，有下列情况之一的，经海关行政复议机关批准，可以延长 30 日：复议案件案情重大、复杂、疑难的；经申请人或其代理人同意的；第三人参加复议的；申请人或其代理人提出新的事实或证据需进一步调查的。海关行政复议机关延长复议期限，应当制作延长复议期限通知书，并告知申请人、第三人、被申请人。行政复议期间的计算应依照民事诉讼期间的规定执行。

3. 海关行政复议决定的效力。复议决定一经送达即发生法律效力。复议申请人不履行已经生效的复议决定的，由做出原具体行政行为的海关或者复议机关依据《办法》第 43 条的规定处理："维持具体行政行为的海关行政复议决定，由作出该具体行政行为的海关依法强制执行，或者由该海关申请人民法院强制执行；变更具体行政行为的海关行政复议决定，由海关行政复议机关依法强制执行，或者由该复议机关申请人民法院强制执行。该复议机关也可指定作出具体行政行为的海关依法强制执行，被指定的海关应当及时将执行情况上报海关复议机关。"

海关行政复议机关除了做出上述决定外，还可就复议程序中出现的问题做出以下决定：受理决定、不受理决定和直接受理决定；停止原具体海关行政行为执行的决定；行政复议终止决定；撤销行政复议案件决定等。

（五）海关行政复议和解

申请人向海关行政复议机关申请行政复议并被受理后，也可以主动向被申请人提出和解，或者应海关的要求进行和解协商。行政复议和解具体的程序为：行政复议机关受理行政复议申请—申请人和被申请人双方在自愿、合法基础上进行和解协商—经协商一致达成和解并签订和解协议—将和解协议提交行政复议机关审查批准—行政复议机关准许和解并终止行政复议案件的审理。

2024 年 1 月，海关总署令 265 号公告，进一步完善了有关程序与监督手段，废止了《办法》，出台了《海关审理行政复议案件程序规定》。

《中华人民共和国海关审理行政复议案件程序规定》已于 2024 年 1 月 12 日经海关总署署务会议审议通过，并予公布，自 2024 年 3 月 1 日起施行。2007 年 9 月 25 日，海关总署令第 166 号公告，根据 2014 年 3 月 13 日海关总署令第 218 号修改的《中华人民共和国海关行政复议办法》同时废止。自此，在审理程序方面，增设了简易程序和普通程序。提出对于事实清楚、权利义务关系明确、争议不大的案件可以适用简易程序办理，简化办理程序和相关手续，规定较短的办案时限，有效提升案件的办理时效。在普通程序中，新增听取意见原则、听证和行政复议委员会制度，完善行政复议附带审查规范性文件程序，将传统的"书面审理"转化为"开门办案"，以利于依法、全面、准确做出行政复议决定。新法将行政复议法实施条例中关于调解与和解的规定提升到法律位阶，纳入行政复议法中。同时明确，在遵循合法、自愿的原则，不得损害国家利益、社会公共利益和他人合法权益，不得违反法律、法规的强制性规定的前提下，行政复议机关对各类行政争议都可以开展调解，当事人在行政复议决定做出前可以自愿达成和解，并且调解适用于行政复议案件办理全过程，充分体现了行政复议化解行政争议的主渠道作用的制度特点和独有优势。其他方面的便利有：

申请人、第三人可以委托一至二名律师、基层法律服务工作者或者其他代理人代为参加行政复议；符合法律援助条件的行政复议申请人申请法律援助的，法律援助机构应当依法为其提供法律援助；行政机关通过互联网渠道送达行政行为决定书的，应当同时提供提交行政复议申请书的互联网渠道；对当场做出或者依据电子技术监控设备记录的违法事实做出的行政处罚决定不服申请行政复议的，可以通过做出行政处罚决定的行政机关提交行政复议申请。

第二节 海关行政诉讼

一、行政诉讼的概念和作用

（一）行政诉讼的概念

行政诉讼与民事诉讼、刑事诉讼并列为三大基本诉讼制度，指公民、法人或者其他组织认为行政主体的具体行政行为侵犯其合法权益，依法向人民法院起诉，由人民法院进行审理并做出裁判的活动。这表明行政诉讼所要解决的是行政争议案件；行政诉讼只能由特定的机构即人民法院主持审理；行政诉讼是由于公民、法人或者其他组织认为行政主体的具体行政行为侵犯其合法权益所引起的。

（二）行政诉讼的作用

《行政诉讼法》第 1 条规定：“为保证人民法院公正、及时审理行政案件，解决行政争议，保护公民、法人和其他组织的合法权益，监督行政机关依法行使职权，根据宪法，制定本法。”这表明行政诉讼法具有以下作用：

1. 保护公民、法人和其他组织的合法权益。海关在行使行政权力时，会由于多种原因而侵犯公民的合法权利，如果没有行政诉讼这种有效的机制防止这种情况的发生，或者在违法或不当行政行为发生以后不能及时加以纠正，势必使公民合法权益得不到应有的保护，有悖于社会主义的本质。

2. 维护和监督行政机关依法行使职权。在行政职权必须依法行使的前提下，司法机关对处于被告地位的行政机关所采取的立场和任务应当是维护和监督。就海关而言，维护就是人民法院运用司法审判权以司法裁判的形式肯定海关合法的具体行政行为，并使其获得最终的法律效力。监督主要是对海关具体行政行为的合法性的审查，以有效地促使海关及其工作人员严格地依法行使职权。

二、行政诉讼的基本原则

行政诉讼基本原则可以根据行政诉讼基本原则的适用范围分为一般原则和

特有原则。一般原则指三大诉讼（行政诉讼、民事诉讼和刑事诉讼）或两大诉讼（行政诉讼和民事诉讼）的共有原则，包括：人民法院依法独立行使审判权原则；以事实为根据、以法律为准绳原则；合议、回避、公开审判和两审终审原则；当事人法律地位平等原则；使用本民族语言文字原则；辩论原则以及人民检察院实行法律监督原则。特有原则是行政诉讼所独有的、由行政诉讼的特点及其固有属性决定的原则，包括以下方面：

（一）具体行政行为合法性审查原则

人民法院对行政主体做出的具体行政行为拥有司法审查权，审查的内容主要是具体行政行为的合法性，而非适当性。这是行政诉讼不同于刑事诉讼、民事诉讼的一个核心原则。具体来说：第一，人民法院审理海关行政案件，审查的对象是海关的具体行政行为，不包括海关总署制定行政规章及各级海关发布具有普遍约束力的命令、决定等抽象行政行为；第二，人民法院审理海关行政案件，应审查海关具体行政行为是否合法，对海关运用自由裁量权过程中做出的具体行政行为是否适当，原则上不予审查，应由海关行政复议机构处理；第三，主要根据《行政诉讼法》的规定审查海关具体行政行为的合法性，即主要证据是否充分、适用法律和法规是否错误、是否违反法定程序、是否超越职权和滥用职权、是否不履行或拖延履行法定职责；第四，审查海关具体行政行为是否合法的依据，是法律、行政法规、地方性法规还是自治条例和单行条例，并参照行政规章。

具体行政行为合法性审查原则有利于进一步明确司法权与行政权的关系，保障人民法院更好地行使审判权，同时也是对海关行政权的尊重和对海关依法行政的促进。

（二）诉讼不停止执行原则

原告提起行政诉讼，不影响海关具体行政行为的先行执行力，海关在人民法院做出撤销或变更具体行政行为的判决之前，可以照旧执行原行政行为。

（三）被告负举证责任原则

被告负举证责任原则是行政诉讼中特有的一项原则。所谓举证责任，指法律上规定的诉讼当事人，必须承担的对自己的主张提出证据加以证明的责任。不同形式的诉讼举证责任的承担也各不相同，刑事诉讼中的举证责任主要由司法机关和自诉人承担；民事诉讼中的举证责任则采用“谁主张，谁举证”的原则，即谁主张权利，谁提供证据；行政诉讼中的举证责任由被告即海关承担。

（四）有限变更原则

行政诉讼法确立“有限变更原则”，主要是解决人民法院在行政诉讼中是否享有司法变更权的问题。司法变更权指人民法院有权通过判决，变更行政主体的具体行政行为。中国行政诉讼法赋予人民法院有限的司法变更权，对海关被诉的具体行政行为，人民法院应进行合法性审查，根据该具体行政行为是否合法做出维持或撤销判决，只有当该行政处罚显失公正时，人民法院才可以通过判决变更。

（五）不适用调解原则

不适用调解原则，指人民法院审理行政案件不得采用调解作为审理程序和结案方式。可以调解的仅限于特定的行政案件，如行政赔偿诉讼案件。调解在于由人民法院说服双方当事人互相让步达到谅解而结束案件，而这种让步意味着放弃权利。对作为原告的公民、法人和其他组织而言，让步无异于让其承认该具体行政行为对其合法权益侵害的合理性。因此，在行政诉讼中，不存在做出让步的可能，也不存在进行调解的前提。但是，不适用调解并不排除人民法院在审理案件的过程中进行必要的协调和沟通。

三、行政诉讼的受案范围

行政诉讼受案范围指人民法院受理行政案件的范围。对于行政相对人而言，受案范围即诉权范围。只有列入受案范围的行政行为，相对人才有诉讼权，才能提起行政诉讼。对海关而言，受案范围就是行为接受司法审查监督的范围。属于受案范围的行政行为，海关必须接受审查；反之，则有权拒绝。

受案范围是中国确定行政诉讼制度的核心问题之一，是行政诉讼特有的程序制度。行政诉讼法在确定行政诉讼受案范围时采用了具体行政行为标准和人身权、财产权标准，只有具体行政行为和涉及人身权、财产权的行政案件才能提起行政诉讼。《最高人民法院关于适用〈中华人民共和国行政诉讼法〉的解释》第 1 条规定，公民、法人或者其他组织对行政机关及其工作人员的行政行为不服，依法提起诉讼的，属于人民法院行政诉讼的受案范围。

四、海关行政诉讼的受案范围和管辖

海关是最早实行行政诉讼制度的部门之一。根据《民事诉讼法》、《海关法》以及《中华人民共和国海关法行政处罚实施细则》的规定，海关行政管理相对人对海关做出的处罚决定或者征税决定不服的，可以提起行政诉讼。随着 1990 年《行政诉讼法》的实施，海关针对进出关境活动当事人做出的大部分具体行政行为，都可以形成行政诉讼。

海关行政案件专业性很强，一般带有案情重大复杂的特点，并且大多数具有涉外因素。为保证人民法院及时准确地审理案件，《行政诉讼法》规定，海关处理的案件，由中级人民法院进行管理。第一审行政案件由做出原具体行政行为的行政机关所在地人民法院受理；经复议的案件，复议机关改变原具体行政行为的，也可以由复议机关所在地人民法院管辖。就海关行政诉讼案件而言，进出关境活动当事人对哪个海关的具体行政行为不服，应在哪个海关所在地的中级人民法院起诉。对经过复议的案件，复议机关维持原具体行政行为的，仍以做出原具体行政行为的海关为被告，向该海关所在地人民法院起诉；复议机关改变原具体行政行为的，以复议机关为被告，向复议机关或者原做出具体行政行为海关所在地人民法院起诉。

第三节　海关国家赔偿

一、国家赔偿法概述

（一）国家赔偿

从广义上讲，国家赔偿就是以国家为赔偿主体的侵权损害赔偿。根据赔偿依据的不同，广义的国家赔偿可分为国际法上的国家赔偿、宪法上的国家赔偿、民法上的国家赔偿、国家赔偿法上的国家赔偿。国家赔偿又可分为国家非权力作用引起的国家赔偿和国家权力作用引起的国家赔偿。前者性质上与普通民事赔偿没有什么不同，所以国外学者称之为私法上的国家赔偿；后者则涉及国家权力的行使问题，国外学者称之为公法上的国家赔偿。

通常情况下，人们所说的国家赔偿实际上特指国家权力作用引起的国家赔偿，即狭义的国家赔偿。在中国，狭义的国家赔偿指：国家依照国家赔偿法的规定，通过法定赔偿义务机关对国家机关和国家机关工作人员违法行使职权侵犯公民、法人和其他组织的合法权益造成的损害所给予的赔偿。

（二）国家赔偿法

广义的国家赔偿法指涉及国家赔偿责任的各种法律规范的总和。这个概念与国家赔偿制度的含义相当。狭义的国家赔偿法专指国家赔偿法典，即国家按照立法程序制定的系统规定国家赔偿责任的原则、条件、范围、标准、方式与程序等的法律文件，它是国家赔偿的基本法律。与民事侵权赔偿法相比，国家赔偿法的特点是具有系统的法典形式、实体法与程序法寓于一体，涉及国家利益与个人利益的平衡与兼顾。

（三）中国国家赔偿法的特色

中国的国家赔偿法，广泛借鉴参考了世界各国已有的国家赔偿制度，吸取了国外有关赔偿法理论的优秀成果，同时充分考虑了中国国情，具有中国特色。

首先，国家赔偿法确定了违法责任原则，即国家机关和国家机关工作人员执行职务时的违法行为侵犯了公民、法人和其他组织的合法权益造成损害，国家应当承担赔偿责任。

其次，在国家赔偿法的适用范围上，在大胆地将司法赔偿纳入国家赔偿范围的同时，审慎地将立法行为排除在外，对于公共设施的损害、内部惩戒公务员的行为甚至军事赔偿、精神损害等问题，国家赔偿法都没有规定，留待以后或以特别法的形式，或逐步拓宽赔偿范围，将这些有争议的侵权损害行为纳入国家赔偿范围。

再次，国家赔偿法十分注意与中国现有法律尤其是行政诉讼法的配套协调，考虑到与整个法制系统和谐一致，不能与有关法律相矛盾。

最后，在体例结构上，国家赔偿法集实体法、程序法于一身，在规范国家赔偿责任的同时，对处理国家赔偿案件的程序也做了规定；在内容结构上，采用了统一立法的形式，就各类国家赔偿责任做出统一的规定，而不分别立法，因此，国家赔偿法兼具行政法和民法的特点，具有混合性，这样避免了法律之间的重复与不协调，便于形成可资遵循的共同原则。

（四）国家赔偿法的渊源

在中国，国家赔偿法主要源于《宪法》、全国人大及其常委会依照立法程序所制定的规范性文件、地方性法规、自治条例和单行条例中涉及国家赔偿的部分。此外，国家赔偿法的渊源还涉及国家赔偿的行政法规、规章，以及有法定解释权的机关对宪法、法律、行政法规、地方性法规、自治条例、单行条例、规章所做出的具有法律效力的解释。

二、海关国家赔偿的概念和构成要件

海关国家赔偿指海关及其工作人员在行使国家进出境监督管理权的过程中，违法造成对公民、法人或者其他组织的损害，而由国家承担赔偿责任的法律制度。

海关国家赔偿的构成要件指海关承担赔偿责任的法定条件。根据《国家赔偿法》第 2 条规定的国家赔偿责任构成的一般要件，海关国家赔偿的构成要件为必须有合法权益受到损害的事实（即损害后果的发生），致害的主体是海关及其工作人员，致害行为必须是在行使职权过程中发生以及损害行为必须具有违法性。当判断是否属于行使职权行为时，应当考虑行为人是否具有公务身份以及行为人实施的行为是否与其职权有关。具有公务身份且行为人实施的行为与其职责有关时，才能构成行使职权的行为，否则只能是行为人的个人行为。

三、海关应予行政赔偿的范围

行政赔偿范围这个法律概念可以在两个层次上使用：一指行政赔偿责任应

当界定在哪些事项上；二指赔偿损失的程度，即是否仅赔偿直接损失、是否包括间接损失等等。中国国家赔偿法是在第一个层次上使用行政赔偿范围的。

根据《国家赔偿法》第3、4、6条之规定和海关工作实际，海关行政赔偿事项范围包括侵犯人身权的违法行政行为与侵犯财产权的违法行政行为两种，对上述两种违法行政行为造成损害的，受害人有权请求海关行政赔偿。根据《海关法》第94条规定，海关在查验进出境货物、物品时，损坏被查验的货物、物品的，应当赔偿实际损失。该条没有规定以违法行使职权为赔偿的要件，因此，即使是正常行使职权进行查验时，损坏被查验的货物、物品，也应当赔偿损失；而且该条规定的是赔偿实际损失，赔偿程度也与国家赔偿法的规定不同，故该条规定的赔偿与国家赔偿法规定的行政赔偿存在着本质的区别。

四、海关不予行政赔偿的范围

根据《国家赔偿法》第5条规定，当海关工作人员与行使职权无关的个人行为或者是相对人自己的行为致使损害发生，与海关及海关工作人员执行职务的行为没有因果关系或者没有直接因果关系时，海关不承担赔偿责任。其中，判断一个行为是行使职权行为还是个人行为，必须以海关国家赔偿构成要件中关于执行职务的认定标准与范围来衡量，而不论工作人员主观过错（故意或过失）如何。

五、海关行政赔偿的程序

根据《国家赔偿法》的规定，取得海关行政赔偿应当遵循下列程序：一是确认致害行为是否违法；二是向赔偿义务机关提出赔偿要求；三是起诉；四是法律责任。《国家赔偿法》规定，赔偿义务机关赔偿损失后，应当责令有故意或者重大过失的工作人员或者受委托的组织或者个人承担部分或者全部赔偿费用。对有故意或者重大过失的责任人员，有关机关应当依法给予行政处分；构成犯罪的，应当依法追究刑事责任。

第十五章　智慧海关

国外海关的实践经验告诉我们，必须坚持以自主创新开展信息化建设，以信息管理为载体推动海关执法方式的变革，加大通关监管的网络平台建设力度，整合海关风险管理信息平台与通关监管系统，形成连接各相关单位且贯穿各业务领域的网络化、智能化的信息管理系统，实现通关监管与风险管理的有机融合。

第一节　信息化管理与大数据应用

一、海关信息化管理发展历程

科技兴则海关兴，没有信息化就没有现代化的中国海关。改革开放 40 多年来，海关先后经历了独立分散的应用、直属海关集中的 H883 时代、全国大集中的 H2000 时代、大数据时代等多个具有里程碑意义的 IT 应用阶段，推动了中国海关事业实现跨越式发展。

在国家改革开放大背景下，海关自 1988 年开始开发报关自动化系统（简称 H883），1989 年开始在文锦渡海关投入试运行，1995 年完成了在全国海关推广应用。自此，海关信息化由单向应用迈向系统化应用，奠定了海关信息化发展的基础。该系统运用“结构化分解、逻辑化综合、数字化表达”三要素设计法，实现一个海关关区范围内报关手续全过程自动化处理，大大促进通关效率和业务规范化水平的提高。H2000 系统是海关金关工程一期的核心内容，该系统采用当时世界先进的三层技术体系架构和开放性技术，完成了对 H883 系统升级换代，并实现了“开着汽车换轮子”的新老系统平稳过渡。该项目首次采用顶层设计理念，设计了新一代海关信息系统的总体架构，启动并推进了数据库、参数库和应用项目整合，加强了网络、系统、安全等技术基础建设。系统的建设有效推进了大监管体系、内控机制、关警融合、分类通关、综合治税、信息海关等建设，发挥了海关执法和管理的整体效能。其中，信息海关为国家宏观经济调控决策提供快速、准确的信息服务，得到时任总理温家宝的充分肯定。在全球电子商务等新型贸易业态迅猛发展的大背景下，中央提出简政放权、转变职能、理顺关系，构建国家社会诚信体系，打造中国经济升级版的新要求，面对关境保护形势严峻及改善口岸通关环境等社会问题，海关总署提出了落实四好的总体要求。2017 年 6 月 14 日，海关总署党组研究决定启动新一代海关信息系统（智慧海关）建设工作（即 H2018 工程）。随着 H2018 工程的建设，海关信息化将进入数字化、智能化的发展时代。

从 1988—2004 年的 H883 系统，到 2003—2009 年的金关工程（一期），2009—2012 年的 H2010 工程，2013—2017 年的金关工程（二期），2017 年至今的 H2018 工程，经过近 40 年的发展，中国海关信息化建设取得了丰硕的成果。目前正在运行的全国海关统一使用的应用系统有 53 个，业务信息化率达到 98%，核心系统可用率 99.9%；每个工作日处理税费 80 亿元，报关单 23 万份。海关业务信息化项目体现了全局性、全面性、综合性、连续性、兼容性、前瞻性的特点。

二、海关业务信息化面临的形势

（一）金关工程二期

1. 海关新技术应用：移动互联网、物联网、地理信息系统（GIS）、云计算及大数据应用。

2. 一套工程规范体系：统一性、规范性、可持续性。

3. 建设了十二大应用系统，包括：

监控指挥系统，一级指挥中心——总署；二级指挥中心——直属海关；三级指挥中心——隶属海关。

跨境贸易电子商务通关平台，互联互通、协同共享、无纸通关、精准监管。

企业进出口信用管理系统，实现企业信用评价差别化作业制度。

加工和保税管理系统，料号级底账、项号级通关、料号级核销。

物流监控系统，物联网、智能视频、电子关锁、智能卡口、移动网络。

通关管理系统，全国海关通关一体化新格局。

关税管理系统，商品规范申报、专家智能审单。

缉私管理系统，数据关联、智能搜索、算法和智慧共享。

统计基础数据管理系统，统一的数据治理体系、构建基础数据库群、建设数据管理平台、建设数据共享平台、管理各应用系统数据、提高数据服务质量。

政务公开系统，门户平台，大力提高海关服务社会的能力，推进政务公开。

跨部门综合应用系统，依托中国电子口岸平台，对外联网、数据共享。

海关风险预警处置和审计监督平台，着眼内控，由事及人，“制度+科技”的理念。

（二）H2018 工程建设

目标：打造以大数据为核心的新一代信息系统框架，力求关检融合：统一申报、风险分析、现场作业、后续处置。把推进科技供给侧改革作为主攻方向，实现一套标准、一次提交、一键跟踪、一点接入、一次查验、一站办理。

“互联网+海关”、关检融合：整合申报、智能审图辅助海关查验、全国海关监控指挥中心实体运作、人脸识别用于打击水客走私、风控中心大数据应用、税管中心大数据应用展望。

1. 一个目标：2021 年实现智慧海关基本建成，2025 年全面实现智慧海关。

2. 两个转变：实现从应用创新为主到应用创新与科技创新并重的转变，实现从发挥支撑保障作用到发挥支撑引领作用的根本性转变。

3. 三大突破：科技创新上求突破、基础保证上求突破、政策机制上求突破。

海关以企业分类管理和风险分析为基础，使用通关执法监控系统 H2018，运用信息化技术对企业联网申报的报关单及随附单证的电子数据进行无纸审核、验放处理通关作业，整个作业模式称为无纸化通关。在信息化方面取得了以下实效。

（1）无纸化签约：企业需事先通过中国电子口岸通关无纸化签约系统向办理进出口业务对应的直属海关发送通关作业无纸化协议签约申请，海关在 H2018 中进行审核。

（2）企业申报：申报单位通过“互联网+海关”、单一窗口录入报关单及随附单证电子数据向海关发送并申报。

（3）海关判别：通关无纸化申报后，系统通过电子审单、逻辑检控，开展风险分析，分别进入人工审单或计算机审结阶段。人工审单关员根据审核情况确定报关单后续处置方式：审核通过的，选择“通关无纸化”审结；审核不通过或需补充上传资料的，选择“退单”或“挂起”；需审核纸质单证，按“普通审结”模式审结，向企业发送“现场交单”通知；需查验的可下达布控指令，按“通关无纸化审结”模式审结；需转岗的，按现有模式转岗操作。如果审核发现企业漏传、误传或需要补传、重传某一种或某几种随附单证的，审单岗位可以选择“挂起”操作，挂起原因只能选择代码：“电子随附单据上传不符合要求，请补传”，并勾选“通知企业”，方可向企业发出重传或修改电子随附单据指令；无需同步发送其他文字信息。也可采取“退单”操作，退单原因中新增选项“电子随附单据上传不符合要求，请补传”。

（4）报关单审结后的流向：①对涉及税费的通关无纸化报关单审结后，向企业电子口岸终端发送税费缴款通知；②通关无纸化审结的报关单系统自动分拣；③对分拣结果为低风险快速放行的，系统自动接单；④对于非快速放行报关单，进入“通关无纸化现场待审核列表”，关员逐票审核接单。接单后，进入“通关无纸化待放行列表”，符合放行条件的系统自动完成放行操作。

（5）现场通关无纸化审核。现场通关无纸化审核列表中的报关单数据按时间顺序排列，包括“低风险快速放行”提前报关单；“低风险快速放行”被随机抽核命中的（提示“随机抽核”）；“低风险单证审核”涉税、涉证；“高风险重点审核”布控、查验、参数；运抵报关（无电子运抵数据）的报关单；现场通关无纸化审核——转现场交单；现场通关无纸化审核岗位可点击“随附单据”调阅并审核电子随附单据；如果对需要转有纸的，点“转现场交单”按钮，通知企业现场递交纸质单证办理相关手续。

（6）查验处理。查验正常的，关员录入“正常放行”的查验结果，系统自动完成放行操作；查验异常的，按有关规定处理，处理完毕后使用“通关无纸化现场放行”功能操作放行。

（7）放行。若相关报文触发自动放行，系统记录放行环节，并置操作员代码为“9999”；若不符合自动放行条件的，选择查验/放行岗位使用“通关无纸化现场放行”功能，进行人工放行。对审核无误的，完成放行操作；对审核有疑问的，转按有纸作业或布控查验。

（8）结关。报关单放行后，满足条件的自动触发结关。

三、海关大数据运用

海关“十三五”规划明确提出，要运用大数据技术提升海关管理智能化水平。数据科学赋能海关，智能化水平的提高离不开平台建设，也离不开大数据各种算法模型的驱动，更离不开贸易情报、海关数据的深度挖掘。根据海关“十三五”规划，海关大数据的建设，第一，明确班子；第二，推进大数据行动纲要中提到的三融合，并提供海关数据开放平台对接到各地方政府总站；第三，在报关单、舱单等数据上要广泛收集情报，为风险分析提供数据池，实现智能感知与识别；第四，对海关原有的业务平台做改进，进行业务的数据化和数据的业务化闭环管理；第五，明确智能化自动化方向，简单来说就是建立一个多方数据共享、互联互通的平台，在上面重新构建新的业务系统，并利用大数据驱动海关、监管、征税、查私，实现海关统计智能化和自动化的处理。

全国海关大数据通用分析平台秉承着“安全是前提”的理念，构建产品化服务、定制式应用、生态化运营、开放式架构的海关大数据平台。基于数据汇得进、信息搜得到、模型方便建、服务支持优、个性展示好的建设目标，以云擎构建“管用、好用、实用”“搜索、分析、展现”一体的云站、云脑、云视、云搜、云享、云审一体化平台，可访问 42 个系统数据，涉及 22 类业务。通过业务梳理，形成保税加工、货物通关、企业备案、企业纳税和特征比对五大类

194 个企业指标；形成商品通关、商品价格、商品归类、税收征管、特征对比五大类 88 个商品指标。

全国海关信息中心作为海关系统信息化建设的核心技术部门，承担海关信息系统核心节点科技应用项目运维、基础设施建设、信息安全管理，全国海关大数据资源、平台的建设和管理、大数据应用及服务；海关科技应用项目总集成管理、技术架构设计、需求分析、方案设计、开发测试、质量控制；总署机关政务信息化服务保障、中国海关门户网站群运维等工作，服务于海关总署机关、全国 47 个直属海关单位、近 1 000 个通关业务现场。近年来，中心在全国通关一体化、关检业务融合、“两步申报”等海关重大改革，以及金关工程二期、H2018 工程等重大项目建设中全力以赴，攻坚克难，充分发挥了科技的支撑和保障作用。特别是在今后几年，中心将聚焦海关改革目标，承建“两轮驱动”“两段准入”“两类通关”“两区优化”业务改革系统建设，为打造先进的在国际上最具竞争力的海关监管体制机制提供技术支撑和保障，提供更为广阔的舞台。

中国电子口岸数据中心是国家电子政务重点建设项目——金关工程“口岸电子执法系统”项目的承建单位，2001 年 5 月，由中编办批准成立，隶属海关总署，为具有独立法人资格的事业单位。主要任务为：一是为进出口企业和执法部门提供电子口岸信息服务；二是电子口岸信息系统运行、维护和技术支持；三是负责电子口岸安全认证；四是相关应用软件的开发、培训与咨询服务。2023 年重点工作包括稳步推进国际贸易“单一窗口”和联网项目建设，促进口岸营商环境优化；深入开展“智慧海关”建设，提高海关政务服务水平，等等。

第二节 互联网+海关

中国海关致力于简政放权促进贸易便利。整合海关作业内容，推进“查检合一”，拓展“多查合一”，优化通关流程，压缩通关时间。整合各类政务服务资源与数据，加快推进国际贸易“单一窗口”，实现企业“一次登录、全网通办”。加快“互联网+海关”建设，通关证件资料一地备案、全国通用，一次提交、共享复用。加快建设服务进出口企业的信息公共服务平台，收集梳理各国进出口产品准入标准、技术法规、海关监管政策措施，为进出口企业提供便捷查询、咨询等服务，实现信息免费或低成本开放。海关互联网的最大特色在于已经逐步将信息技术融入供应链、价值链的整体过程，融合联动、相辅相成。

“互联网+”的实质是坚持用户至上的思维。这意味着政府部门在发展“互联网+政务服务”应用时必须以提高质量、服务用户为目标。应把“互联网+”

思维贯穿于框架设计过程中，把美好公众体验嵌入设计中，建立以公民为中心、企业为中心的服务标准，将公众关心、企业关注的热点放在头条位置，优减网站层级，控制栏目数量，优化内容呈现，提高网站搜索的速度和结果精准度，提升网站互动形式和响应度，更好地把握网站服务引导的精准度，把对公众、企业服务的质量水平和效率高低作为衡量政务服务的唯一标准，以服务对象需求为建设需求，更好地完成政务服务框架设计，提供最贴心的服务。

基于上述要求，海关总署网站下设“互联网+海关”——全国一体化在线政务服务平台模块，针对社会公众需求较集中的办事事项进行网上办理，做到“一口受理、全程在线”。优化简化服务事项网上申请、受理、审查、决定等流程，缩短办理时限，提供实时在线的咨询服务。政务服务大厅集中公开与政务服务事项相关的法律法规、政策文件、通知公告、办事指南、审查细则、常见问题、监督举报方式和网上可办理程度等信息。

网上政务服务大厅主要分为通知公告、我要办、我要查、我要看、我要问、用户中心等模块，如图 15-1 所示。

图 15-1　海关总署网上政务服务大厅

第三节　技术构架

一、智慧海关的基本框架

海关在国家行政体制中的重要作用，主要体现在其对于国门的守护。这一核心职责依赖于监管力度和监管效率的双重保障。各级海关部门应当认识到“大通关”“大物流”“大机检”等中的“大”并非环节、资源、职能的简单堆砌，而是在国家深化行政体制改革的背景之下海关如何定位、如何履职的大方针，是海关在未来10年、20年甚至更长时间内如何通过管理理念、管理模式的改革升级实现自身发展的大谋略，是海关在人工智能时代、大数据时代的浪潮中如何以创新驱动前进的大规划。基于对未来趋势的准确研判，海关总署党组高度重视科技进步对海关未来发展的重要性，人工智能必将掀起新一轮的技术创新浪潮。“智能机检”系统正是在这一发展趋势中应运而生的。人工智能时代以创新驱动进步，成为运用高科技手段优化现行监管模式的重要抓手。

“物联网”，即物物相联而形成的网络，是利用射频识别（RFID）、红外传感器、激光扫描器、全球定位系统实现对物品信息化管理的一种高新技术。物联网技术在海关口岸管理、港口码头管理、堆场仓储管理、物流装配调度管理等方面得到广泛应用，为“智慧海关”建设的腾飞插上最有力的翅膀。物联网时代的供应链首先是从信息化技术的突破开始的。基于物联网理念和技术构建的智慧海关的体系结构由前端传感层、网络通信层、数据中心层和应用服务层等部分构成，这些基本的功能层能够实现海关对监管对象从底层的实际感知、监控数据的接收到基础数据在网络中的顺畅传输，再到对海量基础数据的管理、分析和挖掘直至最终呈现在管理者面前用于指导海关开展相关业务的全部功能。近年来，随着中国对外贸易的快速发展，企业对进出口货物通关时效的要求越来越高。全国海关积极探索物联网新技术的应用，其在部分沿海大港已经初步实现了物联网试点成效：只需一把安全智能锁，集装箱转关时间比原有旧模式节省至少一半，而且可以实现供应链货物24小时过闸进出口通关。对于供应链各环节企业来讲，省时就意味着物流效率更高，利润也就更高。由以上基于物联网技术实现的功能层构成的智慧海关的基本框架如图15-2所示。

二、物联网技术在智慧海关的应用

物联网智慧海关的前端传感层在技术实现上最主要依靠的是RFID传感技术，完整的RFID系统包括RFID数据采集端（标签、阅读器、天线等）、中间件或者接口、应用系统和管理平台等。RFID技术应用系统一般可采取阅读器层、边缘层、集成层和应用层的组成方式，其中的某些组成部分会与智慧海关的其他功能层重合（如图15-3所示）。

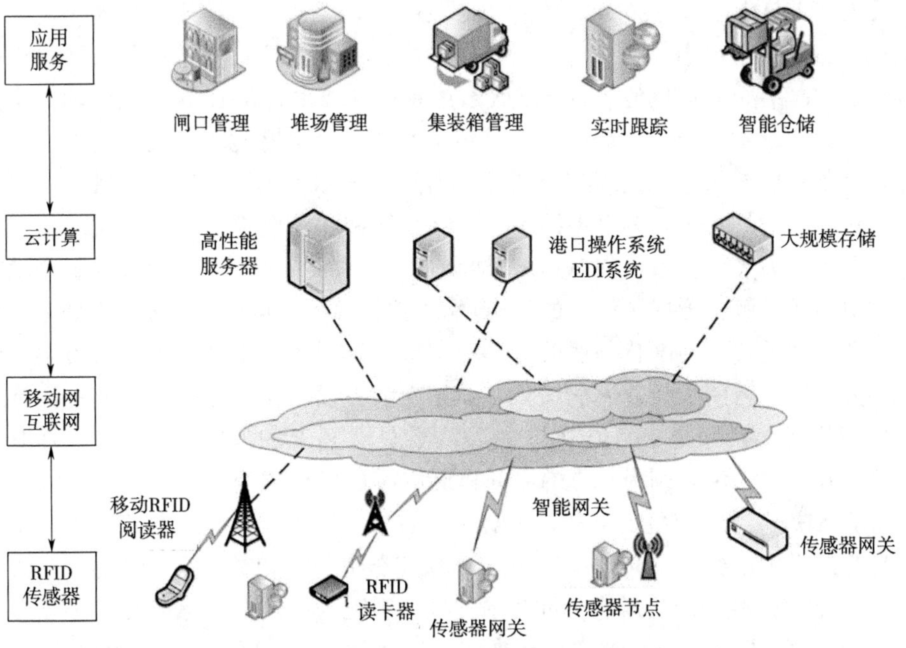

图 15-2　智慧海关的基本框架

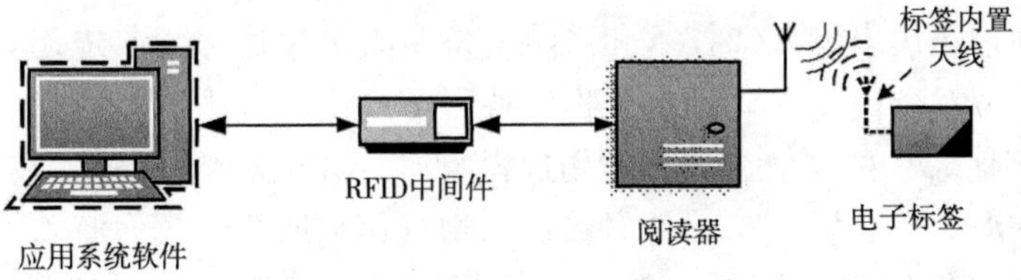

图 15-3　RFID 技术应用系统

在实际应用中，根据 RFID 系统应用的不同场合以及不同的技术性能参数，电子标签常常被封装成不同的厚度、大小和形状，具有不同用途的标签有圆形、线形、长条形等；另外还有金属标签、腕带标签、服装标签、巡检标签、钥匙挂扣标签、用于集装箱的电子锁标签等。对物联网智慧海关的前端传感层而言，长条形的巡检标签、汽车专用标签和电子锁标签是技术实现时最好的选择。按照能量供给方式的不同，电子标签可以分为有源（主动）和无源（被动）电子标签。有源电子标签自身带有电池供电、读写距离远，体积较大。无源电子标签在接收到读写器发出的电磁波信号之后，将部分微波能量转化为直流电供自己工作，体积小、使用寿命长。

从中国的情况看，国际标准化组织（以下简称 ISO）于 2010 年 7 月 1 日正式发布了 ISO/PAS 18186《集装箱 RFID 货运标签系统》。该规范是在物流和物联网领域第一项由中国提出并积极推动制定，由 ISO 正式发布的可公开提供的规范。该集装箱货运标签系统通过无线射频识别技术（RFID）与互联网有机结合，可以为货主、港口、船舶运营公司、海关、检验检疫等相关单位提供集装箱实时货运状态信息，实现集装箱运输信息由告知到感知的变革，目前已在中美、中日、中加、中马等多条国际集装箱航线和物流监控中得到应用。从国际组织和国外海关情况看，在 WCO 的协调下，各成员国海关之间已就数据交换的内容进行了分解，形成了统一的 WCO 海关数据模型，是目前国际上推动通关程序简化、通关资料标准化与通关“单一窗口”建设最主要的技术解决方案，已在各发达国家得到了较普遍的应用。数据交换方面，在国际贸易中最具影响力的电子数据交换标准是联合国欧洲经济委员会制定的 UN/EDIFACT，目前以 UN/EDIFACT 语法规则为标志的 EDI 国际标准已经正式公布并在全球范围内推广，为 EDI 广泛应用奠定了良好基础，为各国、各地区海关实施 EDI 应用系统标准化提供了依据。同时，WCO 在全球供应链中制定和推广全球货物统一代码 UCR 标准。这些国内外既有标准为中国海关制定物联网技术标准提供了良好基础。我们可以以上述物联网国际标准和 WCO 海关数据模型、UN/EDIFACT 语法规则以及全球货物统一代码 UCR 标准为基础，尽快制定中国海关的物联网技术标准。

海关通过运用新型感知技术和系统，将实时采集运输工具进出境、监管货物的装卸、分拨分流、卡口验放等物流各环节产生的庞大物流数据。我们可以引入“数字地球”的概念，综合运用远程监控、GPS、电子标签等物联网技术，根据采集的海关监管场所基础备案数据、物流信息底账数据、海关物联网监控数据和获取的其他部门数据，整合监管场所监控管理、运输工具监控管理、GPS 途中监控等功能，建立涵盖全国范围的立体图像展示和监控平台，以数字立体地图的形式，展示全国海关所有监管场所、监管区域的地理坐标、资源配备、实时业务动态等信息，跟踪展示进出境运输工具、转关运输工具的实时位置、行驶路线、运输时间，实时展示所有联网企业的注册信息、运作信息，为海关物流监控工作提供直观、便捷的数字化支撑，实现“物流可视化”。“数字地球”平台链接监管指挥中心、物流数据信息中心和感知系统，不仅可以实现强大的数据查询、调阅、分析和统计功能，还可在进出境货物流动的同时对物流底账数据、海关监控设备信息和企业实际运作信息进行实时比对验证，对各业务环节和其他部门产生的监管信息开展智能监控分析；对验证未通过或者监控分析结果认为具有风险的单证和货物，物流信息监控框架体系通过“数字地球”平台自动向有关现场和卡口发出警告和拦截指令，并使用信息化手段对运输工具和货物进行重点监控，通过特定标识在平台上进行标识，直观展示运行轨迹和监控动态；对于数据不全的，物流信息监控框架体系通过“数字地球”平台自动通知查验系统下达风险布控和查验指令。

综上所述，中国海关应当建立随时跟踪国内外最新物联网动态和物流监控发展的长效机制，及时将最新概念和技术运用到物流监控中，提升监控有效性；建立物联网知识普及和人才培养的长效机制，提高关员对于物流监控信息化系统的使用能力，大力引入和培养具备物联网和信息技术、管理、经济、工业等各领域专业知识的综合型创新人才，不断提升海关监管信息化水平；建立了解政府机构、管理人员意见的长效机制，明确运维责任，防止系统由于运行导致智慧尘埃，GPS、电子标签等部件损坏而无法实现监管全覆盖，确保信息技术安全稳定。

第十六章　海关廉政与未来发展

世界海关组织认为，海关的使命是确保跨境货物流动遵守国家法律法规，打击走私，保护边境，同时便利合法贸易。实现这一使命的具体目标是：第一，建立清晰而明确的标准，加强货物和人员国际流动监管的准确性、可预测性和安全性；第二，消除国际贸易供应链中不必要的重复和延迟，如多次申报和查验等；第三，在国家、区域和国际层面上创造公平竞争的环境，促进国际贸易体系建设；第四，创建有益互利的伙伴关系，加强海关与其他国家海关、海关与商业及海关与政府其他部门之间的合作；第五，加强海关能力建设，促进守法管理和贸易便利化。

世界海关组织对海关现代化建设原则、内涵与方向关注已久，呈现出不断完善修正的历程。一般认为，国际海关界的正式行动始于 20 世纪 90 年代中期，标志为启动《京都公约》，1999 年通过《修正的京都公约》以简化与协调海关手续为主旨，近 600 条标准涵盖了海关业务各领域，被认为是“现代海关蓝图”。《标准框架》侧重实现对贸易供应链的安全与便利无缝高效监管，提出了海关与海关合作，及关企伙伴关系的两大支柱及相关的核心要素与标准。世界海关组织《海关能力建设诊断框架》将现代海关的核心标准与改革方向概括为 12 项原则：廉政、透明度、责任、可预见性、便利和监管、客户服务导向、协调与统一简化、最低程度的干涉、信息和通信技术的运用、合作和伙伴、持续改进、提高守法水平。

《21 世纪海关》确立的现代海关建设原则既有认识的渐进完善，也有全新思路的“范式替换”，是整合后的升华，主要体现该战略的前瞻性，简洁明了地提出未来海关发展与管理的十大建设原则。这些原则体现了目标与手段相统一，过程与结果相统一。主要创新点在于全球联网海关和协调边境管理。全球联网海关体现了安全与便利的平衡观，强调了国际海关之间的深度合作，强化了海关与商界的伙伴关系，不同于以往以单次执法或信息交换为主要形式的海关行政互助，而将国际贸易供应链作为统一整体；协调边境管理，重申海关只是边境管理的部门之一，而高效的边境管理，必须奉行“全政府”理念，实现部门合作协调更高层次的融合与嵌入。

第一节 海关廉政机制

一、阿鲁沙宣言的基本内容

世界海关组织是全球唯一专注于海关事务的国际组织，其所制定的标准与工具是各国海关管理的基本标准，其战略方向引导着成员的改革与发展。就世界海关组织框架下廉政议题演进，在20世纪90年代中期以前，基本上视其为较为禁忌的话题；90年代中后期，随着国际社会对廉政的关注，及《京都公约》的修订，直至世界海关组织海关能力建设战略的实施，世界海关组织逐步认识到，回避不是出路，正视并呼吁成员海关重视，才是出路；进入21世纪以来，世界海关组织高度重视海关廉政建设，设立专门的廉政分委会，将廉政作为能力建设的重要原则与支持，发布并完善了一系列标准与工具，在全球、地区和国别层次开展了相关活动。从问题共性的角度，梳理世界海关组织框架下廉政议题的演进，解析其主要的标准、工具，对比分析中国海关的实践，有助于找出中国海关现有及潜在的区域性系统性风险问题的症结所在，进而提出前瞻性、战略性的廉政工作改进措施和相关建议。

海关廉政议题从20世纪80年代进入视野，历经近30年的演进发展，从禁忌到公开，从零散到系统，已成为世界海关组织关注的主题之一。从世界海关组织最新更新的官方网站即可窥一斑，在“议题”（Topics）栏目中，将廉政与海关传统技术领域归类、估价、原产地与横跨性议题如守法便利、关税贸易和能力建设等量齐观。世界海关组织不断提高透明度，将与廉政相关的信息资料完全在网站开放，不像其他涉及海关技术尤其是执法类的信息资料只对成员开放，表明了世界海关组织对此所持的开放、开明态度，即解决廉政问题不能仅限于海关内部的讨论，而是曝晒在阳光下，让成员海关、伙伴机构和公众都参与到讨论中来。世界海关组织的廉政标准与工具，按性质主要分为两类，一是确立廉政原则与标准的宣言，主要是以1993年通过的《阿鲁沙宣言》为基础，以2003年通过的《经修订的阿鲁沙宣言》为里程碑，《马普托宣言》和《阿拉木图决议》则是在地区和次区域层次落实《阿鲁沙宣言》的政策性文件。二是为帮助成员实施《阿鲁沙宣言》而制定的能力建设参考工具，重点是《廉政建设指南》。这些文件以《经修订的阿鲁沙宣言》为中心，构成了世界海关组织海关廉政与工具体系，重点解析《阿鲁沙宣言》及其修订本确立的重要原则。宣言在序言部分重申了海关在实现政府目标中的重要作用，主要体现在征税、保护社会、贸易便利化和确保国家安全。明确指出廉政对任何国家和任何海关都是至关重要的领域，腐败将大大削弱海关履行职责的能力。腐败的危害包括：国家安全与社会保护程度下降；税收流失和瞒骗现象；外资投资下降；成本上升，此成本最终由整个社会来负担；对国际贸易和经济增长构成障碍；公众对政府机构的信任和信心下降；海关与其他政府机构之间、本国海关和他国海关之间的信任与合作水平降低；团队精神和士气下降；企业自觉守法（海关法律法规）的程度下降。

二、海关廉政建设的十大原则

世界海关组织将海关腐败产生的后果与国家目标实现与否联系在一起，以引起成员海关、各国政府和国际社会的重视。宣言的主体部分确立了海关廉政建设的原则，包括领导和责任、制度框架、透明度、自动化、改革和现代化、审计和调查、行为规范、人力资源管理、士气和组织文化、与私营团体的关系，形式上对每一原则进行了提炼和命名，在具体原则下，又充实了相关要点。

（一）领导和责任

海关领导和高级管理团体应该承担预防腐败的首要责任，强调保持高度廉洁的必要性和打击腐败责任的长期性。海关管理和监督人员应加强领导作用，保持海关各项工作高度廉洁的责任感。海关领导应清楚、明确地将注意力集中在廉政工作上，以行为规范的内容和精神为准则，以身作则。

（二）制度框架

海关的法律、制度、行政方针和程序应尽可能地协调和简化，以避免办理海关手续时产生过分的负担。这一程序包括采纳国际公约、文书和国际通用标准，减少繁文缛节。如果可能，税率应当适中，应尽量减少标准的例外规定。海关制度和手续应符合关于海关手续简便和协调的国际公约《修正的京都公约》。

（三）透明度

客户与海关的业务往来中有权要求高度的确定性和可预测性。海关法律、制度、作业流程和工作方针应对外公布，易于被客户了解，其实施应相互协调一致。应明确限定海关行使自由决策权的依据，建立投诉和行政审查机制，使客户有机会对海关决议提出申诉或不同意见。应根据客户的期望建立海关作业流程和海关关员行为标准。

（四）自动化

应用自动化或计算机化可提高海关工作的效率，减少发生腐败现象的机会。自动化可增强海关的责任感并为事后监督、审查行政决议和行使裁量权提供审计基础。海关自动化系统应最大限度地减少不适当行使自由决策权的机会，降低海关关员与客户直接见面及参加实物查验和现金交付环节的可能性。

（五）改革和现代化

过时、低效的做法，客户试图通过行贿和交纳额外费用避免缓慢、复杂的程序等情况最易滋生腐败。海关应进行改革，在系统和程序上使用现代化方法以减少通过回避官方要求可得的利益。这些改革和现代化措施应当范围广泛，包含海关业务和行为的各个方面。

（六）审计和调查

海关在一定范围内建立适当的管理和控制机制，以预防和控制腐败的发生。包括内部审查，内、外部审计，调查和起诉等。这些机制为鼓励高度廉洁的积极措施和发现腐败和约束或惩罚有关人员的被动措施提供平衡。应鼓励海关关员、客户和公众举报腐败、不道德和不法行为，海关应对举报进行及时、深入的调查，同时对举报人进行保护。在腐败现象严重的地方，应设立独立的反腐败机构。

（七）行为规范

制定、实施和接受综合的行为规范是有效打击腐败的一个重要因素。行为规范应具有很强的实践性，界限清楚，应符合全体关员的期望。行为规范应以适当的行政和法律条款为依据，根据违法行为严重性的不同对不遵守规范的行为进行处罚。

（八）人力资源管理

人力资源管理政策和程序的实施在打击海关腐败的斗争中具有重要作用。人力资源管理方式应有效地控制和消除海关腐败现象，包括向海关关员提供足够的报酬、其他酬劳和条件，使其能够过上体面的生活；提拔和录用具有和保持高度廉政意识的人员；关员的选拔和提升以工作业绩为基础，应公正、公平；关员职位分离、交流和轮岗的决定应考虑减少关员在易发生腐败现象的岗位工作过长时间的机会；关员录用后应提供适当的培训和业务发展机会；建立适当的行为评估和管理体系，保证关员的正确行为，提高个人和职业的廉洁性。

（九）士气和组织文化

关员士气低下，缺乏海关荣誉自豪感的地方最易发生腐败现象。关员士气高涨，人力资源管理做法公平，工作发展机会公平的地方，关员最易做到廉洁。各级关员都应积极参加反腐工作，承担本机构廉政工作的责任。

（十）与私营团体的关系

海关应与私营团体建立公开、透明和富有成果的关系。应鼓励客户对海关腐败问题保持责任感，提供和实施具有实践性的解决方法。在海关和商界之间签订谅解备忘录很有效果。同样，建立客户的行为规范，明确建立职业行为标准也很有效。对于腐败行为的处罚应有足够的威慑力，使客户不敢为获取优待对海关关员行贿或提供其他费用。

以上要素之间各有侧重又相互联系，经过成员海关近十年的采纳与实施，普遍认为对发展和实施全面、可持续反腐和廉政建设具有重要意义。

第二节　海关监察与督查内审

一、海关内控管理

海关内控是为了贯彻落实习近平新时代中国特色社会主义思想，按照全面依法治国和全面从严治党要求，完善海关权力运行的制约和监督体系，提升内部风险防范能力，提高海关行政执法和内部管理水平，通过识别、评估海关行政执法行为及内部管理活动中的各类内部风险，制定并实施一系列制度、流程和方法。加强海关内控的重要性体现在以下三方面：一是在行政管理上，加强和完善海关内控机制是中央关于加快建立健全决策、执行、监督相互制约又相互协调的行政运行机制的必然要求；二是在法治建设上，加强和完善海关内控机制是全面推进依法行政、规范行政执法行为的必然要求；三是在海关管理上，加强和完善海关内控机制是落实海关各项管理要求的必由之路。海关内控要以制度规范为依据、基层自控为基础、职能监控为重点、专门监督为关键、处置评估为保障的内控“五个一”建设框架。基层自控、职能监控、专门监督的“三道防线”，齐抓共管、联防联控，推动形成全员、全过程、全领域的内控格局。

内控方法主要分为岗位控制、授权控制、程序控制、层级控制、记录控制、考核评价控制、时效控制和监督控制。岗位控制是坚持不相容职务相分离的原则；授权控制是明确规定职责权限范围、审批程序和相应责任；程序控制是明确各项业务处理的流程和步骤；层级控制是形成职责明确的分级审批制度；记录控制是真实反映业务活动的发生、处理和结果；考核评价控制是定期考核和客观评价；时效控制是作业时效的预警提示和监控监督；监督控制是检查、监督和改进措施。内控领域分为执法领域和非执法领域。执法领域主要包括法制建设、综合业务、风险管理、税收征管、卫生检疫、动植物检疫、进出口食品安全监管、商品检验、口岸监管、统计分析、企业管理和稽查以及缉私等领域。非执法领域主要包括办公综合、口岸管理、自贸区和特殊区域管理、国际合作、财务管理、科技发展、督察内审、人事教育、党建日常管理以及后勤管理等领域。内控节点指标指通过上述控制方法，对执法领域和非执法领域进行控制的具体岗位、环节及其采取的微观控制措施，实施主体是基层执行部门和职能监控部门。内控要求包括现行规章制度中包含的内控要求；各类信息化系统中实现的内控要求；根据风险防控需要提出新增，并经总署业务主管部门最终审定确认增加的内控要求。

具体工作中，应当做到以下三点：一是发挥好内部审计部门“传声筒”作用。定期安排海关党委听取内部审计部门汇报，使内部审计部门真正成为领导决策的参谋助手。二是发挥好内部审计公开“晴雨表”作用。通过审计过程、审计结果、审计整改情况公开，让单位人员了解领导干部经济责任审计结果。三是发挥好内部审计和其他监督“组合拳”作用。做好经济责任审计与干部监督、巡视巡察、督察督办、各类工作检查的融通路径和手段，实现各类监督力量形成合力。

海关执法评估系统是根据概率论与数理统计原理，利用海关执法活动中所产生的数据，运用专门的统计分析软件，对海关行政执法活动的全过程进行动态监测分析，以查找各项业务环节潜在的风险，从而不断规范海关业务管理的一套海关业务分析管理系统。

海关的管理水平高，则对贸易过程中产生的相应数据就科学、合理；反之，当海关的执法水平在某些方面出现了问题时，对外贸易过程中产生的相应数据就必然会出现异常。从这个角度来看，海关执法水平的最终结果是海关统计数据。海关执法评估系统就是这些理念与方法完美结合的一个范例。它的理论基础是概率论与数理统计，它的操作软件——“SAS”（Statistical Analysis Software），是当今统计分析软件中功能最强大、逻辑性最强、操作较为简单的统计分析软件。再加上海关统计长期以来有最完整的历史资料，有一批长期从事海关统计分析的科研队伍，这些都为海关执法评估的开展提供了良好的条件。海关执法评估系统于1999年在署长办公会议上立项，2001年初，经过海关执法评估系统工程组及各方面的共同努力，基本完成了实现预期目的的第一期工程，并对2000年全国海关的执法状况进行了总体评估，收到了理想的效果。

二、执法评估系统

概率论与数理统计是海关执法评估系统的最基础理论。概率论是从数量的角度研究随机现象在大量重复中所呈现出来的规律性的一门数学分科。人口调查、税收预算、测量误差、出生与死亡统计等都是数理统计早期研究的典型问题。现代数理统计包括抽样调查、抽样检验、风险管理、统计质量管理、试验设计、回归分析、参数估计、假设检验、相关分析、多元分析、序贯分析、随机模拟、时间序列分析、非参数统计、可靠性统计、贝叶斯统计等统计方法。它在现代生产、管理、科学研究、生活等各个领域已被普遍采用，成为各个部门、各环节提高效益的有效手段之一。海关执法评估系统的指标与指标体系就是依托于概率论与数理统计而设计的。海关执法的结果就是大量的随机数据。透过这些数据，对外贸易活动的所有情况将全部展现在我们面前。管理学的相关理论是海关执法评估系统的又一理论支柱。所谓管理，是指通过对信息的获取，以及建立在信息基础之上的决策、计划、组织、领导、控制和创新等职能的发挥，分配、协调包括人力资源在内的一切可以调用的资源，以实现单独的个人无法实现的目标。这一定义是我们开展海关执法评估的又一个重要的理论基础。管理不能脱离组织而存在，同样，组织中必定存在管理。海关总署是《海关法》的执行者，也就是说，海关总署就是执行《海关法》的载体。

海关执法评估系统主要是对海关执法活动中产生的数据，以及有关国家（地区）和部门的数据进行科学的比较和分析，对各海关税收的征管质量、物流监管的状况、加工贸易监管的状况和走私规模及其态势等进行动态监测，对各海关的行政执法和业务管理水平做出量化评估的一个系统。概括起来，它有以下几个作用。

第一，海关执法评估有利于提高海关的执法水平，纠正执法偏差。由于海关执法评估系统能够最大限度地排除人为因素，变无目的、凭印象或凭关系的考核为建立在对数据的分析基础之上的科学量化考核；变孤立的、分散的个案监督，为在科学计算分析基础上对规律和趋势的判断。因此，海关执法评估系统可以使总署和各个海关的领导以及有关业务部门，对各口岸的进出口动态和各海关的执法水平做到心中有数，客观地了解有关部门的行政执法和业务管理水平，从而有的放矢地检查、监督和部署海关的打击走私、征收关税、监督管理等各项工作。这是加强总署对全国海关的业务管理，提高海关的执法能力和水平，及时发现和纠正海关在执法过程中出现的各种问题，以及建立有效的海关执法监督机制的一项重要措施。

第二，海关执法评估有利于化解海关廉政风险。在一个相当长的时期内，海关工作所面临的主要问题之一就是海关队伍的廉政建设问题。近几年来，海关出现了一些腐败分子，个别关区甚至出现大面积“塌方”，究其根本原因，就是对于海关这样一个廉政高风险部门，海关执法的监督机制还不健全，手段还不到位。海关执法评估系统可对以上情况进行缓解，具体体现为：其一，海关执法评估可以帮助海关总署做到通过对作为海关行政管理记录的通关业务数据进行系统、全面、动态的监测分析，并以此为基础监控海关执法风险和各关执法水平，把它们作为重要的管理手段和常规工作来抓，建立起相应的制约制度与机制。其二，帮助海关总署对各海关的行政管理建立起科学的量化评估制度，加深对各关实际执法情况的了解和监督，进行有效的业务监控和人事监控。

其三，加深对海关自身管理和行政执法问题的宏观管理和高层次监督。其四，海关执法评估系统作为通关作业改革的一项内容，是对海关业务管理方法的一个全面创新。决策、执行、监督、咨询是科学化管理的基本要求，其中监督环节的任务是将政策、法令执行的效果及问题反馈给决策和执行部门，从而对政策和法令进行完善。作为以加强执法监督为宗旨的海关执法评估系统，对于促进海关管理的良性循环，建立科学化的管理体系，起到了十分重要的作用。其五，海关执法评估有利于海关队伍建设，强化垂直领导体制，准确考核干部。海关执法评估系统通过对各海关主要业务工作的客观评估，实际上也是对海关各级领导班子工作情况的一次考核。海关执法评估系统如今就像是在我们每一位海关干部面前树起了一个评判标准，经过它的评判，海关执法水平的高低会一目了然，海关队伍的薄弱环节会暴露无遗。通过海关执法评估对各项海关业务进行评估监督，必将使海关统计工作的质量上一个新的台阶，最终使海关管理水平符合现代海关制度的要求。

平台在管理制度方面，有《海关风险预警处置和审计监督平台应用管理办法（试行）》（署督发〔2017〕181号）、《直属海关应用海关风险预警处置和审计监督平台绩效考核办法》（督审函〔2017〕85号）、《海关风险预警处置和审计监督平台用户授权指引》（督审函〔2017〕83号）作为制度保证。在功能模块方面，主要由提示警示、监控分析、审计监督、执法评估、简单查询、组合查询、应用绩效、系统管理8个模块组成。涵盖范围包括关税征管、口岸监管、保税监管、风险管理、稽查核查、企业管理、商品检验、缉私执法等14项，具体功能共计400余项。该平台深度运用大数据云计算，可扩展功能设计智能化，运用专家队伍统一分析处置，是内控平台科技主平台。其中，提示警示功能是“新海廉”平台对内部执法风险和廉政风险进行自动提示的积极尝试。面对海关执法环节多、风险岗位多的特点，系统通过设置的风险参数从数据库中筛选出具体风险数据，每天提示前一天每一位关员实际工作货物量进出情况等基本业务信息。同时通过设置的风险参数，每天从云数据平台自动筛选预判前一天具体的风险数据，自动预警提示，提交基层科室和隶属关的职能部门负责人以及各级领导干部审核和处理。由系统自动预警提示的方式，向基层处科职能部门和监督部门进行预警，提出核查要求，及时反馈处置结果，将监督卡口前移，实现基层科、隶属关、职能处和监督部门防控的层级管理。

近年来，全国海关精准落实内控节点要求，应用“新海廉”平台提示警示与监控分析模块，每季度开展数据兜查，防范查验单据长时间未接单问题、查验处理意见与查验结果逻辑不符等问题，通过信息化系统复核相关问题，均进行了有效处置。

第三节　未来海关发展

新时期，随着国际贸易间的联系更加紧密，我国的外部执法环境正在逐步改变。发达国家部分制造业恢复竞争力，新兴经济体纷纷加快工业化进程，加快承接产业转移，国际招商引资竞争更加激烈，我国承接国际产业转移已明显放缓，出口订单和产业向外转移加快，从跨国公司直属工厂蔓延到代工厂和配套企业，从劳动密集型产业发展到部分资本技术密集型产业。跨国投资并购日趋活跃，国际生产和产品供应不断向本地化方向发展，全球价值链扩张趋势放慢，促进国际贸易增长的作用减弱。3D 打印技术、互联网技术应用、地缘政治风险等因素也影响了原有全球价值链分工模式，国际产业分工体系面临重构。在经济环境艰难的条件下，我国海关作为国家进出境监督管理机关，必须抓住机遇，围绕转变思想、创新技术、依法行政等方面，认真开展改革建设。

海关作为国家改革开放的窗口，肩负着促进对外贸易发展和维护进出口秩序的艰巨任务。“改造服务意识，重新定位海关与企业的关系”正是进一步深化海关改革、提高海关管理水平的关键，因而必须落实到具体可行的贯彻实施环节上。

根据全面质量管理理论、全员参与理念、“六西格玛”企业管理法等国内外先进管理方式方法经验，海关作为国家行政机关，提供的服务应该是监督进出口活动的合法性，最大限度地促进贸易便利化；经济发展对海关的要求是加快速度、简化程序、提高效能；海关在监管企业的过程中，要及时和企业沟通，将海关各项服务经济的措施与预期目标的对比情况通告企业，便于形成“关企伙伴关系”。市场经济的本质要求政府行政以服务而不是管制为基本形态，即政府工作的出发点必须是社会、企业、公民的意愿和要求，社会、企业、公民既是政府行政的管理对象，又是服务对象，为社会、企业、公民提供方便是政府的主要职责。因此，海关作为国家执法机关，必须依托科学技术手段，大力开展海关业务工作信息化建设，实施网上办事、网上咨询、红绿通道、便捷通关等措施，进一步强化海关队伍的服务意识和为民意识，切实改进工作作风，提高海关工作效能，建设一个高效便民的服务型海关，进一步增加服务的主动性，提高服务热情，为促进经济贸易发展做贡献。

实践证明，行政权和司法权如果不置于有效的监督之下，必然产生专横、腐败，进而损害企业和人民群众利益。目前，海关执法监督涉及法制部门、督察部门、统计部门及其他职能部门，方法上采取行政复议、行政诉讼、督察审计、执法评估系统及垂直检查等多种形式。各种执法监督在各自领域都发挥了积极的作用，各种监督手段也各有优势，但各种执法监督资源缺乏有效的整合，往往集中在事后监督，缺乏系统性、针对性。应整合优化执法监督资源，建立统一规划的执法监督体系，创新监督手段，不断发挥执法监督资源的最大效能，确保信息灵敏、指挥有力、政令畅通、执法统一、行政高效。

2018 年 4 月 18 日，国家国际发展合作署举行揭牌仪式，时任中共中央政治局委员、中央外事工作委员会办公室主任杨洁篪、国务委员兼外交部部长王毅等出席揭牌仪式并讲话，标志着我国作为大国将进一步承担起国际责任与义务。综观全球，各国海关将在人流、物流、商流、资金流、信息流各个关键环节发挥重要作用，对供应链、产业链、价值链的促进优化始终居于核心角色。结合我国海关工作实际，海关提出了借鉴国际先进经验，以贸易安全为前提、口岸通畅为关键、信息技术为保障，建立健全综合监管体系的工作设想。

贸易安全涵盖确保国土安全、经济增长、社会稳定、环境良好和公民健康等方面的职能作用。根据世界海关组织 21 世纪海关发展蓝图，各国海关面临的共同挑战和威胁包括商业和贸易的全球化、国际恐怖犯罪、环境保护及有组织犯罪团伙所从事的诸如有害物品走私、洗钱、假冒物品交易等犯罪活动。与此同时，各国海关创新应对措施的机遇也相当多，例如，世界海关网络的逐步建立，较好的边境管理，一个为全球受益经营者设计的战略框架，海关对供应链和相应管理的深入理解，技术的不断革新，海关与贸易商及边境，执法和其他政府机构战略伙伴关系的不断加强等。利用这些机遇，各国海关可以保护政府财政和金融方面的利益，防止非法贸易以保护国家经济，并可以通过创造分类管理贸易环境支持贸易体系，维护社会安定。针对我国而言，在奉行“和平共处、睦邻友好”等外交政策环境下，虽然国内政治、经济形势总体稳定，但是国外敌对势力和国内分裂分子利用贸易渠道传递破坏国家安全和社会稳定物品的活动始终存在。当前金融危机影响下，我国经济正处于重要战略机遇期，对外经济合作不断增多，这些都对我国海关的安全保障工作提出了更高的要求。

我国是全球走私废物的主要受害国，又是濒危动植物的主要“消费地”，近年来已经受到国际社会的严重关注。为此，我国海关还需进一步加强与商务部门及环境保护、濒危物种管理、商用密码管理等部门的联系配合，加强对企业进行禁限危害环境物质管理规章的宣传，对有害生物、化学、放射性等各类危险品或疑似物品做到 100%核对，继续推动如“补天行动”的执法合作，利用世界海关组织“绿色海关倡议”所拥有的培训材料、专家团队为我国海关的环境保护培训创造便利条件，克服环境保护工作涉及面广、专业性强、鉴定复杂等监管困难。同时，适时与联合国环境规划署签订合作协议，为联合国环境规划署教材的编写、项目研究、培训提供支持，更积极地参与国际合作，扩大影响，并在打击环境犯罪的能力建设中发挥更大作用。

国际社会普遍认为，海关在贸易便利化进程中发挥着很大的作用，税收只是其中一项财政职能。我国海关应当在做好综合治税工作的基础上，逐步将侧重点转移到人流、物流、资金流等多项口岸监管工作任务上来，并探索世界海关组织边境一体化管理在我国推行落实的可行性。

管理科学是海关战略永远的核心目标内容之一。我国海关可以借鉴荷兰海关质量管理理念方法，对基层建设实施全方位、全过程管理、控制和监督，逐步建立科学、系统、规范的作业体系和评估体系，实现业务、政务的全面质量管理，形成规范化建设的长效机制。质量改进主要包括两种方法：一是戴明（PDCA）环，即计划（plan）、实施（do）、学习（check）、行动（action），强调"总结提高"；二是六西格玛管理（DMAIC）环，即定义（define）、测量（measure）、分析（analyses）、改进（improve）、控制（control），强调"只有能够衡量，才可以实施改进"。引申到政府机关，有条件的海关单位应当每周或每月进行工作总结，建立跨关区执法协调机制，实现一体化。具体措施包括实施跨部门、跨行业、跨地区通关相关数据资源共享和联网核查，实现区域内跨部门执法一体化联动，打造新型区域"综合监管"格局。在实施内部管理的同时，必须为海关系统与国家政府系统办公业务资源网的互联互通打好基础，相应规范电子政务系统的身份认证、数据应用和传输、签章效力、安全保密等各方面的使用、管理和维护工作，确保海关政务信息化的安全。

世界海关组织《全球贸易安全与便利标准框架》为全球供应链安全管理提供了统一标准。它要求各个国家和地区的海关管理当局应该在最低标准控制操作和风险管理标准上达成多边和双边协议，互相分享情报、信息，通报托运人档案资料和集装箱货物的供应链动态，互相承认海关监管的必要，以便早日建立世界"海关一体化管理链"。作为在国际海关合作领域发挥重要作用的国家之一，我国应当积极倡导和推动地区和国家间的"数据互换、执法互助和监管互认"，按照"大国是关键、周边是首要、发展中国家是基础、多边是重要舞台"的外交布局，积极探索"单一贸易窗口"、"一站式"海关检查、联合作业、统一载货清单、海关信息交换等合作试点项目，同时广泛搜集包括举（密）报、动态分析在内的各种信息，实现情报搜集的完整性。现阶段，我国与世界各国海关特别是周边一些国家和地区海关，比如，韩国、日本、澳大利亚等地区在情报信息的交流、案件的具体侦破及人员培训、禁毒技术培训等领域都有很好的合作基础，但要继续加强与有关部门的沟通和交流，形成打击毒品走私案件的合力，加大境外证据的收集力度，还需要通过刑事司法协助和借助广东与港澳地区警方的协作机制获取境外证据等。

综上所述，新海关在新的理念、新的格局下，需要一把开启中国对外开放、跨境通关贸易安全和守法便利之门的“金钥匙”。我国应当结合自身实际，充分借鉴国际组织规则、国外监管理念创新和监管方式改革的先进技术和管理经验，早日实现通关海关监管战略转变，主动找出海关监管在顺应经贸与企业社会发展中的差距，通过完善法规、再造业务流程、优化队伍管理、国际发展合作等一系列有效措施积极应对挑战，更加从容地适应、保护并促进我国对外经济贸易与合作开放的稳定快速发展。

附录　各国（地区）通关规则和国际组织

中国海关是国家进出境监督管理机关，负责对 314 个口岸实施全方位审批设置及运行管理，对进出境运输工具、货物、物品、监管场所实施监管，负责进出口关税及其他税费征收管理、出入境卫生检疫和动植物及其产品检验检疫、进出口食品安全和商品法定检验、海关风险管理、国家进出口货物贸易等海关统计、全国缉私综合治理工作、制定并实施海关科技发展规划以及实验室建设和技术保障规划。2021 年 7 月 27 日，海关总署公布的《“十四五”海关发展规划》提出到 2035 年社会主义现代化海关基本建成的中长期发展目标。聚焦这一发展蓝图，全国口岸必须在新发展阶段的大背景下谋划未来发展，主动构建以国内大循环为主体、国内国际双循环相互促进的新发展格局。

中国当代的鲜明标志就是开放，改革开放 40 多年来，中国坚持开放国门谋发展，坚定不移推进高水平对外开放，具有为世界带来更多新机遇的信心和决心，更有推动建设开放型世界经济、推动构建人类命运共同体的责任担当。为此，中国将创新服务贸易发展机制，扩大优质产品进出口，推动贸易新发展，建设好“一带一路”。与此同时，随着世界经济贸易的不断发展，“一带一路”的快速建设，中国的对外贸易事业也在日渐繁荣。国家“十四五”规划纲要明确海关负责的工作任务达到历史以来最多的 41 项，其中有 2 项重点任务和 1 项重大工程明确由海关牵头推进。面对新的机遇和挑战，规模不断扩大的中国进出口贸易，日益复杂的国际通关业务都对海关工作人员对国际海关规则的掌握程度提出了越来越高的要求。

附录一整理了世界部分国家与地区制定的海关管理方面的法律法规，包括进出口管理制度、海关通关程序、关税类型、海关机构职能简介、海关基本业务、进出境限制物品等等。附录既为海关工作管理人员在对国外海关业务规则进行参考时提供了良好的指导手册，也能够为相关行业的从业者提供帮助，节省在实际操作过程中查阅资料的时间。由于篇幅的限制，我们仅选取每个洲具有代表性的国家和地区的海关管理制度。我们将主要国家分为亚洲、欧洲、美洲、大洋洲和非洲进行介绍，确保每个洲至少覆盖两个国家，保证材料的全面性。附录二介绍了一些国际组织的基本情况。

本附录主要是在查阅了有关国家的相关法律法规和行业监管规定以及其他相关资料的基础上编写的，确保内容具有权威性。

附录一　各国（地区）通关规则

一、亚洲国家（地区）通关规定

（一）日本海关通关规定

1. 海关介绍。日本海关总部为日本海关及关税局，隶属于财政部。海关法、海关关税法及临时关税法是日本海关关税政策与行政管理的基本法律条文。日本海关的基本职能包括征收有关税费、通关管理、贸易监管和保税管理。

2. 通关政策和流程。

（1）关税政策。

1）关税税率：固定税率、协定税率和优惠税率。优惠税率适用于日本自行指定的优惠商品、优惠国家和地区。

2）关税征收方式：从价税、从量税、混合税、特殊形式的关税、特种关税。

3）缴纳关税：日本对进口关税的申报规定了两套体制，一是自我估价纳税制度，纳税人应根据进口申报主动自行算出应缴关税并向海关纳税；二是审定纳税制度，由海关将纳税通知书发给纳税人，纳税人按海关通知交付税款。

4）关税减免制度：日本的关税减免制度可分为永久减免和临时减免。日本的关税减免制度还可分为无条件减免和有条件减免。日本关税减免主要有以下情况：与生活有关的物资实行减免税；对原子能、飞机、宇宙和海洋研究所需物品实行免税；对低硫燃料油和生产用原油实行减税；对进口用于防止公害的机器设备实行免税；对委托国外加工后返销的商品实行减税。为扩大同邻国的贸易，日本规定对出料加工 1 年内返销国内的电冰箱、彩电等 24 种商品减征关税。

（2）进口通关流程。

1）普通船与集装箱船通用的进口通关手续：①货物进入保税区；②进口申报；③进口检查；④进口许可。

2）集装箱船货物的通关：日本港口集装箱货场管理员在货轮入港前作为船

公司的代理人向动物检疫所或植物防疫所提交进口动物类货物一览表或植物类货物一览表。货轮入港后，须马上向海关提交货物清单、卸货申请、集装箱清单等。集装箱货物的进口通关地点可以是集装箱货场、码头保税堆货场甚至内陆仓库。

（3）进口配额。进口货物一般均卸存于海关指定的保税区或货棚。凡非自由化商品项目，要依照进口配额制度进口。一切进口配额证的签发都建立在全球配额的基础上。日本采取最高进口数额和最大国别数额的关税配额办法将享有关税配额的进口商品划分为132个产品组，然后将此产品组分成三大类。第一类为日控制，属于这一类商品的进口采用先到先放的办法给予减免关税优惠，但商品进口受到监督。第二类商品是在受惠国或地区的最大类别数额一旦用完后的第2天，向超额进口的商品征收最惠国关税，这类商品进口办法类似于第一类商品，但最大国别数额用完后，即自第二个月的第一天起征收最惠国关税，属于这类的商品有125组。第三类为预先配额，这类商品为纺织品，共计11组。

自2022年1月1日《区域全面经济伙伴关系协定》（RCEP）生效以来，日本对华出口的零关税产品将由8%提高至86%，日本立刻取消关税的产品包括：部分对华出口的发动机零部件（现行税率为3%）、农用拖拉机（现行税率为6%）、部分钢铁产品（现行税率为3%~6%）。中日两国在供应链上相互依赖的程度很深。RCEP将强化中日供应链合作，并实现更多的贸易创造与投资创造。

（二）印度海关通关规定

1. 海关介绍。印度消费税和海关中央委员会隶属于财政部税务总局。主要任务包括制定关税和中央消费税计征政策，征收关税和中央消费税，打击走私，管理海关、中央消费税和麻醉品事务等。印度与贸易有关的主要法律有《1962年海关法》《1975年海关关税法》《外贸政策（2015—2020）》等。

2. 通关流程和规定。

（1）通关流程。通关流程包括提交报关单；海关进口部签字后报关单交至海关审证部，同时附上发票、提单、进口许可证等有关单据；报关单交至许可证部进行有关记录与审核；持报关单去海关财政部缴纳进口税；海关查验官检查货物无误后，签发放行通知。

以上通关程序称为“第二查验程序”，适用于大部分货物的通关。对于仅凭有关报关单据无法分类或估价的货物，将采用另一种通关程序。海关的调查评估员将直接通知码头对货物进行检验。验货后，报关单将返回至调查评估员以完成许可证记录及其有关手续。在缴纳关税后，由海关的财政部签发放行通知。由于印度海关的通关程序复杂，进口商基本上都委托海关注册认可的报关代理来完成报关手续。

（2）关税规定。根据 2018—2019 年度财政预算提案，大幅提升进口产品关税，还提及将对进口货物在基本关税基础上加收 10%的社会福利附加费。对某些产品的关税税率进行了上调，受影响的产品如下：手机税率从 15%升至 20%；部分手机配件税率从 10%升至 15%；电脑和电视组件的税率从 7.5%～10%升至 15%；部分汽车零部件，包括火花点火式发动机、压缩点火发动机、曲轴、电点火设备等的税率由 7.5%升至 15%；人造珠宝税率由 15%升至 20%；部分美容用品税率由 10%升至 20%。

印度关税大部分为从价税，关税主要包括基本关税、附加关税、特别附加税和出口关税等，具体如下：

基本关税：例如，非农产品通常为 10%的税率。

反补贴税：对进口商品征收的等同于中央消费税的税种，用以抵消中央消费税对本土产品的影响，保证征税公平，通常中央消费税税率为 10.30%。

特殊反补贴税：对进口商品征收税率 4%，以此替代增值税或销项税。

教育附加费：教育附加费税率为 2%，以及特殊教育附加费税率 1%。

总税率：总税率包括了所有税种，外加教育附加费，非农产品通常税率是 26.85%。

其他税收：非农业商品征收一系列税款。

社会保障税：若大量进口商品对国内工业造成严重损害，可征收保障税。

此外，对进口自中国的产品征收产品特别保障税。

（三）韩国海关通关规定

1. 海关介绍。韩国关税厅主要职责是对进口商品征收关税和国内税，通过减、免、退税支持地方工业；为确保公众健康和社会安定，预防、查缉毒品走私并限制和禁止某些商品的进出口，及时有效地运行通关作业流程，编制贸易统计并为财政经济部就以上各方面的问题提出政策性建议。1949 年 11 月 23 日起实施的《海关法》是韩国海关征收关税和办理通关手续的基本法规。

2. 通关流程和规定。

（1）进口通关。

1）进口申报：进口申报可在运输工具入境前提交，也可在进入保税区之后提交，但必须在船舶抵达海港前 5 天内申报或在飞机抵达空港前 1 天内申报。报关单应载明货物品名描述、数量、价格等信息。申报时应随附以下单证：进口许可证、发票、价格声明、提单、证明符合《海关法》第 226 条要求的文件、装箱清单、原产地证，免关税、出口退税、优惠关税申请书等。

2）查验：韩国海关的 C/S 系统可对货物进行风险分析，对高风险货物，系统自动提示要求查验。海关将在查验后决定是否接受申报。

3）接受申报：如确定货物可以进口通关，在接受申报前，货物应缴纳关税、国内税或提供税费担保。如系提供担保，应在海关接受申报后 15 天之内缴纳关税。已被海关接受申报的货物可自保税区放行，进入境内自由流通。

4）事后稽核：大多是以审价为目的进行的稽查。如因为纳税义务人原因导致关税未足额征收，海关将补征少征税款并按少征税款的 20%收取额外费用。

（2）出口通关。韩国 95%的出口货物系无纸通关。同时，通过风险分析进行单证审核和货物查验。

1）报关时间：韩国海关允许出口商在货物发运前的任何时间进行出口报关。

2）报关方式：出口货物必须以 EDI 方式向海关申报。

3）查验：一般来说，出口货物不需要查验。只有“选择查验系统”甄别出的高风险货物和经过单证审核后需要查验的货物，才进行查验。

4）通关：出口货物需在海关接受出口报关后的 30 天内装船/装机启运。如因不可预见原因，货物未能启运，或启运推迟，经出口商申请，海关允许推迟启运，推迟期最长可达 1 年，从出口报关单被海关接受之时开始计算。

5）简化出口通关手续：适用简化出口通关手续的货物，其出口报关只需递交舱单、发票和简化通关清单，或以电子方式传输至海关计算机系统。

3. 中韩自贸协定。2015 年 6 月 1 日，中韩两国政府正式签署《中华人民共和国政府和大韩民国政府自由贸易协定》，详细的贸易通关规定见上述协定内容。中国已连续 18 年位居韩国第一大贸易伙伴国，2021 年韩对华出口占其总出口的 1/4 以上。

韩国政府于 2022 年 8 月 31 日发布《增强出口竞争力战略》，韩国政府将提供史上最高的 351 万亿韩元融资支持，管控贸易三大利空因素，同时支持韩国出口主力产业的技术研发。

（四）新加坡海关通关规定

1. 海关介绍。新加坡海关职责包括征收关税、进出口环节税和其他税费；

防止偷逃税，避免税收流失；为商界和海关事务提供一站式解决方案；通过简化海关手续和暂不缴税方案，促进贸易便利，实施自贸协定中与贸易相关的规定；监管战略货物和战略货物技术贸易。

2. 通关规定。

（1）关税政策。新加坡是亚洲主要海运航线交点上的自由港，实行开放的进口政策，大约95%的货物可以自由进入新加坡。对酒类、烟草（含卷烟）、糖制品和冰箱实行特别关税率政策。关税率一般较低，货物的从价税关税率为5%，只有汽车例外，其税率为45%。自1994年以来，新加坡采用了简化贸易分类法，用2 600项品目代替过去使用的5 700项品目。新加坡没有海关附加费用，但要征收3%的货物与服务的进口税，该税是按纳税价值征收的。海关当局采用布鲁塞尔定价原则，对进口货物进行估价。除汽车燃料外，进口货物的价格应为正常价。

（2）海关限制。新加坡入境检查站设有红色与绿色两种通道。新加坡关税局规定，来新者若携带超出规定消费税或关税免税优惠数额及其他须缴税的物品、管制性或限制性物品、禁运物品，须使用红色通道；若未携带上述三种物品，则使用绿色通道。错误使用通道或违法入境者可被判罚款最高10 000新元或监禁。贩毒者在新加坡法律下可能被判处死刑。禁运物品（但不仅限于以下物品）包括：口嚼烟草与仿制烟草产品，口香糖，类似手枪或左轮手枪式样的打火机，受管制药物与精神药物，濒临绝种野生动物及其衍生品，爆竹，淫秽刊物、录像带、光碟与软件，盗版刊物和音像产品，煽动性及谋反性资料。

（3）检验检疫。只有获得新加坡农业食品和卫生局（AVA）执照的进口商才可以在新加坡从事商业用途的动物进口。每次进口动物须向AVA申请许可，并提前获得海关清关许可。进口植物及植物产品需出示原产国有关机构签发的植物检疫证书并获得AVA的进口许可。所有进口植物及植物产品必须符合AVA规定的健康标准，除另有规定外，植物及植物产品进口后必须接受AVA检查。受《濒危野生动植物种国际贸易公约》（CITES）保护的濒临绝种植物，必须备有CITES的许可证方可进口。

3.《中国—新加坡自贸区协定》。新方自2009年1月1日起取消全部自华进口产品关税；中方自2010年1月1日起对97.1%的自新进口产品实现零关税。双方还在医疗、教育、会计等服务贸易领域做出了高于世贸组织的承诺。《中国—新加坡自由贸易协定》于2009年1月1日开始生效。

新加坡正开展贸易2030策略，在2020年至2030年把出口总额从8 050亿新元增加到至少1万亿新元，并扩大贸易活动。包括吸引领先的全球贸易商到新加坡；提供平台协助新加坡企业打入海外市场，同时培养核心的新加坡贸易商，帮助他们国际化和推动创新。

（五）阿联酋迪拜海关通关规定

1. 海关介绍。迪拜海关负责促进贸易便利化，打击走私，征收关税，管理贸易政策，保障公平贸易及其他国际公约、协定得到全面实施。迪拜海关执行海合会国家共同海关法，以及其他阿联酋国家、联邦法律，其他相关国际协议等。

2. 通关规定和流程。

（1）基本规定。

1）海关关税：迪拜海关征收关税执行的法律依据为《海合会共同海关法》第10条，海关对进口货物征收关税分为从价税和特别税，或是两者的综合。

2）海关估价：海关根据进口人或其代理人申报的价格审定货物的价格。海关认为必要时，可根据《海合会共同海关法》及迪拜海关2006年第7号法规。

3）禁止及限制进出口货物：特定货物禁止进口、出口或过境转运。特殊货物须在电子申报时提供由相关部门出具的许可证。

4）减免税：根据《海合会共同海关法》第98至106条，生产用的原材料、大阿拉伯自贸区货物、退运货物、个人及家庭用品、外交物品、军事物品、慈善捐赠物品、旅客携带的少量物品可免交海关关税。

（2）进口通关流程。

1）由非海合会成员国进口至本地，通过在线系统递交申报单，或通过经授权的报关行申报。非商业企业可以通过指定的海关业务现场申报。单证包括空运或海运提单、商业发票、原产地证书、装箱单、送货单，以及必要的许可证。

2）由自由区内进口至本地，企业须缴纳关税，并须由已注册的进口人或经授权的报关行申报。单证包括送货单、发票、装箱单、限制进口货物所需的许可证。

3）由海关保税仓进口至本地，企业须缴纳关税，并须由海关保税仓注册企业或本地注册进口商申报。单证包括商业发票、装箱单。

4）由海合会成员国进口至本地（统计进口），货物在海合会内部各成员国之间流动，须在出口国提交统计出口申报，进口时提供原出口申报单，货物在最终目的国不需重复缴税。单证包括空运或海运送货单、空运或海运或陆路运输提单、商业发票、装箱单、有“Makhasa”签章的海合会国家统计出口申报单。

5）由非海合会成员国进口至海关保税仓。货物进口至海关保税仓（私人保税仓或公共保税仓）时，无需缴纳关税。提交的单证包括空运或海运提单、商业发票、原产地证书、装箱单、送货单。

6）由自由区进口至海关保税仓。货物由迪拜的自由区进口至海关保税仓时，须由海关保税仓注册企业作为进口人进行申报。单证包括送货单、商业发票、装箱单、限制进口货物所需的许可证。

7）暂时进境货物由本地进口至海关保税仓。由海关保税仓以暂时进境方式进口至本地的货物（如展览品维修、退运等），在规定时间内，可再进口至海关保税仓内。单证包括暂时进境单、商业发票、装箱单。

（3）出口通关流程。

1）由本地出口至非海合会成员国，单证包括出口发票、装箱单、限制出口货物所需的出口许可证。

2）由本地出口至自由区时，该自由区需为迪拜本地自由区，由出口人或其代理人申报，自由区内的货物接收人需通过“迪拜贸易”平台进行确认。单证包括出口发票、装箱单。

3）由本地出口至海合会成员国（统计出口），凭“Makhasa”签章，可避免在最终目的国被重复征税。单证包括出口发票、装箱单、原进口报关单。

4）由海关保税仓出口至非海合会成员国，需提交的单证包括出口发票、装箱单。

5）由海关保税仓出口至自由区，需提交的单证包括出口发票、装箱单。

（六）泰国海关通关规定

1. 海关介绍。泰国海关职责为征收海关税和关税；代其他政府部门征收进出口环节税（如增值税、特别消费税），对进出口货物实施监管，确保相关法律法规得以遵守，打击走私、偷逃税活动和其他违反海关法行为，通过税收措施促进制造业发展和货物出口，为国际贸易提供便利，根据经济形势向财政部提出关税政策建议，编制、发布进出口贸易统计数据和其他与海关相关的信息。

2. 通关流程和规定。

（1）进口通关流程。

1）提交进口报关单：递交纸质报关单，或通过 EDI 提交。

2）准备随附单证和文件：海运或空运提单、发票副本 3 份、装箱清单、投保发票、放行表、外汇交易申报书（进口金额超过 50 万泰铢时需要提供）、进口许可证（需要时提供）、原产地证（需要时提供）；其他单证，如目录、产品规格等。

3）审单：报关单和随附单证提交给入境口岸海关后，如系纸质报关单，或 EDI 系统出现红色提示，泰海关将审核报关单填制是否符合规范，随附单证是否齐全，适用何种税率，并进行估价。

4）缴纳税款方式：现场缴纳税款，通过泰国国家银行“BAHTNET 系统”电子转账，通过泰京银行“柜员支付系统”以电子方式缴纳，通过 EDI 进行电子转账。

（2）出口通关流程。

1）提交出口报关单：递交纸质报关单，或通过 EDI 提交。

2）准备随附单证和文件：发票、装箱清单、外汇交易申报书（离岸价格超过 50 万泰铢时需要提供）、出口许可证（需要时提供）、原产地证（需要时提供）及其他单证，如目录、产品、规格等。

3）审单：报关单和所有随附单证提交给出境口岸海关后，如系纸质报关单，或 EDI 系统出现红色提示，泰国海关将审核报关单填制是否符合规范，随附单证是否齐全。

4）缴纳税款：涉税货物需要缴纳税款。

5）查验、放行。

3.《区域全面经济伙伴关系协定》。《区域全面经济伙伴关系协定》（RCEP）是 2012 年由东盟发起，历时 8 年，由包括东盟等共 15 方成员制定的协定。在第 19 届中国-东盟博览会（“东博会”）上泰国副总理表示，泰国支持东盟-中国自由贸易区 3.0 版建设，愿与中国携手，努力推动实现 2030 年可持续发展目标，助力实现《东盟共同体愿景 2025》。

（七）菲律宾海关通关规定

1. 海关介绍。菲律宾管理进出口贸易的相关法律包括《菲律宾海关现代化和关税法》《出口发展法》《反倾销法》《反补贴法》《保障措施法》等。海关总署和关税委员会负责关税政策的制定。

2. 通关流程和规定。

（1）申报人。进口商和其他提单持有人，经持票人授权的、持证的报关行，获得正式授权的对方代理人。

（2）申报时限。自卸货完成日起 30 天之内必须向海关申报，报关期限不可延长。不向海关申报的视为放弃货物，货物将“根据事实如此”被没收。

（3）进口报关类型。

1）非正式进口的应税价值不超过 2 000 比索的用于出售、交换或出租的具有商品性质的物品，通过旅客行李、邮件，或以自用为目的进境的，且未达商用数量的个人或家庭用品或物品。

2）正式进口的应税价值超过 2 000 比索的用于出售、交换或出租的具有商品性质的物品；某些物品，根据菲律宾关税委员会的建议，为保护地方工业或财政收入，不论其价值、进口目的或进口性质，都须以正式进口方式入境的。

（4）禁止进口/限制进口的物品。禁止进口的物品指的是一般情况下不允许进境的物品，法律规定的在极严格条件下取得许可后允许进境的情况除外。以下是部分禁止进口物品：①枪支弹药；②任何用于鼓动叛国、造反、暴动、颠覆政府的，威胁人类生命或损害人身体的作品或印刷品；③淫秽的、不道德的作品、印刷品、底片、电影、相片、雕刻品、平版画、绘画或其他此类物品；④用以进行非法堕胎的物品、工具、药物及宣传品等。

（八）马来西亚海关通关规定

1. 海关介绍。马来西亚海关局是负责实施马来西亚国家间接税政策、边境执法和毒品犯罪的政府机构。相关法律有 7 部主要法律和 39 部辅助法律。

2. 通关流程和规定。

（1）进出口地点。货物必须通过 1977 年《海关条例》中列明的口岸进出口。

（2）舱单申报。

1）进出口舱单包含货物许多信息，如标识、号码、件数、运输方式、承运人名称、收货人姓名等。

2）进口舱单应由承运人在运输工具抵达口岸后在海关指定的期限内提交给海关。进口货物的货主、货主代理人、运输工具所有人或负责人应对进口的货物负责，直至海关办结所有通关手续，货物放行，不再受海关监管。

3）出口货物亦须在正式报关前先进行舱单申报。运输工具所有人或其代理人应对出口的货物负责。

（3）报关单申报。

1）所有进出口货物，应税与否，均须以书面形式填制相应报关单申报。

2）报关单须对货物进行全面、如实描述，如实、详细列明货物件数/箱数、价格、重量、数量、商品编码、货物类型、原产地（进口货物）、目的地（出口货物）等信息，提交进口地或出口地海关。

3）马来西亚海关可要求报关人交验某些单证，以确定应纳税款数额。根据 1967 年《海关法》第 100 条的规定，海关经办关员有权要求提供任何其视为必要的单证。随附单证一般包括提单或托运单、货物的商业发票、银行单证（如信用证等）、货物原产地证书、装箱清单、进口许可证/出口许可证、相关外汇管制单证（仅适用于出口货物）。

4）进出口过程中，海关可能要求货主在报关单上进行背书、签注（如减免税、退税、临时进出口时）。进出口货物缴纳税款（包括关税、销售税和特别消费税）后才可放行。

3.《区域全面经济伙伴关系协定》（RCEP）。2022 年 3 月 18 日，RCEP 对马来西亚生效，根据协定，中国和马来西亚均在中国—东盟自贸区的基础上新增了市场开放承诺。截至 2021 年，中国已经连续 13 年成为马来西亚最大的对外贸易伙伴，马来西亚也是最早响应和参与“一带一路”倡议的沿线国家，双方合作成果丰硕。

（九）越南海关通关规定

1. 海关介绍。越南和中国的海关制度相近，中国商家从事对越贸易具有便利性。但从具体细节看，越南政府在吸引外资、鼓励出口型加工贸易方面也有其独特之处，最大的特点是政策优惠幅度比中国更大。

2. 通关流程和规定。

（1）进出口限制。越南目前禁止进口一些产品，包括武器、弹药、炸药、军事技术设备、各种烟花、天灯、各种干扰车速表的装置、二手消费品、禁止的各种出版物，根据《邮政法》禁止交易、交换、展示和传播的邮票，不符合《无线电频率法》等无线电频率总体规划和相关技术规定的无线电设备和无线电波设备等。

（2）税收。

1）越南海关进口关税税率：包括优惠关税税率、特别优惠关税税率和普通关税税率，其中特别优惠关税税率适用于从与越南签订自由贸易协定的国家进口的商品。目前，东盟国家享受共同优惠关税，其中普通关税税率适用于不符合越南最惠国进口关税待遇的产品。越南还对进口商品征收其他三种税：增值税、特别消费税和环境保护税。

2）免征进口税：为转口而进口的产品，用于生产出口货物的材料和设备，国内无法生产的原材料和零部件，属于公司固定资产一部分并有资格获得奖励的设备和机器。

3）越南清关需要的海关文件：进出口货物的公司必须向海关提交的文件包括公司的商业登记证和进出口商业代码登记证等。从事进口的企业，应当在国家工商登记网站和越南国家单一窗口网站进行注册。

根据有关规定，越南海关可能会要求提供以下附加文件：

第一，进口货物所需的文件包括：提货单、进口货物报关单、进口许可证（限制货物）、原产地证书、放货单、商业发票、海关进口报关单、检查报告、打包清单、交货单（通过海港进口的货物）、技术标准/卫生证书、码头处理收据。

第二，出口货物所需的文件包括：电子出口报关单、提货单、合同、原产地证书、商业发票、海关出口报关单、出口许可证、打包清单、技术标准/卫生证书。

（十）朝鲜海关通关规定

1. 通关流程和规定。

（1）通关手续。海关手续由输入、输出货物和运输工具的机关、企业、团体和公民办理。有关机关、企业、团体和公民应当向海关递交海关手续所需的文件。进出境公民到达国境口岸、贸易港、国际机场后，应当就携带的行李、现金、有价证券、邮寄物品向海关如实申报。经国境站、贸易港转运国外的货物由负责转运货物的机关办理海关手续。转运国家禁止运进的物资，必须经政府批准。经过贸易港的外国船舶载运的货物须由船长办理海关手续。船长应当向海关递交船货清单。经过朝鲜国境的货物和运输工具只能通过设立海关的地点进境或出境。

（2）关税规定。免征关税的物资有外国或者国际组织送到有关机构的礼品；不超过规定标准的旅客携带物品；外国投资企业为生产和经营而运进的物资或者生产并出口的物资；以加工贸易、转口贸易、再出口为目的运进的物资；依照与外国签订的条约免征关税的物资；国家另行规定的物资。

（3）制裁和申诉。对自填发税款缴纳证之日起超过 3 个月未缴关税的，海关可以将价值相当于关税的物资作为关税处理；无可作为关税处理的物资时，可以从与有关机关、企业、团体和公民进行交易的银行账户里扣除税款；违反海关法规的进出境货物、国际邮件、公民的携带物品和运输工具，可以扣留或者没收，情节严重的追究行政或者刑事责任。有关海关手续和检查、征收税款的争议，通过协商解决。协商不成的，可以向上级海关申诉。

2. 中朝贸易关系。目前，中国是朝鲜最主要的经贸合作伙伴，朝鲜市场上近 80%的商品来自中国。此外，中朝贸易活跃的另一指标是中国对朝直接投资的大幅增长。中朝贸易主要集中在朝鲜与中国东北三省尤其是辽宁和吉林省之间。这两个省与朝鲜的贸易额一直占中朝贸易总额的 70%以上。中朝经贸关系的发展，基本与中国提出“振兴东北”以及“长吉图”等区域发展战略同步。

（十一）蒙古国海关通关规定

1. 通关流程和规定。

（1）承运者的3份发票，发票中须写明货物名称、规格、买卖双方的姓名、地址、启运时间、货物数量、毛重、净重、运输包裹或箱柜件数、价值等内容。

（2）一般不需要商品产地证明书，但如买方或信用证上提出要求，则需有商业管理部门正式印发的证明书两份，并要附加公证证明。

（3）关税规定。关税税率分为普通税率、最惠国税率和优惠税率3种。免税商品包括：民用航空飞机及其零部件；气体燃料及其容器，设备、定制机械、工具和备件；出售黄金；零税率以外的出口矿产品；生产或种植的谷物；加工肉；加工乳和乳制品；在蒙古国生产和销售的用于中小型企业生产线的设备和零部件；国内外市场创新项目内新产品，新产品生产所需的原材料、试剂等。

（4）禁止进出口的商品。根据蒙古国《通过禁止出入境和非关税限制商品列表》，国家禁止麻醉品及使用、生产麻醉品的工具、麻醉植物出入境（医用麻醉品、植物的进口根据主管卫生的中央行政机关的批复放行），禁止各类酒精入境。

2.《中蒙关于国际贸易“单一窗口”合作的框架协议》。该协议明确了合作目标、合作原则、合作领域、合作方式等，双方合作基于相关国际建议书和标准，保持技术中立和促进兼容，确保两国通过“单一窗口”进行数据传输及时、准确和安全。通过合作，构建起符合两国政府机构及商界贸易需求的“单一窗口”合作模式，实现两国“单一窗口”快速、无缝、安全的互联互通，提升两国跨境贸易便利化水平。

（十二）香港特别行政区通关规定

1. 海关介绍。香港海关除负责日常通关工作外，还负责对纺织品和战略物品等的管制以及打击走私、盗版。香港特别行政区奉行自由贸易政策，无任何贸易壁垒，除烟、酒、甲醇酒精、汽车用汽油和柴油等极少数商品外，进出香港的商品均无须缴纳关税。政府对企业经营进出口贸易没有限制，任何企业只要依法注册登记，即可从事进出口贸易。进出口报关手续十分简便，企业可在商品进出口后14天内报关。

2. 通关流程和规定。《香港海关法》规定，货物或者运输车辆进出境时，收发货人或者其代理人必须向进出境口岸海关报关，出示查验所需的资料和文件，并接受查验。

（1）香港一般贸易进口流程。

1）确定进口货物件数、重量、品牌型号、成分、价值等信息。

2）联系境内贸易公司准备清关文件，产品名称类别和 HS 编码，填写报关委托书。

3）香港一般贸易进口货物涉及商检和批文的，需要预约。

4）香港物流公司电子申报车辆和货物资料，等待海关受理报关单。

5）电子报关通过后，按海关出的税单去指定窗口交税。

6）香港物流公司按指定的车辆装货去深圳海关口岸查验。

7）查验无误后海关放行，保留报关资料以备海关查验 5 年。

（2）受管制的进出口物品。

1）战略物品包括高速数位电脑、由化合物半导体制成的记忆体、单模光纤、使用先进技术的通信系统、密码装置、高度精确机械工具、枪械弹药、炸药、军事物品、制造化学武器的原料及若干类生物制剂等。

2）储备商品：大米、冷藏或冷冻牛肉、羊肉、猪肉和家禽。

3）纺织品包括天然、人造纤维和混纺的纱线、布料、成衣和其他制成品。

4）除害剂包括任何用作防止、消灭、驱散任何昆虫、啮齿动物、雀鸟、线虫、细菌、真菌、野草的杀虫剂、杀真菌剂、除锈剂、杀疥虫剂等；用作制造植物生长调节剂、脱叶剂或干燥剂的任何物质。

5）其他受管制物品有药剂产品及药物、耗蚀臭氧层物质等。放射性物质及辐照仪器类的产品须领取进口证。

（十三）澳门特别行政区通关规定

1. 通关流程和规定。除海关总署另有规定外，《内地与澳门 CEPA 服务贸易协议》（以下简称《协议》）项下的货物申报进口时，进口货物收货人或者其代理人应当按照海关的申报规定填制中华人民共和国海关进口货物报关单，主动申明适用《协议》协定税率，并且应当提交的单证包括有效原产地证书、货物的商业发票和货物的运输单证。海关可以接受以电子形式签发的原产地证书，不再要求进口货物收货人或者其代理人在进口申报时提交原产地证书正本。海关认为有必要时，进口人应当补充提交原产地证书打印本。原产地证书经海关联网核对无误的，海关准予按照《协议》协定税率办理货物进口手续。

有效原产地证书应当符合以下规定：

（1）应出口商或者生产商申请，由内地或者澳门的授权发证机构以电子或者纸质形式签发原产地证书；

（2）原产地证书应当在货物装运前或者装运时签发，并自出口方签发之日起12个月内有效；

（3）具有唯一的证书编号；

（4）原产地证书用中文填写，所列的一项或者多项货物为同一批次的进口货物；

（5）注明出口人及收货人信息、离港日期、到货口岸、运输方式、货物的《协调制度》编码（至少6位）、货物描述、数量及计量单位、价格、原产地证书签发机构信息等；

（6）纸质原产地证书含有签名或者印章等安全特征，且应当与内地和澳门相互通知的内容相符。

2. 自由贸易政策。为促进内地与澳门经济共同繁荣与发展，2003年10月17日，中国中央政府与澳门特区政府签署《内地与澳门关于建立更紧密经贸关系的安排》（CEPA）。2004年以来，在此框架下签署了多项补充协议。2015年11月28日，在澳门签署了《内地与澳门CEPA服务贸易协议》，并于2016年6月1日起正式实施。2019年，澳门与内地签署了《关于修订〈CEPA服务贸易协议〉的协议》，修订协议进一步深化了内地与澳门服务贸易自由化，加强了双方经贸交流与合作。

（十四）台湾地区通关规定

1. 通关流程和规定。

（1）报关期限。进口货物应自装载货物的运输工具进口日的翌日起15日内向海关申报；不依规定期限报关者，自报关期限届满之翌日起，按日加征滞报金新台币200元。上述滞报金征满20日仍不报关者，由海关将其货物变卖。船公司已向海关申报进口舱单者，纳税义务人必须备齐报关应备的各项单证，向海关预行报关。报关期限的认定：未实施通关自动化的单位及“未联机者”以报关单递交海关完成收单手续之日期为准；“联机者”以信息传输送达通关网络之日期为准。出口及转运货物，认定方式相同。

（2）需要文件。

1）进口报单包括发票或商业发票。该发票应详细载明收货人名称、地址、货物名称、牌名、数量、质量、规格、型式、号码、单价、运费、保险费、其他各项应加计费用及输出口岸减免之税款等。装箱单、散装、大宗或单一包装货物免附。提货单或空运提单复印件中的未联机申报者，应提供小提单或空运提单 1 份配合进口报单申报，联机申报者免附。

2）进口报关的两种方式包括联机方式报关和非联机方式报关。

（3）符合《海峡两岸经济合作框架协议》（ECFA）规定的通关流程。

1）在进口报单“输出入货品分类号列附码”栏申报“PT”字样，经申报 PT 者，视为进口人已依临时原产地规则之行政程序规定，主动声明该货物具备原产地资格并适用优惠关税税率。

2）检查大陆授权的签证机构签发的有效原产地证明书正本，并于进口报单“主管机关指定代号”栏填报该证明书号码。填报时，该证明书号码第 1 位码免填报，即自第 2 位码起填报，共 15 位号码。

3）检查其他经进口地海关要求的与临时原产地规则有关的其他产地证明文件。

4）每一份原产地证明书包括的货物应属同一批次交运，其项数不得超过 20 项，且 1 份原产地证明书仅适用一份优惠关税。

（4）优惠关税。申请适用优惠关税待遇的原产货物，须符合下列直接运输规定。

1）应在大陆与台湾之间直接运输。

2）货物运经大陆与台湾以外的第三方，不论是否在该第三方转换运输工具或临时储存，若同时符合下列条件，仍视为直接运输：基于地理原因或运输需要；货物在该第三方未发生贸易、商业或消费的情况；除装卸、重新包装或使货物保持良好状态所需的处理外，货物在该第三方未经任何其他处理。

2.《海峡两岸经济合作框架协议》（ECFA）。2010 年 6 月 29 日，大陆与台湾签订《海峡两岸经济合作框架协议》。台湾对大陆开放 267 项产品降税优惠，而大陆对台则开放 539 项产品降税优惠。两岸首批共有超过 800 项产品在协议生效两年内分阶段撤销关税，有关关税优惠于 2011 年 1 月 1 日起实行。

二、欧洲国家通关规定

（一）德国海关通关规定

1. 通关流程和规定。

（1）进口货物报关手续。在德国口岸进口结关的货物，应由货物承运人、货主或收货人向海关填送报单及海关特种申报单。海运货物的报单应于货物向海关呈验后 45 天内填报，其他运输方式则限于 15 天内填报。货物可以按供国内消费或受海关监管的特别制度结关，否则应运出国外或予以销毁。邮运物品，无需由海关立即办理结关手续者，可以送呈一份特别呈验货物清单。

货物如在限期内既未结关也未出口，应由海关接管直至向海关申报，在此期间一切费用和风险均由利害各方承担。德国海关要求报单使用联合国经济委员会的报单格式，申报人可以用打字机一次打出海关报单、装船通知、提单、原产地证明、保险单等。纳税人缴纳关税后，对进口商来说已履行了纳税义务，可提取货物结关。

（2）保税转运货物的报关手续。进口货物可以申请按国内转运货物结关，这种转运制度准许货物免纳关税和捐税，从进口地运往设于德国其他地方的海关办事处。进口商应负责在指定日期内，将货物原封不动地送交海关办事处。但是如应税货物能立即结关供国内消费，而且按转运制结关对进口商并无经济上的好处，或者如该项货物以后将按共同体转运制运经另一成员国境内，海关将拒绝该项货物凭陆运暂准进口货物的报关手续运往德国。海关将在进口地点即进入共同体或按结关的地点和到达地两处对货物进行检查。如需缴纳保证金则转运证已为货物在共同体内进行的全部运转提供一次运输所需的全面担保。

（3）货物存入海关保税仓库的报关手续。海关仓库允许进口货物免纳关税和捐税，存入特许设立的仓库，存入仓库的货物允许进行通常的整理，在个别情况下，如经济上所需要，可以准许进行再加工，存库期一般不得超过 5 年。海关延期纳税仓库用于储存最终将进入德国国境的货物。这些货虽已结关，但关税及捐税尚未完纳，进口商可以随意提取库存货物，不受海关干预。因为每月提货物的税款均得凭账册延期至下月 1 日，甚至能延至 15 日完纳。存储期间如海关税率发生改变，进口商可以申请按存货物结关内销时生效的新税率完税。某些农产品税率经常作季节性的改变，其应纳税只能按出口适用的税率计征。

（4）德国海关征收的间接税。第一种是进口平衡税，进口货物所征的这种税，税率与德国同样货物应纳的增值税相等；第二种是消费税，应征消费税的品目为糖、啤酒、香精、咖啡、火柴、灯泡、用于广告的萤光灯、扑克牌、烟、石油及其制品、醋酸、香槟酒。

2. 自由贸易区。德国在不来梅、汉堡、不来梅哈芬、埃姆敦及基尔等港均有自由贸易区。在起运时如最终去向不明，或无法立即运出的成批货物可长期寄存于自由贸易区内，这种货物可自由地在区内存储、转运或复出口。

（二）英国海关通关规定

1. 英国边境管理局介绍。英国边境管理局成立于2009年4月，由边境和移民署、签证、海关税务等机构合并而成，主要任务是保护英国的边境和国家利益，防范和打击边境骗税、走私、移民犯罪活动。

2. 通关流程和规定。

（1）进口流程。进口商或其代理人应在船长报告送交海关的14天内，向海关报关。报关时应用海关规定的报单格式，详细填报进口货物的收发货人、起运港、标记、件数、货名、税率、价格和应纳关税等，随同其他应交的单证，送海关审核，办理纳税和放物手续。报单正本应由码头值班关员核对。进口报单格式有以下三种：①免税报单；②从量税报单；③从价税报单（须附发票）。英国海关规定，进口货物必须在船只抵港后21天内卸清，否则海关将船只扣留直至所载货物全部纳税和放行后方能发给结关证作为装运出口货的凭证。现行办法是，进口货物准许卸入经海关特许设立的卸货关道，由码头负责保管。货物逾期未向海关报关将由海关扣留，移交官方仓库，所有费用和损失由货主承担。按照共同体理事会的要求，关税必须在提货前缴纳，可以由银行给进口商以30天的提货信贷，向海关担保在限期内结清关税，使进口商能提前取货，这种办法称为关税后纳制。

（2）便利海运的措施。企业通过国际贸易“单一窗口”无纸化方式申报时，进口环节无需提交合同、装箱清单、载货清单；出口环节无需提交合同、发票、装箱清单、载货清单。海关审核如有需要，再以电子化方式提交或转有纸现场提交。

（3）税收。英国海关对外税则是采用《布鲁塞尔税则分类目录》制定的，共有21部99类和1 097个税则号列，用小数点后两位数字表明项和目。税率有自主税率和协定税率，适用优惠关税和差价税。税则中的征税标准既有从价税也有从量税，以从价税为主。工业品中绝大多数征从价税，农产品均征从量税，税率以欧洲计算单位表明。

3. 自由港。脱欧后英国政府于2020年公布了《自由港咨文：促进英国各地的贸易、就业和投资》，宣布将在全国各地设置多达10个自由港并拟于2021年起投入运营。自由港旨在成为英国进行全球贸易投资的商业枢纽，吸引新企业并鼓励投资、创造就业并促进创新，促进英国成为倡导贸易的开放外向型国家。

（三）法国海关通关规定

1. 海关介绍。法国海关是一个税务机关，成立于 1791 年；1959 年法国海关被赋予军事职能，负责监督国土安全。海关及间接税总局现隶属于法国经济、财政及工业部。自 1993 年 1 月 1 日欧洲大市场形成后，法国海关又被赋予了欧盟的使命，它保护着欧盟 15 个成员国的经济和公民，特别是与非法贸易做斗争。

2. 通关流程和规定。

（1）进口和出口管理。欧盟成员国之间的商品流通已不再被视为进口或出口，而称之为输入和输出。只有与欧盟之外的第三国进行贸易才被称为进口和出口。法国海关对进出口的管理主要表现在以下几个方面。

1）出口管理：对某些敏感性商品，规定限制或严格禁止其进出口，如某些化学制品、生物制品、军火等，需事先向政府主管部门申请出口许可证。法国对某些国家实施禁运，也就是限制其进出口贸易。这些措施主要是针对伊拉克、安哥拉、缅甸、利比里亚、利比亚及塞拉利昂等国家；艺术品的出口需出示特殊的证明；农业食品的出口按法国有关法律的规定需出示卫生检疫证明；对于可转化用于军事方面的高科技，包括产品和技术，海关对最终用户实施监管，防止这些军民两用技术被进口国用于军事目的。

2）进口管理：海关对进口的管理主要体现在征税、配额管理和原产地管理方面。

（2）通关规定。

1）报关单递交时间：法国海关不能预先报关。报关之日确定税率的规则是绝对的，但是海关总局局长有权根据贸易性质及其公司的业务特点，批准予以提前报关。在进口环节已做简要申报的货物运抵海关后，应立即正式申报。

2）正式报关单应包括的内容：申报人姓名及地址、运输方式。海运进口的应列明船名及船长姓名，还应注明载货清单号码；原产地及来源地内容万不可缺；实际收货人的姓名、职业及地址；货包的件数、品质及编号；货物名称、重量、长度、面积、体积或件数、毛重应同时以数字或字线两种形式申报；货值，用数字及全称字母证明。

3）正式进口报关单应附下列单证：发票，对经由同一处海关进口的同一票货物，可以交验一张总发票以取代各张单独的发票，总发票的份数应和报关单份数相等；对外贸易管理规定的许可证或各处其他单证。

（3）进口报关手续。

1）进口货物的报关：货物应在运到后 3 天内报关，逾期移存其他仓库，再过 2 月即予没收。未经海关结关的货物，退运给托运人，或复运出口均可免纳关税。货物如在存储期满未复运出口，应照纳关税或将其拍卖。

2）暂时进口货物的申报：法国不实行退税制，对用于加工制造出口的物品可以按暂准进口制度准许免税进入法国。通常进口商应缴纳一笔相当于关税的押金作为担保，上述办法一般限期为 6 个月，也可延长至 2 年。暂时进口报关单必须由进口商亲自填送。

3）转运货物的报关：法国是《陆运货物管理进口海关公约》的签字国，公约准许成批货物穿越成员国的国际边境，无须在边境地点将货物从陆运车辆或集装箱内卸下供海关检查。国际转运业务需由政府特许的企业，如铁路、内陆水运企业等承办。

（四）俄罗斯海关通关规定

1. 海关介绍。俄罗斯海关的主要职责包括完善海关管理，加快简化商品进出关境；建立一体化信息系统，跨境空间发展数字平台，完善征税职能；发展信息技术保障，遵守贸易限制管制，外汇管理法规，知识产权保护规定要求；完善风险管理系统。

2. 通关流程和规定。

（1）进口货物运抵俄关境。

1）货物和运输工具运抵俄边境口岸时，货代公司或承运人应在 15 日内向海关提交以下文件和信息：运输工具的注册国家；货物承运人的名称及地址；货物发送国和货物运抵国名称；发货人和收货人的名称和地址；承运人拥有的商业文件；货运标志和货物包装种类；货物名称及商品编码；货物净重或货物体积，外型巨大的货物除外；关于禁止或限制进入俄罗斯联邦关境的货物情况；出具国际货物运输提单。

2）如需办理转关，货代公司或承运人须向海关提出申请，并提交以下资料：发货人（收货人）名称和所在地；货物目的地国名；货物承运人名称和所在地，或发送人名称和所在地，如果发送人得到内部转关许可；在俄罗斯关境内转运货物的运输工具资料，若进行公路运输时，还需提供运输工具驾驶者的资料；货物种类、名称、数量、价格、重量或体积以及商品编码；总装载件数；货物目的地；转运货物计划及运输路线资料；货物转运的计划期限。

3）转关运输货物运抵海关后，应于 15 天内向海关申报。

（2）进口货物申报及清关。

1）代理报关。

第一，按照俄海关法规定，报关人只能是俄罗斯公民。外国企业或货主只能委托俄罗斯报关行或报关员办理进口申报手续。

第二，报关行或报关员在接受进口收发货人的委托办理报关手续时，应当对委托人提供的情况和文件的真实性、完整性进行审查，如果未履行审查义务或申报中违反法律规定的，应当承担相应的法律责任。

第三，报关员应如实准确地填写报关单所列的各项内容，向海关提交必需的文件和资料。

2）进口报关应提交的单证和文件：进口货物报关单；报关所需的商业文件；运输（转运）文件；批文、许可证、认证书和（或）限制性货物进口的许可文件；货物原产地证明文件；计算海关税费的资料；报关行证明文件和俄海关颁发的报关员证件。

3）缴纳进口关税。

第一，货主或报关代理应按海关计算的税款及时足额缴纳海关税费，包括进口关税、增值税及海关杂费，或按规定办理海关担保手续。

第二，当进口货物申报价格低于海关风险价格参数时，货主需根据海关要求提供相应的合同成交价格证明文件。如无法提供所需文件，俄海关将按照最低风险价格计征关税。

4）货物放行。

第一，根据俄海关法规定，对于报关文件齐全、足额缴纳关税、单货相符的进口货物，海关应在 3 个工作日内予以放行。

第二，如果货物属于保税仓、境内加工、免税贸易、临时进境、复出口等特殊监管的，海关可有条件放行货物。

（五）西班牙海关通关规定

1. 通关流程和规定。

（1）进口。

1）入境：须雇请一名海关代理或经纪人负责货物结关。装运单据须写清应报货物的确切税目。货物抵西班牙后，须凭提单领取。货物在结关前可在自由港或自由贸易区存放 60 天。过期后如不出口或存放在商业仓库，将被视为遗弃，可由海关出售。

2）过境。有以下情形的货物属于过境货物：经西班牙运往国外目的地的货物；在海关监督下运往仓库或运往西班牙内地海关申报的货物；如海运过境的货物已经船舶申报，则无需进一步向海关申报。

3）仓储。

第一，海关仓储：货物可在海关仓库存放 4 个月。存放期间可部分或整件提取，期满不提取者，按报废处理。

第二，商业性存放：经海关允许，商品可存放，重新包装，并小批量地作为样品运出。商业性存放的货物可自由出售，货物可存放 4 年，可再出口，可转至另一个商业性存放地点，可供当地消费，也可作沿海贸易，运至西班牙另一海关区。

第三，自由存放：指主要港区中划出的一块区域，由某个特许公司在海关监督下经营。

（2）海关清关。在西班牙清关时需提供下列文件：3 份符合规定的商业发票；贸易合同 1 份；货运单据；出口货物报关单；检查证书，货物清单，分析证书；化工产品、鞋类、纺织品、成衣以及曾经被判定为倾销的产品等，必须有西班牙政府签发的原产地证明；活畜、畜产品、饲料、种子、植物和植物制品，必须有卫生检疫证书，并经领事认证。

2. 自由港及其管理制度。

第一，西班牙设有 4 个自由港，分别为加那利群岛的拉斯帕尔马斯、特纳里夫圣克鲁斯、塞伊塔和北非海岸的梅利亚。自由贸易区设在巴塞罗斯、加的斯和维哥。

第二，自由港内的货物凭许可证进出，港内免征关税，但征营业税。外国货物由西班牙的其他地区运入自由港，须支付所有有关税费。货物可在海关仓库存放 60 天不结关，作“过境”处理。在港内允许的业务有储存、再包装、小包装、拼配以及在不改变货物基本性质的情况下，增加货物价值的所有其他业务。

第三，可以从事咖啡、可可脱壳、烘烤、榨油等特定的业务。

在自由贸易区内，非永久性禁止进口的外国货物可以免税进入，但如果货物运出自由贸易区在西班牙境内消费，则须缴税。区内允许进行的业务包括商品整理、包装、拼配、加工、展览、样品宣传、贴标签、销售、拍卖、将散装变成商业性包装等。非供制造用的商品储存最长不得超过 6 年，但经海关允许也可以延长。

（六）荷兰海关通关规定

1. 通关流程和规定。根据荷兰海关规定，在船只进港后，开始卸货以前，船长应马上向海关提交一份普通报告单。在某种情况下，海关也可允许先卸货后报关。进口物品报关时可以分为国内消费、在保险仓库或海关仓库储存、过境、转运其他地方交货和再出口等不同情况。进口物品可以在城市运输公司和运输报关代理人经营的海关仓库中临时存储。存储期间在海关监督下可以对物品进行分类、包装等，加工品再出口可以办理免关税手续，但是需要用现金、债券或海关认可的其他物资抵押，待物品再出口后再予以退还。荷兰对过境商品不征税，但要向过境商品的运输代理或船上负责人颁发过境签证，然后可以卸货并接受海关检查。

荷兰的港口区域有许多仓储和分销设施。根据荷兰海关法的规定，存放在保税仓库的进口货物在进入销售环节以前可以免交关税、交易税或增值税等费用。在荷兰，仓储分海关仓库仓储和海关保税仓库仓储。保税仓库分为三种：一是公共保税仓库；二是私营保税仓库，此类仓库由海关监管，货物不受检查（啤酒、烟草制品、含酒精饮料除外），仓储时间不限；三是假设的保税仓库，仓库经营者自己管理，并承担付税担保，一般存储较易鉴别的货物，存储时间不超过 5 年。

2. 关税规定。荷兰关税主要采用从价关税，也就是根据进口商品的价格征收一定百分比的关税。商品价格以进口时的正常价格为准，即商品买卖价格加上运费、保险费、佣金等费用后的到岸价格。荷兰关税税率基本在 0 ~ 17%之间。某些商品，如笔记本电脑、手机、数码相机和游戏机主机免征关税。特定商品可能须征收附加税，根据原制造国来计征，如中国制造的自行车须征收额外 48. 5%的反倾销税。荷兰标准增值税税率为 21%，某些特定商品如书籍和报刊享受 6%的优惠增值税税率。荷兰进口税费设起征点，进口货值（FOB）不超过 150 欧元或进口货运关税总额不超过 10 欧元，免征关税；进口货值（FOB）不超过 22 欧元，免征增值税。荷兰海关对某些特殊商品采用从量税方法征税，也就是依照进口商品的总重量、长度、容量、进口数目等征收不同的关税。荷兰海关还征收消费税，主要是客车、啤酒、酒精或含酒精饮料、葡萄酒、糖和糖制品、烟草制品、汽油、矿物油、成品油以及含有甲醇、丙醇的产品等。此外，进口商若违反荷兰海关法，将被处以罚款或监禁，对倾销性商品将征收反倾销税。

（七）瑞士海关通关规定

1. 通关流程和规定。

（1）进口单证。

1）进口许可证书。瑞士对某些商品如纺织品和大多数农产品的进口实行进口许可证书制，一般在订单得到最后确认前可取得此证。进口许可证一般是由进口人负责申请。

2）原产地证书。须提供原产地证书时，可以使用商业上印刷出售的表格，并由认可的商会公布，正副本各一份；另提供一份交商会存档。

3）商业发票。凡属征收从量税的货物，只须提供一份商业发票；属于征收从价税的货物，须提供 3 份商业发票，如空运货物，须随货附上 1 份商业发票正本和 2 份副本，并将一份副本另航寄给收货人。商业发票应标明下列内容：卖方名称及地址、买方名称及地址、开发票日期、购货合同日期以及货物件数、毛量、数量、货物名称、单价、折扣、GIF 价在内的一切费用、交货条件和支付条件。商业发票须由出票人授权的代理人签字确认。

4）提单。瑞士对提单的格式和份数无特殊规定。提单上通常应标明发货人姓名和地址、目的港、货物名称、运费和其他费用清单、整套提单数，承运人收货日期和签字，提单内容必须与发票和包装单上所列内容一致，提单日期必须早于进口许可证失效日期。

5）卫生证书。瑞士海关对以下商品要求检疫：食品、新鲜植物、种子、人造油、奶酪、糖果与糖蜜、浓缩酒精、土豆等。

（2）进口关税。

1）关税征收标准。瑞士对大多数进口商品征收从价税。完税价格为进口商品的成交价，也就是以成交价作为征收关税的主要依据。具体讲，是以运费、保险费在内或以离岸价格附上某些附加成本作为征税价格标准。

2）关税结构。瑞士的关税是根据世界海关组织批准的统一商品解释及分类系统制定的。这一税则属于单式税则，即一个税目只有一个税率，对来自任何国家的商品均一视同仁。

3）关税水平。目前，瑞士对进口的工业品关税是世界上税率最低的国家之一，平均进口关税税率不到 5%。大多数原料和某些制成品允许免税进口，半制成品的进口关税税率在 3%左右，一些农产品须缴纳进口税。

（3）海关程序。中国商人应在发货前与瑞士进口商或运输代理商量，以确定最佳途径并且要弄清在通关时需要哪些单证。在瑞士海关注册的进口商在“立即放关制充”下，可以在货物进关的一周以后的第二个星期四再向海关申报；而未在瑞士海关注册的进口商必须在提货前向海关呈交一份全套海关申报表。进口后不打算向海关申报作为国内消费的商品，在某些情况下可以临时存放在保税仓库或自由港并可再出口。如果进口商品有某些特定用途，如用于试验、展览或修复，那么商品可临时进口，并免交税。

2. 中国-瑞士自由贸易协定

《中国-瑞士自由贸易协定》于 2013 年签署。该协定是中国与欧洲大陆国家签署的第一个一揽子自贸协定，是一个高质量、内涵丰富、互利共赢的协定。

（八）波兰海关通关规定

1. 海关介绍。波兰海关管理体制逐步与欧盟接轨，波兰入盟后，波兰海关成为欧盟海关的一部分，实行欧盟统一海关政策和关税制度。

2. 通关流程和规定。

（1）通关流程。

1）波兰所有企业都有权从事进口业务，进口一般不需要许可证。某些商品需得到波兰对外经济贸易部的批准方能进口。

2）商业发票3份，需包括以下说明：卖方与买方的详细地址；进口商的订货号码与日期；商品名称并加上税则编号、规格、数量说明；单价及总额；价格条件及交货日期；交易没有经过中间商，应予以说明，反之，则应写明中间人或代理人的公司和地址；其他重要的交货条件，如出口许可证号码、毛重与净重、包装等；货单数量说明。

出口商一般应在发票结尾签署以下具有法律约束力的原产地说明：我们确认，本发票中所列商品，其原产地为×国。发票无需公证。

3）一般情况下需原产地证明书2份。

4）许多情况下，波兰进口商要求我出口商出具1份担保书，担保书中必须确认，所交付的货物是按照购买合同规定的细节生产的。

5）大部分商品出口波兰必须提供质量证书，出口食品需要有卫生检疫证书和分析证书，出口植物也需要出具卫生检疫证书。

6）无商业价值的样品可免税入关。

（2）进口税率。海关税率由0至45%。进口税按进口货品的到岸交货价征收。工业产品进口税率平均为7.73%，而农产品及食品则为19.53%。大多数进口货品均须缴纳22%的增值税。

从1998年1月1日起波兰实施新的《海关法》，波兰每年公布新的海关税则表，作为海关法的附属文件，在税则表中分别列出自主关税、协定关税、优惠关税和减让关税四种不同的税率。

（3）进口限制。波兰对汽油、柴油、燃油、葡萄酒以及其他含酒精饮料、烟草制品等进口采取数量限制措施。对枪支、弹药、放射性物质、某些化工产品、含酒精饮料和某些食品和农产品的进口必须申办经营许可证和特许执照。目前，波兰许可证制度与欧盟有所不同，波兰的许可证管理办法主要包括三项内容：自动登记，许可证（仅对部分进口商品有此要求），配额（规定特定商品进入波兰市场的数量或最高限额）。配额分配原则：配额按先到先得的原则进行分配，或按企业申请配额的总量的一定比例分配，也可按企业以往销售业绩的比例分配。配额商品进出口许可证的有效期一般为 120 天。

（九）比利时海关通关规定

1. 通关流程和规定。

（1）关税规定。比利时作为欧盟成员，对从欧盟以外国家进口的商品实行欧盟制定的共同对外关税税率。关税税率分为自主税率和协议税率两类，自主税率适用于从那些不享受协议税率的国家进口的商品，协议税率适用于从与欧盟签有享受最惠国待遇协议的国家进口的商品。自主税率相对高于协议税率。对进口的制成品征收 5%~17%的关税，对进口的大部分原料则低税和免税。对大多数进口商品征收从价税；对酒精、啤酒、食糖及含糖制品、石油天然气及其他液化气、烟草制品等征收共同的货物税；比利时对倾销产品的进口征收反倾销税。

（2）进出口规定。

1）进口许可：比利时同许多国家一样对进出口商品有非关税控制。对来自中国（包括香港）等国家和地区的某些产品实行进口许可证制度，但对大多数商品来说，取得进口许可是比较容易的。

2）商业发票：应为一式三份，内容包括装运日期及装运地点；卖方和买方的姓名及地址；运输方式；编号；对物品的确切描述，例如，根据物品种类、质量、数量、等级、重量（以公制表示的毛重和净重），要特别强调与物品增值或降值有关的因素；双方协定的价格，包括物品单价和总费用（FOB 价格加上运输、保险和其他费用等）；交货和支付条件以及运输企业负责人的签字。

3）原产地证书：一般情况下不需要产地证书，但是办理进口许可证或信用证时进口商需提供产地证书。有关证书的形式和内容并无特殊规定，但内容应当由进口商提出要求。产地证明应该由商会确认，并存留一份备案。

4）提单：提单通常应标明运输企业的名称、收货人的姓名及地址、目的港、对物品的描述、运费及其他费用、整套的提单号码、承运人收到货物的日期和签字。提单内容必须与发票及包装相符合，并标明提货联系人的姓名。空运货物应用空运提单。

5）报关与入境：进口物品必须在到达后 24 小时之内由承运人向海关做第一次申报。第一次申报后 14 小时以内由收货人或代理人做第二次申报。货物卸下后 5 天以内允许按常规向海关申报，但是在运输单据到达前不能结关。

2. 自由港及自由区。在比利时经济区内没有自由港或自由区。但海关在主要机场和港口都有一些设施可供进口商对商品进行存储、分装和其他加工，并可以对那些经过进一步加工后再出口的商品临时免税放行。基本可以提供与自由港类似的海关优惠条件。

（十）爱尔兰海关通关规定

1. 通关流程和规定。

（1）进出口管理。

1）单证要求：进出口爱尔兰的商品要备有商业发票、提单、原产地证明书、装箱单、特殊证件（如品质证明、检验证书等）、保险单等。

2）进口商检：按爱尔兰有关卫生及动植物检疫规定，进口动植物、蔬菜等需提供特别证书。由于商检规定比较复杂，出口商应事先与进口商取得联系，或直接向爱尔兰政府有关部门咨询所应提供的证书内容。

（2）货物入境规定。

1）货物在运抵爱尔兰后的 14 天内必须报关入境。供国内市场销售、转口、寄存保税仓库或供应香农自由贸易区的货物均可入境。

2）不能在上述规定期限入境的货物，海关有权出售；对非易腐物海关在存入仓库 3 个月后亦可出售。

3）进口商对入境货物须向海关提交单证。包括货物价值和商业发票正本或由供应者证明有效的发票副本。

4）如货物价值不超过 250 英镑，或不须纳税的货物一般可不填海关申报表。

（3）进口关税制度。爱尔兰是欧盟成员国，成员国之间实行自由贸易、免税和限额贸易。成员国还建立了共同对外关税，适用于从第三国的进口。大多数工业制成品的税率在 5%～17%之间，而某些食品税率较高。原材料的税率大多为免税或减低税。

爱尔兰进口关税用爱尔兰货币支付。国外货币的转换汇率以货物入境供国内消费时的外卖汇率计算。爱尔兰在许多项目上实施 21%的增值税。服装、皮衣及纺织品、纱线和用于服装制造业的原材料征收 10%的税。出口商必须注意爱尔兰海关封贴在装运商品的邮包上的表格中公布的关税数字。

2. 香农自由贸易区。爱尔兰只有一个自由贸易区，即香农国际航空港自由贸易区，在爱尔兰西南部。香农自由贸易区吸引外资所采取的优惠办法是：免征关税和各种捐税；政府提供建厂补助资金，这种补助资金可达外资企业初期资本额的 1/3；厂房仓库租金低廉，5 年以内租金可予优惠，但减让不超过 50%；向投资者出售或出租土地建造厂房和办公室；向投资者提供良好的生活条件，如住宅、学校、商店和服务中心等。

（十一）挪威海关通关规定

1. 通关流程和规定。

（1）进口货物清关。当从海外订购的货物到达时，该运输代理商将货物放入海关存储设施中。海关存储设施不属于挪威海关，而是挪威海关批准的设施，用于存储未结清的货物，直到清关。货运代理通常拥有此类设施。为了从海关储存设施取回货物以供使用，必须通过海关清关。货物通过海关的最常见方式是清关。

货运代理通过向挪威海关清关系统 TVINN 提交信息，以电子方式申报货物。即使使用货运代理，进口商也有责任确保进口和清关按照规定进行。进口商可以自己链接到 TVINN，而不用转发代理。进口商必须填写单一管理文件（也称为 SAD 表格）并与挪威海关进行实际会议；除了单一管理文件外，进口商还必须携带所有必要的文件，例如，发票、运输文件以及许可证等。

（2）申报与支付的税款。进口货物时，必须通知挪威海关。进口产品基本上需要缴纳三种类型的税款：关税、增值税和消费税。所有货物均按关税表中的商品代码分类。任何关税税率、税款、收费或限制始终与此商品代码相关。

（3）计算关税和税款。从国外进口货物基本上有三种税：关税、增值税和特别税。可免征增值税的商品包括飞机、损坏的货物、电动汽车、用于运输工具的货物、为国际组织的代表使团提供的货物、科技用货物、来自特殊区域的货物和重新进口的货物、文化性质的商品、货物样品、邮票、纸币和硬币、船舶、艺术品。

（4）支付关税和税款。对于货物的进口，由申报的收货人负责支付关税、税款和费用。在挪威海关放行货物和收货人开始使用之前，必须支付或报告关税、税款和费用。可以在所有提供清关服务的海关办事处支付关税、税款和费用。相关的付款方式是：借记卡、信用卡、现金、支票或银行汇票。

2. 自由贸易。只有食品和纺织品等有资格获得较低的关税或免税地位，这称为优惠待遇。要获得这一资格，必须满足以下要求：物品必须受自由贸易协定的约束，必须有原产地证明，必须提交优惠待遇索赔，必须支付增值税和消费税。

3. 退税和增值税。如因错误或缺陷而将货物退回国外的发件人，可申请退还进口时支付的税款。已注册增值税的企业不能申请增值税退税。如在增值税登记处注册，则必须通过增值税申报表计算并向挪威税务局报告进口增值税。

4. 进口限制的商品。在进口货物之前，必须检查它们是否受到限制或禁止。受限制的货物可能意味着必须在进口前申请许可证，或者特殊条件适用于货物的进口。出口国也可能有限制，例如，要求持有出口许可证。如不确定限制是否适用于出口国家/地区的商品，请咨询卖家或该国家/地区的当局。

（十二）奥地利海关通关规定

1. 通关流程和手续。

（1）进口单证。商业发票、原产地证书、提单。

（2）进口报关。从国外运到奥地利的货物必须向距过境地点最近的海关呈验。进口或过境货物的托运人应在托运单证或路单上填写托运人申报单。根据联邦法的规定，申报单内容包括报关方式、托运及收货负责人姓名和地址、包装件数和种类、货物的到达国等；按商业习惯和税则目录中所用的品名、计税标准及必需的资料，以及其他报关所需资料。书面报单必须签名并写明日期。用信息处理设备填写的报单，可以不用签字，由海关接收，但负责人应向海关声明，所报内容由他承担责任。报单上应有报单填写人的代码。报关负责人在报关时须呈交货物进口许可证、商业发票、成交文件、传票等结关所需的各种证件。

（3）关税缴纳。货物报关时应纳的关税及捐税，须按海关特定的结关办法缴纳，必须出具保证函。货物申报人向海关提供应缴税款的保证为现款押金，由有信誉的奥地利银行以保证书形式提供担保。奥地利大部分商品适用从价税，其中工业品可免税或减税进口，其条件是这些产品为奥地利本国不生产或制造，否则需征收17%~25%的关税。

2. 自由贸易区。奥地利是一个没有出海口的内陆国家，但它距亚德里亚海的里雅斯特港和里耶卡港均只有100余公里，有干线铁路相通；横贯东北全境的多瑙河把林茨和维也纳两个河港与黑海连接到一起。奥地利在林茨港、格拉茨、索尔巴德·霍尔和维也纳枣弗洛伊德设立了四个自由贸易区。其中，林茨和维也纳枣弗洛伊德具有船舶直接驶入港口的便利条件。国外货物可以在这些贸易区内转运、存放、加工、制造或包装而无须付任何税款。进口商可以选择在货物从国外运入自由贸易区内后纳税，也可以在货物从自由区运入关境时纳税。在自由区内用国内和国外零配件生产的商品运入关境时，国外配件需征收税款。运入自由区内供消费和外国消费品或在自由区内使用的资本入关境时必须缴付关税。

（十三）丹麦海关通关规定

1. 通关流程和规定。

（1）进口报关单证。

1）商业发票：商业发票不需要领事或商会认证，应注意的是运往法罗群岛及格陵兰岛的商品必须标明原产地。发票通常不规定要公证，货物中混装有产自欧盟和欧盟以外的第三国商品，应分别开具发票。

2）提单：按照丹麦行业惯例规定，来自非欧盟国家的出口商出口货物到丹麦需提交清洁的、已装船的并做成空白抬头、空白背书的海运提单。

3）商品流通证明：商品流通证明有 EUR1 和 EUR2、保险单、原产地证书、卫生证书、特殊单据。

（2）通关注意事项。

1）商检：货物抵达丹麦时，首先必须申报是否用于销售，或系过境、仓储、复出口等。

2）过境：外国货物在运往目的地途中或属于海上运货，在丹麦过境且暂时存放，时间不超过两个月的，可以免税入境。过境货物如遇特殊情况，如进口国发生战争或暴乱等，可以延长存放时间或在纳税后改为进口消费。

3）仓储：丹麦采用商品登记法替代过去的海关仓库制度。目前进口商只要向海关登记后即可提货。

4）标签：丹麦海关规定，进口货物的标签必须准确说明包装内有何种货物，并不得引起误解。

5）包装及上面的标记：由于丹麦法律反对不平等竞争，所以，贸易中敏感商品及其包装与商业票据不允许在生产国、生产方式、装配、效用、价格情况等方面给予错误的或使人误会的标记。禁止使用“红十字会”、丹麦皇家及类似的符号。

6）样品：根据规定，需纳税货物的样品，如只作为样品而没有商业价值，即没有用此进行商业活动的，可以免税。

（3）海关对未被领取货物的处理。根据丹麦海关监管法的规定，海关有权监管在规定期限内未申报或未缴纳税金的货物，并可要求其复出境；对于通关后 3 个月之内未缴税金的监管货物，海关可在事先通告后进行公开拍卖；无市场销售能力的或无利用价值的货物逾期可由海关监督销毁。如在拍卖后一年之内收货人未申请领回拍卖款，则该款项上缴国库，但在发还该款前应从拍卖所得中扣除关税、其他税费和保管费、变卖费等。

2. 自由港。外国商品可以在不缴纳关税的情况下运进自由贸易区，在区内储存或进行再出口。但是，如果从自由贸易区进入丹麦国内市场，就要照章纳税，此时的货物将以正常进口的形式处理。在自由贸易区内存储不超过1个月的再出口商品免收仓栈租用费。区内许可的业务活动包括储存、再包装、刷制唛头、取样、调配、展览、装配、加工、制造转运和转船。在区内禁止消费未报关的应纳税商品。危险品和高价商品的储存和搬运，应按特别规定办理。

（十四）芬兰海关通关规定

1. 通关流程和规定。

（1）进口单证。商业发票、原产地证书、提单、卫生证书。

（2）入境与仓储。

1）入境：货物在入境后15天内，不论是消费、仓储、临时入境，还是转运其他入境地，都必须结关。结关时进口商或代理人须提供商业发票和报关单，价值在1 000芬兰马克以上的货物，要同时提交一份价值申报单。报关单须与进口的货物相符，并说明货物的应纳税额和数量。同时，还须提供运输及保险单据。价值申报单和报关单，均须有报关人或指定代理人的签字。未在规定期限内结关和缴纳相应关税和税收的货物，将被海关拍卖。

2）仓储：芬兰有三种类型的海关保税仓库，即公用型仓库、私营型仓库和杂货型仓库。为清关、复出口或运往芬兰其他入境地等货物可从这些仓库中提走。货物在存入这些仓库前需经海关检查，其程序依所使用的仓库而有所不同。存入一般仓库和过境仓库的检查比较简单，只是在这些货物从仓库提走时才进行全面检查；存入私营仓库中的货物事先须经详细检查，如复出口或运往芬兰另一入境地时，海关要再次检查。货物可在公用和私营仓库中储存1年，特殊情况也可以延长储存时间。在杂货仓库中货物无存储期限。

（3）关税结构。芬兰大部分关税是根据货物的海关价值以百分比按价征收的，有时可根据货物的重量确定税率。芬兰关税税率较低，大多数原料和飞机可免税进口。大多数工业制成品的税率一般为5%~7%，但有些商品的税率高达30%~50%，如某些头饰、玻璃器皿、服装等。机械进口关税税率从0到15%。有些农产品进口须交特别进口费用或征税，税率随该产品的世界市场价格的变化而变化。进口芬兰国内不制造机械时，进口商必须提供芬兰国内没有制造的证明。进口印有商标的产品应税值为商品的通常价格加上广告费用、销售服务费等。芬兰对所有的进口商品征收均衡税，税率从1.5%到7.8%，按进口产品的CIF价计征。关税可用芬兰马克支付。另外，从1980年1月1日起芬兰给予中国普惠制待遇。

2. 芬兰自由港及海关管制。芬兰唯一的自由港设在西南沿海的汉科，在图尔库、赫尔辛基、科特卡、拉彭兰塔、奥鲁和洛维萨等地设有自由贸易区。在汉科和赫尔辛基的自由贸易区，还设有保税仓库和国际集装箱集散总站。进入自由区的货物可进行储存、分类、混合等处置，或像在芬兰境外的货物一样进行其他处理。芬兰禁止进口的商品，未经海关允许不得进入自由贸易区。进入自由贸易区的货物不得展览、出售或捐献。

（十五）葡萄牙海关通关规定

1. 海关介绍。葡萄牙主管经济的政府部门是葡萄牙经济部。葡萄牙与贸易有关的主要法规是《商业法》。葡萄牙奉行自由贸易原则，于 1986 年加入欧共体，其贸易规定均执行欧盟统一政策，对欧盟以外第三国进出口贸易实行统一海关疆域、统一海关法规、统一关税的贸易政策。

2. 通关流程和规定。

（1）管理制度。葡萄牙的海关管理由财政部管辖的海关税务总局负责。葡萄牙执行欧盟统一海关及关税政策，进口货物需要缴纳进口税和增值税后才可进入欧盟市场。对于源自发展中国家的货物，欧盟实行普惠制原则，凭借原产地证明可享受优惠关税。葡萄牙增值税根据产品类别分为标准 23%、普通 13%、优惠 6%三种。

当货物进入欧盟报关时，通常需要提交以下单据：海运提单、商业发票或形式发票、装箱单、原产地证明。

根据产品类别，欧盟海关还需查验以下文件：许可证，仅对限制类产品；申报单，用于监控类产品统计；证书，包括产品质量证书、动植物卫生检疫证书、农产品类卫生证书；单一管理文件，包括欧盟海关出具的进出口货物证明性文件，主要用于货物在欧盟境内流通查验，由进口方办理。

（2）关税制度。葡萄牙遵照欧盟统一规则征收关税。欧盟成员国给予发展中国家单项的关税优惠政策，包括对非洲、加勒比海和太平洋国家的协议关税和普惠制，以及在自由贸易区协议框架下的互惠安排。绝大部分商品可自由进入葡萄牙市场，但钢材、纺织品、服装等商品受到欧盟整体监控，需要进行进口统计、综合汇总。部分涉及人身健康、公共安全、易产生商品欺诈的产品则采用进口许可证加以管理。按照欧盟统一规定，农产品进口需要出具进口许可证书。具备民用、军用双重用途及战略意义的产品需要进口或出口许可证。对源自特定国家的部分工业制成品也有限制条件。

葡萄牙禁止进口的产品包括大西洋红色金枪鱼，铜金属表面的玩具，壳体内带有金属薄片的塑料、纸板、织物等产品，违法迷幻药品，石棉纤维，含有色氨酸的药品，形似食品可吞咽的橡皮，带有水银的体温剂，中国产牛奶、奶制品和含奶成分的食品，中国产含大豆成分的儿童食品。葡萄牙准许旧机电设备进口，但质量检验标准同新设备一致。

葡萄牙采用出口许可证制度限定特种产品的出口，主管部门根据国家法规办理出口许可证，由葡萄牙海关具体实施限制手段，管制产品包括军火，化学品，濒危物种，国防物资及服务，核能材料，用于燃料、药品、医疗用品生产和加工的技术和设备。葡萄牙政府部门根据技术特性、销售目的地、用途、购买者等因素确认是否签发出口许可证。

（十六）乌克兰海关通关规定

1. 通关流程和规定。

（1）进口流程和规定。

1）代理报关。按照乌克兰海关法规定，报关人只能是乌克兰公民。货主只能委托乌克兰报关行或报关员办理申报手续；报关行或报关员在接受进口收发货人的委托办理报关手续时，应当对委托人提供的情况和文件的真实性、完整性进行审查。

2）进口报关应提交的单证和文件。海关注册证，进口货物报关单，报关所需的商业文件，《海关法》以外的其他法律法规要求提供的批文、许可证、证书等，货物原产地证明文件，计算海关税费的资料，报关行证明文件和乌克兰海关颁发的报关员证件，免关税、出口退税、优惠关税申请书等，运输文件，国际公路运输报关单、国际货物运输合同、出口报关单，质量认证证书、技术文件、图纸、绘画、照片。

3）进口关税税率：从商品种类看，对于依赖进口的商品实行零税率；对于本国生产能力不足的商品征收2%～5%的关税；对于本国产量较大，基本可以满足需求的商品征收10%以上的进口税；对于本国产量高并满足出口需要的商品征收高关税。从商品来源看，来源于与乌克兰签订海关协定和国际协议的国家和地区的商品，根据协议的具体条款实行特别优惠关税甚至免征进口关税；而对来源于尚未与乌克兰签署自由贸易协定、特惠经济贸易协议的国家和地区的商品，或不能确定具体来源国的商品，征收全额普通进口关税。另外，所有进口货物在进口时均须缴纳20%的增值税，某些商品还须缴纳消费税。

中国被列入享受优惠关税税率（50%）国家行列，中国商品只要具备以下条件，即可享受关税优惠：商品直接从中国进口，生产者为在中国注册的企业，出具 FORMA 原产地证书。

（2）出口流程和规定。

1）货物出口时，必须全面、准确填制出口单证信息，并按海关要求交验相关单证。出口报送时一般应交验以下单证：海关注册证，进口货物报关单，报关所需的商业文件，《海关法》以外的其他法律法规要求提供的批文、许可证、证书等，计算海关税费所需的资料，报关行证明文件和乌克兰海关颁发的报关员证件，免关税、出口退税、优惠关税申请书等，运输文件，国际公路运输报关单、国际货物运输合同公约（CMR）、出口报关单。

2）出口关税和出口限制。除牲畜及毛皮制品、有色金属、废金属和特种装备外，乌克兰对其他出口商品免征出口关税，包括配额许可证出口管理商品。限制出口的产品，主要包括以下两类：限制出口产品，乌克兰主动限制出口的制成品，以及其他国家进口时受该国或所加入的经济组织、关税同盟的配额、限额、许可证限制的，要根据乌政府法规和在乌经济部授权下出口。武器和军民两用产品出口管制，乌克兰对转让出售武器、军事和特种技术，部分军品生产原材料、设备和工艺进行国家出口管制。

2. 进出口商品检验检疫。根据乌克兰有关规定，国际贸易商品目录中的1~24 类商品在进入乌克兰关境时，均须提供乌商检部门出具的商品质量合格证明和国外品质证书的认证证明。

三、美洲国家通关规定

（一）美国海关通关规定

1. 进口通关流程。进口货物办理海关手续后方可进入美国，运抵后直接进入保税区的货物不用经过海关。

（1）申报人。进口货物应由其货主、购货商或报关代理办理报关手续。如货物运交“指定人”，则持有经发货人背书的海运提单的人有权办理报关手续。在某些情况下，可用提单副本或运货收据报关。如货物并非由公共承运人进口，由持有货物拥有权证明的进口人或其代理人办理报关手续。

（2）货物运抵口岸。货物运抵口岸时，一般由承运人通知进口人。法定进口人应在进境地海关办理报关手续，并协调验放安排。如想快速通关，可在货物运抵前进行预申报，但预申报货物运抵口岸前海关不会给予放行许可。

（3）申报方式为电子申报或纸质申报。

（4）报关步骤。一阶段报关。货物运抵美国口岸之日起15日内，应向美国海关与边境保护局指定地交验下列报关单证，海关确定符合放行条件后，担保验放，需提供进境舱单（海关与边境保护局7533表格）、立即交货申请表和特许证（海关与边境保护局3461表格）或货物验放需要的其他表格；进口申报权证明；商业发票；装箱清单；其他用以确定货物是否可以入境的单证；税费担保证明。如货物未在规定期限内申报，将被海关作为无人认领货物转至候领仓库，进口人应承担货物存放在候领仓库期间的仓储费用。如货物在候领仓库存放6个月后仍无人认领（申报），将拍卖或销毁。二阶段报关。货物担保验放后10个工作日内，货主或其报关代理应向指定海关交验下列单证，申报征税和贸易统计需要的信息，缴纳预估税费：①货物验放后退给进口人、报关行或其代理人的一阶段报关单证回执联；②二阶段报关单（海关与边境保护局7501表格）；③计征关税、贸易统计、证明货物已满足所有进口规定而需要的其他单证。（如系通过报关代理以电子方式报关，即通过海关与边境保护局自动化商业系统的“自动化报关代理界面”报关，上述纸质单证可能只需要部分提供或完全不需要提供。）

2. 出口通关流程。

（1）出口货物申报：出口时一般应交验以下单证：货主出口报关单，报关所需的商业文件，目的地管制声明，运输文件，批文、许可证、认证书和限制性货物出口的许可文件，计算海关税费和出口退税的资料，其他单证。

（2）出口单证和记录保存期限：出口商应自出口之日起将所有出口单证和记录保存5年。美国出口法律要求出口商及出口过程中涉及各方保存以下单证和记录：批文申请、许可证申请，国际进口证书申请，国际进口证书，交货确认证书或类似交货证明，空运单、海运提单、码头收据、承运人出具的简式提单及其他出口通关单证，备忘录、记录、信函、合同、招标书、形式发票，客户购货定单，装箱清单，商业发票。

（二）加拿大海关通关规定

1. 海关介绍。加拿大边境服务署重点保障国家安全和公共安全，促进人员和货物的自由流动。近年来，加拿大海关实施了PIP计划，希望在海关与企业之间建立更好的合作关系以加强边境管理和供应链安全。

2. 通关流程和规定。

（1）进口前准备。出口到加拿大的货物，应该事先向加拿大税务署（CRA）申请商业代码（BN）以设立进出口账户，然后进口商应该进行货物的确认，并获取产品的相关信息以及可能情况下获取样品。在此基础上，进口商应确定货物的原产地，并且确认货物涉及的许可管理的情况。

（2）将货物进行归类。需要确定10位商品编码，通常情况下，可以通过以下渠道获得商品税则归类信息：直接向海关咨询，联系边境信息服务中心，通过邮件向海关的贸易办公室申请获得关于税则归类的行政裁定。

（3）货物装运、检查和申报。货物无论是进口商自己运输进境还是通过承运人运输进境，都需要及时向海关申报。如果是自己运输进境，将使用商用HCG放行程序；当货物由承运人运输进境，且货物价值超过2 500加元时，承运人将使用印有条形码的货物监管单证（CCD）或者通过电子数据交换系统（EDI）向海关申报。

（4）货物获得放行。加拿大海关的放行手续主要有三种：完整的数据和支付放行、最少单证放行、商业性随身携带货物放行。

（5）放行后事项。货物放行后，进口商应该进行自我修正。如果进口商在财务信息方面存在问题且是不涉税或者是需要补税，同时海关未就此进行修正，进口商则应该在发现错误90天内修改相关的信息。但如果需要海关返还税款，那么自货物入账之日起4年内可以向海关申请退还；如果自我修正的结果需要额外的补税，进口商应支付这笔款项及相关利息；如果需进行税款返还的，海关将给予税收抵免或退还。

（6）关税政策。加拿大海关目前有9种关税税率，根据税率由高到低排列如下：普通关税、最惠国关税、大英优惠关税、普惠制关税、最不发达的发展中国家关税、加勒比海关国家关税、墨西哥—美国关税、墨西哥关税、美国关税。

加拿大主要有最惠国待遇和可适用的优惠关税待遇。根据加拿大消费税法的规定，大部分进口货物在进口时应缴纳5%的商品劳务税（GST）。特殊商品，如处方药品、医疗及辅助装置、基本生活用品、农产品和渔业产品免税。属于免税范畴的货物必须要在报关单上填报免税代码。还有部分货物需要缴纳国内销售税和进口消费税，前者包括机动车空调、用于客运的某些机动车、某些燃料；而后者包括烟草和某些酒精制品。

（三）墨西哥海关通关规定

1. 通关流程和规定。

（1）进口关税。墨西哥是世界贸易组织成员之一，进口关税率主要是援用关税与贸易税协定的海关估价法，对进口商品采用 5 种从价关税率，即 0、5%、10%、15%和 20%。墨西哥关税减免清单中所列产品经常会有调整，因此我国对墨出口外贸企业应保持与该国进口商或海关报关行的经常联系，以便了解优惠产品的变化情况。在墨西哥，关税是用比索支付的。外汇则根据海关所指定的汇率进行兑换。根据《墨西哥海关法》的规定，对各类进口商品征收海关附加税。税率为进口商品离岸价格的 0.8%。该法还规定，若进口商运抵墨西哥的实际进口商品超过商业发票所注明的进口量的 10%，或者属于商业发票未列的商品，海关便将这些商品作为违禁品予以没收，同时对进口商处以罚款。

（2）进口单证。

进口所需单证包括商业发票、原产地证明、装箱清单、提货单、品质证明书。

（3）进口管制和仓储。

1）进口管制：目前，受墨西哥进口许可证限制的进口商品主要有农产品、汽车、化工产品、药品、某些奢侈品、农用重型机械和建筑用重型设备等。进口许可证是墨西哥贸易和工业发展部下属的对外贸易管理司颁发的。进口许可证申请书必须随附国外出口商的报价发票。进口许可证的有效期为 9 个月，并可酌情延长 3 个月。

2）仓储：进口商品运抵墨西哥港口的仓库，10 天之内免交一切存仓费用；从第 11 天到第 25 天，每天每吨货物支付约 45 美分的仓储费；从第 25 天到第 55 天，每天每吨需交约 77 美分的仓储费。若时间再延长，费用也随之增加。

2. 自由贸易区。墨西哥的自由贸易区主要分布在一些经济不发达、交通不便和运输工具缺乏的地区。这些地区包括加利福尼亚半岛、索诺拉州的西北部和金塔纳罗奥地区等。根据《墨西哥海关法》的规定，自由贸易区享有的优惠条件主要有：不与墨西哥产品相似的产品进口可免除进口税，且只需缴纳 6%的优惠增值税；在区内设立的加工企业，可免税临时进口用于生产出口商品的原料、零部件、包装材料、机器设备、仪器模具、耐用工具等。

（四）巴西海关通关规定

1. 通关流程和规定。

（1）进口关税。巴西的平均关税税率为 17%，对入关产品价值的确定，首先是根据成交价。如这种方法被海关拒绝，可以采用其他 4 种，即相同产品的成交价、相似产品的成交价、零售价减去关税和佣金等，以及用生产成本、利润和其他费用计算的价格。当巴西海关对出口商品申报的货物价值提出质疑时，出口商有 8 天时间决定新的报价。进口商可以在 30 天之内对出口商的新报价做出反应。巴西政府在征收进口关税时主要采取以下两种非关税措施：一是设置最低限价或参考价，据此征税，并计征差价税；二是对低报价或有倾销行为的货物征收附加税。

（2）进口单证。5 份用英文或葡文填写的商业发票。发票必须用英文或葡文填写详细的有关装船的情况，并附有英、葡两种文字的产品说明书。发票还应申明产地和确切的价格。出口商可向进口商询问是否需要出口国商业部门对货币价格的证明和公证材料。巴西海关对于没有呈报商业发票的行为，惩罚的金额将等同于关税；当商业发票与报关单不符时，罚金将是关税的 1%~5%。

要求有 5 份不可转让的提货单，一份附于商业发票后。所有的提货单或货运清单必须用数字和文字注明运费。

一般不需要原产地证明，因为商业发票上已注明产地。如果需要，则应备有两份正式的产地证明，由商业部门证明并附有公证。

有些货物如动物、动物制品、种子和植物等需要卫生证明。

（3）报关与入境。根据联邦税务总局的海关条例，所有货物的报关程序均需通过巴西外贸网络系统进行。巴西海关根据风险分析对报关货物实行抽检的审查方式，即按照绿色、黄色、红色三种不同颜色分类处理。绿色即报关货物可全部免检，并自动通关；黄色即仅检查报送文件，若被核实，货物则自动通关；红色即报关文件和货物均需进行检查后方能通关。若进口货物需申领进口许可证，进口商一般应在货物装船前向巴西工商旅游部外贸操作局提出申请，该进口许可证在装船之日起 60 天内有效。货物到港后 90 天内进口商应办理报关手续，并将进口申报单输入外贸网络系统进行登记，开始报关程序。申报单的内容应按联邦税务总局的规定格式填写。在巴西海关审核进口申报数据后，进口商才可提货。根据有关规定，海关应在 5 个工作日之内提供验货结果，验货时当事人应在场，货物若需样检，费用由当事人承担。另外，有些特殊商品可采取提前报关制，例如，散装货、易燃易爆和有辐射性的危险货物、活畜、植物以及新鲜水果等易损货物、印刷用纸张、政府部门进口的货物，陆路、河、湖运输的货物。

2. 自由贸易区。巴西最大的港口有桑托斯、里约热内卢、巴拉那瓜、累西腓和维多利亚。巴西在上述口岸设立了各种形式的自贸区，如自由港、自由贸易区、保税仓库和转口区等。其中最著名的是马瑙斯自由贸易区，进入该区的货物，其商业发票的提货单上必须注明“马瑙斯自由贸易区”（Free Lone of Manaus）字样，但不允许通过该区向巴西其他地区运送进口货物。

（五）阿根廷海关通关规定

1. 通关流程和规定。

（1）进口关税。

1）阿根廷的进口关税依据商业发票所标示的商品到岸价格征收，但有时也根据世界贸易组织有关确定关税估价的5种方式进行估价。

2）阿根廷海关对大多数进口商品征收增值税，税率一般为16%，农产品、矿产品、医药品及其他初级必需品、文化教育资料及某些化学品减征。

3）阿根廷海关对进口商品征收相当于到岸价3%的统计税。

4）免征统计税的商品有：书、杂志、武器、邮票、紧急货物。

5）对于货物到港后15天内仍不向阿根廷海关提供有关海运文件办理入关手续的，将被征收货物到岸价2%的罚款。若向海关申报的货物数量和金额与实际不符时，按照货物到岸价申报数与实际数之间的差额罚款2~10倍。

6）寄往阿根廷的包裹有尺寸和重量限制。单件尺寸限制：长118cm，高120cm，宽88cm；打板货物尺寸限制：100cm×100cm×100cm。如货件超过上述尺寸限制，将会有2~3个工作日的延误。另外，如单件及单票重量超过50公斤，货件需转为正式清关进口，收件人需支付高额费用，并产生清关延误。

（2）单证要求。商业发票、原产地证明、提单、装箱单、卫生证明。要求船公司提交载货单时，必须注明哪些是货代的货物，哪些是直接客户的货物。如果是货代的货物，那么在提单上必须注明该货代的CUIT号码。每一个在阿根廷注册的公司只有一个CUIT号，是法定的纳税身份鉴别号码。

2. 新增规定。根据阿根廷海关总署2879/10号文件指示，对提单文件中需添加的信息做如下新规定：

第一，收货人税务代码要在提单收货人一栏中显示。如果提单中的收货人是待指定，则必须显示通知人的税务代码。如果收货人一栏的联系人由于搬迁或其他个人原因已不在阿根廷注册税务登记，则必须提供相应的护照号码。此规定于2010年8月15日起对到达阿根廷的货物开始生效。

第二，海关编码，即品名的6位数字代码。如果是多种货物混装，则应以货值最大的货物海关编码作为参考。此规定于2010年9月1日起对到达阿根廷的货物开始生效。

以上规定信息的缺失将导致货物不能卸载，或受到阿根廷海关当局的强制罚款。

（六）智利海关通关规定

1. 通关流程和规定。

（1）进口。智利《海关法》规定，进口货物必须拥有海关批准的申报文件。申报文件中应包含出口商信息、运输方、进口商、收货人、海关代理、货物描述（重量或数量、单价、HS 号码）、进口商税号和到岸价格等信息。申报文件应该和发票原件、海关代理委托文件、货值声明、动植物卫生或其他检疫证明、原产地证明一起递交到智利海关。通关手续需通过电子方式提交，进口关税须在指定银行缴纳。进口额超过 500 美元的货物通关必须委托海关代理。

特殊进口手续适用于自贸加工区和在运货物。向自贸区出口的外国货物必须具有运往自贸加工区的装船证明。运往自贸区的货物只能用于区内再销售或深加工之后再运往海关或另外一个自贸加工区。在运货物必须有国际运输过境申报文件。

（2）出口。智利对出口不征收任何关税。《海关法》规定，出口产品时，出口商应填写单一出口表，注明出口商地址、联系方式、产品描述（海关分类号、单价、数量或重量）。此外，还要递交报关行资料、运输文件、发票复印件和质检认证。

（3）通关关税。

1）概览：个人或商业实体在智利从事商品进口，均缴纳进口关税和其他税费。进口税费全部以货运价值，即到岸价格计算。同时，进口商品还须征收销售税。某些商品须征收奢侈品税，某些商品须征收饮料税。

2）关税：智利平均关税税率为 6%。在智利，按照常规，所有进口商品均须征收关税和其他税费。

3）增值税：增值税=标准增值税税率 19%×（CIF 关税）。

4）起征点：进口商品的 FOB 价不超过 30 美元，则免收关税和等级费，但须征收增值税。

5）其他。等级费：进口商品的 FOB 价超过 30 美元时，收取等级费，按照 CIF 价的 1%征收。奢侈品税：按照 CIF 价和关税之和的 15%的税率征收，如珠宝；针对烟花用品征收 50%的奢侈品税；饮料税：酒精饮料按照 CIF 价和关税之和的 13%、15%或 27%的税率征收。

2. 中国-智利自由贸易协定。双方于 2005 年 11 月签署《中国-智利自由贸易协定》。

（七）秘鲁海关通关规定

1. 海关介绍。秘鲁主管对外贸易的政府部门主要是对外贸易和旅游部、海关总署。海关总署是执行货物、运输工具、人员等进出境管理和关税征管的机构。

2. 通关流程和规定。

（1）进口管理。2001 年以来，秘鲁意识到发展对外贸易对促进国家经济发展和改善人民生活的积极意义，从此开始推进贸易便利化改革。2006 年以来，秘鲁政府在努力推动出口市场多元化和非传统出口产品多样化的同时，决定单方面大幅降低进口关税，简化海关管理措施。目前，除有损秘鲁主权、安全、良好社会道德和扰乱市场秩序的产品外，最大限度地放宽了资本货物、食品、原材料等的进口。

（2）出口限制。为了保护基因资源和文化遗产等，秘鲁对主要包括小羊驼活体、皮毛、野生鸟类及其产品等动物产品，具有药用价值的植物及其产品，红木、雪杉等名贵木材产品，以及具有历史文物价值物品等的出口实施一定限制或禁止措施。

2012 年，秘鲁国会外贸委员会对本国的《非传统出口促进法》进行了修订。修改主要集中在该法案的第 7 条，该条规定，只有那些对外销售量超过其 50%产量的企业才能以非传统出口企业的身份享受该促进法赋予其的优惠政策。此举可能影响秘鲁非传统产品出口。

同时被修订的该法案第 32 条严格了合同方面的要求，以避免企业不良运营，比如，对滥用该法获益的企业施加惩罚措施和规定企业应在合同中列明工人的劳动内容等。

（3）进出口商品检验检疫。秘鲁对动植物产品进出口检验检疫品种经常进行调整，而且会及时在检疫局网站上发布。企业可通过网站 www. senasa. gob. pe 查询。

（4）关税。秘鲁海关实行国际商品协调制度编制关税税则，实行多栏税率，对安第斯共同体国家有统一关税安排，与南方共同市场国家也有协定关税。秘鲁现行关税为从价税，税率分为 3 个等级，即商品进口到岸价（CIF）的 0、6%、11%，名义平均关税税率为 3. 2%。大部分税号的产品都已实行零关税，主要是资本货物、原材料等。对奢侈品征收较高的选择性关税。快递商品的税率为 4%。

秘鲁从中国进口产品执行两国自贸协定规定的税率，详情可到有关网站上查询，如中国自由贸易服务网和秘中商会。需要注意的是，秘鲁对中国生产的服装、布料等商品采取反倾销措施。

3. 《中国-秘鲁自由贸易协定》。《中国-秘鲁自由贸易协定》经双方友好协商并书面确认，于 2010 年 3 月 1 日起实施，成为中国达成并实施的第 8 个自贸协定。

四、大洋洲国家通关规定

（一）澳大利亚海关通关规定

1. 海关介绍。澳大利亚海关主要职能包括协调边境情报的搜集并对情报进行分析，协调监管、监视水上行动，进行国际合作，打击海上偷渡。澳大利亚《宪法》第86章明确规定：海关为公共职能部门，依法实施强制性的措施和管理，严厉惩罚违法者，同时采取一切必要的措施促进商贸的发展。

2. 通关流程和规定。

（1）进口。

1）一阶段申报：在货物实际抵达澳大利亚之前进行。申报内容包括运输方式和航程的详细信息、货物信息、预计抵达澳大利亚的时间等。提前申报这些信息可以让澳大利亚海关和检验检疫部门实现提前风险分析，加快验放速度。所有货物的一阶段申报均须通过澳大利亚海关与边境保护局的一体化货物通关系统（ICS）进行。过境货物和转口货物也须以电子方式向海关申报。货物信息可在货物抵达口岸前随有随报，提交ICS系统。该系统接到各种申报信息后会在需要处理时按顺序处理（保税搬运申请例外，在相关货物报告提交后方可提出）。

2）二阶段申报（正式报关）：对运输工具实际所载货物的详细申报，即通常所说的进口报关单申报。货物抵达后，进口商或经授权的报关代理使用完整进口报关单（FID）报关、清关。完税价格超过起征点（详见《1901澳大利亚海关法》第68条）的进口货物须使用完整进口报关单报关。目前起征点为1 000澳元。

（2）出口。

1）申报人：对申报人要求与进口相同。

2）申报形式：绝大多数出口报关单通过ICS系统进行电子申报。有时企业会递交纸质出口报关单，由海关录入ICS系统。

3）出口报关单需申报的信息：申报人，出口商和收货人，装货港/装货机场、卸货港、目的国，计划出口日期（不得早于报关单提交日当日），货物品名描述、归类（使用《澳大利亚出口商品协调归类编码》进行归类），离岸价格、数量，许可证。澳大利亚禁止出口类货物分为四种：完全禁止类（受保护野生动物、部分文物、部分武器和其他危险品）、特定情形下禁止类、仅针对个别地方禁止类、禁止出口但满足规定条件（如取得主管机构签发的出口许可证）后可以出口类。

3. 中澳自由贸易协定。

《中华人民共和国〈中华人民共和国政府和澳大利亚政府自由贸易协定〉项下进出口货物原产地管理办法》已于2015年12月7日经海关总署署务会议审议通过。

（二）新西兰海关通关规定

1. 通关流程和规定。

（1）进口。

1）报关：对进口商首次进口报关，海关提供报关协助。此后，进口商须自行完成报关手续。

2）报关申请。申报形式：进口申报须以电子方式进行。进口商或其代理人可通过安装的海关EDI软件，或利用ECN进行申报。报关登记：根据1996年的《海关法》，需要进行电子进口申报的人员须向海关登记注册，获批准后，申请人会获得一个海关申报代码和单一用户识别码（UUI）。UUI与个人识别码（PIN）的用法相同。UUI发放给个人并用以识别负责电子申报的人员，它同时也被视为申请人的电子签名。在线通关：ECN（在线申报网站）主要为熟悉海关通关要求、可自行完成进口报关手续的常规进口商而设，对于不需要经常报关的进口商来说，网上通关一般比安装的EDI软件成本更低。

（2）出口。

1）报关：对首次出口报关，海关提供报关协助，亦可委托报关行或货运代理报关。

2）电子申报：货物装运出口前，须以电子方式向海关申报。海关一般在接到申报后的60分钟内对报关申请进行处理。出口商可通过安装的EDI软件或登录新西兰海关在线申报网站进行电子申报。

3）报关登记：根据1996年的《海关法》，需要进行电子出口申报或需要输出电子货物信息报告的人员须向海关登记注册。获批准后，申请人会获得一个海关申报代码和单一用户识别码（UUI）。

4）申报时间：出口商应在出口货物装运48小时前向海关进行电子申报。

海关计算机系统将对电子出口申报进行审查，并在60分钟内发出放行或查验指令，海关提供24小时审查服务。但是，如果海运货物晚于装船前48小时，空运货物晚于装机前9小时向海关申报且此时货物需要接受海关查验的，则货物有可能错过班轮或航班。

（3）相关规定。

1）海关估价：双方对双边货物贸易海关估价应当适用GATT 1994第七条及《关于实施1994年关税与贸易总协定第七条的协定》（简称《海关估价协定》）。

2）税则归类：双方对双边货物贸易税则归类应当适用《商品名称及编码协调制度国际公约》。

2.《中国-新西兰自贸区协定》。2008年4月7日，《中华人民共和国政府与新西兰政府自由贸易协定》在两国总理的见证下正式签署。这是中国与发达国家签署的第一个自由贸易协定，也是中国与其他国家签署的第一个涵盖货物贸易、服务贸易、投资等多个领域的自由贸易协定。

五、非洲国家通关规定

（一）埃及海关通关规定

1. 通关流程和规定。

（1）进口商品规定。

1）未经使用的商品、规定目录的二手商品、主管外贸的部长批准的二手商品均可进口。

2）根据主管外贸的部长指令，商品应配有国际编码。

3）进行清关的进口商品应附有写明生产商名称、商标（如有）、地址、电话、传真号码和电子邮件的发票。

4）除特殊说明的情况，对于价值超过5 000美元的进口商品，应通过在埃及境内运营的银行以正规方式支付。

5）商业进口商品清关时需提供进口商注册卡，进口商品应在该卡注明的商品之列。

6）进口商品清关须配有经主管部门认证的产地证明。未配有产地证明的商品，在商品所有者提供根据海关定价填写的无条件保单后可予以放行。产地证明须在 6 个月内提供。

（2）进口申请报关。进口货物入关时，货主必须亲自到海关履行货物申请报关手续或委托代理人交换票据办理，允许免费保存 8 天，超过 8 天应交纳滞期费，滞期费自然增长。在 3 个月后无人认领的货物由海关公开拍卖。在免费保存的 8 天内，可以将货物存入国营或私营的尚未完税的仓库或者运入简易冷藏库，货物在这些仓库可以保存 6 个月。

（3）进口单证。商业发票、估价单、提货单、放射证书（许多农副产品的进口，在到达港口时都要接受不定期的检查，同时还需要该产品的说明书，说明书应证明该产品没有受到放射性污染）。

（4）进口管制。埃及对外经济贸易部制定有禁止进口的商品清单，只要不在此清单的商品都可以自由进口。清单中包括纺织品、成衣和家禽。对非出售的货物样品或价值广告品，如目录、商品价目表和幻灯片可免税入关。

（5）进口关税。埃及的基本进口商品的关税税率为 5%~50%，但不包括奢侈品。奢侈品包括香烟、酒类和发动机超过 1 300CC 的小汽车等的海关税率可高达 150%。埃及采用从价税征收进口关税。

2. 自由港和自由贸易区。埃及已开放的自由港有塞得港、亚历山大港、苏伊士港。埃及的自由贸易区分为两类，一类是由中央政府管理的自由贸易区，另一类是由当地政府控制的国营的自由贸易区。国家开放的自由贸易区有苏伊士城（塔菲克港口区）、塞得港（埃及政府宣布整个塞得港城为自由贸易区）、亚历山大（阿尔阿迈苏尔区）、伊斯梅利亚城和靠近开罗的内赛尔城和正在建设中的迪来亚特自由港。在自由贸易区进行经营活动需要埃及政府批准和许可证书。

3. 其他需要注意的事项。2007 年 4 月 29 日，埃及财政部颁布第 256 号部长令，修订了 2006 年第 10 号部长令第 12 条，规定凡对埃及出口的产品原产地证书、文件及附件应由驻出口国的埃及使馆或领事馆予以认证。如果埃及在出口国尚未设立使馆或领事馆，则应由驻出口国的其他阿拉伯贸易代表机构予以认证。

（二）南非海关通关规定

1. 通关流程和规定。南非海关判断商品价值的标准为 FOB 价。南非的关税税率在 0~45%之间，平均数为 18.74%，部分商品如笔记本电脑、电器等无需缴纳关税。VAT 为到岸总价和所有关税总和的 14%。当离岸价值不足 500 南非兰特时无需支付关税和增值税。

南非是南部非洲同盟成员国，其他成员国有博茨瓦纳、莱索托、纳米比亚和斯威士兰。根据协定，成员国之间的货物进出口免征关税，不受进口限制。

南非是世贸组织成员，其关税分为最惠国税率和普通税率二类。

（1）最惠国税率：适用于世贸组织成员，最惠国税率主要应用于世贸组织协定签字方，从签字方进口的大多数商品实行最惠国税率。一些商品实行普通税率，普通税率主要应用于未签署最惠国协议的国家（地区）的所有商品。当从一个国家（地区）进口商品而非原生产国（地）时，关税率可以按原生产国（地）进口南非的关税实施。

（2）南非的税制极其复杂，不同类别的商品有不同的税率。其关税主要包括商业税、海关税、进口附加税等。一般而言，奢侈品进口关税较高，而生活必需品的进口关税则较低。1995 年 5 月，南非开始实施一项 8 年期关税调整计划，根据该计划，到 2002 年，南非纺织品和服装进口关税税率从 90%逐步降低至 40%，汽车进口关税税率从 65%降到 40%，零配件进口税税率从 49%降到 30%。大部分税率为 0~30%的从价税，税率很少超过 40%。部分进口还需缴纳货物税，比如，某些钟表产品（30%）及某些类别的服装（35%）。南非从 1988 年底开始对众多产品征收进口附加税，进口附加税率高达 60%，例如，钟表为 7.5%~40%，玩具为 5%，某些纺织品为 7.5%~40%，服装为 7.5%~40%。

2. 入境申报。2018 年，南非当局决定实施一项涵盖所有入境货物的安全举措。南非税务局（SARS）要求所有进口南非或在南非港口中转的货物都必须向南非海关申报。

（1）申报内容：申报所需的内容包括收、发货人的公司抬头、地址，清楚的货物描述和世界海关组织规定的 6 位数的货物海关编码；货物的件数、毛重、体积，承运人提单号码，提单号码必须带有承运人代码，承运人的信息，起运港、卸货港以及船名、航次。

（2）申报时限：开船前 24 小时前提交申报，船舶在抵达南非卸货港前的 72 小时可以进行修改，超时必处罚。

（3）申报主体：可由有船承运人和无船承运人向货物处理系统 CPS 提交货物详情，安排申报。

（4）提单要求：南非海关可接受的提单形式包括正本提单、电放提单、海运提单。对于提单上是否要显示货物编码 HS CODE，最好在收货前确认。

（5）码头免费堆存期：南非码头的免费堆存期一般为 3 天，一些合约价格可能会有 7 天堆存期。如清关不及时，堆存期内没有完成清关提不了柜，货柜在码头会产生高额仓租。

（6）进口清关文件：提单、装箱单、发票、原产地证（如需），收货人在进口时必须要先申请进口许可。

（三）尼日利亚海关通关规定

1. 关税规定。《关税和消费税管理法案》是尼日利亚海关管理的主要法律，于2004年施行。尼日利亚通过关税升级鼓励本国工农业生产。对生产用基本原料和生产资料的进口实行低关税，对工业制成品、食品、消费品和奢侈品的进口实行高关税。西共体各成员国于2006年正式批准的共同关税制度包括4个方面，即初级产品进口关税税率为5%；半成品进口关税税率为10%，如原材料及其他工业产品；工业制成品关税税率为20%；奢侈品关税税率为50%。尼日利亚将关税税率由过去的20档调整为5档，分别为0、5%、10%、20%和50%。

2. 进口流程和规定。

（1）进口手续及注意事项。尼日利亚是目前世界上少有的进口程序和手续最为繁杂的国家之一。下面简要介绍有关尼日利亚现行进口程序和手续。

1）所有拟进口货物到尼日利亚的进口商必须通过在尼日利亚的任何一家银行申请填制“M”表格。

2）进口货物上须注明产品名称、产地、规格、制造日期、批号或货号以及生产标准。

3）如果是食品饮料类产品、药品、化学品，包装上还应注明有效期或货架寿命及其成分。在装船前检验时，其货架寿命不得过半。

4）家用电器须有安全使用性能说明，电源线要注明额定功率。

5）电子产品和设备等产品的包装上应有文字注意事项和操作说明，不可仅有图标说明，同时还需有安全说明和标记，质量保证书和6个月以上的保修期。

6）微机及其硬软件必须符合2000年标准。

7）植物产品和原料，无论是用于种植、消费，还是工业生产，必须附有出口国的卫生检疫证书。

8）所有工业产品包括其配件需有商标牌名和制造商名，并要经尼日利亚标准局依法检验。

9）所提供的数据如与实际不符或有意弄虚作假，会延误清关交货期或没收货物；此外，进口货物上除其他语言外，必须有英文标记和说明，否则予以没收。

10）收货人及其地址不详或过期产品，将被没收销毁。

11）所有进口货物必须附有以下单据及文件：最终发票和价值产地证书，该发票和证书上除了包括原形式发票上的内容外，还必须包含“M”表号码、货物规格品名等以及具体抵达港、船名、装运证明及日期、产地、出口国等有关内容；装箱单、提单、承运人证明、保险单；制造商提供的生产标准证明。

（2）货物到岸复检。

1）货运代理商应在货船抵达目的港之前向尼日利亚海关、目的港商检代理，必要时还要向有关专业技术部门提交所有货物清单。

2）到岸复验由尼日利亚海关与口岸有关检验代理共同执行。复验时，该货物进口商或其代理应到达现场。复验完毕后，其检验结果应由到场实施检验的有关机构共同签字，交由海关实施放行。

3）如果是食品、药品、动植物等货物，还需标准局、食品药品检验管理局、动植物检验检疫局到现场参与检验。

4）所有进口货物目的港复验时，除有关检验机构视具体情况参与外，必须有海关人员在场。

5）检验结果有争议时，应按以下程序解决：属货物价值的，由海关负责重新估价解决；涉及关税方面的，由关税税则技术委员会解决。

（3）进口禁令。2004 年 1 月，尼日利亚联邦政府单方面宣布对 41 种产品实施进口禁令，2005 年和 2006 年尼日利亚财政部签发了禁止进口商品修订清单，对原来的禁止进口商品清单做了进一步调整。禁令清单涵盖了中国对尼日利亚出口量较大的部分商品，如纺织品、鞋类、箱包等。2010 年底，尼日利亚政府再次修订禁令清单，取消了对牙签、木薯，以及部分家具和纺织品的禁止进口措施，同时放宽二手机动车准许进口的车龄，由 10 年延长至 15 年。

3. 出口流程和规定。

（1）出口商的义务。

1）货物出口商应负责联系驻在国授权的商检代理公司，对货物实施商检。至少要在要求商检日期的 3 个工作日以前通知商检代理公司。

2）出口商应为商检提供必要的安排和协助，费用自负。如果商检公司到场，货没备好或检验不合格，所发生的一切费用均由出口商负担。

3）出口商应向商检代理提供装箱单、最终发票及其他所需文件、单据。

4）为防止不法商人套汇，尼日利亚中央管理部规定，所有进口货物发出前需经瑞士通用公证行分支代理机构检验合格，取得“CLEAN REPORT OF FINDINGS”的，收货人方可清关提货。

（2）出口禁令。尼日利亚禁止出口以下产品：玉米、原木及木板（柚木）、动物生皮、废金属、未加工的乳胶与橡胶凝块、文物与古董、珍稀野生动物及制品。

附录二　相关国际组织介绍

一、世界海关组织

世界海关组织（World Customs Organization，WCO），其前身为海关合作理事会（Customs Cooperation Council，CCC），是国际性的海关组织，也是世界性的，为统一关税、简化海关手续而建立的政府间协调组织。1947 年部分欧洲国家成立了“欧洲关税同盟研究团”。1950 年 12 月研究团在布鲁塞尔开会，制定了三个有关关税事项的公约，即《设立海关合作理事会公约》《海关税则商品分类目录公约》《海关商品估价公约》。1952 年 12 月，根据第一项公约成立海关合作理事会。2000 年后海关合作理事会改称世界海关组织。总部设在比利时首都布鲁塞尔。现任世界海关组织（WCO）秘书长为伊恩·桑德斯。在加入世界海关组织之前，他曾在日本财务省工作 25 年，历任多个高级职务，在海关、贸易、发展、预算和金融政策等方面拥有丰富的经验和知识。其自 2009 年 1 月 1 日任世界海关组织（WCO）秘书长。

WCO 的宗旨是研究有关关税合作问题，审议征税技术及其经济因素以统一关税，简化海关手续，确保对其他两个公约的统一解释和应用；监督各国的执行情况，负责调解纠纷，并向成员提供有关关税、条例和手续方面的情报和咨询。

世界海关组织通过制定国际公约推动各国（地区）海关合作，在促进协调和简化海关手续、方便国际贸易方面发挥着积极作用。该组织成立后制定了《海关合作理事会税则商品分类目录》（又称《布鲁塞尔税则》）。20 世纪 70 年代初，该组织研究并制定了《商品名称及编码协调制度》，简称《协调制度》（Harmonized System，HS）。现有 150 多个国家和地区实行 HS 编码；1992 年 1 月 1 日，我国海关正式采用 HS 编制中国的海关商品编码。

世界海关组织现有成员 185 个，来自世界各大洲，代表不同的社会经济发展水平，WCO 通过政策协调和合作帮助各个成员实现其确定的经济发展目标。我国于 1983 年 7 月 18 日加入世界海关组织。

世界海关组织的 185 个成员（其中 3/4 是发展中国家）负责管理超过 98% 的世界贸易。它们分为六个区域，分别是：美洲和加勒比地区、亚太地区、欧洲地区、东非和南部非洲地区、西非和中非地区、北非和地中海地区。

世界海关组织主要机构有理事会、政策委员会、技术委员会、秘书处和世界海关组织工作机构。理事会的日常工作主要是通过秘书处完成的。秘书处设在布鲁塞尔，总共有115名职员。WCO主要通过各个技术委员会对涉及海关专业领域的技术性问题进行研究，这些技术委员会可按海关专业领域划分为协调制度委员会、估价技术委员会、常设技术委员会、执法委员会和原产地规则技术委员会。

海关合作理事会成立以来，先后制定了《关于设立海关合作理事会公约》、《海关商品估价公约》、《海关税则商品分类目录公约》、《关于包装用品暂准进口海关公约》、《关于专业设备暂准进口海关公约》、《关于货物凭ATA报关单证册暂准进口海关公约》、《关于海员福利用品海关公约》、《关于科学设备暂准进口海关公约》、《关于教学用品暂准进口海关公约》、《关于在展览会、交易会、会议等事项中便利展出和需用货物进口海关公约》、《关于简化和协调海关业务制度国际公约》（简称“京都公约”）、《关于协调商品名称及编码制度国际公约》（简称“HS公约”）、《关于防止、调查和惩处违反海关法行为的行政互助国际公约》（简称“内罗毕公约”）、《海关暂准进口公约》等14个国际海关公约。1971年制定的《关于货物实行国际转运或过境运输海关公约》因未达到法定缔约方数目而尚未生效。

中国海关已加入了其中6个公约，即《关于设立海关合作理事会的公约》《关于协调商品名称及编码制度国际公约》《关于货物凭ATA报关单证册暂准进口海关公约》《关于简化和协调海关业务制度国际公约》《海关暂准进口公约》《关于在展览会、交易会、会议等事项中便利展出和需用货物进口海关公约》。除此之外，中国还加入了联合国国际海事组织制定的《1972年集装箱关务公约》。

二、世界贸易组织

世界贸易组织简称世贸组织（WTO），是一个独立于联合国的永久性国际组织，总部位于瑞士日内瓦。该组织前身是1947年10月30日签订的关税与贸易总协定；1995年1月1日，世界贸易组织正式开始运作；1996年1月1日，世界贸易组织正式取代关贸总协定临时机构；2001年12月11日，中国正式加入世界贸易组织。世贸组织的目标是建立一个完整的包括货物、服务、与贸易有关的投资及知识产权等更具活力、更持久的多边贸易体系，以包括关贸总协定贸易自由化的成果和乌拉圭回合多边贸易谈判的所有成果。

世贸组织的职能是调解纷争，加入世贸组织不算签订一种多边贸易协议。它是贸易体制的组织基础和法律基础，还是众多贸易协定的管理者、各成员贸易立法的监督者，以及为贸易提供解决争端和进行谈判的场所。该组织是当代最重要的国际经济组织之一，其成员之间的贸易额占世界的绝大多数，因此被称为“经济联合国”。主要有五大职能，一是管理职能：世界贸易组织负责对各成员的贸易政策和法规进行监督和管理，定期评审，以保证其合法性。二是组织职能：为实现各项协定和协议的既定目标，世界贸易组织有权组织实施其管辖的各项贸易协定和协议，并积极采取各种有效措施。三是协调职能：世界贸易组织协调其与国际货币基金组织和世界银行等国际组织和机构的关系，以保障全球经济决策的一致性和凝聚力。四是调解职能：当成员之间发生争执和冲突时，世界贸易组织负责解决。五是提供职能：世界贸易组织为其成员提供处理各项协定和协议有关事务的谈判场所，并向发展中国家提供必要的技术援助以帮助其发展。

世界贸易组织的基本原则包括：

（1）互惠原则。也叫对等原则，是指两成员方在国际贸易中相互给予对方贸易上的优惠待遇。它明确了成员方在关税与贸易谈判中必须采取的基本立场和相互之间必须建立一种什么样的贸易关系。

（2）透明度原则。世界贸易组织成员方应公布所制定和实施的贸易措施及其变化情况，没有公布的措施不得实施，同时还应将这些贸易措施及其变化情况通知世界贸易组织。此外，成员方所参加的有关影响国际贸易政策的国际协定，也应及时公布和通知世界贸易组织。透明度原则对公平贸易和竞争的实现起到了十分重要的作用。

（3）市场准入原则。世界贸易组织市场准入原则是可见的和不断增长的，它以要求各国开放市场为目的，有计划、有步骤、分阶段地实现最大限度的贸易自由化。市场准入原则的主要内容包括关税保护与减让，取消数量限制和透明度原则。世界贸易组织倡导最终取消一切贸易壁垒，包括关税和非关税壁垒，虽然关税壁垒仍然是世界贸易组织所允许的合法的保护手段，但是关税的水平必须是不断下降的。

（4）促进公平竞争原则。世界贸易组织不允许缔约国以不公正的贸易手段进行不公平竞争，特别禁止采取倾销和补贴的形式出口商品，对倾销和补贴都做了明确的规定，制定了具体而详细的实施办法。世界贸易组织主张采取公正的贸易手段进行公平的竞争。

（5）经济发展原则，也称鼓励经济发展与经济改革原则。该原则以帮助和促进发展中国家的经济发展为目的，针对发展中国家和经济转型国家而制定，是给予这些国家的特殊优惠待遇，如允许发展中国家在一定范围内实施进口数量限制或是提高关税的“政府对经济发展援助”条款，要求发达国家单方面承担义务而发展中国家无偿享有某些特定优惠的“贸易和发展条款”，以及确立了发达国家给予发展中国家和转型国家更长的过渡期待遇和普惠制待遇的合法性。

（6）非歧视性原则。这一原则包括两个方面，一个是最惠国待遇，另一个是国民待遇。成员一般不能在贸易伙伴之间实行歧视；给予一个成员的优惠，也应同样给予其他成员，这就是最惠国待遇。这个原则非常重要，在管理货物贸易的《关税与贸易总协定》中位居第一条，在《服务贸易总协定》中是第二条，在《与贸易有关的知识产权协议》中是第四条。因此，最惠国待遇适用于世界贸易组织所有三个贸易领域。国民待遇是指对外国的货物、服务以及知识产权应与本地同等对待。最惠国待遇的根本目的是保证本国以外的其他缔约方能够在本国的市场上与其他国企业在平等的条件下进行公平竞争。非歧视性原则是世界贸易组织的基石，是避免贸易歧视和摩擦的重要手段，是实现各国间平等贸易的重要保证。

截至2023年初，世界贸易组织有164个成员，24个观察员。以下为历任负责人简介：

关税及贸易总协定总干事：①埃里克·温德姆-怀特（Eric Wyndham-White），1948年1月1日—1968年5月6日，英国籍。②奥利维尔·朗（Olivier Long），1968年5月6日—1980年7月1日，瑞士籍。③阿瑟·邓克尔（Arthur Dunkel），1980年7月1日—1993年7月1日，瑞士籍。④彼得·萨瑟兰（Peter Denis Sutherland），1993年7月1日—1995年1月1日，爱尔兰籍。

世界贸易组织总干事：①彼得·萨瑟兰（Peter Denis Sutherland），1995年1月1日—1995年5月1日，爱尔兰籍。②雷纳托·鲁杰罗（Renato Ruggiero），1995年5月1日—1999年9月1日，意大利籍。③迈克尔·肯尼思·穆尔（Michael Kenneth Moore），1999年9月1日—2002年9月1日，新西兰籍。④素帕猜·巴尼巴滴（Supachai Panitchpakdi），2002年9月1日—2005年9月1日，泰国籍。⑤帕斯卡尔·拉米（Pascal Lamy），2005年9月1日—2013年9月1日，法国籍。⑥罗伯托·阿泽维多（Roberto Carvalho de Azevêdo），2013年9月1日—2020年8月31日，巴西籍。⑦恩戈齐·奥孔乔-伊韦阿拉（Ngozi Okonjo-Iweala），2021年3月1日—2025年8月31日，尼日利亚籍。

三、国际海事组织

1959年，根据《政府间海事协商组织公约》在英国伦敦成立政府间海事协商组织，1982 年更名为国际海事组织（IMO），并成为联合国专门机构。其宗旨是促进各国的航运技术合作，鼓励各国在促进海上安全、提高船舶航行效率、防止和控制船舶对海洋污染方面采用统一的标准，处理有关的法律问题。其成员包括 174 个成员，3 个联系会员。具体组织机构主要为大会、理事会、秘书处及五个专门委员会。总部在英国伦敦。现任秘书阿森尼奥·多名格斯，2016 年 1 月上任，2019 年经 IMO 第 31 届大会批准连任，新任期为 2020 年 1 月至 2023 年 12 月。

随着世界范围内的海洋环境恶化，海洋环境问题越来越多地引起人们的关注。对海洋环境进行保护，实现可持续发展已成为人类的共识。引起海洋环境问题的原因有很多，也很复杂，但是船舶油污、有毒有害物质、海上废弃装置、海洋倾废等无疑是造成海洋环境污染的重要原因。国际海事组织作为联合国系统中从事航运安全与海洋防污的专业机构，不但在控制航运安全方面做出了巨大贡献，在海洋防污方面，特别是在防止国际船舶油污污染海洋、防止有毒有害物质污染海洋、清除废弃海上装置及构造物以及控制海洋倾废等方面做出了种种努力，有着杰出的表现。到目前为止，国际海事组织已经制定了 30 多个关于保护海洋环境、有重大国际影响的公约和规则。

四、国际道路运输联盟

国际道路运输联盟（IRU）于 1948 年在瑞士日内瓦成立。作为道路运输行业的国际组织，IRU 在全球 100 多个国家拥有会员并开展活动，致力于推动全球交通运输行业的可持续发展。IRU 经联合国授权管理全球唯一的跨境货运海关通关系统——TIR 系统（国际公路运输系统）。TIR 系统是在联合国公约基础上建立的国际货物运输通关系统。IRU 经联合国授权管理该系统。现任秘书长翁贝托·德·布雷托。

从 1949 年建立至今，TIR 系统通过简化通关程序和提高通关效率，成为促进贸易便利化和提高国际运输安全水平的工具。TIR 系统的实施只需少量的人力和设施，货物通关时，海关仅需核对 TIR 证信息、检查运载单元的海关关封，无需进行开箱检查，从而减少了货物在口岸的等待时间，降低了运输成本。TIR 证同时为过境货物提供关税担保。只有经过批准的运输企业和车辆才可以使用 TIR 系统。《国际公路运输公约》在五大洲共有超过 70 个缔约国。中国于 2016 年 7 月成为联合国《国际公路运输公约》第 70 个缔约国。IRU 正在与中国相关主管机构通力合作，争取 TIR 系统在华早日实施。

2017 年 5 月，国际道路运输联盟在北京发布了《释放国际道路运输潜力服务“一带一路”建设——国际公路运输系统对中国与沿线国家“贸易畅通”促进作用的分析报告》。报告结合中国的“一带一路”倡议、贸易便利化改革以及 2016 年中国加入联合国《国际公路运输公约》的大背景，指出中国加快推进 TIR 系统的实施将提高通关便利化水平，进一步打通“一带一路”沿线运输通道，促进互联互通。其间，国际道路运输联盟分别与国家发改委和海关总署签署战略合作文件，就共同推动国际道路运输事业发展，促进国际物流大通道建设，进一步发挥“一带一路”倡议下互联互通的潜力制订了行动计划。协议各方表示将共同努力，积极促进“一带一路”沿线各国在交通和贸易等领域的交流与合作，鼓励和支持更多国家加入相关的便利化协议和公约，实现共赢发展。同时，各方将共同推动 TIR 系统在中国的实施，提升“一带一路”沿线各国过境运输便利化水平，促进贸易畅通。

2018 年 5 月，中国正式实施联合国《国际公路运输公约》（简称 TIR 公约，应用该公约的道路运输称为 TIR 运输），成为近年来落实该公约最快、最高效的国家。据测算，该公约能帮助节省平均 80%的通关时间和 38%的运输成本。国际道路运输联盟正是负责管理这一公约的国际组织。应用 TIR 运输的卡车，仅凭一张单据就可以在同样实施公约的 60 多个国家间畅通无阻，各国海关在边境口岸均设置有专门的 TIR 快速通道，可实现快速通关，没有特殊情况时，仅在始发地和目的地所在国家海关接受检查，为世界贸易运输提供了便利。

由于丝绸之路经济带的大多数国家都是 TIR 系统的使用者，打通“一带一路”相关国家公路运输走廊是国际道路运输联盟的目标之一。布雷托表示：“应用 TIR 运输的卡车从中国（指中国新疆）出发抵达欧洲（指波兰）需要 12 天，快的话只需要 10 天，这和中欧之间的航空运输所需时间大致相同，但卡车运输比航空运输要便宜不少。”2019 年 2 月，中欧间 TIR 运输成功打通，7 000 公里以上的中欧间公路货运时效大大提高。此举在国际社会和业界引起高度关注，标志着中国与欧洲国家间逐步建立起继海运、空运和铁路之后的“第四物流通道”，完善了中欧间国际物流网络，形成不同运输方式间的优势互补。

更高水平的互联互通，无疑将推动更高质量的“一带一路”建设。布雷托认为，《国际公路运输公约》在“一带一路”相关国家的实施，将形成普惠效应。更高水平的互联互通，无疑也将推动更加开放的经济全球化。布雷托进一步表示，“一带一路”倡议是开放的，中国实施《国际公路运输公约》正是促进开放融通的具体行动。

五、铁路合作组织

铁路合作组织（简称铁组）是成立于 1956 年的政府间国际组织。其宗旨是发展国际旅客和货物运输，建立欧亚地区统一的铁路运输空间，提高洲际铁路运输的竞争能力，促进铁路运输领域的技术进步和科技合作。现任主席米罗斯拉夫·安东诺维奇。

铁组成员目前有中国、阿塞拜疆、阿尔巴尼亚、阿富汗、白俄罗斯、保加利亚、匈牙利、越南、格鲁吉亚、伊朗、哈萨克斯坦、朝鲜、古巴、吉尔吉斯斯坦、拉脱维亚、立陶宛、摩尔多瓦、蒙古、波兰、俄罗斯、罗马尼亚、斯洛伐克、塔吉克斯坦、土库曼斯坦、乌兹别克斯坦、乌克兰、捷克、爱沙尼亚 28 个国家，上述国家主管铁路的中央国家机关和国家铁路公司参加不同层面的活动。同时，目前有德铁、希铁、法铁、芬铁、塞铁、吉肖富铁路（奥地利和匈牙利间铁路运营公司）6 个观察员，以及 35 家与铁路活动直接相关的公司和组织作为加入企业参加铁组活动。

铁组的领导机关是铁组部长会议和总局长（负责代表）会议。部长会议是铁组最高领导机关，由各国主管铁路的中央国家机关参加，每年举行一次会议，在政府级别上审查有关铁组活动的所有问题并通过相应决议。总局长（负责代表）会议，由各国（古巴和阿尔巴尼亚不参加）国家铁路公司或中央国家机关（政企合一的情况下）参加，每年举行一次会议，在国家铁路权限范围内审查铁组活动并通过相应决议。铁组委员会是铁组的常设执行机关，在部长会议和总局长会议休会期间保证铁组的活动。铁组委员会由铁组各成员所派的代表组成（每一成员派一名代表），委员会领导包括主席 1 名（铁组委员会所在国波兰代表）、副主席 2 名（中国和俄罗斯）和秘书（匈牙利）。

铁组设有专门委员会、常设工作组、临时工作组以及与其他国际组织的共同工作组。5 个专门委员会包括：运输政策和发展战略专门委员会、运输法专门委员会、货物运输专门委员会、旅客运输专门委员会、基础设施和机车车辆专门委员会。其中，运输政策和发展战略专门委员会与运输法专门委员会的工作为政府层面，其余专门委员会的工作均为国家铁路层面。2 个常设工作组包括：编码和信息技术常设工作组、财务和清算问题常设工作组。临时工作组有 8 个，与其他国际组织的共同工作组有 4 个。

国际铁路联盟（简称铁盟，UIC）是成立于 1922 年的非政府国际组织。其主要目标是提升铁路运输在世界范围内的交流和可持续发展能力。成员主要包括各国（地区）铁路运输主管政府机构、运营单位、科研机构等，一个国家或地区可以有多家单位分别加入铁盟。目前铁盟共有 202 个成员。铁盟每年召开大量会议协调各领域科研工作，并举办具有国际影响力的大型会议。这些研究成果一部分以研究报告的形式体现，一部分则以铁盟标准的形式体现。制定标准是铁盟最主要的活动之一。铁盟现有标准 670 个，重点是互联互通技术装备，技术管理要求，分为机车车辆、固定设备、信息等。许多国家（地区）在铁路基础建设和装备制造方面大量采用其标准。欧盟许多铁路标准与铁盟标准互认或互相转化。

六、万国邮政联盟

万国邮政联盟（UPU），简称万国邮联或邮联，是商定国际邮政事务的政府间国际组织，其前身是 1874 年 10 月 9 日成立的“邮政总联盟”，1878 年改为现名。1978 年 7 月 1 日，万国邮联起成为联合国一个关于国际邮政事务的专门机构，总部设在瑞士首都伯尔尼，现有成员 192 个，现任国际局总局长目时正彦（Masahiko Metoki，日本籍），2021 年当选，任期至 2025 年。万国邮联的宗旨是促进、组织和改善国际邮政业务，并向成员提供可能的邮政技术援助；组织和改善国际邮政业务，发展邮政方面的国际合作，以及在力所能及的范围内给予会员国所要求的邮政技术援助；通过邮政业务的有效工作，发展各国人民之间的联系，以实现在文化、社会与经济领域促进国际合作的目标。

自上届大会所定法规实施之日起，万国邮联各会员国代表至迟应在五年内举行一次大会，每个会员国派出由本国政府授予必要权力的全权代表一名或数名出席大会，每个会员国只有一票表决权。原则上，每届大会应确定举行下届大会的所在地国家。邀请国政府在商得国际局同意后，决定大会召开的确切日期和地点。在没有邀请国政府而又必须召开大会时，则由国际局在取得执行理事会同意并与瑞士联邦政府商妥后，采取必要措施，以便在邮联总部所在国召开和组织大会。

执行理事会由 1 名主席国和 39 个理事国组成，它们在前后衔接的两届大会之间的时期内行使其职权。大会东道国为当然主席，理事国由大会按区域合理分配的原则选出，每届大会至少更换理事国中的半数，不得由大会连选三次。执行理事会各理事国的代表，由本国邮政主管部门指派。执行理事会在由大会主席召集的第一次会议上，从理事中选出副主席四名，并制定议事规则。

邮政研究咨询理事会由35个理事国组成，它们在前后衔接的两届大会之间的时期内行使其职权。咨询理事会理事国由大会选出，尽可能广泛地按照地区分配的原则进行。咨询理事会各理事国的代表，由本国邮政主管部门指派。咨询理事会在由大会主席召集并主持开幕的第一次会议上，应从理事中选出一名主席、一名副主席和各委员会主席。咨询理事会制定自己的议事规则。咨询理事会原则上每年在邮联总部举行会议。咨询理事会主席、副主席和各委员会主席组成指导委员会。指导委员会负责筹备和领导每次咨询理事会会议的工作，并承担咨询理事会决定委托它的一切工作。

1874年10月9日，《伯尔尼条约》签署。1878年5月，邮政总联盟修订了《伯尔尼条约》，改名为《万国邮政公约》。万国邮联规定了国际邮件转运自由的原则，统一了国际邮件处理手续和资费标准，简化了国际邮政账务结算办法，确立了各国邮政部门争讼的仲裁程序。1964年万国邮联第十五届代表大会按照组织条例与业务规定分开的原则，将原《万国邮政公约》分为《万国邮政联盟组织法》《万国邮政联盟总规则》《万国邮政公约》（含实施细则）。

《万国邮政联盟组织法》是万国邮联的组织条例和万国邮联法规的基本规定；《万国邮政联盟总规则》是实施组织法和正常进行联盟工作的各项具体规定；《万国邮政公约》包括适用于国际邮政业务的共同规则和有关函件业务的规定等。以上法规对各会员国均有约束力。但是，会员国有权对《万国邮政公约》某项规定提出保留，保留项目列入《万国邮政公约最后议定书》。

邮政业务协定现有七项：《邮政包裹协定》《邮政汇票和邮政旅行支票协定》《邮政支票业务协定》《代收货价邮件协定》《托收票据协定》《国际储蓄业务协定》《订阅报纸和期刊协定》，每项协定均有实施细则。这些协定及其实施细则仅对参加国有约束力。参加国有权对协定中的某项规定提出保留，保留项目列入有关协定的最后议定书。

七、国际标准化组织

国际标准化组织成立于1947年2月23日，是世界上最大的具有民间性质的标准化机构，它不属于联合国，但与联合国一些组织，如欧洲经济委员会（ECE）、联合国粮食及农业组织（FAO）、国际劳工组织（ILO）、联合国教科文组织（UNESCO）等保持密切联系，是联合国经社理事会和贸发理事会的最高一级咨询组织。根据国际标准化组织（ISO）在2020年11月26日宣布的消息，乌丽卡·弗兰克（Ulrika Francke）当选ISO主席。乌丽卡·弗兰克女士在标准化方面拥有丰富的经验，担任ISO成员SIS（瑞典标准协会）的副主席。弗兰克女士的职业生涯跨越了公共和私营部门。她曾任斯德哥尔摩市副市长，此后担任国家和国际两级公司的首席执行官。她也是上海同济大学高密度区域智能城镇化协同创新中心的战略顾问和名誉教授。

ISO现有167个成员，包括各会员国的国家标准机构和主要工业和服务业企业，宗旨是“在世界范围内促进标准化工作的发展，以便于国际物资交流和互助，并扩大在文化、科学、技术和经济方面的合作”。它的主要活动是制定ISO标准，协调世界范围内的标准化工作，报导国际交流，同其他国际性组织进行合作，共同研究有关标准化问题。

根据ISO章程规定，其成员团体分为正式成员和通讯成员。正式成员是指由最有代表性的全国性的标准化机构代表其国家或地区参加，且只允许一个组织参加。尚未建立全国性标准化机构的国家，可作为通讯成员参加。通讯成员不参与ISO的技术工作，但可了解其工作进展情况。

ISO按专业性质设立技术委员会（TC），负责起草各种标准，各技术委员会根据工作需要可设若干分技术委员会（SC）和工作组（WG）。目前，ISO的TC、SC、WG共有2 000多个。ISO是世界上最大的国际标准化机构，是非政府性国际组织，总部在瑞士日内瓦。缩写“ISO”与机构英文全称首字母无关，而源于希腊语，表示“平等”“均等”之意。中国是ISO创始成员国之一，也是最初的5个连任理事国之一。由于中华民国政府未按章交纳会费，1950年被ISO停止会籍。1978年9月，中国恢复ISO成员身份。由我国首次承办的ISO全体大会（第22届）于1999年10月在北京召开。

我国国家市场监督管理总局对外保留国家标准化管理委员会牌子。以国家标准化管理委员会名义，下达国家标准计划，批准发布国家标准，审议并发布标准化政策、管理制度、规划、公告等重要文件；开展强制性国家标准对外通报；协调、指导和监督行业、地方、团体、企业标准工作；代表国家参加国际标准化组织、国际电工委员会和其他国际或区域性标准化组织；承担有关国际合作协议签署工作；承担国务院标准化协调机制日常工作。2023年3月30日，由中国标准化协会、江苏省南京市人民政府和江苏省市场监管局共同主办的首届中国标准化大会，在IEC国际标准促进中心（南京）召开，市场监管总局党组成员、副局长，国家标准委主任田世宏，江苏省副省长胡广杰和南京市政协主席王立平出席大会。会议指出，举办中国标准化大会，是深入学习贯彻习近平总书记关于标准化工作重要论述，贯彻落实党的二十大精神，推动实施《国家标准化发展纲要》的有效措施。期待中国标准化大会办成标准化领域高端智库平台、国内外标准化工作合作交流平台、标准化知识宣传推广平台。本届大会以“标准与统一大市场”为主题，充分彰显了标准与统一大市场建设的紧密联系。要完善标准体系，支撑市场规则建设；坚持标准引领，激发市场主体活力；强化标准协同，畅通市场要素循环；稳步扩大标准制度型开放，促进国内国际市场互联互通。国际电工委员会（IEC）第三十六届主席舒印彪，国际标准化组织（ISO）原主席张晓刚，中国工程院院士赵宪庚、薛禹胜，国家制造强国建设战略咨询委员会委员张纲，珠海格力电器股份有限公司董事长董明珠等参加大会并致辞。国际标准化组织（ISO）秘书长塞尔吉奥·穆希卡，欧洲标准组织秘书长埃琳娜·圣地亚哥·希德视频致辞。

2023 年 2 月 21 日至 23 日，国际标准化组织（ISO）第 120 届理事会会议在瑞士日内瓦召开。中国国家市场监管总局副局长、国家标准委主任田世宏作为 ISO 中国国家成员体主席和常任理事国代表，率团赴瑞士参加了本届会议。中国是 ISO 正式成员和常任理事国，市场监管总局代表中国政府参加 ISO 国际标准化活动。ISO 理事会是 ISO 最高议事机构，负责 ISO 章程、政策、发展战略和财务计划等重大事务的管理和决策。本次会议听取了上届会议以来的各项工作进展，审议了 ISO 区域参与政策和可持续发展项目的实施进展，研究了《ISO 战略 2030》滚动实施计划，审批了 2023 年经费预算和年度大会组织方案等。田世宏代表中国就 ISO 战略实施和评估框架、区域参与政策、ISO 品牌价值提升、可持续发展项目，以及标准化路线图和委员会战略管理等重要议题提出建议，得到 ISO 采纳并受到 ISO 秘书长和理事会成员的高度认可。代表团还于理事会会议前访问了瑞士电工委员会（CES），与 CES 秘书长就加强中瑞电工标准化合作、共同参加国际电工委员会（IEC）国际标准化活动等进行了深入交流。理事会会议期间，代表团拜会了常驻世贸组织代表团大使、世贸组织副总干事和联合国欧经委，召开了我国派驻 ISO 工作人员交流座谈会，并与 ISO、IEC 主席和秘书长，英国、德国、法国等 ISO 理事会成员举行了工作会谈，就加强多双边标准化合作、中国参与国际标准化活动等进行了深入的交流。

ISO 与国际电工委员会、国际电信联盟共同形成国际上的三大标准化组织。

八、国际植物保护公约

国际植物保护公约（International Plant Protection Convention，IPPC，简称国

际植保公约），是全球认可的植物检疫多边协议组织和协调机制，更是世界贸易组织《实施卫生与植物卫生措施实施协定》（WTO/SPS）认可的国际植物检疫措施标准（International Standards of Phytosanitary Measures，ISPM）的制定机构，在保护植物资源免受有害生物侵害、便利促进贸易等方面发挥着极为重要的作用。IPPC 秘书处设在联合国粮食及农业组织。联合国粮食及农业组织（Food and Agriculture Organization of the United Nations，FAO）简称“粮农组织”，于 1945 年 10 月 16 日正式成立，是联合国系统内最早的常设专门机构，是各成员国讨论粮食和农业问题的国际组织。其宗旨是提高人民的营养水平和生活标准，改进农产品的生产和分配，改善农村和农民的经济状况，促进世界经济的发展并保证人类免于饥饿。组织总部在意大利罗马，现有成员 194 个。

截至 2021 年 11 月，国际植保公约已有 184 个缔约方，中国于 2005 年加入，是第 141 个缔约方。国际植保公约管理机构是植物检疫措施委员会（The Commission on Phytosanitary Measures，CPM，简称“植检委”），每年召开一次缔约方代表大会，行使公约最高管理职能。植检委下设多个附属机构，其中两个侧重技术管理，一是协调推进制定国际植物检疫措施标准的标准委员会（Standards Committee of CPM，SC，简称“标准委”），二是实施工作与能力发展委员会（Implementation and Capacity Development Committee of CPM，IC，简称“实施委”）。国际植保公约秘书处（简称秘书处）为公约常务机构，为植检委及其附属机构提供支撑。

标准委是经植检委第一届会议（CPM-1，2006）通过建立的。标准委由来自粮农 7 大区域的 25 名代表组成。标准委主要负责：①审查国际植保公约检疫标准制定程序；②管理国际植物检疫标准措施的制定；③指导和审查国际植物检疫标准技术小组和专家组工作。

实施委是经植检委第十二届会议（CPM-12，2017）决议通过建立的。实施委由来自粮农 7 大区域的 14 名代表组成，其中有 7 名区域代表。实施委工作范畴和基本职责有：①确定并审查缔约方实施《国际植保公约》所需的基准能力；②分析制约有效实施《国际植保公约》的问题，并发掘解决障碍的创新方式方法；③制订实施支持计划并促进实施，以使缔约方能够达到并超过基准能力；④监测和评估实施活动的效力和影响，并报告进展情况，以明确世界植物保护状况；⑤监督避免纠纷和解决流程；⑥监督国家报告义务流程；⑦与秘书处、潜在的捐助者和植检委合作，为 IPPC 活动争取可持续的资金。

国际植物检疫措施标准（International Standards for Phytosanitary Measures，ISPMs）是由植检委通过的国际标准。截至 2021 年 3 月，共计有 44 部国际植物检疫标准，29 部诊断指南（Diagnostic Protocols）和 39 部检疫处理（Phytosanitary Treatments）。这些标准主要目的是：保护可持续农业和提高全球食品安全；

保护环境，森林和生物多样性；促进经济和贸易发展。

实施工作与能力发展主要活动：

（1）海运集装箱规划（Sea Containers Programme）。为了评估研判海运集装箱带来的植物检疫风险，海运集装箱工作小组主要在两方面开展活动，一是通过收集来自行业和国家的数据，衡量国际海事组织（IMO）、国际劳工组织（ILO）、联合国欧洲经济委员会（UNECE）制定的《货物运输单位包装实务守则》（CTU 装运代码）的影响；二是通过编制宣传材料，提升对海运集装箱带来的有害生物传播风险的认识。

（2）电子商务规划（e-Commerce Programme）。日益普及的电子商务，将贸易从传统的企业对企业（B2B）向企业对消费者（B2C）和消费者对消费者（C2C）转变，电子商务规划主要针对这种贸易方式的转变带来的有害生物传播扩散的风险。电子商务指南计划于 2022 年初发布。

（3）国家报告义务规划（National Reporting Obligations Programme）。加入国际植物保护公约的缔约方必须履行提交报告的义务。报告类型共计 13 个。秘书处为提高缔约方履约能力，已连续多年针对不同区域组织召开国家报告义务培训班，2019 年发布国家报告义务网络课程。2020 年 4 月，秘书处发布有害生物报告公报，实时更新有害生物情况，并月度汇总。

其他活动包括争端解决机制，实施审核和支持系统，实施和能力清单，指南和培训材料制定，植物检疫能力评估。

九、国际船级社协会

国际船级社协会（IACS）是在 1968 年于奥斯陆举行的主要船级社讨论会上正式成立的。IACS 成立的目的是促进海上安全标准的提高，与有关的国际组织和海事组织进行合作，与世界海运业保持紧密合作。IACS 现任秘书长罗伯特·阿什当（Robert Ashdown）。

目前，IACS 共有美国船舶检验局（ABS）、法国船级社（BV）、挪威船级社（DNV）、韩国船级社（KR）、英国劳氏船级社（LR）、德国劳氏船级社（GR）、日本海事协会（NK）、波兰船舶登记局（PRS）、意大利船级社（RINA）等 11 个正式成员和 2 个准会员。中国船级社（CCS）于 1988 年加入 IACS。

IACS 的目标之一是把会员之间的各种规则统一起来。到目前为止，理事会已通过了150条要求，90%的要求得到成员单位的贯彻。IACS除了提出统一要求外，还公布有关船舶安全营运和维修准则，其中包括舱口盖的保养和检验、消防、船舶单点系泊设备标准等。IACS利用成员在海上安全、防污染、船舶营运等方面的丰富经验，在向船东和经营者提供准则上起着重要作用。

IACS的成员通过设在全球的检验机构网点，对航运界的情况了如指掌。他们了解到船东抱怨在不同的港口船舶的检验标准不同，为此，IACS制定了一个最低船舶检验标准，让其成员服从这一标准。IACS在人力和技术方面拥有独特的、巨大的潜力，且正在把这些潜力用到船舶检验的共同标准上。

十、国际民用航空组织

国际民航组织（International Civil Aviation Organization，ICAO）是1947年根据《国际民用航空公约》（通称《芝加哥公约》）正式成立的，为联合国专门机构。

该组织旨在制定国际航行的原则和技术，促进国际航空运输的规划和发展，确保国际民航安全有序发展。现有成员193个。机构主要为大会、理事会和秘书处。目前，总部位于加拿大蒙特利尔。理事会主席萨尔瓦托雷·夏基塔诺（意大利籍），2020年1月1日上任，2022年10月连任，任期至2025年。秘书长萨拉萨尔（哥伦比亚籍），2021年8月1日上任，任期至2024年。

十一、欧洲和日本国家船东协会委员会

欧洲和日本国家船东协会委员会（CENSA）于1974年1月1日成立，总部设在伦敦，该组织由比利时、丹麦、芬兰、法国、德国、希腊、意大利、日本、荷兰、挪威、葡萄牙、瑞典、英国13个主要航运国家的船东协会组成。其工作范围涉及航运政策和海运领域的各方面，无论是班轮还是不定期船，干货船或者油轮。

成立CENSA的主要目的是通过发展合理的航运政策保护和促进其成员的利益。包括通过完善海运法规，维护其成员利益，消除海上运输和贸易方面的限制；建立市场自由机制，尽量避免政府歧视，减轻海运法规对托运人的影响，使托运人可以自由选择承运船舶；在海运供需双方建立自由贸易体系，使该体系尽可能自我调节。

CENSA 每年召开 4 次至 5 次会议，委员会设 1 名主席，2 名副主席，都是从成员国的主要船东中选出来的。每个国家在委员会里有 2 名代表。委员会下设 4 个部门，分别涉及下列问题：研究联合国航运政策，美国航运政策进展，欧洲班轮公会和欧洲船东协会之间的会议进展情况，世界上其他地区有可能影响委员会成员的立法、政策的变更，散货、油船运输政策的发展。CENSA 是联合国贸易和发展会议的咨询机构，与全欧班轮工会联系密切，是欧洲货主委员会的伙伴。日本和欧洲一些国家组织起来，可以互相交流信息，促进世界海运业的发展，也促进了这些国家经济和贸易的发展。

十二、大洋洲海关组织

大洋洲海关组织（OCO）于 1998 年 8 月成立，旨在提高区域海关当局各方面的效率。其主要活动是：促进并帮助成员行政当局符合海关国际标准和最佳做法，从而在大洋洲区域内实现更大的经济繁荣和加强边境安全；成为公认的世界级区域海关组织，与区域和全球伙伴合作，为成员行政机构提供高质量的服务和可持续的解决方案；重视成员，并致力于提供有针对性的援助和持久的解决方案，以满足他们的优先需求；重视发展伙伴和利益相关方，并致力于透明对话和密切合作，以服务于区域、全球和国家利益；重视治理以及可信和鼓舞人心的领导。

2022 年 9 月 21 日，大洋洲海关组织成员国在其年会上通过了《2022—2027 年战略计划》，承诺改善海关标准和程序，以便利贸易、增加税收，在边境安全方面尽最大努力应对日益严峻的跨国犯罪等挑战。身为 OCO 主席的密克罗尼西亚联邦税务与海关署署长兰迪·苏表示，新的五年计划有助于发现本区域面临的挑战，以便成员切中核心关切来实施措施，因而十分重要。OCO 代理秘书长斯通女士强调，如要实现系统和流程自动化，提高海关人员的技能是当务之急。年会还通过了 OCO 未来三年的预算和工作计划。

OCO 秘书处设在斐济首都苏瓦，现有 23 个成员，包括澳大利亚、新西兰和太平洋岛屿国家。该组织致力于帮助太平洋地区各国海关跟进海关国际标准和最佳实践，促进该区域贸易便利。作为下一届 OCO 大会的东道主，密克罗尼西亚联邦将担任下届主席国。

大洋洲海关组织的最终目标是：健全的法律框架，基于情报的风险和信息管理，现代程序、技术、工艺和设备，完美的政府和企业战略伙伴关系，专业组织能力和文化。

具体行动中，致力于提高领导力，实现海关现代化改革；加强合规和边境安全方面的区域合作；促进合法贸易的便利化；促进公平有效的税收；加速成员国遵守国际标准；加强大洋洲海关组织秘书处的治理和组织业绩。

十三、世界知识产权组织

世界知识产权组织（World Intellectual Property Organization，WIPO）成立于1967年，1974年成为联合国专门机构，总部位于瑞士日内瓦。该组织通过国家间的合作，并在适当情况下与其他国际组织配合，促进世界范围内的知识产权保护；保证各知识产权联盟间的行政合作。WIPO共有193个成员。机构主要为大会、成员国会议、协调委员会和秘书处。现任总干事邓鸿森（新加坡籍），2020年10月1日上任，任期6年。

十四、世界动物卫生组织

1920年，印度向巴西出口瘤牛，途经比利时的安特卫普（Antwerp）港口，致使比利时发生了牛瘟。1921年，法国倡议并在巴黎召开了42个国家参与的国际动物卫生会议，讨论了牛瘟、口蹄疫和马媾疫等重大动物疫病，研究了国际动物卫生信息的交流和保证出口动物健康的措施，并就在巴黎成立一个控制动物疫病的国际组织达成共识。通过缓慢的外交谈判，1924年1月25日，28个国家的代表达成一致意见，在巴黎成立了世界动物卫生组织。其主要职能是通报各成员动物疫情，协调各成员动物疫病防控活动，制定动物及动物产品国际贸易中的卫生标准和规则，帮助成员完善兽医工作制度，提升工作能力；促进动物福利，提供食品安全技术支撑。

世界动物卫生组织（又名国际兽疫局，法文 Office International des Epizooties，

缩写为OIE，英文为World Organisation for Animal Health）是改善全球动物卫生状况的政府间组织，总部设在法国巴黎，主要负责动物疫病通报、动物/动物产品国际贸易规则制定和动物疫病无疫国家认证等工作。OIE成立后，不断发展壮大，扩展职责任务，拓宽工作领域，加强国际合作交流，截至2023年初成员已经扩展到了180个，重点关注的动物疫病从成立之初的9种扩展到118种，目前已成为最主要的兽医国际组织。

OIE机构包括：世界代表大会、理事会、总干事、专业委员会、地区委员会、地区代表处、总部、协作中心和参考实验室等。OIE共设立了5个区域委员会、13个区域代表处和次区域代表处，认证了301个参考实验室和协作中心，与FAO、WTO和WHO等60多个国际和区域组织签署了协议，建立了合作关系。

1992年，中国加入OIE。此后，由于台湾在OIE的问题未得到妥善解决，一直未履行作为OIE成员国的义务，也未出席国际委员会大会。2007年5月，中国正式恢复了在OIE的合法席位，作为主权国家加入OIE，台湾以非主权地区成员身份参与OIE活动。2008年5月，OIE第76届国际委员会大会选举中国的OIE代表、农业部兽医局张仲秋副局长为亚洲、远东及大洋洲地区委员会副主席，认可我国禽流感参考实验室为OIE禽流感参考实验室，认可我国为无牛瘟国家。2009年12月，中国成功承办了OIE第26届亚洲太平洋地区委员会会议。

OIE是政府间的动物卫生组织，是关于动物卫生和人畜共患病、动物源性食品安全、动物福利、疾病诊断和控制科学标准的参考机构以及国际贸易中动物卫生状况和卫生安全评估机构，其职责是改善全球的动物卫生、兽医公共卫生以及动物福利状况，工作范围涉及兽医管理体制、动物疫病防控、兽医公共卫生、动物产品安全和动物福利等多个领域，主要任务如下：

第一，收集、分析和发布动物卫生信息，实现动物疫情透明化。

第二，在世界贸易组织（WTO）《SPS协定》框架下制定动物及其产品的贸易规则，促进动物及其产品安全贸易。

第三，协调各国动物疫病防控活动，提供动物疾病预防、控制和扑灭措施的科学建议，制定动物福利标准和指导原则，提高动物源性食品安全和动物福利，提供特定动物疫病状况评估的服务；同时，在应对环境和气候变化对动物卫生和福利影响方面提供专业技术支持。

第四，提高各国兽医立法和兽医体系服务水平，提高成员参与制定和应用动物卫生和人畜共患病、动物源性食品安全和动物福利方面的国际标准和导则的能力。

第五，参与动物卫生、兽医公共卫生和动物福利方面的政策制定、教育、研究和管理。

OIE 的出版物主要包括：《疫情信息》《公报》《世界动物卫生状况》《陆生动物卫生法典》《陆生动物诊断试验和疫苗手册》《水生动物卫生法典》《水生动物诊断试验手册》《科学技术评论》等，均有英语、法语和西班牙语版本。

目前，OIE 制定和出版的动物和动物产品国际卫生标准有贸易标准和生物学标准两类，主要包括在《陆生动物卫生法典》《陆生动物诊断试验和疫苗手册》《水生动物卫生法典》《水生动物诊断试验手册》等 4 个标准出版物中。OIE 的标准已得到国际社会普遍认可，被 WTO/SPS 协议规定为 WTO 各成员必须遵循的国际标准。

《陆生动物卫生法典》和《水生动物卫生法典》（统称《法典》）主要是保证陆生动物、水生动物及其产品国际贸易的卫生安全。这些标准是动物及动物产品国际贸易中被 WTO/SPS 协议认可的标准，同时也可通过应用这些标准来改善全球动物卫生和福利状况。《法典》中的卫生措施是根据商品以及出口国的动物卫生状况制定的。

《陆生动物诊断试验和疫苗手册》和《水生动物诊断试验手册》（统称《手册》）规定了国际认可的疾病诊断方法和实验室诊断技术，提供了采样方法、良好操作规范等基本信息，以及给实验室技术人员提供了诊断试验的详细信息。《陆生动物诊断试验和疫苗手册》还包括生物制品（主要是疫苗）的生产要求和质量控制等内容，如兽用疫苗生产的基本原则，以及疫苗或诊断性生物制品的要求等方面的信息；《水生动物诊断试验手册》还包括兽医诊断实验室的质量管理、水生动物疫病诊断试验的验证原则及消毒方法。

OIE 成员的权利主要有：第一，参与 OIE 世界代表大会（原国际委员会）全体会议，并有投票权；参与 OIE 组织的科学会议以及地区性活动。第二，对于世界范围内的动物卫生变化状况，成员可优先直接获得通知，获得所有的 OIE 出版物。第三，获得科学和技术信息，特别是 OIE 地区委员会、专业委员会、工作组和专门工作组、协作中心和参考实验室等的报告以及专家帮助。第四，参与制定与动物和动物产品国际贸易相关的卫生标准。OIE 成员的义务主要有：一是按照 OIE 要求，及时向 OIE 通报其动物卫生信息；二是及时缴纳年费。

2021 年，在世界动物卫生组织第 88 届国际代表大会上，经 OIE 严格技术评审，大会期间全票通过维持中国疯牛病风险可忽略状态，中国无牛瘟、无牛肺疫、无非洲马瘟状态，并认可中国动物卫生与流行病学中心外来病监测与研究中心为 OIE 非洲猪瘟参考实验室。这标志着中国动物疫病防控成效得到国际社会广泛认可。

此外，国际上还有一个世界动物保护协会，创立于 1981 年，致力于动物保护事业，总部设于伦敦，活跃在全球50多个国家，积极加强和推动动物保护的观念和实践。协会拥有联合国全面咨商地位，在动物福利科学研究和实践方面发挥全球引领作用。2007年，世界动物保护协会在北京设立办公室。《中华人民共和国境外非政府组织境内活动管理法》生效后，世界动物保护协会依法在中国境内登记注册。世界动物保护协会瞄准推动对于动物的保护，防止残酷对待动物行为，减轻身处世界每一个角落的动物所遭受的苦难。世界动物保护协会通过推广人道主义教育项目鼓励对动物的尊重并且推动加强各种形式的动物管理人的责任，同时推动鼓励法律权力机构为动物提供法律上的保护。主要任务是在全球提高动物的福利标准。

十五、濒危野生动植物种国际贸易公约

《濒危野生动植物种国际贸易公约》（CITES）于1973年3月3日在美国华盛顿签署，其宗旨是保护野生动植物种因国际贸易而遭到过度开发利用，现有184个缔约方，监管全球40 000多个物种的贸易。我国是CITES第63个缔约方，该公约于1981年4月8日正式对我国生效。

加入公约以来，我国坚定履行公约义务，积极推进履约行动，履约成效瞩目。目前，我国建立了以《野生动物保护法》《野生植物保护条例》《濒危野生动植物进出口管理条例》为主体的履约立法体系，在CITES秘书处组织的履约国内立法评估中被评为最高等级。多年来，我国逐步完善了履约管理和执法体制机制，建立了较为高效的监管体系，在实施国际贸易监管以及参加全球联合打击行动中得到国际社会的充分肯定。同时，对进口CITES附录Ⅱ、Ⅲ所列野生动植物及其制品实施进出口证明书制度，对食用陆生野生动物和以食用为目的猎捕、交易和运输陆生野生动物予以严格禁止，对商业性进口和国内加工销售象牙及制品持续实施严格禁止措施等方面制定了比CITES更为严厉的举措。建立部际联席执法协调机制，强化执法监管，开展专项打击行动，组织行业协会、民间团体、相关企业成立互联网联盟，共同打击非法野生动植物贸易。

我国还积极利用“世界野生动植物日”“爱鸟周”等重要节点广泛开展宣传教育，不断增强公众履行公约和保护野生动植物的意识。深度参与国际规则制定，多次当选CITES常委会亚洲区域代表、植物委员会委员或候补委员，代表亚洲国家发声。目前，我国与18个国家和11个国际组织建立了合作关系，支持有关国家加强履约能力建设，多次获得 CITES 秘书长表彰证书、克拉克·巴文奖以及联合国环境署亚洲环境执法奖等。

当前，我国 90%的植被类型和陆地生态系统、65%的高等植物群落、85%的重点保护野生动物种群已得到有效保护。大熊猫、朱鹮、苏铁、珙桐等珍稀濒危物种种群实现恢复性增长。藏羚羊野外种群数量从 20 世纪 90 年代的 6~7 万只增长到现在的 30~40 万只，这既是原产国开展就地保护和从源头上斩断非法贸易的最佳实践，也是原产国、中转国、消费国携手合作成功保护 CITES 物种的全球典范。今后我国将继续加强野生动植物及其栖息地的源头保护，禁止野生动植物非法交易，革除滥食野生动物陋习，不断完善法规，发挥部门间 CITES 执法工作协调小组的作用，做好资源监测，加强履约执法和谈判队伍能力建设，严惩非法猎捕（采集）、交易、利用、运输和进出口野生动植物行为。

十六、联合国毒品和犯罪问题办公室

联合国毒品和犯罪问题办公室成立于 1997 年，由联合国禁毒署和联合国预防犯罪中心合并而成。主要负责对毒品和犯罪问题进行调研，制定有关政策和措施；协助各国政府批准和执行有关国际公约；协助各国政府制定关于毒品、犯罪和反恐问题的国内法；通过具体技术合作项目，提高各成员国打击毒品、犯罪及恐怖主义的能力。该组织总部设在维也纳，其经费主要来自各国政府自愿捐助。办公室执行主任为副秘书长级，由联合国维也纳办事处总干事兼任。现执行主任加黛·瓦利（Ghada Waly，埃及籍，女），2020 年 2 月起任职，任期 4 年。

十七、国际马铃薯中心

国际马铃薯中心（CIP）成立于 1971 年，是一个研究促进发展的组织，重点是马铃落、甘薯和安第斯块根和块茎。它提供基于科学的创新解决方案，以增加获得负担得起的营养食品的机会，促进包容性可持续商业和就业增长，总部设在秘鲁首都利马，在非洲、亚洲和拉丁美洲的 30 多个国家设有研究机构。其核心目标是通过向弱势群体引入更健康的饮食，改善粮食和营养安全；增加生计和就业机会，在农村和城市地区广泛发展包容性价值链；通过适应气候变化和生物多样性的农业，实现农业粮食系统的可持续强化和多样化。

2015 年 7 月 28 日，国际马铃薯中心亚太中心（CCCAP，简称亚太中心）在延庆揭牌成立，亚太中心将努力建成世界一流、学科齐全、装备精良的国际化区域化薯类作物研发创新中心。农业部部长韩长赋在揭牌仪式上指出，国际马铃薯中心亚太中心的成立，是双方合作的一个里程碑。他表示，这个重要国际组织落户中国，标志着中国在不断扩大农业对外开放和国际合作。北京市副市长林克庆表示，亚太中心基础设施初步建成，是双方在薯类科技合作中迈出的重要、坚实、具有历史性里程碑意义的一步，要真正使其在中国和北京生根、开花和结果，仍需各级政府、社会各界等的大力扶持。

国际马铃薯中心主任魏蓓娜指出，经过 5 年多的筹建，如今，兼具科学实验、行政办公和后勤保障、总建筑规模 12 000 平方米的大楼已经在延庆初步建成，这是中国政府兑现国际承诺，向国际农业科研体系做出的新贡献，是为保障全球粮食安全推出的新思路，也是保障亚太地区薯类科学研究、产业发展推出的新举措。她指出，亚太中心建成以后，在中国和亚太地区努力选育适应地域环境特点的新品种，提高地区薯类总体生产能力和产出水平，并将成为一个设施设备先进、人才聚集的创新平台。

同日，北京亚太马铃薯交易中心也在延庆挂牌成立。交易中心综合应用电子商务类型的网络购物商业模式（B2B2C）和线下的商务机会与互联网结合（O2O）的运营方式，服务于北京大宗马铃薯交易及全产业链发展，打造成为从产区到销区、从田间到餐桌的产业互联网服务平台。交易中心将融合信息服务、交易定价、信用中介、融资服务、质量验证、过程追溯、物流配送为一体，吸引产业客户和投资者参与网上交易。交易中心由北京市金融局批准和监管，其交易资金将依托大型商业银行存管，实行业内最严格的第三方存管制度，确保交易和资金安全。北京亚太马铃薯交易中心有望成为马铃薯在中国乃至世界的交易中心、定价中心、专业化产业服务中心和投融资中心。

国际马铃薯中心是国际农业研究磋商组织（CGIAR）联合会的一员。CCCAP 在北京（延庆）的大型研发基地即将投入运行，并在 2018 年至今陆陆续续招聘了大量科研和行政人员。

十八、国际刑警组织

国际刑事警察组织，简称国际刑警组织（ICPO），成立于 1923 年，最初名为国际刑警委员会。1956年，该组织更名为国际刑事警察组织，1989年，该组织总部迁到法国里昂，现有195个成员国。目前负责人是埃尔拉斯（Ahmed Nasser Al-Raisi，阿联酋籍），2021年11月当选。秘书长是于尔根·斯托克（Jürgen Stock，德国籍），2014年当选，2019年连任，任期至2024年。

由于国际刑警组织需保持政治中立，它并不会介入任何政治、军事、宗教或种族罪行，也不会介入非跨国罪案。该组织以民众安全为先，主要调查恐怖活动、有组织罪案、毒品、走私军火、偷运人蛇、清洗黑钱、儿童色情、高科技犯罪及贪污等罪案。国际刑警组织每年召开一次全体大会，并经常举行各种国际性或地区性研讨会。该组织日常与各国国家中心局保持密切关系，组织国际追捕。“红色通缉令”是国际刑事警察组织在打击国际犯罪活动中使用的一种紧急快速的通缉令，可寻求各成员国的响应和支持。国际刑警组织是仅次于联合国的世界上规模第二大的国际组织，其组织架构包括全体大会、执行委员会、秘书处和国家中心局。国际刑警组织拥有一些重要的数据库，可以帮助识别个人和财产信息细节，有助于全球警务工作的开展。

具体组织机构包括：

（1）全体大会：是该组织的最高权力机关，由各成员国委派代表组成。大会每年召开1次，主要任务是决定该组织的战略方针、制定或修改规则、批准活动计划及与其他国际组织间的协议、接纳新成员国、选举产生主席和副主席等人选、审核决定财政预算以及修改有关基本文件等。各成员国有一票表决权。

（2）执行委员会：由大会选出的13个成员国的代表组成，每年开会3次，主要任务是监督大会决议的实施、拟订全体大会日程和观察员名单、向大会提交工作计划和方案、监督管理总秘书处日常工作和行使大会授予的其他职能。主席任期4年，副主席和执委任期3年。

（3）总秘书处：总秘书处由秘书长和该组织的警务、文职人员组成。负责执行全体大会和执行委员会的决议、协调各国警察部门的活动、组织有关警察专家研讨会和专题讨论会、编辑出版各种刊物和资料、通缉作案逃犯和通报被盗物品等。秘书长是总秘书处的最高行政长官，由执行委员会提名，经全体大会通过，任期5年，可连任一次，对执行委员会和全体大会负责。

（4）国家中心局：是国际刑警组织在各国的常设机构，由各国自行指定的警察机构担任。它既是各成员国的一个警察部门，依法承担本国的警察职能；又是国际刑警组织的法定机构，在国际范围内代表本成员国履行联络和执法合作事务。

（5）文件管理委员会：2008年成为国际刑警组织正式机构，功能是确保国际刑警组织对个人信息处理符合相关规章制度，其履职享有高度独立性，可依据需要调阅相关资料。

（6）顾问：由执行委员会委任，主要负责应询刑警组织有关科学方面的事务。

中国于1984年加入国际刑警组织，同年组建国际刑警组织中国国家中心局。1984年9月5日，在卢森堡举行的第53届国际刑警组织年会上，中国被正式接纳为该组织的成员国。同年10月，“国际刑警组织中国国家中心局”在北京成立，设在公安部内。它隶属于中华人民共和国公安部刑侦局，担负着对外联络和打击走私、贩毒、伪造国家货币、国际恐怖活动和国际诈骗等国际性犯罪的任务。1986年和1995年又分别在广州和上海设立了联络处。多年来，中国与国际刑警组织之间始终保持着密切的合作关系。我国朱恩涛曾担任国际刑警组织执委会副主席、委员，刘志强、段大启曾担任执委会委员。2017年5月13日，时任国务委员、公安部部长的郭声琨代表中国政府与国际刑警组织在京签署《中华人民共和国政府和国际刑警组织战略合作的意向宣言》。

1995年，国际刑警组织第64届大会在北京举行。2017年9月26日至29日，国际刑警组织第86届全体大会在北京举行。习近平主席出席开幕式并发表题为《坚持合作创新法治共赢　携手开展全球安全治理》的主旨演讲，强调中国愿同各国政府及其执法机构、各国际组织一道，高举合作、创新、法治、共赢的旗帜，共同构建普遍安全的人类命运共同体。2021年11月23日至25日，国际刑警组织第89届全体大会在土耳其举行，我国胡彬郴在会上当选执委会委员。2022年10月18日至21日，国际刑警组织第90届全体大会在印度举行，我国组团参会。

十九、国际竹藤组织

国际竹藤组织（INBAR），是第一个总部设在中国的，独立的、非营利性政府间国际组织，是唯一一家针对竹和藤这两种非木质林产品的国际发展机构。国际竹藤组织是1997年11月6日，由中国、加拿大、孟加拉国、印度尼西亚、缅甸、尼泊尔、菲律宾、秘鲁和坦桑尼亚等9国共同发起而签署的《国际竹藤组织成立协定》而成立。总部设在中国北京。截至2022年6月，国际竹藤组织拥有48个成员国和5个观察员国，广泛分布在非洲、亚洲、美洲和大洋洲。国际竹藤组织总部设在中国，在喀麦隆、厄瓜多尔、埃塞俄比亚、加纳和印度设有区域办事处。

国际竹藤组织的使命是，以竹藤资源的可持续发展为前提，联合、协调与支持竹藤的战略性及适应性研究与开发，增进竹藤生产者和消费者的福利，推进竹藤产业绿色包容发展。国际竹藤组织成立以来，为加快全球竹藤资源开发、促进竹藤产区脱贫减困、繁荣竹藤产品贸易、推动可持续发展发挥了积极作用。

2022 年 11 月 7 日—8 日，国际竹藤组织成立二十五周年志庆暨第二届世界竹藤大会在北京举行。在会上，我国与国际竹藤组织共同发布“以竹代塑”倡议，旨在发挥竹子在代替塑料产品进而减少塑料污染方面的突出优势和作用，为高能耗、难降解的塑料制品提供基于自然的解决方案，为落实 2030 年可持续发展议程做出积极贡献。喀麦隆驻华大使马丁·姆巴纳、厄瓜多尔驻华大使卡洛斯·拉雷亚、埃塞俄比亚驻华大使特肖梅·拖加、巴拿马驻华大使甘林、联合国粮农组织驻华代表文康农参加对话。西班牙国际合作发展署署长安东尼·莱斯·加西亚向大使对话发来视频致辞。中国国家林业和草原局国际合作司副司长夏军出席并致辞，国际竹藤组织总干事穆秋姆主持大使对话。

二十、上海合作组织

上海合作组织（简称“上合组织”）是 2001 年 6 月 15 日中国、哈萨克斯坦、吉尔吉斯、俄罗斯联邦、塔吉克斯坦、乌兹别克斯坦在中国上海宣布成立的永久性政府间国际组织。

1996 年，上海五国会晤机制成立。2001 年 6 月 15 日签署《上海合作组织成立宣言》。2004 年 1 月，启动上海合作组织秘书处及设在塔什干的地区反恐怖机构。2005 年 7 月 4 日，签署了《上海合作组织成员国元首宣言》。2010 年 6 月 11 日，批准《上海合作组织接收新成员条例》和《上海合作组织程序规则》。2017 年，上海合作组织完成首次扩员，印度、巴基斯坦成为正式成员国。2014 年，上海合作组织成员国国内生产总值总和约 12.7 万亿美元。2021 年 6 月 15 日，上海合作组织迎来成立 20 周年华诞，截至当前，上合组织的经济总量接近 20 万亿美元，比成立之初增加了 13 倍多，对外贸易总额达到 6.6 万亿美元，比 20 年前增加了 100 倍。2023 年 7 月 4 日，伊朗成为新成员，上合组织正式成员国增至 9 个。同日，哈萨克斯坦接任 2023 至 2024 年度上海合作组织轮值主席国。2018 年 6 月 10 日，习近平主席在上海合作组织成员国元首理事会第十八次会议上宣布，“中国政府支持在青岛建设中国—上海合作组织地方经贸合作示范区”。

国务院在《中国—上海合作组织地方经贸合作示范区建设总体方案》批复

中指出，按照党中央、国务院决策部署，上合示范区要打造“一带一路”国际合作新平台，拓展国际物流、现代贸易、双向投资、商旅文化交流等领域合作，更好发挥青岛在“一带一路”新亚欧大陆桥经济走廊建设和海上合作中的作用，加强我国同上海合作组织国家互联互通，着力推动形成陆海内外联动、东西双向互济的开放格局。上合示范区坐落于沿海开放城市青岛，位于胶州湾北岸，总面积108平方公里。东接日韩面向亚太地区，西接上合组织国家，南连东盟，北接蒙俄，区位优势明显。根据建设总体方案，上合示范区实施范围在胶州经济技术开发区内，地处青岛市“海、陆、空、铁”交通枢纽15分钟经济圈内，拥有海陆空铁综合交通网络中心的区位优势，能更好发挥青岛市在“一带一路”新亚欧大陆桥经济走廊建设和海上合作中的作用。距离空港——青岛胶东国际机场10公里，海港——青岛前湾港15公里，铁路港——上合多式联运中心15公里，到青岛主城区车程仅半小时，海陆空铁多式联运高效衔接。目前，苏宁（上合）跨境电商智慧产业园项目、新加坡丰树物流园、中外运智慧物流园、上海电气、吉利卫星互联网、上海复星上合时光里等一批在建项目正在快速推进。截至2023年初，总投资近三千亿元的一百多个项目加速推进，高质量发展。

2024年2月，上合组织秘书处成立20周年招待会在北京召开，26个国家组成的成员国、观察员、伙伴国组成的大家庭共谋繁荣之路。

参考文献

［1］安芝．关税税源全面风险管理研究［D］．上海：上海理工大学，2017.

［2］陈苏明．国际海关经认证的经营者互认：跨境供应链安全与便利的路径选择［J］．上海海关学院学报，2013（1）.

［3］张丽川．海关统计［M］．北京：中国海关出版社，2007.

［4］马永飞．跨境电商区域发展策略研究：基于省级政府视角［J］．经济问题，2020（11）.

［5］匡增杰．基于发达国家海关实践经验视角下的促进我国海关贸易便利化水平研究［J］．世界贸易组织动态与研究，2013（1）.

［6］刘海燕．后危机时代：中国海关贸易便利化与贸易安全的路径选择［J］．海关法评论，2010（1）.

［7］上海海关学院课题组．有关贸易便利化的海关监管制度国际国别研究综述［J］．上海海关学院学报，2010（2）.

［8］马永飞．全球价值链重构背景下中国对外贸易发展研究［J］．国际贸易，2021（2）.

［9］王炜，马永飞，佘建明．海关行邮法规汇编工具书［M］．北京：中国海关出版社，2018.

［10］张树杰，马永飞．世界海关组织21世纪海关及对我国海关监管体系建设的启示［J］．上海海关学院学报，2011（1）.

［11］马永飞．基于AEO制度贸易便利与安全保障的研究［J］．上海海关学院学报，2012（5）.

［12］马永飞，张树杰．论我国海关推行AEO制度的若干问题［J］．上海海关学院学报，2009（3）.

［13］赵忠秀．全球价值链固化　中国面临国内外两方面新挑战如何突围［N］．经济参考，2013-07-23.

［14］马永飞，慕振龙，张术杰，等．新中国70年海关领域经贸合作的演进历程与未来趋势［J］．中国市场，2020（3）.

［15］郑休休，赵忠秀．生产性服务中间投入对制造业出口的影响：基于全球价值链视角［J］．国际贸易问题，2018（8）.

［16］裘莹，赵忠秀，孙博．临近约束、生产性服务与价值链分工［J］．国

际贸易问题，2019 (5).

[17] 陈靓，武雅斌．全球价值链下服务贸易规则的新发展 [J]. 国际贸易，2019 (2).

[18] 马凤涛，李俊．中国制造业产品全球价值链解构分析：基于世界投入产出表的方法 [J]. 国际商务（对外经济贸易大学学报)，2014 (1).

[19] 刘仕国，吴海英，马涛，等．利用全球价值链促进产业升级 [J]. 国际经济评论，2015 (1).

[20] 邢厚媛．“走出去”提升价值链　打造世界级跨国公司 [J]. 国际经济合作，2013 (2).

[21] 马永飞．世界海关推动 AEO 制度现状及我国 AEO 制度途径探析 [J]. 对外经贸实务，2015 (3).

[22] 马永飞，唐小强．我国海关全面推行风险管理的若干思考 [J]. 上海海关学院学报，2012 (2).

[23] 陈立文，马永飞．区域经济一体化对我国海关监管发展的影响与启示 [J]. 中国市场，2014 (19).

[24] 刘晶．跨境电子商务与我国企业全球价值链地位提升 [J]. 商业经济研究，2017 (9).

[25] 刘瑶．赢在全球价值链：新兴经济体的机遇与挑战 [M]. 北京：对外经济贸易大学出版社，2016.

[26] 王春蕊．全球价值链视角下中国贸易便利化政策研究 [M]. 北京：对外经济贸易大学出版社，2018.

[27] 刘青，赵忠秀，等．产业关联、区域边界与国内国际双循环相互促进：基于联立方程组模型的实证研究 [J]. 管理世界，2022 (11).

[28] 马永飞，邢艾巍，张永蝶，等．基于海关 AEO 制度的供应链管理模式研究 [J]. 中国口岸科学技术，2020 (5).

[29] RUTH BANOMYONG. The impact of port and trade security initiatives on maritime supply-chain management [J]. Maritime policy & management, 2005, 32 (1).